Esoterik

Herausgegeben von Gerhard Riemann

Lama Govindas Reise durch Tibet fand Ende der vierziger Jahre statt – während der letzten Jahre tibetischer Unabhängigkeit, vor der Okkupation durch China. Sein Bericht läßt uns verstehen, warum Tibet jahrhundertelang das Zentrum der spirituellen Entwicklung unseres Planeten war. Aber das Schicksalsrad hat sich gedreht, und die Zeichen stehen auf Wandlung – auch dies blieb Anagarika Govinda nicht verborgen.
Lama Govinda beschreibt in diesem autobiographischen Buch die Geschichte eines langen Weges. Äußerlich stellt er sich als abenteuerliche Reise mit kulturellen Höhepunkten dar. Die innere Reise, die parallel hierzu stattfand, führte den Autor zu einem tieferen Verständnis der Bedeutung des Lebens.
Obwohl dieser Bericht nur vierzig Jahre zurückliegt, mutet er wie die Erzählung über eine längst vergangene Epoche an, aber Lama Govindas Werk zeigt: Der Weg zu sich selbst ist eine Pilgerreise, deren Stationen Opfer sind.

Vollständige Taschenbuchausgabe 1988
Droemersche Verlagsanstalt Th. Knaur Nachf., München
Lizenzausgabe mit freundlicher Genehmigung des Scherz Verlags
Nach der englischen Ausgabe vom Autor übersetzt und erweitert.
Titel der englischen Ausgabe: »The Way of the White Clouds«
Hutchinson & Co., Ltd., London, 1966

Umschlaggestaltung Dieter Bonhorst
Umschlagfoto Gerold Jung/G+J Fotoservice
Druck und Bindung Ebner Ulm
Printed in Germany 5 4 3
ISBN 3-426-04185-5

Lama
Anagarika Govinda

Der Weg der weißen Wolken

Mit zahlreichen Abbildungen

Knaur

CHINESI
PAMIR
FGHANISTAN
KWEN
KARAKORUM
LADAKH
KASHMIR
GROSSE
SHRINAGAR
LEH
Indus
Pangong-See
T
Indus
GUGE
PUNJAB
Schipki-Pass
THOLING
KA
TSAPARANG
H
Rakastal
Ganges
ALMORA
Kali
Satlej
Indus
DELHI
VEREINIGTE
PROV
RAJPUTANA
Jumna
ALLAHABAD
INDIEN

H - TURKESTAN
LUN - KETTE
I B E T
TSCHANG-T'ANG-PLATEAU
TRANSHIMALAYA-KETTE
arovar
LHASA
SAMYE
Tsangpo (Brahmapû
SHIGATSE
GANBEH
GYANTSE
ALAYA-KETTE
GANGTOK
PAL
BHUTAN
DARJEELING
EN
Brahmapûtra
Gogra
Ganges
RES
ASSA
BIHAR
BENGALEN
CALCUTTA
BENGAL. MEERBUSEN

Für
LI GOTAMI
(Śâkya Dölma)
meine Lebens- und
Reisegefährtin
im Land der
Tausend Buddhas

INHALT

VERZEICHNIS DER TAFELN

ZUR AUSSPRACHE DER FREMDWÖRTER

Die im Text vorkommenden tibetischen Wörter sind so weit als möglich der deutschen Aussprache angepaßt. Die tibetische Schreibweise, die oft sehr vom gesprochenen Wort abweicht, ist dementsprechend in Klammern beigefügt. Für Leser, die sich über die «Besonderheiten der tibetischen Aussprache» informieren möchten, ist in «Grundlagen tibetischer Mystik» näheres angegeben.

Die Schreibung der Sanskritwörter folgt der international anerkannten Transkriptionsmethode. Nach dieser sind folgende Ausspracheregeln zu beachten:

Die Vokale werden im allgemeinen gesprochen wie im Deutschen – das kurze *a* ist etwas dumpfer –, doch ist der Unterschied zwischen kurzen und langen Vokalen stärker ausgeprägt. Die langen Vokale sind in indischen Sprachen die Haupttonträger. Die Betonung mehrsilbiger, kurzvokalischer Worte liegt im Sanskrit und im Pâli auf der drittletzten Silbe (z. B. *máṇḍala*). Kurzvokalische zweisilbige Worte tragen den Ton auf der ersten Silbe (z. B. *dhárma, mántra,* im Gegensatz zu *vidyâ, mudrâ*).

In allen aspirierten Konsonanten wird das nachfolgende *h* deutlich hörbar gesprochen:

kh	wie in «Rückhalt»,	*gh*	wie in «saghaft»
th	wie in «statthaft»,	*dh*	wie in «bildhaft»
ph	wie in «Schlappheit»,	*bh*	wie in «lebhaft»

c entspricht dem deutschen «tsch»

ch ist daher wie «tsch-h» in «klatschhaft»

j ist wie ein weich gesprochenes «dsch», wie im italienischen Namen «Giacomo».

ḥ repräsentiert im Sanskrit einen tonlosen Aushauch, in der tibetischen Umschrift (die meist in Klammern beigefügt ist) ein nicht gesprochenes Schriftzeichen, das als Basis eines Vokals oder als Dehnungszeichen dient.

ṃ nasaliert den vorhergehenden Vokal und wird als Auslaut entweder wie das deutsche «ng» (in Angel) oder wie ein nachtönendes «m» (z. B. in OṂ) gesprochen.

ṅ entspricht dem deutschen «ng». Es wird im Sanskrit und im Pâli nur innerhalb des Wortes verwandt, in der tibetischen Umschrift auch als Endlaut.

ñ (ny) wie «nj» in Benjamin.

ś entspricht einem palatalen, scharfem «sch» *(Śiva)*.

ṣ entspricht einem cerebralen, weichen «sch» *(Viṣṇu)*.

s ist immer scharf zu sprechen, wie in «Straße». (Das nur in tibetischer Umschrift verwandte z entspricht dem weichen deutschen «s», wie in «Rose».)

Bei den zerebralen Konsonanten *(ṭ, ṭh, ḍ, ḍh, ṇ)* berührt die leicht zurückgezogene Zungenspitze den Gaumen. Es gibt hierfür keine Entsprechung in der deutschen Sprache.

VORWORT

I

Was ist der Grund, daß das Schicksal Tibets einen so tiefen Widerhall in der Welt gefunden hat? Es kann hierauf nur *eine* Antwort geben: Tibet war zum Symbol alles dessen geworden, was der heutigen Menschheit verlorengegangen ist und was ihr auf immer zu entschwinden droht, obwohl sie sich zuinnerst danach sehnt: die Sicherheit und Stabilität einer Tradition, die ihre Wurzeln nicht nur in einer historischen oder kulturellen Vergangenheit hat, sondern im innersten Wesen des Menschen, in dessen Tiefe diese Vergangenheit als ein ewig gegenwärtiger Quell geistiger Schöpferkraft verborgen liegt.

Und mehr noch: was in Tibet vor sich geht, ist symbolisch für das Schicksal der Welt. Wie auf einer ins Riesenhafte erhobenen Bühne spielt sich vor unseren Augen der Kampf zwischen zwei Welten ab, der je nach dem Standpunkt des Beobachters entweder als der Kampf zwischen Vergangenheit und Zukunft, zwischen Rückständigkeit und Fortschritt, Religion und Wissenschaft, Aberglaube und Vernunft gedeutet werden kann – oder als der Kampf zwischen Mensch und Maschine, geistiger Freiheit und materieller Macht, der Weisheit des Herzens und dem intellektuellen Wissen des Hirns, zwischen der Würde des menschlichen Individuums und dem Herdeninstinkt der Masse, zwischen dem Glauben an die höhere Bestimmung des Menschen durch innere Entwicklung und dem Glauben an materiellen Wohlstand und eine sich immer weiter steigernde Produktionsfähigkeit weltlicher Güter.

Wir sind Zeugen der Tragödie eines friedlichen Volkes ohne politische Ambitionen oder Machtansprüche, das keinen anderen Wunsch hatte, als ungestört sein einfaches Leben weiterführen zu dürfen, und das von einem mächtigen Nachbarn seiner Freiheit beraubt und unter die Füße getreten wurde – und das alles im Namen des «Fortschritts», der ja der Menschheit von jeher als Deckmantel für alle ihre Brutalitäten diente. Die lebendige Gegenwart wird dem Moloch der Zukunft geopfert, der organische Zusammenhang mit einer fruchtbaren Vergangenheit wird um der Chimäre einer maschinengezeugten Prosperität willen zerstört. Abgeschnitten von ihrer Vergangenheit, verlieren die Menschen auf diese Weise ihre Wurzeln und können nur noch in der Herde Sicherheit finden – und Glückseligkeit nur noch in der Befriedigung ihrer materiellen Bedürfnisse und Begierden; denn vom Standpunkt des «Fortschritts» aus ist die Vergangenheit eine unwesentliche, wenn nicht negative Größe, die mit dem Stigma der Unvollkommenheit behaftet ist und mit «Rückständigkeit» und «Reaktion» gleichgesetzt wird.

Aber ist nicht das, was den Menschen vom Tier unterscheidet, gerade das Bewußtsein seiner Vergangenheit, ein Bewußtsein, das ihn über seine kurze Lebensspanne hinaushebt, über sein kleines «Ich», kurz über die Beschränktheit seiner momentanen, zeitbedingten Individualität? Es ist dieses größere und reichere Bewußtsein, diese Wesenseinheit mit den schöpferischen Keimen, die im Schoße einer ewigjungen Vergangenheit verborgen liegen, auf dem nicht nur der Unterschied zwischen menschlichem und tierischem Bewußtsein, sondern der zwischen einem kultivierten und einem unkultivierten Geist beruht.

Das gleiche gilt für Völker und Nationen. Nur Völker, die auf eine reiche Tradition zurückblicken können und sich ihrer Vergangenheit bewußt sind, haben eine wirkliche Kultur (und nicht bloß Zivilisation). In diesem Sinne können wir, trotz der primitiven Lebensverhältnisse und der wilden Natur des Landes, die Tibeter als ein Volk mit hoher Kultur bezeichnen. Ja, es ist gerade die Härte des Lebens und der unbarmherzige Kampf gegen die Mächte der Natur, was den Geist der Tibeter gestählt und ihren Charakter geformt hat. Hierin liegt ihre unversiegbare Stärke, die am Ende über alle äußeren Mächte und alle Katastrophen den Sieg davontragen wird. Diese Stärke hat sich in der ganzen Geschichte Tibets gezeigt. Mehr als einmal wurde das Land von feindlichen Heeren überrannt und von ebenso schlimmen Katastrophen

betroffen wie in unserer Zeit – zum Beispiel zur Zeit des Königs Langdarma, der den Thron von Lhasa usurpierte und den Buddhismus mit Feuer und Schwert verfolgte.
Die Tibeter haben sich jedoch nie einem Eroberer oder Tyrannen gebeugt. Als die Horden des Dschingis Khan die halbe Welt in Blut ertränkten und die Mongolen das mächtige chinesische Reich überrannten und Tibet zu erobern drohten, war es die geistige Überlegenheit Tibets, die seine Unabhängigkeit rettete. Durch die Bekehrung Kublai Khans und seines Volkes zum Buddhismus wurden die kriegerischen Horden, die ihre gesamte Umwelt in Schrecken gehalten hatten, zu einer friedliebenden Nation. Noch niemand hat je Tibet betreten, ohne seinem Zauber anheimzufallen, und wer weiß, ob nicht die Chinesen zum guten Ende, statt die Tibeter zum Kommunismus zu bekehren, selbst allmählich unter dem Einfluß Tibets verwandelt werden, wie seinerzeit die mongolischen Horden.
Eines jedoch ist sicher: Während die Chinesen ihr Äußerstes tun, um Tibet mit brutaler Gewalt zu unterwerfen, übt der Geist Tibets einen dauernd wachsenden Einfluß auf die Welt aus – so wie einstmals die Verfolgung der frühen Christen durch die Macht des römischen Imperiums nur zur Folge hatte, daß der neue Glaube in die abgelegensten Gebiete der damals bekannten Welt getragen und daß aus einer kleinen Sekte eine Weltreligion wurde, die schließlich über jenes Imperium, das sie zu vernichten drohte, den Sieg davontrug.
Wir wissen, daß Tibet nie wieder dasselbe sein wird, selbst wenn es seine Unabhängigkeit wiedergewinnt. Aber darauf kommt es nicht an, wichtig ist nur, daß die Kontinuität der geistigen Kultur Tibets, die sich auf eine lebendige Tradition und einen bewußten Zusammenhang mit ihren Ursprüngen gründet, nicht verloren geht. Der Buddhismus sträubt sich nicht gegen Veränderung – denn er erkennt den ewigen Wechsel als die Natur allen Lebens an. Er ist darum kein Gegner neuer Lebensformen, neuer Ideen oder Entdeckungen, sei es auf den Gebieten der menschlichen Psyche, der exakten Wissenschaften oder der Technik. Im Gegenteil, die Herausforderung des modernen Lebens und des sich stets erweiternden Horizontes wissenschaftlicher Erkenntnis wird zu einem Ansporn, auch die Tiefen des menschlichen Geistes zu erforschen und die Bedeutung jener Lehren und Symbole ferner Vergangenheit, die unter dem Schutt der Jahrtausende verborgen gelegen hatten, wie-

derzuentdecken. Vieles, das einfach als Glaubensartikel akzeptiert oder nur zu einer Sache der Gewohnheit geworden war, wird wieder bewußt erworben und zu neuem Leben erweckt werden müssen.
In der Zwischenzeit aber ist es unsere Aufgabe, die Erinnerung an die Größe und Schönheit des Geistes wachzuhalten, welche die Geschichte und das religiöse Leben Tibets erfüllten, damit künftige Generationen ermutigt und inspiriert werden, ein neues Leben auf den Fundamenten einer erhabenen Vergangenheit zu bauen.

II

Der Weg der Weißen Wolken, Augenzeugenbericht und Schilderung einer Pilgerschaft durch Tibet während der letzten Jahrzehnte seiner Unabhängigkeit und kulturellen Blüte, ist ein Versuch, der obengenannten Aufgabe gerecht zu werden, soweit dies im Rahmen persönlicher Eindrücke und Erfahrungen möglich ist. Es ist die Schilderung einer Pilgerschaft im wahrsten Sinne des Wortes, denn Pilgerschaft unterscheidet sich von einer Reise vor allem dadurch, daß sie nicht zweckgebunden ist, daß sie keinem im voraus festgelegten Plan folgt und keinem im voraus bestimmten Ziel zustrebt, sondern ihren Sinn in sich selbst trägt, indem er einer «Richtung des Herzens», vertraut, die sich zugleich auf zwei Ebenen auswirkt: auf der seelischen und auf der physischen. Sie ist eine Bewegung nicht nur im äußeren, sondern ebensosehr im *inneren* Raum, eine Bewegung, deren Spontaneität in der Natur alles Lebendigen, über sich selbst Hinauswachsenden beschlossen liegt und die stets im Inneren ihren Anfang nimmt.
Wir beginnen darum unsere Schilderung mit einem Prolog im Tempel von Tsaparang, einer dichterischen Vision, die jener *inneren Wirklichkeit* entspricht, in der die Keime aller äußeren Geschehnisse beschlossen liegen, die sich erst später in zeitlicher Abfolge unserem Blick enthüllen. In der großen Einsamkeit und Stille der verlassenen Stadt und im geheimnisvollen Dämmer ihrer Tempelhallen, in denen die seelischen Errungenschaften ungezählter Generationen in die Formen magischer Bildwerke gebannt zu sein schienen, leuchteten mir innere Zusammenhänge auf, die meinem bisherigen Leben einen tieferen Sinn verliehen und aus den «Zufälligkeiten» äußerer Ereignisse und Begegnungen ein

Zusammenspiel sinnvoller Kräfte machten. Die Koinzidenz gewisser Geschehnisse und Erlebnisse, die in keinem ursächlichen Zusammenhang stehen, also nicht zeitlich bedingt sind, haben allem Anschein nach einen außerzeitlichen Zusammenhang, der nur in einer höheren Dimension, auf einer höheren Bewußtseinsstufe, sichtbar wird.

Die Tempel von Tsaparang schienen in der Tat der Zeit enthoben zu sein, indem sie die konzentrierte, gleichsam verdichtete Atmosphäre einer ganzen Kulturepoche in sich vereinigten. Je länger man in ihnen verweilte, desto spürbarer wurde die Eigenlebigkeit jener Bildwerke und die Eindringlichkeit ihrer Sprache. Was dem Leser zunächst als dichterische Phantasie erscheinen mag, ist daher von größerem Wirklichkeitsgehalt (weil aus unmittelbarem Erleben entsprungen) als eine nüchterne Beschreibung äußerer Tatsachen und Begebenheiten, die ja erst gegen den Hintergrund einer solchen inneren Erfahrung tiefere Bedeutung erhalten.

Die Pilgerschaft im äußeren Raum wird somit zum Spiegelbild einer inneren Bewegtheit und Bewegungsrichtung auf ein noch unbekanntes, aber eben in jener Richtung keimhaft enthaltenes, fernes Ziel hin. Hieraus erwächst die Bereitschaft, die Horizonte des Bekannten und Gewohnten zu überschreiten, die Bereitschaft zu schicksalsmäßiger Begegnung mit Menschen und Örtlichkeiten und das Vertrauen in die Sinnhaftigkeit alles Geschehens, das mit der Tiefe unseres Wesens und der Ganzheit des größeren Lebens in Einklang steht.

So wie eine weiße Sommerwolke im Einklang mit Himmel und Erde frei im blauen Äther schwebt und von Horizont zu Horizont zieht, dem Hauch der Lüfte folgend, so überläßt sich der Pilger dem Strom des größeren Lebens, der aus der Tiefe seines Wesens aufwallt und ihn über ferne Horizonte zu einem seinem Blick noch verborgenen, aber stets gegenwärtigen Ziel führt.

Das Symbol der Wolke ist im tibetischen Buddhismus von solch überragender Bedeutung, daß ein Blick auf tibetische Rollbilder *(thankas)* und religiöse Wandmalereien genügt, um sich hiervon zu überzeugen.

Die Figuren von Buddhas, Bodhisattvas, Heiligen, Göttern, Genien manifestieren sich aus Wolkengebilden, die ihre Aureolen umgeben. Die Wolke stellt die jegliche Gestalt annehmende schöpferische Kraft des Geistes dar – vor allem die weiße (oder auch in zarten Regenbogenfarben leuchtende) Wolke – als ideales Gestaltungsmedium des erleuchteten oder verklärten Geistes, der sich auf der Ebene meditativer Schauung als *sambhoga-kâya*, als geistgeschaffener «Körper der Verzückung», manifestiert.

Schon der indische Buddhismus spricht von der «Wolke der Wahrheit» oder des universellen Gesetzes *(dharma-megha)*, die den segenspendenden, leidbefreienden Regen rechter Erkenntnis auf die von Leidenschaften brennende Welt herabsendet. Die weiße Wolke wird somit auch zum Inbegriff des Guru, des höchsten Lehrers, und so wird der *Weg der Weißen Wolken* gleichbedeutend mit dem Weg der geistigen Entfaltung, der Pilgerschaft, die mit der Verwirklichung völliger Ganzwerdung endet.

Dieser Zusammenhang kommt in einem dichterisch besonders schönen tibetischen Text zum Ausdruck, in dem es heißt:

> «Von des weißen Schneebergs Gipfel im Osten
> Steigt eine weiße Wolke zum Himmel empor.
> Und so wie die Wolke am östlichen Gipfel,
> Entsteigt meinem Herzen des Guru Gestalt,
> Und im Gedenken der Güte des Guru
> Ersteht mir des Glaubens tiefster Gehalt.» *

* Unter dem Titel «The Song of the Eastern Snow-Mountain» (Lobgesang vom östlichen Schneeberg) von Johan van Manen 1919 in der *Asiatic Society of Calcutta* veröffentlicht.

Erster Teil

DREI VISIONEN

DIE VISION DES DICHTERS: PROLOG IM ROTEN TEMPEL VON TSAPARANG

«In Tatsachen gekleidet
fühlt die Wahrheit sich eingeengt.
Im Gewande der Dichtung
bewegt sie sich leicht und frei.»
(Rabindranath Tagore)

Es war eine stürmische Nacht über den Felsen und Ruinen von Tsaparang, der verlassenen Hauptstadt des einstmals mächtigen Königreichs von Westtibet. Wolken jagten über den Himmel und ließen den vollen Mond abwechselnd erscheinen und verschwinden, so daß seine Strahlen, wie die eines geisterhaften Scheinwerfers, über die gewaltige Bühne tanzten, auf der die Geschichte eines ihrer unsterblichen Dramen gespielt hatte. Ich sage «unsterblich», denn es war das ewige Drama der Vergänglichkeit aller Dinge, das stets sich erneuernde wundersame Spiel von Macht und Schönheit, weltlichem Glanz und geistigen Errungenschaften.

Die Macht war vergangen, während die Schönheit noch über den Ruinen schwebte und in den Kunstwerken verharrte, die in Geduld und Demut im Schatten der einstigen Macht geschaffen worden waren. Der Glanz und die Macht wurden zu Staub, während der Geist der Kultur und der religiösen Hingabe sich in weltferne Einsiedeleien zurückzog, in den Worten und Werken von Heiligen, Dichtern und Gelehrten weiterlebte und so die Wahrheit von Lao-tzes Worten bestätigte, daß das Zarte und Nachgiebige dem Reich des Lebens angehört, das Harte und Starke aber dem Reich des Todes.

Das Schicksal von Tsaparang ist besiegelt. Menschenwerk und Natureinwirkung lassen sich fast nicht mehr voneinander unterscheiden. Ruinen haben die Form von Felsen angenommen, und Felsen ragen wie zyklopische Gebäude empor. Der ganze mächtige Berg erscheint wie ein riesiger Marmorblock, aus dem eine Feenstadt herausgemeisselt ist: mit

ragenden Burgen und Palästen, Türmen und Zinnen, die die Wolken zu berühren scheinen und deren Mauern und Bastionen auf senkrecht abstürzenden Felsen ruhen, die wie eine Bienenwabe von Zellen, von Hunderten und Aberhunderten von Höhlen durchsetzt sind.
Das wechselnde Licht des Mondes machte alles noch unwirklicher und unheimlicher, indem es die Dinge ebenso plötzlich verschwinden ließ, wie sie in Erscheinung getreten waren.
Der große Rote Tempel des Buddha Śâkyamuni war in Dunkel und Schweigen gehüllt. Nur das goldene Antlitz der Riesenstatue Śâkyamunis schien ein sanftes Licht auszustrahlen, das nur eben noch wahrnehmbar von den goldenen Statuen der Dhyâni-Buddhas, die zu beiden Seiten unterhalb seines Thrones saßen, reflektiert wurde.
Plötzlich begannen die Wände des Tempels zu zittern, und zugleich ertönte ein unheimliches Donnern und Rollen von fallendem Mauerwerk. Die hölzernen Fensterläden des Lichtschachtes über dem Haupte Śâkyamunis sprangen auf, und das Antlitz des Buddha erstrahlte im Lichte des Vollmonds, so daß der ganze Tempel von seinem Widerschein durchflutet wurde.
Der Raum war mit dem Ächzen und Klagen unzähliger Stimmen erfüllt, als ob das ganze Gebäude unter der Last der Jahrhunderte stöhnte.
Ein großer Sprung erschien in der Wand neben dem Fresko der Weißen Târâ und berührte fast eine der Blumen zu seiten ihres reichgeschmückten Throns.
Der Geist, der diese Blume bewohnte, sprang erschreckt aus seiner Behausung und flehte mit erhobenen Händen, zu Târâ gewandt:
«O du Erretterin aller, die in Not sind, rette uns und diese heilige Stätte vor der Vernichtung!»
Târâ blickte mit mitleidsvollen Augen zur Seite, von der die Stimme kam, und sprach: «Wer bist du, kleiner Elf?»
«Ich bin der Geist der Schönheit, der in dieser Blume zu deiner Seite wohnt.»
Târâ lächelte ihr mütterliches Lächeln und wies zur anderen Seite des Tempels: «Unter den kostbaren Weisheitsschätzen, die in jenen halbvermoderten Manuskripten aufgespeichert sind, liegt auch eines, das unter dem Namen *Prajñâ-pâramitâ* bekannt ist. In ihm befinden sich die folgenden Worte des Erhabenen:

‹So sollt ihr diese flücht'ge Welt beschau'n:
Wie einer Sommerwolke Wetterleuchten,
Wie einen Stern im ersten Morgengrau'n,
Wie einer Flamme unbeständ'gen Schein,
Wie einer Welle schnellverwehten Schaum,
Wie ein Phantom, ein Trugbild ohne Sein,
Wie eines schlafverfallnen Geistes Traum.›»

Der Geist der Schönheit hatte Tränen in den Augen: «O, wie wahr sind diese Worte, wie wahr und – wie schön! Und wo immer Schönheit ist, wenn auch nur für einen einmal aufleuchtenden Augenblick, da wird eine unsterbliche Saite in uns zum Schwingen gebracht. Ja, wir alle sind in einem großen Traum, und wir hoffen, einst aus ihm zu erwachen, wie der Tathâgatâ, der Erleuchtete, der in seiner Barmherzigkeit vor uns in seiner ‹Traumform› erschien, um uns zur Erleuchtung zu führen.»
Während der Geist der Schönheit so sprach, verneigte er sich in der Richtung des Śâkyamuni, dessen Riesenstatue, wie alle anderen Bildwerke des Tempels, in dieser magischen Stunde zum Leben gekommen war.
«Es ist nicht für mich selbst», fuhr der Geist fort, «daß ich um Hilfe bitte. Ich weiß, daß all die Formen, die wir hier bewohnen, vergehen müssen, – so wie auch jene kostbaren Worte des Tathâgatâ, die in den staubbedeckten Manuskripten aufgespeichert sind. Worum ich jedoch bitte, ist dies: Laß sie nicht umkommen, bevor wir die große Botschaft weitergegeben haben, die in ihnen verkörpert ist.
Ich bitte darum Dich, o Mutter aller leidenden Wesen, und alle Buddhas, die hier zugegen sind, Mitleid zu haben mit all jenen Menschen, deren Augen mit nur wenig Staub bedeckt sind und die sehen und begreifen würden, wenn wir nur ein wenig länger in diesen unseren Traumformen verweilen könnten, bis unsere Botschaft sie erreicht hat oder denjenigen übergeben worden ist, die imstande sind, sie zum Segen aller Lebewesen zu verbreiten.
Unser Meister Śâkyamuni selbst wurde seinerzeit von den Göttern davor zurückgehalten, ins *parinirvâna* einzugehen, als er die volllkommene Erleuchtung errungen hatte. Sei es mir daher gestattet, noch einmal und mit der gleichen Begründung an ihn zu appellieren, indem

ich meine Zuflucht zu ihm und zu all seinen zahllosen Erscheinungsformen nehme.»
Er verneigte sich wiederum mit vor der Stirn zusammengelegten Händen vor der mächtigen, strahlenden Figur des Buddha Śâkyamuni und vor allen anderen versammelten Buddhas und Bodhisattvas.
Târâ erhob ihre Hände in einer innigen Geste des Segnens und der Gewährung, und Śâkyamunis strahlendes Antlitz lächelte Zustimmung.
«Der Geist der Schönheit hat die Wahrheit gesprochen, und sein Herz ist aufrichtig. Wie könnte es auch anders sein? Ist nicht Schönheit der größte Botschafter und Diener der Wahrheit? Schönheit ist die Offenbarung der Harmonie durch Formen, seien sie sichtbar oder hörbar, stofflich oder unstofflich. Wie vergänglich auch immer die Formen sein mögen, die Harmonie, welche sie ausdrücken und verkörpern, gehört dem unsterblichen Reiche des Geistes an, dem innersten Gesetz der Wahrheit, das wir dharma nennen.
Hätte ich diesen ewigen Dharma nicht durch vollkommene Harmonie in Wort und Gedanken ausgedrückt, hätte ich nicht durch den Geist der Schönheit an die Menschen appelliert, meine Lehre würde nie ihre Herzen bewegt, sie würde nicht eine einzige Generation überlebt haben.
Dieser Tempel ist dem Untergange geweiht, wie die in jener Ecke aufgehäuften Manuskripte, in denen eifrige Jünger meine Worte mit unendlicher Sorgfalt und Hingabe niedergeschrieben haben. Aber andere haben sie nachgeschrieben, Buchstaben für Buchstaben und Wort für Wort, so daß selbst wenn diese Schriften vernichtet sind, ihre Lehren weiterleben. In gleicher Weise möge das Werk begnadeter Künstler und Heiliger, die dieses Heiligtum erschufen, künftigen Generationen erhalten bleiben.
Dein Wunsch sei dir gewährt, Geist der Schönheit. Deine Form, wie die all derer, welche diesen Tempel bewohnen, soll nicht umkommen, solange nicht ihre Botschaft der Welt überliefert worden ist, solange nicht ihr heiliges Ziel erfüllt ist.»
Eine Bewegung ging durch die Reihen der Dhyâni-Buddhas zu beiden Seiten von Śâkyamunis Thron.
Akṣobhya, dessen Natur so unbegrenzt und unerschütterlich ist wie der Weltraum, sagte: «Ich will diesem Heiligtum Festigkeit verleihen, bis es seinen Zweck erfüllt hat.»
Ratnasambhava, dessen Natur Freigebigkeit ist, sagte: «Ich will die

Gabe des Dharma all denen verleihen, die bereit sind, sie zu empfangen. Ich will diejenigen, die imstande sind, zur Erhaltung des Dharma beizutragen, zur Freigebigkeit anregen.»
Amitâbha, dessen Natur unbegrenztes Licht ist, sagte: «Denjenigen, die Augen haben zu sehen, will ich die Schönheit der Buddhaschaft offenbaren. Und denen, die wachen Geistes sind, will ich die tiefe Wahrheit des Dharma enthüllen.»
Amoghasiddhi, dessen Natur es ist, die Werke des Dharma durch die magische Kraft des Mitleids und der Liebe, die das Universum in allen zehn Richtungen des Raumes durchdringt, zu vollenden, sagte: «Diejenigen, die befähigt sind, die Werke des Dharma zu tun, will ich mit Tatkraft und mitfühlender Hilfsbereitschaft erfüllen und begeistern.»
Vairocana, dessen Natur die allumfassende Wirklichkeit des Dharma ist, sagte: «Ich will all eure Bemühungen zusammenfassen und jenen Wesen zuleiten, die für die Erfüllung dieser Aufgabe bereit sind.»
Und während er mit seinem göttlichen Auge die vier Himmelsrichtungen durchdrang, sagte er: «Selbst in diesem Zeitalter des Kampfes und geistigen Zerfalls gibt es noch heilige Menschen; und unter ihnen, in diesem Lande Tibet, lebt ein großer Einsiedler, dessen Behausung im südlichen Weizental (Tomo) ist. Sein Name ist Lama Ngawang Kalsang. Ich werde ihn veranlassen, aus seiner Einsiedelei in die Welt hinauszuziehen, um die Flamme des Dharma in den Herzen der Menschen zu entzünden.
Ich werde ihn durch den Mund des Großen Orakels zu jenem geheiligten Orte rufen, an dem Himmel und Erde einander begegnen und an dem Padmasambhava, der große Apostel des Buddha-Dharma, die Spuren seiner magischen Kraft in der Wunderquelle von Tschörten Nyima zurückließ. In der äußersten Einsamkeit und Reinheit dieses Ortes werde ich die Strahlungen unserer transzendenten Formen vor ihm erscheinen lassen. Da er durch lange Jahre der Meditation die Fähigkeit erworben hat, seine Visionen auch anderen sichtbar zu machen, so wird er ihre Augen der unsterblichen Schönheit der Buddhaschaft öffnen und ein Leiter sein für diejenigen unter ihnen, die befähigt sind, diese unsere vergänglichen Formen vor verfrühtem Untergang zu retten, so daß alle, die die Sprache der Schönheit verstehen, sich im Innersten ergriffen und erhoben fühlen und den Pfad der Erlösung betreten.»

DIE VISION DES GURU

Hoch über den tausend Bergen,
Auf einsam ragendem Gipfel,
Eine weltferne Klause:
Zur Hälfte bewohnt sie ein Mönch,
Zur Hälfte erfüllt sie die Wolke. –
In der Nacht war es stürmisch
Und blies die Wolke davon. –
Wie konnte auch je eine Wolke
Mit seiner Ruhe sich messen?!
(Ryokwan)

Der Lama Ngawang Kalsang hatte zwölf Jahre lang in unzugänglichen Höhlen und Einsiedeleien der Bergwildnisse Südtibets der Meditation gepflegt. Niemand kannte ihn. Niemand hatte von ihm gehört. Er war einer der Tausende unbekannter Mönche, der seine Ausbildung in einer der großen Kloster-Universitäten (Ganden) in der Nähe Lhasas empfangen hatte. Obwohl er den Titel eines Gésché (eines Doktors der geistlichen Wissenschaften) erworben hatte, war er zu dem Schluß gekommen, daß die Verwirklichung des Gelernten nur in der Stille und Einsamkeit der Natur erreicht werden könne – fern vom Lärm der Märkte wie auch von der mönchischen Routine großer Klöster und der intellektuellen Atmosphäre klösterlicher Universitäten.
Die Welt hatte ihn vergessen, so wie er die Welt vergessen hatte – nicht weil er ihr gleichgültig gegenüber stand, sondern im Gegenteil, weil er aufgehört hatte, zwischen sich und der Welt einen Unterschied zu machen. Was er in Wirklichkeit vergessen hatte, war nicht die Welt, sondern sein eigenes Selbst – denn die «Welt» hat ihren Bestand ja nur im Gegensatz zum «Ich».
Wilde Tiere besuchten ihn in seiner Höhle und wurden seine Freunde. Sein Herz öffnete sich allem Lebenden und Leidenden in innigem Verstehen. Aus diesem Grunde fühlte er sich nie verlassen in seiner Einsamkeit und genoß den Segen innerer Befreiung, der aus den erhabenen Schauungen meditativer Versenkung floß.
Eines Tages geschah es, daß ein Hirte, der sich auf der Suche nach neuem Weidegrund für seine Herde in der weglosen Felsenwildnis, hoch über

dem Tal verirrt hatte, das rhythmische Schlagen eines *ḍamaru* vernahm, wie ihn Lamas und wandernde Asketen zur Begleitung ihrer Rezitationen gebrauchen, vermischt mit dem silbernen Klang einer Glocke. Er glaubte zunächst seinen Ohren nicht trauen zu können, denn es schien ihm unmöglich, daß ein menschliches Wesen in dieser Einöde leben könne. Als sich aber die Töne wieder und wieder vernehmen ließen, erfüllte ihn Furcht; denn wenn sie keine menschliche Ursache haben konnten, so mußten sie übernatürlichen Ursprungs sein.

Zwischen Furcht und Neugier hin und her gerissen, folgte er den Tönen, wie von der unwiderstehlichen Kraft eines Magneten angezogen, und bald sah er die Gestalt eines Einsiedlers, der in tiefe Andacht versunken vor seiner Höhle saß. Der Körper des Einsiedlers war schlank, aber nicht abgezehrt, sein Antlitz schien von heiterem Frieden erfüllt und verklärt vom Feuer innerer Hingabe. Der Hirte verlor augenblicklich alle Furcht, und nachdem der Einsiedler seine Andacht vollendet hatte, näherte er sich ihm ehrfurchtsvoll und bat um seinen Segen.

Als des Eremiten Hand seinen Scheitel berührte, fühlte er seinen Körper wie von einem Kraftstrom durchflossen und von einem so unbeschreiblichen Glücksgefühl erfüllt, daß er alle Fragen, die ihn erfüllt hatten, vergaß und ins Tal hinab eilte, um die frohe Botschaft seiner Entdeckung den Menschen dort unten mitzuteilen.

Diese konnten anfangs seine Geschichte kaum glauben; als er sie aber schließlich zur Höhle des Einsiedlers führte, waren sie wie er aufs höchste verwundert. Wie war es möglich, daß ein Mensch in dieser unzugänglichen Bergwildnis leben konnte? Woher konnte er Nahrung bekommen, da doch niemand etwas von seiner Existenz wußte? Wie konnte er die Härten des Winters überstehen, wenn die Berge in Eis und Schnee gehüllt waren und selbst die Beschaffung des bescheidensten Brennstoffes, wie Wurzeln und kriechendes Gestrüpp, unmöglich war – gar nicht zu reden von Nahrungsmitteln! Es war gewiß, daß nur ein Asket mit übermenschlichen, yogischen Kräften unter solchen Umständen existieren konnte.

Die Leute warfen sich ihm zu Füßen, und als er sie segnete, fühlten sie sich wie verwandelt – als sei ihr ganzes Wesen zum Gefäß eines überweltlichen Friedens und einer nie zuvor empfundenen Beglückung geworden. Es gab ihnen einen Vorgeschmack von dem, was jedes menschliche Wesen erreichen kann, wenn es sich der schlummernden Kräfte des

Lichtes bewußt wird, die wie Samenkörner tief in seinem Innern ruhen. Der Einsiedler-Lama ließ sie am Segen seiner eigenen Verwirklichung teilnehmen, um sie zum Befolgen des gleichen Weges zu ermutigen.

Die Kunde von dem wundersamen Eremiten verbreitete sich in den Tälern mit Windeseile. Aber nur Junge und Starke konnten es wagen, den langen, mühsamen Weg zu der einsamen Höhle emporzuklettern; da jedoch so viele andere, die zu schwach oder zu alt waren, ebenso nach geistiger Führung verlangten, baten die Leute des Tales den Einsiedler, sich unter ihnen niederzulassen, zum Segen aller, die seine Hilfe benötigten.

Drunten im Tal war ein kleines, ziemlich armseliges und von nur wenigen Mönchen betreutes Tempelchen, das den Namen «Kloster der Weißen Muschel» (Dungkar Gompa) führte. Es lag auf einem steilen, felsgekrönten Hügel, der mitten aus dem fruchtbaren, mit Weizen bestellten Tal (das deshalb «Tomo», das «Weizental», hieß) aufragte. Diese Stätte wurde dem Einsiedler-Lama zur Verfügung gestellt, der von nun an unter dem Namen Tomo Gésché Rimpotsché, «das Juwel des geistlichen Wissens aus dem Weizental», bekannt war.

Bald strömten Mönche und Laien von nah und fern nach Dungkar, um zu Füßen des Tomo Gésché zu lernen, und in kurzer Zeit wurde das Kloster der Weißen Muschel zu einer bedeutenden Stätte geistiger Bildung und religiösen Lebens, mit schönen Tempeln und geräumigen Wohnbauten. In der großen Halle des Haupttempels errichtete Tomo Gésché eine riesige goldene Statue Maitreyas, des Kommenden Buddha, der «Großen Liebenden», als ein Symbol der geistigen Zukunft und der Wiedergeburt der ewigen Wahrheit *(dharma)*, die in jedem Erleuchteten verkörpert ist und in jedem Menschenherzen wiederentdeckt werden muß.

Tomo Gésché jedoch begnügte sich nicht mit dem Erfolg seines Werkes in Dungkar. Er ließ an vielen anderen Orten Statuen des Maitreya errichten, um die Anhänger des Buddha daran zu erinnern, daß es nicht genügt, sich im Glanz der Vergangenheit zu sonnen, sondern daß es nötig ist, sich aktiv an der Gestaltung der Zukunft zu beteiligen und im eigenen Geist, wie auch in dem aller nach Vollendung strebenden Menschen, das Erscheinen des kommenden Buddha vorzubereiten.

Aber ein Ereignis, das ebenso überraschend und seltsam war wie die Entdeckung und Rückkehr des Einsiedler-Lamas in die Welt der Menschen, unterbrach den ruhigen Fluß seiner neuen Tätigkeit. Der Anstoß zu diesem Ereignis kam durch einen Ausspruch des Staatsorakels von Lhasa (Netschung), das Tomo Géché anwies, eine Pilgerreise nach Tschörten Nyima zu machen, einem Ort, der durch Padmasambhavas Gedächtnis geheiligt war. Padmasambhava hatte als erster den Buddhismus nach Tibet gebracht und ihm eine feste Grundlage verliehen durch Gründung des ersten Klosters (Samyé) und durch Schaffung einer buddhistischen Literatur in tibetischer Sprache. Dieses Werk wurde fortgesetzt durch den Lotsawa («Übersetzer») Rintschen-Sangpo, von dem wir später hören werden.

Diese Tatsachen sind von besonderem Interesse für unseren Bericht, da aus ihnen erhellt, daß eines der entscheidendsten Ereignisse im Leben Tomo Géchés mit der Gründungsperiode des tibetischen Buddhismus verbunden war, in der Westtibet, und Tsaparang insbesondere, eine wichtige Rolle spielten.

Tschörten Nyima befindet sich auf einem der höchstgelegenen Teile des tibetischen Plateaus, in der Nähe der nordsikkimesischen Grenze. Es liegt auf einem weiten, sanftgeschwungenen Hochland, das im Süden von den Eispyramiden des Himalaya begrenzt wird, die den für diese Höhen so charakteristischen tiefblauen Himmel zu durchstoßen scheinen. Es ist ein Ort, an dem Himmel und Erde sich in ebenbürtiger Größe und Erhabenheit begegnen: wo die Landschaft die Unendlichkeit und den Rhythmus des Meeres hat und der Himmel die Tiefe des Weltraums. Es ist ein Ort, an dem der Mensch sich den Himmelskörpern nahe fühlt, wo Sonne und Mond seine Nachbarn sind und die Sterne seine Freunde.

Und hier geschah es, daß jene selben Buddhas und Bodhisattvas, welche die Künstler von Tsaparang inspiriert und die unter ihren Händen sichtbare Form angenommen hatten, wiederum in sichtbarer Form vor den Augen Tomo Géché Rimpotchés erschienen. Sie zeigten sich gegen den dunkelblauen Himmel wie aus Licht gewoben, in allen Farben des Regenbogens strahlend, und sie bewegten sich langsam über den Himmel, vom östlichen zum westlichen Horizont.

Die Erscheinung war anfangs nur dem Rimpotsché sichtbar. Aber so, wie ein großer Künstler seine eigenen Visionen anderen sichtbar zu machen imstande ist, indem er die Gestalten des inneren Gesichtes in äußerem, stofflichem Material nachbildet und wiedererschafft, so machte der Guru durch die schöpferische Kraft seines Geistes diese wundersame

Vision allen Anwesenden sichtbar. Nicht alle waren gleichermaßen imstande, die Vision in allen Einzelheiten wahrzunehmen, da die Aufnahmefähigkeit der Einzelnen verschieden war.

Es ist unmöglich für jemanden, der all dies nicht selbst miterlebte – und vielleicht sogar für die, welche es erlebten –, die sublime Schönheit dieser Vision in Worte zu fassen oder den tiefen Eindruck zu schildern, den sie in allen Beschauern hinterließ.

Im *Śûrangama Sûtra* befindet sich die Beschreibung eines ähnlichen Ereignisses, das in der hier gegebenen Paraphrase dem Leser einen Eindruck vermitteln mag von dem, was Tomo Géshé und seine Begleiter in Tschörten Nyima erlebten.

«Buddha Šâkyamuni thronte inmitten der Buddhas und Bodhisattvas der zehn Weltrichtungen und offenbarte seinen überweltlichen Glanz, der alle Anwesenden überstrahlte. Von seinen Händen und Füßen, wie auch von seinem Körper, gingen Lichtstrahlen aus, die sich auf dem Scheitel jedes anwesenden Buddha und Bodhisattva sammelten.

Und ebenso gingen von den Händen, Füßen und Körpern sämtlicher anwesenden Buddhas und Bodhisattvas der zehn Weltrichtungen leuchtende Strahlen aus und sammelten sich auf dem Haupte Buddha Šâkyamunis, wie auch auf den Häuptern aller anderen anwesenden Buddhas, Bodhisattvas und Heiligen.

Gleichzeitig sangen die Wässer und Wellen von Bächen und Strömen die Sphärengesänge des Dharma, und all die unzähligen, sich durchkreuzenden Strahlen überirdischen Lichtes formten sich wie zu einem gleißenden Diamantennetz, das sie alle umspannte und überwölbte.

Ein so wunderbarer Anblick war noch von keinem sterblichen Auge erblickt worden, und er hielt alle Anwesenden in ehrfürchtigem Schweigen gebannt. Und ehe sie wußten, wie ihnen geschah, wurden sie in den beseligenden Zustand tiefster Meditation *(samâdhi)* versetzt. Ein beglückendes Gefühl der Befreiung und des Friedens durchschauerte sie wie ein sanfter Regen vielfarbiger Lotosblütenblätter, die in den leuchtenden Farben des offenen Himmelsraumes reflektiert zu sein schienen.

Alle die unterschiedlichen Formen von Bergen und Gewässern, Felsen und Pflanzen und all den Dingen, aus denen unsere alltägliche Welt besteht, verschmolzen ineinander und lösten sich auf, bis nur noch das unbeschreibliche Erlebnis der letzten Ureinheit übrigblieb; diese hatte nichts von Eintönigkeit und Starre an sich, sondern vibrierte von rhythmischem Leben und Licht und war von der Harmonie der Sphären erfüllt, deren Klänge melodisch anschwollen und abklangen, sich ineinander verwebend und sich wieder auflösend, bis sie in die Große Stille verschmolzen.»

Beruhigt ist die Flut,
verströmt das Übermaß des Glücks;

Durchsichtig, klar,
erfüllt sie nun die Tiefe.

Der Wellen letzte Kreise
schwingen aus,

Gleich Schlußakkorden
hehrer Symphonien.

Der Ton verhallt,
die Stille wird Musik;

Es strahlt das Licht,
die letzten Schatten fliehen.*

Solche Erlebnisse sind trotz ihrer Seltenheit nicht einmalig und scheinen, einem inneren Gesetze folgend, gewisse gleichbleibende Elemente zu bergen. Die Vision von Tschörten Nyima stellt allerdings einen in der Geschichte psychischer Erlebnisse außergewöhnlichen Fall dar, indem die Vision nicht nur die subjektive und daher unüberprüfbare Erfahrung eines Einzelnen war, sondern von einer größeren Anzahl von Augenzeugen bestätigt und zu Protokoll gegeben wurde.**

Dies geschah nach der Rückkehr der Pilger von Tschörten Nyima, indem ein jeder das von ihm Gesehene beschrieb. Nach den Beschreibungen aller Augenzeugen und mit der Erlaubnis des Guru (der, wenn auch zögernd, den Bitten seiner Schüler nachgab) wurden von einem

* Aus «MANDALA, *Meditationsgedichte und Betrachtungen*» von Lama Anagarika Govinda, Origo Verlag, Zürich 1961 (2. Aufl.). – Diese aus einem Meditationserlebnis entstandenen Verse wurden ohne Kenntnis des oben zitierten Sûtras geschrieben.

** Wir erinnern hier an das in neuester Zeit geschehene «Wunder» der Madonna von Fatima, das von einer großen Menschenmenge beobachtet wurde und in einer ähnlichen Lichterscheinung am Tageshimmel bestand.

befähigten Künstler die Ereignisse von Tschörten Nyima in einem großen Fresko-Gemälde im Kloster von Dungkar dargestellt.
Einer der Hauptaugenzeugen dieser denkwürdigen Ereignisse war der letzte Abt von Dungkar Gompa, der bis zur Rückkehr der neuen Inkarnation Tomo Gésché Rimpotschés das Kloster verwaltete. Er gab nicht nur die Erlaubnis, photographische Aufnahmen dieses interessanten Freskos zu machen, sondern erklärte selbst alle Einzelheiten desselben, während er seine eigenen Erlebnisse von dieser Pilgerfahrt erzählte. Er beschrieb, was er mit eigenen Augen gesehen hatte und wies auf gewisse Einzelheiten hin, die er nicht zu sehen imstande gewesen war, die aber von anderen beobachtet worden waren. Er erwähnte auch die seltsame Tatsache, daß die Vision mehrere Stunden sichtbar blieb, so daß alle, die sie sahen, sich alle Einzelheiten einprägen und sich gegenseitig auf ihre Beobachtungen aufmerksam machen konnten.
Ich möchte hinzufügen, daß der Tibeter solche Visionen nicht für göttliche Offenbarungen letzter Wirklichkeit hält, sondern sich durchaus ihrer Relativität und ihres psychischen Ursprungs bewußt ist. Dementsprechend heißt es im *Mahâyâna-Śraddhotpada-Śâstra*: «Wenn Jünger Visionen haben von Göttern, Bodhisattvas und Tathâgatâs, umgeben von himmlischem Glanz, so sollen sie dessen eingedenk sein, daß auch diese geistgeschaffen und unwirklich sind.»
Aber soweit die relative Wirklichkeit des schöpferischen Geistes geht, soweit sind auch dessen Schöpfungen «wirklich», d. h. wirkende Kräfte. Sie entstehen und vergehen wie jedes wahre Kunstwerk, das aus den höchsten Erlebnissen des menschlichen Genius geboren ist, und wenn ihnen auch kein Bestand, keine *bleibende* Wirklichkeit zukommt, so enthalten sie dennoch Symbole, deren stets wiederkehrende Formen Wegweiser und Anreger zur höchsten Vollendung, zur Erleuchtung sind.
Es wird daher in den Heiligen Schriften (insbesondere den *Tantras*) wieder und wieder gewarnt vor den zwei Extremen, von denen das eine darin besteht, Schauungen höherer Bewußtseinsstufen für letzte Wirklichkeit zu halten – wodurch wir uns an sie verhaften und auf halbem Wege stecken bleiben –, während das andere Extrem darin besteht, solchen Schauungen jegliche Wirklichkeit abzusprechen, in dem Gedanken, daß sie ja *nur* geistgeschaffen seien. Dadurch verkennen wir die entscheidende Rolle eben dieses unseres Bewußtseins und seiner

potentiellen Möglichkeiten und berauben uns somit eines wertvollen Mittels zum Fortschritt.

Tomo Géshé war sich dieser beiden Extreme menschlichen Denkens wohl bewußt, und wenn er daher den Bitten seiner Schüler nachgab, die Vision von Tschörten Nyima im Bilde festzuhalten und der Nachwelt zu übermitteln, so vergaß er nicht, sie vor dem Irrtum zu warnen, irgendwelche Erscheinungsformen für endgültige Wirklichkeit zu halten. Die Vision hatte weitgehende Wirkungen auf Tomo Géshé wie auch auf seine Schüler. Sie verlieh ihm jene höhere Autorität, die in Tibet nur Tulkus zugeschrieben wird, d. h. Menschen, in denen das Bodhisattva-Bewußtsein *(bodhi-citta)*, das geistige Ideal der Buddhaschaft, so feste Wurzeln gefaßt hat, daß sie seine lebendige Verkörperung geworden sind. Sie haben die Macht, ihre zukünftigen Wiedergeburten zum Segen ihrer Mitmenschen und den jeweiligen Notwendigkeiten entsprechend zu bestimmen.

Die unmittelbare Folge der Vision von Tschörten Nyima war, daß Tomo Géshé die Berufung fühlte, nicht nur seinem eigenen Volk und seinem eigenen Land die Lehren der Erleuchteten zu bringen, sondern auch der Außenwelt, ohne Unterschied der Rasse, Kaste oder Religion. Und so zog er aus seinem friedlichen Tal hinaus in alle Länder des Himalaya-Gebietes. Und wohin auch immer er seine Schritte lenkte, da pflanzte er Hoffnung und Begeisterung in die Herzen der Menschen. Er heilte die Kranken durch bloße Berührung mit seinen Händen und durch die Macht seines Geistes, er verkündigte die heilige Lehre, «die beglückend ist in ihrem Anfang, beglückend in ihrer Mitte und beglükkend an ihrem Ende»*; er belehrte alle, die bereit waren, die Wahrheit des Dharma zu empfangen, und ließ manch einen Jünger auf seiner Spur zurück, um das Werk, dem zuliebe er sein stilles Tal verlassen hatte, fortzusetzen und weiterzutragen.

Verehrung Ihm, dem Lehrer!

* Dies ist eine in den alten Pâlitexten häufig gebrauchte Redewendung, die für die Freudigkeit der religiösen Haltung des Buddhismus, der jede Form der Selbstqual ablehnt, charakteristisch ist.

DAS KLOSTER YI-GAH TSCHÖ-LING

Um die Bedeutung der Ereignisse unseres Daseins zu verstehen, um die seltsam verwobenen Muster und Figuren des Schicksals (das nach buddhistischer Überzeugung das Produkt unseres Karma, unserer eigenen früheren Taten ist) wahrzunehmen, müssen wir von Zeit zu Zeit hinter uns schauen, um den Verlauf der Hauptfäden dieses komplizierten Gewebes, das wir Leben nennen, zu ihren Ursprüngen zurückzuverfolgen. Ein Blick, ein paar leicht hingeworfene Worte, die Bruchstücke einer Melodie, deren Klänge durch die Stille eines Sommerabends an unser Ohr getragen werden; ein Buch, das zufällig unseren Weg kreuzt, ein Gedicht, ein erinnerungsbeladener Duft – solche scheinbar zufälligen Eindrücke können Impulse hervorbringen, die unser ganzes weiteres Leben ändern und bestimmen, oder den Schlüssel zu den tieferen Geheimnissen unserer Vergangenheit in sich bergen.
Während ich dies schreibe, umschwebt mich der harzige Duft tibetischen Weihrauchs und ruft unmittelbar die Erinnerung des Ortes, an dem ich ihn zum erstenmal bewußt wahrnahm, in mir wach. Ich sehe mich in der von Butterlampen sanft erleuchteten Halle eines tibetischen Klostertempels sitzen, umgeben von einem Pantheon phantastischer Figuren, von denen einige friedlich und wohlwollend, andere wild und schrekkenerregend und wiederum andere rätselhaft und geheimnisvoll aussehen. Wie aus der schattenhaften Tiefe des Weltraums entsteigend, umgeben sie das Innere des Tempels. Ihnen allen gemeinsam ist eine verhaltene Lebendigkeit und eine Harmonie von Farben und rhythmischer Bewegtheit, die der Vielfältigkeit eine höhere Einheit verleiht.

Ich hatte in diesem Kloster während eines tagelang wütenden Unwetters, das alle Verbindungen mit der Außenwelt abgeschnitten hatte und die sommerliche Landschaft unter Eis und Schnee begrub, Zuflucht genommen. Die Plötzlichkeit und Gewalt dieses von heftigen Gewittern begleiteten Schnee- und Hagelsturms war so außergewöhnlich, daß selbst die ältesten Bewohner dieser Gegend in ihrem Leben nichts ähnliches erfahren hatten, und für mich, der ich geradewegs aus Ceylon gekommen war und nur mit den gelben Kattungewändern eines Theravâdamönches, einem dünnen wollenen Schal und leichten Sandalen bekleidet war, erschien das Ganze wie ein wüster Spuk oder ein phantastischer Traum.

Das Kloster selbst, das – hoch über den das Darjeeling-Massiv umgebenden Tälern – auf einem isolierten Bergvorsprung thronte, glich einem Spielball sturmgepeitschter Wolken, die wie aus einem überkochenden Kessel aus undurchdringlichen Tiefen emporquollen und von ununterbrochenen Blitzen tausendfach durchzuckt wurden, während eine zweite Wolkenphalanx, von den eisigen Gipfeln der zentralen Himalayakette zurückgeworfen, das Chaos tosender Elemente vervollständigte. Das unaufhörliche Krachen und Rollen des Donners, das ohrenbetäubende Trommeln des Hagels auf den Dächern und das Heulen des Sturms vermischten sich zu einer höllischen Symphonie.

Da es – vielleicht auf Tage hin – keine Möglichkeit gab, das Kloster zu verlassen, lud mich der freundliche Abt ein, seinen eigenen Raum mit ihm zu teilen. Er versorgte mich mit warmen Decken und machte es mir so bequem, wie es unter diesen Umständen möglich war. Der kleine Raum war jedoch so überheizt und derartig von Weihrauchwolken erfüllt und vom Rauch getrockneter Deodarnadeln, die der Abt während seiner Gebets- und Textrezitationen von Zeit zu Zeit in das offene Holzkohlenfeuer streute, daß ich fast erstickte und kaum schlafen konnte. Glücklicherweise erlaubte er mir am nächsten Tag, mich in einer Ecke des großen Tempels niederzulassen, sobald es möglich war, den Hof, der den Tempel vom Hauptgebäude des Klosters trennte, zu überschreiten.

Wie war ich von dem friedlichen Leben in Ceylons tropischem Paradies in dieses Pandämonium eines himalayischen Schneesturms und in die seltsame Atmosphäre eines tibetischen Klosters geraten? Tibet hatte in meinen Plänen nie eine Rolle gespielt und nie die geringste Anziehungskraft auf mich ausgeübt. Ceylon war mir als die Erfüllung all meiner Träume erschienen; und da ich überzeugt war, daß ich dort bis zum Ende meiner Tage leben würde, hatte ich mir eine Eremitage im Herzen der Insel – halbwegs zwischen Kandy und Nuwara Eliya – gebaut, in einer lieblichen Berglandschaft, in der ewiger Frühling herrschte und die weder von der Hitze des Sommers noch von der Kälte des Winters berührt wurde. Bäume und Blumen blühten das ganze Jahr hindurch. Eines Tages aber erhielt ich eine Einladung, an einer internationalen buddhistischen Konferenz in Darjeeling als Delegierter von Ceylon teilzunehmen und über die literarische Sektion dieser Konferenz den Vorsitz zu führen. Nach anfänglichem Zögern entschloß ich mich, der Einladung Folge zu leisten. Ich wurde von dem Gedanken angespornt, daß sich hier sicher eine Gelegenheit böte, die Reinheit der buddhistischen Lehre, so wie Ceylon sie bewahrt hatte, in einem Lande zu verkünden und aufrechtzuerhalten, in dem das Wort des Buddha zu einem System der Dämonenverehrung und phantastischer Glaubensformen entartet war.

Und hier war ich nun, in dieser phantastischen Welt des Lamaismus, ohne Kenntnis der Landessprache, ohne die geringste Ahnung von der Bedeutung jener unzähligen Kultbilder und Symbole, die mich in den Fresken und Statuen dieses Tempels umgaben. Nur die allgemein bekannten Figuren von Buddhas und Bodhisattvas waren mir vertraut. Und dennoch, als der Tag kam, an dem der Himmel wieder blaute und die Verbindungen mit der Außenwelt wieder hergestellt waren, so daß nichts mehr meiner Rückkehr zu den Annehmlichkeiten Darjeelings oder der sanften Lieblichkeit Ceylons im Wege stand, war ich nicht mehr geneigt, von dieser Gelegenheit Gebrauch zu machen. Eine unwiderstehliche Macht schien mich zurückzuhalten, und je länger ich mich in dieser magischen Welt aufhielt, in die ich durch eine seltsame Verflechtung der Umstände versetzt worden war, desto mehr fühlte ich, daß mir eine bisher unbekannte Form der Wirklichkeit enthüllt wurde und daß ich an der Schwelle eines neuen Lebens stand.

Nie in meinem Leben ist es mir so klar geworden wie bei dieser Gelegenheit, daß die wortlose, schweigende Kommunion mit Dingen und Menschen, wie sie mir aus dem Fehlen einer gemeinsamen Sprache aufgezwungen war, eine tiefere Wahrnehmungsfähigkeit und eine Unmittelbarkeit des Erlebens hervorbringen kann, die normalerweise von dem unaufhörlichen Geschwätz erstickt werden, unter dem die Mehrzahl der Menschen ihre Furcht verbergen, einander in der Nacktheit ihrer wahren Natur zu begegnen.

Nur im Osten kennt man noch eine Form schweigender Kommunion in der Begegnung mit Menschen, die als *darshan* bezeichnet wird. *Darshan* bedeutet wörtlich «anschauen» oder «Anschauung», sowohl im physischen wie im geistigen Sinn («Weltanschauung»). Im ersteren Sinn ist es die schweigende Anteilnahme an der sichtbaren Gegenwart einer Person, das bloße Anschauen und Gewahrwerden eines Menschen, ohne die Notwendigkeit irgendwelcher Konversation, die uns von der Unmittelbarkeit des ersten Eindrucks oder der inneren Verbindung und Teilnahme ablenkt. In dieser Weise gewähren religiöse Lehrer (wie auch solche, die, obwohl sie nicht lehren, dennoch durch ihr geistiges Leben andern als Beispiel und Ansporn dienen) ihren Schülern und Verehrern *darshan*. Als ein besonders treffendes Beispiel sei hier an den großen südindischen Heiligen Râmana Mahârshi erinnert, zu dem Tausende von Menschen aus allen Teilen Indiens und der Welt gepilgert kamen, um schweigend in seiner Gegenwart sitzen zu dürfen; denn die bloße sichtbare Gegenwart eines Heiligen ist segensreich und ein tieferer Gewinn als eine gelehrte Diskussion oder eine wortreiche Predigt. Viele, die mit besonderen Fragen zu ihm kamen, fanden, daß ihre Probleme in der Gegenwart des Mahârshi gegenstandslos geworden waren oder daß er die Frage beantwortete, bevor sie gestellt wurde. Doch dies nur nebenbei. Ich selbst hatte später Gelegenheit, Ähnliches zu erfahren.

Wie schon erwähnt, hatte ich die Erlaubnis erhalten, in einer Ecke des Tempels leben zu dürfen. Dieser bestand aus einer großen quadratischen Halle, die von der Riesenstatue des Buddha Maitreya beherrscht wurde. Der Kopf Maitreyas würde sich im Dunkel der oberen Regionen der hohen Halle verloren haben, hätte er nicht Licht durch ein gegenüberliegendes Fenster erhalten, das sich zwischen dem niederen Dach der Vorhalle und dem mittleren Dach des Tempels befand, über dem sich ein drittes Dach erhob, das der Pfeilervierung der Halle entsprach. Über dieser Vierung befand sich im Oberstock die Halle der Tausend Buddhas. Sie wurde von vier hohen, rotlackierten Pfeilern mit reichgeschnitzten und bemalten konsolenartigen Kapitellen getragen. Während der Nacht reflektierte Maitreyas goldenes Antlitz das milde Licht der Ewigen Lampe, die im Zentrum der Halle vor dem marmornen

Opfergabentisch stand, auf dem Wasserschalen, kleine Butterlampen, konische Ritualkuchen *(torma)*, Schalen mit Reis, in dem Weihrauchstäbchen steckten, und anderes mehr dargebracht wurden.
Der Boden zur Rechten und Linken von diesem altarähnlichen Opfergabentisch war mit langen Reihen niedriger, hartgepolsterter Sitze und schmalen, kastenartigen Teetischchen *(tschogtse)* besetzt. Diese Chorsitze, denen bei größeren Feiern mehrere Reihen hinzugefügt werden konnten, standen vom Tempeleingang bis zur Rückwand der Halle, d.h. im rechten Winkel zur Maitreya-Statue, die das Zentrum dieser Rückwand einnahm und von kleineren Statuen verschiedener Buddhas und Bodhisattvas, sowie von denen des 13. Dalai Lama und des Tempelgründers, flankiert wurden. Der Rest der Rückwand und ein wesentlicher Teil der beiden Seitenwände wurde von Hunderten von Bänden heiliger Schriften *(Kandschur* und *Tändschur)* eingenommen, die in taubenschlagartigen quadratischen Fächern untergebracht waren. Tibetische Bücher bestehen aus losen, horizontal bedruckten oder handgeschriebenen, schmalen (etwa 10 cm hohen und etwa 50 cm langen) Streifen aus festem handgemachtem Papier, die zwischen zwei oft schön dekorierten Holzdeckeln liegen, in rotes und gelbes Tuch eingeschlagen und an der Schmalseite mit einer Stoffzunge versehen sind, auf der die Nummer oder der Kennbuchstabe des Buches eingezeichnet ist. Der mit dieser Zunge versehene «Kopf» jedes Bandes ist in jeder der quadratischen Öffnungen des taubenschlagartigen Aufbaus sichtbar und fügt sich harmonisch in die dekorative Gesamtwirkung des rotlackierten und von breiten, geschnitzten, bemalten und zum Teil vergoldeten Zierleisten gekrönten Holzaufbaus ein.
Die Wände, soweit sie nicht hinter Statuen oder Büchern verborgen waren, waren über und über mit Fresken bedeckt, in denen die Bewohner aller Daseinssphären ihr Wesen trieben: Menschen und übermenschliche Wesen, Götter und Dämonen, friedliche und schreckenerregende, barmherzige und kämpferische Gestalten. Vielarmige Ungeheuer umschlangen einander im Akt sexueller Vereinigung, von Flammen und Rauch umlodert – und unmittelbar daneben ruhten Heilige auf Lotusblüten, von strahlenden Auren umgeben, verehrende Jünger zu ihren Füßen. Da waren Feen von zarter Schönheit und Gottheiten in ekstatischem Tanz, geschmückt mit Menschenschädeln und Girlanden abgeschlagener Menschenköpfe, während Asketen in Höhlen und unter Bäumen

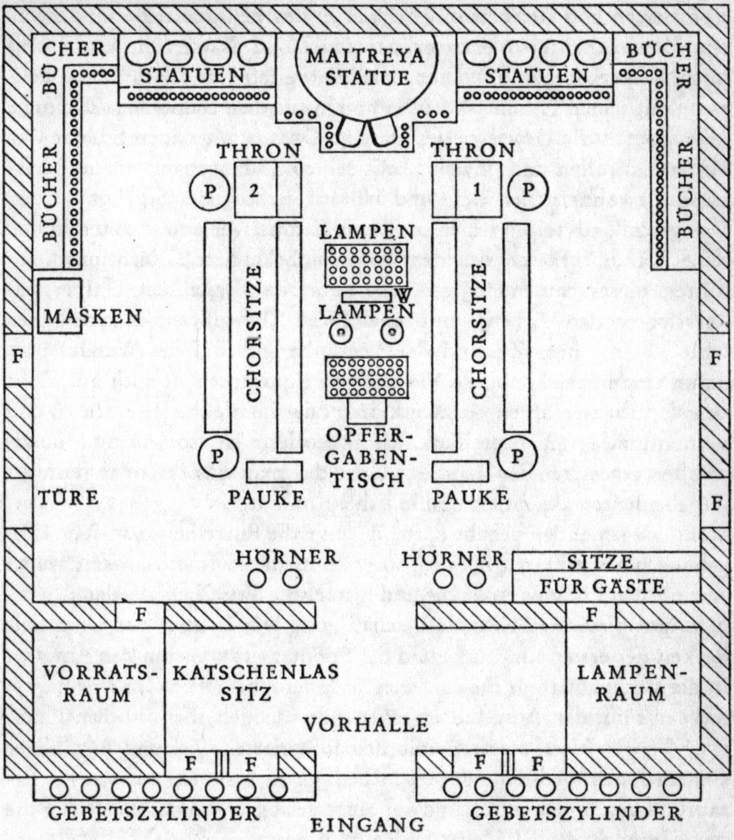

1 Tomo Géschés Thron
2 Thron des Abtes
P Pfeiler
F Fenster
W Weihrauchkasten

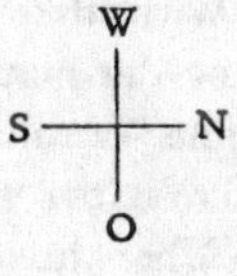

Die zwei Tische mit Butterlampen in der Mitte des Raumes dienen zugleich als Opfergabentische für *tormas* und dergleichen.

Grundriß vom Tempel des Klosters Yi-Gah Tschö-Ling

meditierten und Gelehrte ihre Schüler in den heiligen Texten unterwiesen. Dazwischen erschienen grüne Hügel und Wasserfälle und hinter ihnen Schneeberge und Wolken, darüber breitete sich der tiefblaue Weltraum mit seinen Himmelskörpern und mystischen Symbolen. Zuunterst aber wogten die Urwasser des Daseins-Ozeans mit seinen Schätzen an Perlen, Korallen und Juwelen, mit seinen Schlangengeistern und sonstigen Bewohnern der Tiefe und Hütern verborgener Schätze.

Das ganze Universum schien in diesem Tempel versammelt zu sein und seine Wände öffneten sich den Tiefen unbekannter Dimensionen. Inmitten dieses tausendäugigen, von Formen berstenden Universums überströmenden Lebens und unendlicher Bewußtseinsmöglichkeiten lebte ich in einem Zustand der Verzauberung und des Wunders; ich nahm eine unbeschreibliche Vielfalt von Eindrücken in mich auf, ohne den Versuch zu machen, sie zu erklären oder intellektuell zu deuten und vernunftmäßig zu ‹begreifen›. Ich akzeptierte sie, so wie man Landschaften eines fremden Landes, durch das man das erstemal reist, als Gegebenheiten akzeptiert und in sich aufnimmt.

Wenn ich jemanden gehabt hätte, der mir die Einzelheiten meiner Umgebung hätte erklären können, so wäre meine Aufmerksamkeit wahrscheinlich auf ikonographische und historische Tatsachen abgelenkt worden, und diese intellektuelle Beschäftigung würde mich der Unmittelbarkeit des ersten Eindrucks und der Spontaneität der inneren Antwort in der Begegnung mit dieser neuen Welt beraubt haben. Ich war hier ja nicht nur mit den Ausgeburten einer individuellen, menschlichen Phantasie konfrontiert, sondern mit den integrierten Visionen unzähliger Generationen meditierender Menschen, deren Visionen auf innerer Erfahrung begründet waren und auf einer geistigen Wirklichkeit, über die mein Intellekt weder Macht noch Urteil hatte.

Und allmählich nahm diese Wirklichkeit von mir Besitz. Indem sie meine Vorstellung und Wertung der materiellen Welt durchdrang und in Frage stellte, bewirkte sie eine Wandlung meiner bewußten Haltung ihr gegenüber. Ich begriff, daß religiöse Wahrheiten und geistiges Leben mehr eine Angelegenheit des Überschreitens der Grenzen unseres gewohnten Bewußtseins ist als eines Wechsels unserer Meinungen und Anschauungen oder der Erwerbung von Überzeugungen auf Grund intellektueller Argumente und Syllogismen; diese können uns nie über den Kreis des schon Bekannten in Form fertig zugeschnittener Begriffe, aus denen wir die gegenwärtige Welt «materieller Wirklichkeit» und des «gesunden Menschenverstandes» konstruiert haben – hinausführen. Die Welt dieser «Selbstverständlichkeiten» war von jeher das größte Hindernis schöpferischen Schauens und der Erforschung weiterer Bewußtseinsdimensionen oder tieferer Wirklichkeitsbereiche. Geistiges Leben ist auf innere Wahrnehmungs- und Erlebnisfähigkeit gegründet, die kein Aufwand an Denken hervorbringen kann, denn Denken und Argumentieren sind nur ein Prozeß geistiger Verdauung und Assimilierung, der den obenerwähnten Fähigkeiten folgt, nicht aber ihnen vorausgeht.

KATSCHENLA, DER VÄTERLICHE FREUND UND MENTOR

«Ein Weiser ist nicht der, der vieles weiß
Und seinen Blick verschließt dem inneren Schauen;
Der Weise folgt dem inneren Geheiß
Und weiß des Herzens Rat zu trauen.»

Wenn es manchmal geschah, daß ich während der Nacht erwachte, so erblickte ich die gütigen Züge von Maitreyas goldenem Antlitz, das hoch über den schattenhaften Formen zu schweben schien, die den Tempel im schwachen Licht der Ewigen Lampe erfüllten. Und in dem goldenen, sanft-strahlenden Antlitz schienen die großen, dunkelblauen Augen von übernatürlichem Leben erfüllt, und ich fühlte ihren Blick mit unendlicher Zartheit auf mir ruhen.

Manchmal weckte mich in der Mitte der Nacht ein seltsam schlürfendes Geräusch, das von schweren Atemzügen begleitet schien. Da die Nächte sehr kalt waren und ich mich fest in meine Decken gewickelt hatte, dauerte es einige Zeit, bevor ich mich entschließen konnte, mich aufzurichten und umherzuschauen. Aber die Tatsache, daß der Tempel während der Nacht geschlossen war und daß, wie ich annahm, außer mir keine lebende Seele darin war, erregte meine Neugierde.

Ich richtete mich auf und rieb mir die Augen – und dann sah ich die langsam sich bewegende Gestalt eines alten Mannes im freien Raum vor dem Altar. Er hob die mit den Handflächen aneinandergelegten Hände über den Kopf, ließ sich dann auf Knie und Hände nieder und warf sich schließlich der Länge nach auf den Boden, mit nach vorn gestreckten Armen. Daraufhin stand er auf und wiederholte die gleiche Übung wieder und wieder, bis er vor Anstrengung keuchte. Nachdem er sich in dieser Weise unzählige Male vor der Statue Maitreyas niedergeworfen hatte, bewegte er sich lautlos den Wänden des Tempels entlang, verneigte sich vor jedem Kultbild und berührte ehrfurchtsvoll mit der Stirn die unteren Reihen der heiligen Bücher wie auch die Füße Maitreyas. In dieser Weise umwandelte er das Innere des Tempels von links nach rechts (d. h. in der Richtung des Sonnenlaufs), wie es der alte buddhistische Brauch ist; und als er, an der rechten Wand entlangkommend, sich meiner Ecke näherte, erkannte ich ihn als den alten, ehrwürdigen Mönch, der in dem kleinen Raum zur Seite des Tempeleingangs hauste.

Ich erkannte ihn an seiner leicht gebückten Haltung und an seinem für Tibeter ziemlich ungewöhnlichen Bart. Er war der älteste Mönch des Klosters und stammte aus Schigatse, dem Sitz des Taschi-Lama (oder Pantschen Rimpotsché, wie er in Tibet genannt wird), dem er in jüngeren Jahren als persönlicher Begleiter gedient hatte. Er erhielt dafür noch jetzt eine kleine Rente, die er, wie ich später herausfand, größtenteils zur Verbesserung und Ausschmückung des Tempels verwandte, während er selbst wie der ärmste und unscheinbarste Mönch am Tempeltor lebte und über keinen anderen Besitz verfügte als den kleinen Wollteppich, auf dem er saß, und den Kleidern, die er trug. Er war vielleicht nicht so sehr vom Alter gebeugt, als dadurch, daß er jahraus, jahrein im Meditationssitz auf seiner Matte saß. Sein ganzes Leben war wirklich ein einziger Akt religiöser Hingabe *(sâdhana)*.

Dies hinderte jedoch den alten Katschenla nicht daran, gelegentlich mit den Kindern zu spielen, die sich im Klosterhof und manchmal auch im Tempel umhertrieben, um ihn zu necken. Er ging gutmütig auf den Scherz ein und tat so, als wolle er sie aus dem Tempel vertreiben, indem er sie zwischen Sitzen und Teetischchen verfolgte. Aber seine freundlichen kleinen Augen zwinkerten verschmitzt, so daß seine drohendsten Gesten unwirksam wurden und selbst die kleinsten Lausbuben, die hinterrücks an seinen fliegenden Gewändern zogen, vor Freude kreischten, wenn der alte Mann sie zu erhaschen suchte.

Trotz seines Alters sah ich Katschenla nie untätig – sei es, daß er auf zwei quadratischen Filzstücken im Tempel hin- und herglitt, um den Boden spiegelblank zu polieren, sei es, daß er Hunderte von Butterlampen und Wasserschalen oder sonstige Altargefäße putzte oder zum Gebrauch herrichtete, sei es, daß er in den heiligen Schriften las oder Gebete zum Wohl aller Wesen rezitierte oder die täglichen Rituale zu ihrem Schutz und Segen ausführte – stets war er im Dienste des Tempels oder in der Ausübung seiner geistlichen Pflichten beschäftigt.

Bei besonderen Gelegenheiten formte er kleine Tonfiguren und Reliefplaketten von großer Schönheit, in denen die am meisten verehrten Buddhas und Bodhisattvas und Beschützer der Lehre und ihrer Anhänger dargestellt waren. Es war faszinierend zu beobachten, wie, angefangen vom Mischen und Kneten der Tonerde, dem Pressen in metallene Hohlformen und dem Nachmodellieren der feinen Details, bis zum Trocknen und Backen in der gleichmäßigen Hitze eines kleinen, primitiven Holzkohlen-Öfchens und der darauffolgenden Bemalung oder Vergoldung, jede Arbeitsphase von Mantras und Gebeten begleitet war, in denen der Segen der Erleuchteten und aller fördernden Kräfte des Universums aufgerufen wurden, die in Erde und Luft, Feuer und Wasser, kurz, in allen Elementen, die unser Leben und die Vollendung unserer Werke möglich machen, gegenwärtig sind.
So wurde selbst eine handwerkliche Betätigung zu einem Ritual von tiefer Bedeutung und einem Akt der Hingabe und der Meditation. Er machte die so entstandenen materiellen Objekte zu Trägern jener Kräfte, deren Mitwirkung eine so wesentliche Rolle bei der Herstellung dieser Kultgegenstände gespielt hatte. Dem Tibeter ist die Welt nicht in die Zweiheit der Materie und des Geistes zerspalten, denn das Materielle ist für ihn nur das sichtbar und tastbar gewordene Geistige, d.h. die wirkenden Kräfte des Universums, die im menschlichen Bewußtsein Form und sinnerfüllte Gestalt annehmen. So wie sich der Geist im Worte kristallisiert und der Gedanke im Satz, so kristallisiert sich das Schauungserlebnis im Kultbild, sei es in plastischer Form oder in linearer und farbiger Darstellung, und beide, Wort und Kultbild, werden zu wirkenden Symbolen und Trägern übersinnlicher Kräfte für diejenigen, die ihnen geistesverwandt oder seelisch geöffnet sind. Jeder schöpferische Akt schafft geistige Wirklichkeit. Der schöpferische Akt der Kultbildgestaltung ist darum wichtiger als seine ästhetische Wirkung. Er ist das, was dem vollendeten Produkt seine weiterwirkende, sozusagen «magische» Kraft und Bedeutung verleiht. Das ist der tiefere Sinn der «Tausend-Buddha-Hallen», die sich in vielen Tempeln Tibets und des Fernen Ostens finden. So wie dasselbe Gebet oder dasselbe Mantra endlos wiederholt wird, weil der Akt des inneren Aussprechens und Bewußtwerdens wichtiger ist als das bloße intellektuelle Wissen um seinen Inhalt, so ist die tausendfache Darstellung ein und derselben Buddhafigur nicht nur ein Symbol der Universalität der Buddhaschaft, die sich

zu allen Zeiten und an allen Orten zu manifestieren imstande ist, sondern bedeutet die Manifestation eines tausendfachen schöpferischen Aktes.

Was Katschenla mich in seiner einfachen und demütigen Weise lehrte, war mehr, als ich in Worten ausdrücken kann. Seine selbstlose Hingabe und stete Hilfsbereitschaft und vor allem sein ehrliches Bemühen, mir einen Zugang zu seiner geistigen Welt zu verschaffen, bereitete mich innerlich für die Begegnung mit meinem Guru vor. In der Tat, er war ein lebendiger Teil des Guru, der dauernd in seinem Geiste gegenwärtig und so untrennbar mit ihm verbunden war, daß die Dankbarkeit und Verehrung, die ich meinem Guru gegenüber empfinde, Katschenla mit einschließt.

Er sorgte sich um mein Wohlbefinden, als ob ich sein eigener Sohn gewesen wäre. Er lehrte mich die ersten Worte der tibetischen Sprache, indem er auf die verschiedenen Dinge zeigte und ihre Namen aussprach. Des Morgens pflegte er mir warmes Wasser zu bringen – ein Luxus, den er sich selbst nicht erlaubte und den keiner der anderen Mönche sich leisten konnte – und wenn er es behutsam vor mir niedersetzte, sagte er lächelnd: *«tschu tsawo»* («heißes Wasser»). Er teilte mit mir seinen geliebten tibetischen Buttertee *(sö-tscha)*, der den ganzen Tag auf seinem kleinen Holzkohlenöfchen, hinter dem er seinen Sitz hatte, warm gehalten wurde. Daß ich dieses seltsame Gemisch von chinesischem Ziegeltee, etwas «gereifter» Butter, Salz und Soda – das den meisten Nichttibetern zu schlucken schwerfällt – von Anfang an gern mochte, muß wohl die Folge von Katschenlas überwältigender Freundlichkeit gewesen sein; denn nie und nimmer hätte ich es übers Herz gebracht, eine so wohlgemeinte Gabe auszuschlagen. Wie wichtig es für mich war, mich an dieses unersetzliche und nahrhafte Getränk zu gewöhnen, wurde mir erst auf meinen späteren Wanderungen über die eisigen Hochebenen Tibets klar.

Bevor Katschenla seinen Morgentee genoß, nahm er gewöhnlich eine Prise schwarzer Samenkörner, legte sie auf seiner Handfläche in der Form eines Skorpions, und während er das Mantra zur Abwehr allen Übels sprach, übergab er sie dem Feuer. Zu andern Zeiten streute er Weihrauch in das Holzkohlenfeuer und beschrieb mit eigenartig schönen Gesten seiner Hände *(mudrâ)* eine Anzahl symbolischer Opfergaben für die Erleuchteten, deren Verehrungsformeln er dabei rezitierte.

Dies geschah mit so fließenden, ausdrucksvollen Bewegungen, daß ich die verschiedenen Gaben fast vor Augen zu sehen glaubte und daß die Aufrichtigkeit, mit der sie gegeben wurden, ebenso überzeugend zum Ausdruck kam wie ihre symbolische Darstellung. Dennoch hatten die Bewegungen nichts Theatralisches an sich, sondern erschienen als ein ebenso natürlicher Ausdruck des inneren Menschen wie der Rhythmus des Atems oder das Schlagen des Herzens. Katschenla bewegte sich in der geistigen Gegenwart erleuchteter Wesen und in der Gesellschaft zahlloser Götter und Dämonen ebenso frei und ungezwungen wie zwischen Menschen und Tieren, indem er jedem von ihnen die schuldige Achtung und Aufmerksamkeit zollte.

Bei einbrechender Nacht kam Katschenla oft mit einer brennenden Butterlampe in meine stille Tempelecke, setzte sich vor mir auf den Boden und bedeutete mir, Papier und Bleistift zur Hand zu nehmen. Mit unendlicher Geduld rezitierte und diktierte er mir dann Gebete und Verehrungsformeln und ließ sie mich wiederholen, bis ich die richtige Aussprache und Intonation begriffen hatte. Es verminderte seinen Eifer nicht im geringsten, daß ich zunächst kein einziges Wort verstand; aber dadurch, daß er mich auf die Kultbilder der Buddhas und Bodhisattvas und der großen Beschützer und Verteidiger des Glaubens, denen diese Anrufungen galten, hinwies, sorgte er dafür, daß ich nicht gänzlich ohne Führung blieb und seine Worte mit bestimmten Vorstellungsbildern in Beziehung setzen konnte.

Er schien überzeugt zu sein, daß er mir etwas vermittelte, das für mich von unschätzbarem Wert war, gleichgültig, ob ich es begriff oder nicht. Und um der Wahrheit die Ehre zu geben, muß ich gestehen, daß ich eine ähnliche Gewißheit und Genugtuung empfand, denn ich war überzeugt, daß eine Gabe, die mit solcher Liebe und Aufrichtigkeit gegeben wurde, schon aus diesem Grunde hohen Wert besaß. Ich spürte, daß etwas von dem gütigen alten Mann in mich überströmte, das mich mit einem Gefühl der Freude erfüllte, für die ich keine vernunftgemäße Erklärung finden konnte. Es war das erste Mal, daß ich die Macht mantrischer Worte erlebte, in denen, frei von allem begrifflichen Wissen, der transzendente Laut des dem menschlichen Herzen innewohnenden Geistes vernehmbar wird. Und weil es «der Laut des Herzens» und nicht der des Intellektes ist, kann das Ohr ihn nicht hören und das Gehirn ihn nicht fassen.

Erst später war ich imstande, den Inhalt und die Bedeutung dieser Gebete zu verstehen; aber diese Erkenntnis stellte den anfänglichen Gewinn, den ich durch sie erworben hatte, nicht in den Schatten, denn ich habe inzwischen erfahren, daß wichtiger als die intellektuelle Bedeutung der Worte die Umstände waren, unter denen sie vermittelt wurden, und die geistige Reinheit und Aufrichtigkeit des Vermittlers.

RELIGIÖSE PRAXIS UND RITUELLE SYMBOLIK

Unter Katschenlas gütiger Leitung wurde ich mir bald vieler kleiner Dinge bewußt, denen ich früher weder Beachtung geschenkt noch Bedeutung beigemessen hätte, und die sich dennoch als nützliche Hilfsmittel erwiesen, um den Geist auf ein höheres Bewußtseinsniveau abzustimmen, durch Einbeziehung selbst der geringsten Handlungen und Gebärden in die religiöse Praxis und meditative Übung.

Ich lernte, wie man ein heiliges Buch respektvoll zur Stirn erhebt, bevor man es von seinen Tuchhüllen befreit – dessen eingedenk, daß in ihm das Wort der Erleuchteten gegenwärtig ist – wie seine Blätter zu handhaben seien, ohne daß sie aus ihrer Ordnung gerieten (was leicht geschehen konnte, da die Blätter nicht gebunden waren und die jeweils aufeinanderfolgenden Seiten desselben Blattes in entgegengesetzter Weise bedruckt oder beschrieben waren, so daß beim Wenden der untere Rand der Seite nach oben gelegt werden mußte), und wie jeder Buchstabe des Alphabetes als mantrisches Symbol zu betrachten sei, so daß selbst ein beschädigtes, unleserlich oder nutzlos gewordenes Blatt nicht achtlos fortgeworfen werden durfte, da es sonst geschehen konnte, daß es von einem Menschen oder einem Tier unter die Füße getreten würde. Aus diesem Grunde befand sich außerhalb des Tempels ein besonderer Schrein zur Ablage beschädigter oder überflüssiger Schriftstücke und ausgedienter oder zerbrochener Kultobjekte.

Ich lernte, wie man sich im Bereich des Klosters zu bewegen hatte, nämlich immer in der Richtung, in der die Planeten um die Sonne kreisen – was bedeutete, daß man sich immer in der Gegenwart des Buddha

fühlen sollte, der als geistige Sonne und Erleuchter der Menschheit von jeher durch rechtsläufige Umwandlung *(pradakṣiṇa)* verehrt wurde.
Selbst wenn ich nur den Hof vor dem Tempel überschreiten wollte, um zu den links liegenden Gebäuden zu gelangen, mußte ich mich zur Rechten wenden und in dieser Richtung um den ganzen Tempel herumgehen, um zu meinem Bestimmungsort zu gelangen. Dabei kam ich an einer Reihe von Kupferzylindern vorbei, auf denen das Große Sechssilbrige Mantra OṂ MAṆI PADME HŪṂ eingraviert war und die in ihrem Inneren Rollen aus dünnem, aber äußerst haltbarem tibetischem Papier erhielten, auf denen diese Formel tausend-, wenn nicht hunderttausendfach wiederholt war.
Wie bei den vorerwähnten Tonfiguren und Plaketten wurde die Herstellung dieser Rollen als ein Ritual- und Devotionsakt betrachtet, durch den psychische Kräfte konzentriert und aktiviert wurden, die allen, deren Geist dafür empfänglich war, zunutze kommen sollten. Indem ich im Vorbeigehen jeden dieser Gebetszylinder durch einen leichten Anstoß in rotierende Bewegung versetzte, wiederholte ich im Herzen das Mantra, so wie es Katschenla mich gelehrt hatte; denn kein Tibeter, der es mit seiner Religion ernst nimmt und über eine tiefere Kenntnis derselben verfügt, ist so primitiv zu glauben, eine rein mechanische Handlung könnte ihm oder anderen geistig von Nutzen sein, oder mit jeder Umdrehung des Zylinders würden Tausende von Gebeten zum Himmel aufsteigen. Diese unsinnige Vorstellung, ebenso wie die alberne Bezeichnung «Gebetsmühle», ist die Erfindung europäischer Reisender und Missionare, die damit ihrem Überlegenheitsgefühl Ausdruck gaben, wenn sie die religiösen Gebräuche, deren Ursprung oder Bedeutung ihnen unbekannt war, lächerlich zu machen versuchten.
Der Tibeter hat nicht die Absicht (wie ihm von christlicher Seite vorgeworfen wurde), «die Götter zu überlisten» oder zu betrügen, indem er sie durch vorgetäuschte Gebete zu seinen Gunsten zu stimmen versucht; ebensowenig will er unter Vermeidung eigenen Bemühens der Verantwortung für seine Taten entfliehen. Gebet im buddhistischen Sinn sind nicht Bitten an eine außer uns stehende Macht, zur Erlangung persönlicher Vorteile, sondern ein Aufrufen der in uns wohnenden Kräfte, und dies kann nur dann erfolgreich sein, wenn wir frei sind von selbstischen Wünschen. Mit anderen Worten: Der Buddhist setzt seine Hoffnung nicht auf die Macht der Götter, die in einem jenseitigen

Himmel thronen, sondern er glaubt an die Macht der rechten Absichten und Motive, die Reinheit des Herzens.

Wenn andererseits ein einfacher Bauer ein *maṇi-tschö-khor* (die tibetische Bezeichnung für einen Gebetszylinder, wörtlich *maṇi-chos-ḫkhor* – Gesetzesgrad) an einem Bach oder Kanal anbringt, der seine Felder bewässert, um das Wasser und alle Wesen, die sich von ihm ernähren, zu segnen, dann ist dieser Akt aufrichtigen Glaubens ebenso gut und wertvoll wie der eines christlichen Priesters, der gewöhnliches Wasser in Weihwasser verwandelt oder die Wohnungen der Menschen und ihre Felder segnet. Der Klang des Glöckchens aber, der bei jeder Umdrehung dieser großen Gebetszylinder ertönt, soll allen, die es hören, das segensreiche Mantra im eigenen Geist wachrufen.

Was ist nun der Ursprung des *maṇi-tschö-khor*? «Das Drehen des Rades der Lehre» *(tschö-ki khor-lo khor-ba)* ist eine Metapher, die jedem Buddhisten bekannt ist und die «das In-Bewegung-Setzen der Kräfte des universellen und moralischen Gesetzes» bedeutet. Indem er das *tschö-khor* in Bewegung setzt, wiederholt er symbolisch den Akt geistiger Erneuerung, mit dem der Buddha vor 2500 Jahren das «Rad der Lehre» *(dharma-cakra)* ins Rollen brachte. Es genügt nicht, daß dieser Akt einmal vom Erleuchteten vollzogen wurde – jedes menschliche Wesen, das zur Erleuchtung strebt, muß diesen schöpferischen Akt wiederholen und im eigenen Geist verwirklichen.

Der tiefe Sinn und der kosmische Parallelismus dieses Symbols ist leicht zu verstehen, wenn wir uns vergegenwärtigen, daß das ganze Universum auf rotierender Bewegung aufgebaut ist: sei es die Rotation der Sterne und Planeten um ihre eigene Achse, der Umlauf der Planeten um eine zentrale Sonne oder die ähnliche Bewegung der Elektronen um den Atomkern. Wenn die bloße Rotation eines Dynamos gewaltige elektrische Kraftströme erzeugen kann (ein völlig unerklärbares Phänomen, ebenso unerklärbar wie die Elektrizität selbst, die nicht nur eine physikalische, sondern eine vitale Kraft zu sein scheint, die eine geheimnisvolle Rolle im lebendigen Organismus und in den Funktionen des Gehirns spielt), und wenn das Kreisen des menschlichen Geistes um ein Bewußtseinsobjekt oder ein Problem einen Zustand der Konzentration hervorbringen kann, der zu welterschütternden Entdekkungen oder zur Verwirklichung höherer Bewußtseinsdimensionen oder vollkommener Erleuchtung führen kann – ist es unter solchen Umständen verwunderlich, daß unter den Tibetern der Glaube entstanden ist, daß die wohltätigen Kräfte, die während des Herstellungsrituals eines *maṇi-khor-lo* konzentriert wurden, in irgendeiner Weise seiner materiellen Substanz verhaftet bleiben und aktiviert oder übertragen werden können, wenn sie in Bewegung gesetzt werden?

Wenn Materie mit psychischen Energien durchtränkt werden kann (einem magnetischen Tonband vergleichbar) – wie gewisse Experimente im Gebiet der Psychometrie demonstriert haben –, dann müssen wir zugeben, daß der tibetische Glaube nicht ganz so absurd ist, wie er es auf den ersten Blick zu sein schien. Nichtsdestoweniger glaube ich, daß keine psychometrische Imprägnierung ohne unsere bewußte Mitwirkung und Aufnahmebereitschaft von geistigem Nutzen sein könnte. Aber alles, was zur Konzentration unseres Geistes beiträgt oder uns hilft, jene innere Wendung oder Umkehr im tiefsten Sitz unseres Bewußtseins zu vollziehen, von der das *Lankâvatâra Sûtra* spricht – kurz, was immer uns in eine schöpferische oder intuitive Geisteshaltung versetzt, verdient unsere Beachtung, sei es ein *maṇi-tschö-khor*, ein Rosenkranz oder irgendein anderes Hilfsmittel. Wer glaubt, daß Gebete von irgend etwas anderem hervorgebracht werden könnten als vom menschlichen Herzen, weiß nicht, was beten heißt und noch weniger, was ein Mantra ist, in dem keine äußeren Mächte angerufen oder günstig gestimmt werden. Darum kann von einer Beeinflussung höherer Mächte durch trügerische Mittel nicht die Rede sein. Im Gegenteil, das *maṇi-tschö-khor* ist ein Ausdruck höchsten Glaubens an die unbegrenzte Macht des guten Willens und der Liebe, die sich einer unendlichen Zahl von Mitteln bedienen kann: der Gedanken der Weisen, der unbeirrbaren Hingabe der Einfältigen, ja selbst eines Kinderspielzeugs.

All diese Gedanken durchströmten mich während meiner täglichen Umwandlungen des Tempels und des Klosters, das – obwohl es nicht mehr als eine Meile von der kleinen tibetischen Siedlung Ghoom entfernt lag – zu einer gänzlich anderen Welt zu gehören schien. Vom Dorf war es durch einen steilen, terrassierten, von weißgetünchten Tschörten (religiöse Denkmäler) gekrönten Hügel getrennt und von einem Hain hoher weißer Gebetsfahnen umgeben. Jeder der Masten, an denen die weißen Tuchstreifen befestigt waren, hatte eine Höhe von etwa acht Metern und endete in den Symbolen von Sonne, Mond und Feuer, oder auch in einem flammenden Schwert oder Dreizack. Die weißen Tuchstreifen, die mit Gebeten und glückbringenden Zeichen bedruckt waren, waren etwa dreiviertel Meter breit und liefen die ganze Länge des Mastes entlang, mit Ausnahme der unteren, freibleibenden anderthalb Meter. Jede dieser Gebetsfahnen war die Gabe eines Einzelnen oder einer Familie der zum Kloster gehörenden Gemeinde. Sie bedeuteten sowohl eine Segnung wie ein Mahnzeichen der heiligen Lehre (Tib.: *tschö*, Skt.: *dharma)* für alle, die sich dem Kloster näherten oder in seiner Umgebung lebten.

In der Monsunzeit war der etwa zweieinhalbtausend Meter hohe Gipfel, auf dem das Kloster lag, während des größeren Teiles des Tages in einer riesigen Wolke verborgen, so daß schon des Mittags die Lampen innerhalb der Gebäude angezündet werden mußten, während draußen alles in dichten Nebel gehüllt war. Die ganze Örtlichkeit schien auf und in einer Wolke zu schweben, die von den geisterhaften weißen Segeln unzähliger Gebetsfahnen rund um das Kloster und die über den Gipfel verstreuten kleineren Heiligtümer durch den Raum getrieben wurde. Der die ganze Umwelt und selbst die in greifbarer Nähe befindlichen Dinge auslöschende und auflösende Nebel wirkte jedoch in keiner Weise deprimierend, sondern erhöhte die geheimnisvolle Atmosphäre des Ortes und gab einem ein Gefühl des Geborgenseins, der Sicherheit und des Friedens, das beglückende Bewußtsein, fern von dem Gehetze und Betrieb der gewöhnlichen menschlichen Welt zu leben.

Wenn ich auf diesem verzauberten, wolkenumhüllten Berg umherging, erschien es mir oft, als ob die Gebäude sich gerade eben erst vor meinen Augen materialisierten und in Wirklichkeit ebenso wenig Substanz hatten wie meine wechselnden Gedanken, während ich selbst, für andere unsichtbar, wie ein entkörperter Geist umherwanderte. Alles um mich nahm eine Art übernatürlicher Belebtheit an, und die allgemeine Stille erhöhte die Wirkung einzelner seltsamer Geräusche, die die Luft in an- und abschwellenden Kadenzen erfüllte. Ich hatte nie zuvor solche Geräusche gehört: sie wurden durch die eigenartig vibrierende Bewegung der langen, schmalen Gebetsfahnen in der steten Brise verursacht, die von der indischen Tiefebene heraufwehte. (Es war diese unaufhörlich aufsteigende feucht-warme Luft, die, im Zusammenstoß mit den kalten Luftströmungen des Himalaya, sich zu der ständigen Wolke auf unserem Gipfel kondensierte.) Mit diesen seltsamen Geräuschen vermischte sich der silberne Glockenton des großen *maṇi-khor-lo,* das in einem kleinen Gebäude zu seiten des Haupttempels untergebracht war und von einem blinden alten Mann in Bewegung gehalten wurde, der den Rhythmus der Glocke mit dem Gemurmel heiliger Mantras begleitete. Etwas weiter oben am Berg ertönte aus einem kleinen Tempel zu gewissen Stunden des Tages das tiefe Dröhnen einer Ritualpauke. Angezogen von ihrem Rhythmus, der in regelmäßigen Abständen von dem metallenen Getöse rotierender Becken unterbrochen wurde (eine Eigenart tibetischer Sakralmusik), näherte ich mich dem Tempelchen und hörte die sonore Stimme eines rezitierenden Mönches, der augenscheinlich seinem täglichen Devotionsritual oblag. Da ich befürchtete, ihn durch meine Gegenwart zu stören, zog ich mich ungesehen zurück. Es dauerte einige Tage, bis ich Gelegenheit fand, ihn um Erlaubnis zu bitten, das Heiligtum zu betreten, das im Gegensatz zum Haupttempel der Öffentlichkeit nicht zugänglich war.

Der Grund wurde mir bald klar. Der kleine Tempel war den schrecklichen, furchterregenden Gottheiten geweiht, den Mächten der Auflösung und Verwandlung, die nur denen furchtbar und zerstörend erscheinen, die an den Dingen dieser Welt und an ihrer eigenen beschränkten Daseinsform hängen, während sie für diejenigen, die ihre wahre Natur durchschauen, zu Kräften der Befreiung und Erlösung werden. Sie sind die Überwinder der Hindernisse, die Befreier von Knechtschaft, die Symbole des höchsten Mysteriums der Selbstüberwindung – in der Ekstase des Durchbruchs zur Transzendenz, aus der Dunkelheit des Nichtwissens und der Enge der Ichheit. Sie sind die Verkörperungen der höchsten Erkenntnis, die wie ein blendender Blitzstrahl alle vernichten würde, die noch nicht reif sind für das Erlebnis einer alle Begriffe des Denkens übersteigenden Wirklichkeit, wie es jenem Jüngling von Sais geschah, der, von Neugierde getrieben, den Schleier von dem verhüllten Bildwerk im Tempel der Isis hob: «Ihn riß ein tiefer Gram zum frühen Grabe.» *

* «Wer das Weltgeheimnis erforschen will, der will sich seiner bemächtigen (entgegengesetzt dem Mysten, der sich hingibt und bemächtigt *wird*); und wessen der Geist sich bemächtigt, das ist unfehlbar entzaubert, und es ist mithin zerstört, wenn es dem Wesen nach ein Geheimnis war. Der geistige Bemächtigungswille ist *Frevel am Leben*, und darum trifft den Frevler der rächerische Rückschlag des Lebens. Dieser Satz wird wahr bleiben, solange es eine Menschheit gibt, und er wird sich furchtbar bewährt haben, wenn die ent-

Dies ist der Grund, weshalb viele der Kultbilder dieser den furchtbaren Gottheiten (oder Wirklichkeitsaspekten) geweihten Tempel verschleiert sind und weshalb nur Eingeweihte sie betreten dürfen; denn für sie sind diese Kräfte oder Aspekte der Wirklichkeit ebenso Symbole der Erleuchtung wie die erbarmungsvollen Verkörperungen der Buddhas und Bodhisattvas, mit denen sie in ihrer tiefsten Natur identisch sind. Das universelle Gesetz ist wohltuend und fördend für diejenigen, die es akzeptieren und in sich aufnehmen, schrecklich aber für alle, die sich ihm entgegenstellen und es verleugnen. Die Kräfte des Lichtes oder der Erlösung, die uns zur Erleuchtung antreiben, erscheinen darum den Feinden des Lichtes und der Wahrheit in furchtbaren Formen; und aus diesem Grunde werden diese Erscheinungsformen «Beschützer der Lehre» *(tschö-kyong)* genannt und von den Eingeweihten, die ihre esoterische Bedeutung erkannt haben, als Schutzgottheiten *(yidam)* erwählt.

Noch ein weiteres ungeklärtes Mysterium blieb mir zu lösen. Es bezog sich auf ein tempelartiges Gebäude, das etwas größer war als der Tempel der Schutzgottheiten, aber klein im Vergleich zu den übrigen Klostergebäuden. Es war von quadratischem Grundriß, hatte ein gelbgestrichenes, geschwungenes chinesisches Dach und eine geschlossene, verglaste Frontveranda, die zufolge des abschüssigen Terrains auf Pfeilern ruhte, so daß es unmöglich war, einen Blick ins Innere zu werfen. Der einzige Eingang, an der Rückseite des Gebäudes, war immer verschlossen.

Was aber meine besondere Verwunderung und Neugierde erregte, war, daß dies Gebäude mit dem tieferliegenden Haupttempel durch eine

artete Menschheit an der rationalistischen Entzauberung des Lebens schließlich verendete. – Der Wille zur verstandesmäßigen Wahrheit ist der Wille zur *Entwirklichung der Welt.»* (Ludwig Klages: *Vom kosmogonischen Eros*, S. 167 f.) Verstandesmäßige Wahrheit ist eine Aussage; Wirklichkeit ein *Erlebnis*, eine Erfahrung, in der der Erlebende eins wird mit dem Inhalt seiner Erfahrung, so wie der Myste eins wird mit der in innerer Schauung erlebten Gottheit und dadurch verwandelt wird. Wahrheit hat «Sein» (Skt.: *sat;* das Sanskritwort für «Wahrheit» ist daher *satya*); Wirklichkeit hat *Leben.* Wirklichkeit ist also verschieden von dem, was wir «Wahrheit» nennen, d. h. die Feststellung eines Tatbestandes. «Feststellung» aber ist Verrat am Leben, Mord der Wirklichkeit, die ein Fließendes, nicht aber ein Feststehendes, Stagnierendes ist.

Girlande von blattartigen, silbrig-weißen, halb-transparenten Samenhülsen eines mir unbekannten Baumes verbunden war. Als ich Katschenla darüber befragte, antwortete er mit einer von Ehrfurcht erfüllten, geheimnisvollen Stimme, daß dort der «Große Lama», der mit den Buddhas eins geworden sei, in tiefer Meditation versunken weile. Er sprach im Flüsterton, als ob er sich in der Gegenwart und in Hörweite dieses «Großen Lama» befände, und obwohl ich nicht imstande war herauszufinden, wer dieser Lama sei und was das Ganze zu bedeuten habe, begann ich, mir darüber Gedanken zu machen: hatte nicht vielleicht die machtvolle Atmosphäre dieses Klosters und die geistige Verwandlung, die ich in mir erlebte und zu beobachten begann, etwas mit der Gegenwart dieses Lamas zu tun? Die Tatsache, daß Katschenla, dessen Güte und Aufrichtigkeit mich tief beeindruckt hatten, mit solcher Ehrfurcht von diesem Lama sprach, ließ in mir den Wunsch aufsteigen, dessen Schüler zu werden. Als ich dies Katschenla gegenüber erwähnte, gab er sogleich seine Zustimmung und versprach mir, dem Abt meine Absicht mitzuteilen, damit dieser zu gegebener Zeit meinen Wunsch dem Lama vorlegen könne.

DER GURU ERSCHEINT

Ein oder zwei Wochen waren vergangen. Ich hatte keine Ahnung, ob es dem Abt gelungen war, dem Lama meine Bitte zu unterbreiten. Eines Tages aber – bei der Rückkehr aus meiner Meditationshöhle auf der andern Seite des Gipfels, unterhalb der Tschörten – lag auf meinem Platz im Tempel eine Mangofrucht der auserlesenen und kostbaren Art, wie sie nur in der indischen Tiefebene wächst und zu dieser Jahreszeit erst zu reifen beginnt. Ich traute meinen Augen nicht beim Anblick dieser köstlichen Frucht und konnte absolut nicht begreifen, wie sie hierhergekommen war. Katschenla aber kam freudestrahlend auf mich zu, deutete in die Richtung der Meditationsklause *(ts'hang-khang)* und sagte mir, es sei eine Gabe des Großen Lama. Nie in meinem Leben habe ich eine kostbarere Gabe empfangen als diese Frucht; denn sie sagte mir, daß mein Wunsch gewährt und daß ich als Tschela *(cela)*, als persönlicher Schüler eines großen geistigen Lehrers angenommen worden war..

Katschenla teilte meine Freude in vollem Maße, und ich war entschlossen, auf den Guru zu warten – gleichgültig, wie lange es auch dauern würde bis zur Beendigung seiner Meditationsperiode, die, wie ich gelernt hatte, sich über Wochen und Monate ausdehnen konnte. Aber ich war überzeugt, daß es sich lohnen würde, selbst ein ganzes Leben lang zu warten, um einen wirklichen Guru zu finden, d. h. einen Menschen, der nicht nur intellektuelles Wissen zu vermitteln imstande ist, sondern der auf Grund eigener Verwirklichung die Fähigkeit hatte, die geistigen Kräfte des Schülers zu erwecken und der Vollendung entgegenzuführen.

Der Ausdruck «Guru» wird für gewöhnlich mit «Lehrer» wiedergegeben, aber er hat in Wirklichkeit kein Äquivalent in einer europäischen Sprache; denn ein Guru ist mehr als ein Lehrer im allgemeinen Sinne des Wortes. Ein Lehrer gibt Wissen, ein Guru gibt sich selbst. Die tiefsten Lehren eines Guru sind nicht seine Worte, sondern das, was unausgesprochen bleibt, weil es über die Macht der menschlichen Sprache hinausgeht. Der Guru ist ein Inspirator im wahrsten Sinn des Wortes, d. h. er ist jemand, der uns mit seinem eigenen, lebendigen Geist erfüllt.

Dementsprechend bedeutet auch das Wort «Tschela» mehr als einen Schüler im gewöhnlichen Sinn, d. h. jemand, der einen Lehrkurs absolviert. Er ist viel eher ein Jünger, den eine tiefe seelische Beziehung mit seinem Guru verbindet – eine Beziehung, die durch den Akt der Initiation geschaffen wird, während der eine direkte Übertragung geistiger Kraft stattfindet. Sie ist in der heiligen Formel eines Mantras verkörpert und kann durch dieses jederzeit im Tschela aufgerufen werden, so daß ein dauernder Kontakt mit dem Guru aufrechterhalten bleibt.

Die geistige Kraft, von der wir hier sprechen, ist jedoch nicht eine das Bewußtsein des Tschela überwältigende Macht, sondern die Fähigkeit des Guru, den Tschela an einem Erleben teilhaben zu lassen, das einem höheren Bewußtseins- und Verwirklichungszustand angehört. Dadurch wird dem Tschela ein Vorgeschmack oder ein blitzartiger Einblick in die Natur des zu erreichenden Zieles gegeben, so daß er nicht mehr einem vagen Ideal, sondern einer erschauten und erfahrenen Wirklichkeit zustrebt. Eine solche Fähigkeit kann nur durch ein Leben der Meditation geschaffen werden, und sie wird durch jede Periode völliger Abgeschlossenheit und geistiger Sammlung verstärkt, wie die angesammelte Energie des Wassers in einem aufgestauten Fluß.

Dies wurde mir besonders klar an dem Tag, an dem der Große Lama – dessen Name mir zu jener Zeit noch nichts bedeutete, der aber kein anderer war als der berühmte Tomo Géshé Rimpotsché – zum erstenmal nach vielen Wochen tiefer Meditation den *ts'hang-khang* verließ. Schon vom frühen Morgen an bemerkte ich eine ungewöhnliche Geschäftigkeit im Kloster, dessen Belegschaft sich verdoppelt oder verdreifacht zu haben schien. Es war mir ein Rätsel, von woher die vielen Mönche plötzlich gekommen waren; aber augenscheinlich gehörten sie alle zum Kloster, obwohl sie für gewöhnlich nicht in seinen Mauern lebten. Selbst diejenigen, die mir bekannt waren, erschienen mir irgendwie verändert, was nicht nur daran lag, daß sie ihre besten Gewänder trugen, sondern auch, weil alle ungewöhnlich sauber und frisch gewaschen aussahen.

Die langen Sitzreihen im Tempel waren bis auf den letzten Platz besetzt, obwohl bereits Extrareihen von Sitzen hinzugefügt worden waren. Die großen Kessel in der neben dem Tempel befindlichen Klosterküche waren mit kochendem Tee und brodelnder Suppe gefüllt, um während der Pausen zwischen den Hauptteilen der Liturgie im Tempel dargeboten zu werden. Die Tempelhalle war von über tausend Butterlampen erleuchtet, und ganze Bündel von Räucherstäben ließen Wolken wohlduftenden Rauches aufsteigen und webten bläuliche Schleier um die hoch über der Kongregation thronenden goldenen Statuen.

Plötzlich ertönte von draußen der tiefe, donnernde Ruf alphornartiger Tuben *(radong)*, getragen vom langsamen Rhythmus der Baßpauken und durchwoben von den vibrierenden Stimmen der Oboen. Die Torflügel öffneten sich weit, und Tomo Géché Rimpotsché, flankiert von zwei Lamas in vollem Ornat und hohen, raupenhelmartigen Kopfbedeckungen, betrat den Tempel. Ein großer, orangefarbener Seidenschal (das traditionelle Obergewand oder *civaram* buddhistischer Mönche) wurde ihm umgelegt, und ein Gebetsteppich wurde vor seinen Füßen ausgebreitet. Er erhob seine Hände mit zusammengelegten Handflächen hoch über seinen Kopf zum Gruß der Erleuchteten, kniete auf dem Teppich nieder und berührte mit der Stirn den Boden. Er wiederholte dies dreimal, während der Chor der versammelten Mönche die Zufluchtsformeln rezitierte. Die tiefen melodiösen Stimmen bildeten einen rhythmisch bewegten Hintergrund zu den fortdauernden Posaunenstößen der Radongs, deren aufrüttelnde, alles durchdringende Schwingungen von außen durch das geöffnete Portal des Tempels hereinströmten.

Nachdem der Rimpotsché seine Devotionen beendet hatte, wurde die gelbe, spitze Mütze, das Abzeichen seines hohen Rangs, ihm aufs Haupt gesetzt, und dann schritt er langsam durch die Mitte der Halle und bestieg den hohen Thron, gegenüber dem etwas niedrigeren des Chorführers (Umdse), der in seiner Abwesenheit das Kloster als Abt leitete. Während Tomo Géché Rimpotsché durch die Halle schritt, fiel eine tiefe Stille über die Versammelten. Alle saßen bewegungslos und wie gebannt von der magischen Gegenwart dieses einen Mannes, der den ganzen Tempel mit der gesammelten Kraft seines in wochenlanger, tiefer Versenkung geläuterten Geistes erfüllte. Ich begann zu begreifen, was Katschenla gemeint hatte, als er sagte, daß der Große Lama eins geworden sei mit den Erleuchteten, den Buddhas.

Sobald der Rimpotsché auf seinem Thron Platz genommen hatte, begann der Umdse die Liturgie zu intonieren, mit einer Stimme, die so tief war, daß man sich fragte, ob sie aus einer menschlichen Brust oder aus den Abgründen der Erde komme. Nach einigen Takten dieses Solorezitativs fiel der Chor der Mönche und Novizen ein; die hohen Stimmen der jungen, die tieferen der älteren Mönche und der alles durchdringende Baß des Chorführers bildeten eine vollkommene Harmonie. Der sich langsam steigernde Rhythmus des Chors, der durch Paukenschläge akzentuiert wurde, führte zu einem Höhepunkt, in dem der Chor plötzlich verstummte, so daß nur die Stimme des Umdse zu hören war. Dann setzte der volle Chor wieder ein, bis mit steigernder Beschleunigung ein weiterer Höhepunkt erreicht war und im metallnen Getöse rotierender Becken und im Wirbel dumpfer Paukenschläge seinen Abschluß fand, um von neuem der tiefen Stimme des Umdse Raum zu geben. Dieser wechselnd auf- und absteigende Rhythmus, der zwischen tiefster Ruhe und höchster Ekstase schwang, in dem die Ruhe zur Steigerung der Ekstase und die Stille zur Summe aller Laute wurde, hielt alle Anwesenden in einer lebendigen Spannung und einem Zustand geistiger Gehobenheit und Losgelöstheit. So konnte die auf die Liturgie folgende Lehrverkündigung und Segenserteilung Tomo Gésché Rimpotschés auf fruchtbaren Boden fallen.

TIBETISCHE SAKRALMUSIK

Die tiefgehende, seelisch-erregende Wirkung der tibetischen Ritualmusik, die den Hintergrund der Liturgie bildet, ist nicht auf Melodie, sondern in erster Linie auf Rhythmus und das Zusammenwirken konstanter – ich möchte fast sagen archetypischer – Lautelemente aufgebaut, von denen jedes durch ein ihm entsprechendes Instrument dargestellt wird. Die Instrumente versuchen nicht die Variationen und Bewegungen des menschlichen Gesangs oder menschlicher Emotionen nachzuahmen, sondern repräsentieren den totalen Ausdruck elementarer Naturphänomene, unter denen die menschliche Stimme nur eine der vielen Schwingungsarten darstellt, aus denen die Symphonie des Universums sich zusammensetzt.

Diese Symphonie folgt nicht den Gesetzen einer der westlichen Musik entsprechenden Harmonielehre, bringt aber dennoch einen Gesamteffekt hervor, der durchaus nicht disharmonisch wirkt, da dem Ganzen eine feste Ordnung zugrunde liegt und eine unverkennbare Parallele zwischen den Elementen verschiedener tonaler Ebenen besteht.

Obwohl Musik mich tief beeindruckt und bewegt, verfüge ich über keine musikalische Schulung, die es mir ermöglichen würde, eine fachgemäße Analyse oder eine objektive, technisch-korrekte Beschreibung tibetischer Musik zu geben. Ich kann daher nur meine eigenen Beobachtungen und gefühlsmäßigen Reaktionen in einfachen Worten wiedergeben. Was mich hierzu veranlaßt, ist nicht zuletzt auch die Unzulänglichkeit der wenigen kurzen Berichte über tibetische Musik, die mir bisher in Reisebüchern zu Gesicht kamen und die mich davon überzeugten, daß entweder die europäisch-musikalische Terminologie nicht geeignet ist, die Eigenart tibetischer Musik auszudrücken, oder daß diejenigen, die den Versuch machten, sie zu beschreiben, nicht imstande waren, in ihren Geist einzudringen.

Um dies zu tun, muß man sowohl mit den religiösen wie mit den natürlichen Gegebenheiten vertraut sein, aus denen diese Musik gewachsen ist. Man muß also für längere Zeit in diesem Milieu gelebt und an dem geistigen und emotionellen Leben, dessen unmittelbarer Ausdruck die Musik ist, teilgenommen haben.

Der tibetische Buddhismus betrachtet den Menschen nicht als eine für sich stehende einzelne Figur, sondern immer in Beziehung zu seinem universellen Hintergrund. In gleicher Weise befaßt sich die tibetische Ritualmusik nicht mit den flüchtigen Emotionen zeitbegrenzter Individualität, sondern mit den ewig-gegenwärtigen, zeitlosen Qualitäten universellen Lebens, in dem unsere persönlichen Freuden und Leiden keine Rolle spielen. Wir kommen durch sie wieder in Berührung mit den Quellen der Wirklichkeit im tiefsten Kern unseres Wesens. Dies ist nicht nur das wesentlichste Anliegen der buddhistischen Meditation, sondern ebenso der tibetischen Ritualmusik, die sich auf den tiefsten Schwingungen aufbaut, deren ein Instrument oder eine menschliche Stimme fähig sind: Lauten, die aus den Abgründen der Erde oder aus den Tiefen des Raumes zu kommen scheinen, dem Rollen des Donners gleich – mantrische Laute der Natur, deren schöpferische Schwingungen den universellen Ursprung aller Dinge symbolisieren. Sie bilden das Fundament wie auch den Hintergrund, von denen die Modulationen der höheren Stimmen und die klagenden Tremolos der Oboen aufsteigen, wie die Formen empfindender Lebewesen von den Elementarkräften der Natur – deren man nirgends stärker bewußt wird als in den gewaltigen Gebirgsketten und auf den weiten, einsamen Hochflächen Tibets.

So wie die Baß-Stimme des Chorführers die Basis für den Chor und den Ausgangspunkt für die Liturgie bildet, zu dem sie am Ende jedes in sich geschlossenen Teils wieder zurücksinkt, in gleicher Weise bilden die vier Meter langen, alphornartigen Kupfertubas *(radong)* die Basis und den Ausgangspunkt der orchestralen Musik. Sie werden immer paarweise gespielt und abwechselnd geblasen, so daß der Ton des einen Instruments unmittelbar von dem andern aufgenommen und

fortgesetzt wird. Auf diese Weise entsteht ein ununterbrochenes, auf- und abschwellendes Tönen, das in seiner alldurchdringenden Macht und Tiefe wie die donnernde Brandung eines Ozeans von Tönen die Luft erfüllt. Und auf der Oberfläche dieses Ozeans, dessen Grundton dem allumfassenden OM, dem Prototyp aller mantrischen Laute, gleicht, erschafft die Brise individuellen Lebens das vielfältige Spiel unzähliger Wellen und Wellchen, die, wie das hohe Tremolo der Oboen, lebhafte und melodiöse Arabesken entstehen lassen.
Die tiefe Baß-Stimme, mit der der Umdse die Liturgie beginnt und stützt, ist nichts anderes als die Nachahmung dieses mantrischen Urlautes; denn die Liturgie ist vorwiegend (wenn nicht gänzlich) mantrischen Charakters, insbesondere in den einleitenden und abschließenden Passagen jedes in sich geschlossenen Teiles. Alle besonders wichtigen mantrischen Formeln innerhalb des Rezitativs werden von rituellen Handglocken *(ghantâ)* und kleinen, stundenglasförmigen Handtrommeln *(ḍamaru)* begleitet.
Im Gegensatz zu dem mehr oder weniger statischen Ton der *radongs* bilden die Baßpauken und die großen Becken das dynamische Element des Orchesters. Nicht nur, daß der Rhythmus je nach dem Versmaß der Rezitation wechselt, sondern – und dies ist vom musikalischen und emotionalen Standpunkt aus besonders wichtig, da es ein Gefühl der Befreiung von der langsam ansteigenden, aber immer mächtiger werdenden Spannung hervorruft – gegen Ende jedes Liturgieteils wird der Rhythmus mehr und mehr beschleunigt, bis er in ein großes Finale einmündet. Darin bringen die in einer besonderen Weise rotierenden Becken einen triumphalen, wirbelnden metallischen Laut hervor, der über den rollenden Donner der Baßpauken emporsteigt und in einem mächtigen Zusammenprall der Becken endet. Danach kennzeichnet ein neuer, langsamer Rhythmus den Beginn eines neuen Liturgieteils.
Wenn die *radongs* oder die menschliche Baß-Stimme den kosmischen Urlaut darstellen, in dem wir die Unendlichkeit des Weltraums erleben, so repräsentieren Pauken und Trommeln die Unendlichkeit des Lebens und der Bewegung, die vom höchsten Gesetz alles Lebendigen, vom ihnen innewohnenden Rhythmus regiert werden, in dem wir die alternierenden Zyklen von Schöpfung und Auflösung, Differenzierung und Wiedervereinigung, Gestaltung und Wiedereinschmelzung, Werden und Vergehen erleben, die in Manifestation und Befreiung kulminieren.

Während die Melodie in der tibetischen Ritualmusik nur die Rolle flüchtiger Stimmungen und Launen des individuellen Lebens spielt, gibt der Rhythmus der Musik ihre eigentliche Struktur und Bedeutung wieder. Mit der Trommel oder der Pauke verbindet der Tibeter (und der Osten wohl im allgemeinen) ganz andere Emotionen als der Westen, der sie nicht als grundlegende oder unabhängige Musikinstrumente betrachtet. Die Bedeutung der Trommel, seit den frühesten Anfängen indischer Kultur, kann man aus einem der bedeutsamsten Gleichnisse des Buddha ermessen, in dem er das ewige Gesetz des Universums mit dem Rhythmus der Trommel vergleicht, als er im ersten Ausspruch nach seiner Erleuchtung von der «Trommel der Unsterblichkeit» *(amata dundubhin)* spricht, die in der ganzen Welt ertönen soll.
Da ich noch nicht imstande war, den Einzelheiten der Liturgie und des unter der Leitung Tomo Gésché Rimpotschés zelebrierten Ritus zu folgen, war an jenem Morgen meine ganze Aufmerksamkeit der Musik und ihrer unmittelbaren Wirkung auf mich gewidmet. Die erregende Atmosphäre, die während der ganzen Feier vorherrschte, versetzte mich in einen Zustand größter Aufnahmefähigkeit. Ich hatte während der letzten Wochen vielen liturgischen Feiern und Ritualen beigewohnt, aber nie hatte ich sie in solcher Vollkommenheit und Harmonie erlebt. Alle, die an dieser Morgenfeier teilnahmen, schienen von der Gegenwart eines höheren Geistes erfüllt zu sein – vereint, wie ich empfand, in dem alle umfassenden Bewußtsein des großen Guru, so daß sie in vollkommenerem Einklang handelten, sangen und rezitierten, als ob sie zu *einem* Körper zusammengeschmolzen wären.
All dies bewegte mich um so tiefer, als ich während der letzten Jahre in Ceylon aller musikalischen Inspiration beraubt gewesen war, da Musik im südlichen Buddhismus *(Theravâda)* vollkommen fehlt. Das beruht auf der irrigen Ansicht, daß Musik bloß eine Form sinnlichen Vergnügens sei. Infolge dieser Einstellung hatte das religiöse Leben Ceylons einen trockenen, intellektuellen Charakter angenommen, in dem, zusammen mit den niederen, auch die höheren Gemütsbewegungen unterdrückt wurden, während alle negativen Tugenden (die hauptsächlich in der Unterlassung des Bösen oder aller nicht der Erlösung dienenden Handlungen bestanden) in einer Ausschließlichkeit gepflegt wurden, daß keine große Persönlichkeit – die über das Niveau der akzeptierten Norm hinausging – entstehen konnte. Buchwissen war

wichtiger geworden als Erfahrung, der Buchstabe wichtiger als der Geist, die Regel wichtiger als der Mensch.
Es war daher kein Wunder, daß der Glaube um sich gegriffen hatte, es könnten nach dem Ablauf des ersten Milleniums der buddhistischen Ära keine vollkommenen Heiligen *(arahat)* entstehen. Mit anderen Worten: Während der letzten 1500 Jahre hätte die Lehre des Buddha in Ceylon nur der Theorie nach existiert oder bestenfalls als eine Glaubensform, da (nach Meinung der Singhalesen) Ceylon während dieser langen Zeitspanne nicht einen einzigen Arahat hervorgebracht hätte, und daß es auch nicht mehr möglich sei, die höheren Stufen der Meditation (der sogenannten *jhânas*), d. h. die unmittelbare geistige Klarsicht, zu erreichen. Aus diesem Grunde war es unmöglich, über die Erlebnisse fortgeschrittener Meditationsstufen zu sprechen, da es als anmaßend betrachtet wurde anzunehmen, daß jemand tatsächlich diese in den Texten so oft erwähnten Bewußtseinszustände verwirklichen oder erfahren haben könnte. Der Buddhismus war somit eine Angelegenheit der Vergangenheit geworden, eine bloße Glaubensform oder ein fernes Ideal, nach dem man nur streben konnte, indem man ein moralisches, den Regeln entsprechendes Leben führte und so viele heilige Texte auswendig lernte, als einem irgend möglich war.

Wie groß war daher meine Freude, die lebendige Verkörperung jener fernen Ideale tatsächlich vor mir zu sehen: einen Mann, der alle, die mit ihm in Berührung kamen, nicht nur durch Gelehrsamkeit, sondern durch seine bloße Gegenwart beeindruckte und der somit den Beweis erbrachte, daß das, was die heiligen Texte lehren, hier und jetzt verwirklicht werden kann wie in den Tagen des Buddha.
Welch größere Gelegenheit konnte das Schicksal mir bieten, als einem solchen Mann zu begegnen und in lebendigem Kontakt mit jenem Geist zu kommen, der die Buddhas und die großen Heiligen der Vergangenheit beseelt hatte und der in gleicher Weise die der Zukunft beseelen würde!
Meine erste Begegnung mit dem Guru kam früher, als ich dachte. Sie fand in einem der kleinen Schreinräume im Oberstock des Labrang (des Hauptgebäudes des Klosters) statt, die der Guru bewohnte, wenn immer er sich in Yi-Gah Tschö-Ling aufhielt, und die selbst während seiner Abwesenheit als innerstes Heiligtum des Klosters betrachtet wurden. Ebenso wie der Thron des Großabtes im Tempel, gilt der Meditationssitz in seinen Privatgemächern als ein geheiligter Platz, den niemand auch nur für einen Augenblick einzunehmen sich getrauen würde und der auch in seiner Abwesenheit mit seinem in aufrechter Position angeordneten Zeremonialgewand bedeckt ist, als Symbol seiner geistigen Gegenwart. Denn *hier* verrichtet er seine täglichen Andachten und verbringt er ungezählte Stunden in tiefer Meditation. Selbst während der Nacht verharrt er in Meditationsstellung, mit gekreuzten Beinen.

Sein Sitz ist so gebaut, daß er ihm weder erlaubt, sich niederzulegen, noch sich auszustrecken. Dieser Sitz nun bestand aus einem quadratischen, kastenartigen Aufbau, der von einer Anzahl harter Sitzkissen ausgefüllt war. Ein niedriger Rand rahmte die Sitzfläche auf drei Seiten ein; die vierte, eine hohe, dekorative Rücklehne bildend, war mit dem Gesetzesrad und anderen religiösen Symbolen geschmückt. Über den Sitz spannte sich der traditionelle Baldachin mit dem siebenfarbigen Volant, der die Aura des Buddha darstellt.

Der ganze Raum atmete Frieden und Schönheit, als Ausfluß einer Persönlichkeit, der Harmonie nicht nur ein ästhetisches Bedürfnis ist, sondern der natürliche Ausdruck eines Lebens, das gänzlich dem Geistigen gewidmet ist. Religiöse Rollbilder von außerordentlicher Schönheit und minutiöser Ausführung, von altchinesischen Brokaten umrahmt, harmonisierten mit den milden Farben der handgewobenen tibetischen Teppiche, welche die niedrigen Sitze hinter den reichgeschnitzten und bemalten Teetischchen bedeckten. An der ihnen gegenüberliegenden Seite des Raumes ruhten goldene Statuen von erlesener künstlerischer Arbeit in verglasten Kabinetten, die von geschnitzten und vergoldeten Drachen flankiert und von vielfarbigen, geschnitzten Gesimsen gekrönt waren. Der untere Teil dieser Kabinette, der mit dekorativ panellierten Türen geschlossen war, sprang etwas weiter vor und bildete auf diese Weise ein schmales Bord, auf dem silberne, mit klarem Wasser gefüllte Schalen und fein ziselierte und getriebene silberne Butterlampen standen. In dem ganzen Raum fand sich nicht ein einziger Gegenstand, der nicht mit den Symbolen oder Funktionen des religiösen Lebens verbunden gewesen wäre und auch nichts, das als des Gurus persönlicher Besitz hätte gelten können.* Lange, nachdem er den Körper seiner damaligen Inkarnation verlassen hatte, wurde mir

* Wenn er von einem Kloster zum anderen reiste, pflegte er nur die wenigen auf der Reise unentbehrlichen Dinge mit sich zu nehmen. Eine Höhle war ihm so gut wie ein Palast und ein Palast so gut wie eine Höhle. Reichtümer und Komfort bedeuteten ihm nichts, aber er scheute sich gegebenenfalls auch nicht, davon Gebrauch zu machen. Er war weder dem Komfort noch der Askese verhaftet; denn er wußte, daß die Eitelkeit der Askese ein ebenso großes Hindernis sein kann wie die Eitelkeit des Besitzes. Was immer er an Gaben von seinen zahlreichen Laienanhängern erhielt, wurde entweder an Bedürftige verteilt oder zur Instandhaltung von Tempeln, Klöstern, Bibliotheken und dergleichen verwendet.

Im Haupttempel von Yi-Gah Tschö-Ling. Links von der goldenen Kolossal-Statue des Maitreya-Buddha der 13. Dalai-Lama, auf einem Thron sitzend. Die vor der Statue aufgehängten Schleier sind Opfergaben.

Katschenla, der väterliche Freund und Mentor des Autors

auf besondere Anordnung des Guru das einzigartige Privileg zuteil, in diesem von ihm geheiligten Raum wohnen zu dürfen – und ich fand alles so, wie ich es in der Gegenwart des Guru gesehen hatte, wieder. Selbst seine auf einem silbernen Lotusständer ruhende Jadetasse (die jeden Tag mit frischem Tee gefüllt wurde) und die übrigen Ritualgegenstände, wie das Vajrazepter, die Ritualglocke, das Gefäß für den Reis und dergleichen, ruhten in ihrer gewohnten Anordnung auf dem *tschogtse* vor seinem Sitz.

Aber all diese Einzelheiten verschmolzen an jenem ersten Tag in einen Allgemeineindruck von Frieden und Harmonie. Ich verneigte mich vor dem Guru, und er legte seine Hände segnend auf meinen Kopf: Hände, deren leichteste Berührung einen Strom unsagbarer Glückseligkeit durch den ganzen Körper fließen ließen und mich derart erfüllten, daß alles, was ich mir zu sagen oder zu fragen vorgenommen hatte, aus meinem Geist verschwand, wie Nebel vor der Sonne. Die bloße Gegenwart dieses Mannes war genug, um alle Probleme aufzulösen und nicht-existent zu machen – wie die Dunkelheit in Gegenwart des Lichts.

Wie er so im Meditationssitz vor mir saß, unter dem Baldachin, in dem schlichten, rot-braunen Gewand eines einfachen tibetischen Mönchs, fiel es mir schwer, sein Alter zu bestimmen, obwohl er damals wohl nicht weniger als 65 Jahre alt gewesen sein muß. Sein kurzgeschorenes Haar war noch dunkel und sein Körper kräftig und aufrecht. Sein glattrasiertes Gesicht zeigte die Züge eines starken Charakters, aber sein freundlicher Blick und seine leicht nach oben gewendeten Mundwinkel, die ein Lächeln bereitzuhalten schienen, gaben mir unmittelbares Zutrauen.

Sonderbarerweise ist es niemandem je gelungen, eine photographische Aufnahme von Tomo Géshé Rimpotsché zu machen, obwohl (während seiner Pilgerschaft zu den heiligen Stätten des Buddhismus in Indien) viele es heimlich zu tun versuchten, da sie wußten, daß der Guru nicht damit einverstanden war. Das Resultat war jedoch immer dasselbe: entweder stellte sich heraus, daß der Film nichts registriert hatte oder bis zur Unkenntlichkeit verschwommen war, oder daß sonst irgend etwas damit passiert war. Was immer die Ursache sein mochte, das Gesicht des Guru wurde auf keinem Film sichtbar. Er verabscheute jede Art der Vergötterung und wollte nicht, daß seine Person zu einem Objekt der Verehrung gemacht würde.

An dem Tag, an dem er mich formell als Tschela aufnahm, sagte er:

«Wenn du wünschest, daß ich dein Guru sein soll, so schaue nicht auf meine *Person* als Guru, denn jede menschliche Persönlichkeit hat ihre Begrenzungen, und solange wir damit beschäftigt sind, die Unvollkommenheiten anderer zu beobachten, berauben wir uns der Möglichkeit, von ihnen zu lernen. Sei dessen eingedenk, daß jedes Wesen in sich den Funken der Buddhaschaft trägt, daß wir aber, solange wir unsere Aufmerksamkeit auf anderer Menschen Fehler richten, uns selbst des Lichtes berauben, das, wenn auch in verschiedener Stärke, von unseren Mitmenschen ausstrahlt oder durch sie hindurch scheint.

Auf der Suche nach einem Guru sollten wir gewiß nach einem Lehrer Ausschau halten, der unseres Vertrauens würdig ist; wenn wir ihn aber gefunden haben, sollten wir alles, was er uns zu lehren hat, als eine Gabe des Buddha empfangen. Wir sollten die Worte des Guru nicht als von seiner Person kommend betrachten, sondern als die Stimme des Buddha, dem allein Ehre gebührt. Wenn du dich darum vor dem Guru verneigst, verehrst du nicht die sterbliche Person des Lehrers, sondern den Buddha, den ewigen Guru, der seine Lehre durch den Mund eines menschlichen Lehrers verkündet, der ein lebendiges Glied in der Kette der Eingeweihten ist, die den Dharma in ungebrochener Aufeinanderfolge von Guru und Tschela, von den Zeiten Šâkyamunis bis auf den heutigen Tag, weitergegeben haben. Diejenigen, die uns die Lehre des Buddha vermitteln, sind Gefäße des Dharma, und soweit sie die Lehre beherrschen und in sich verwirklicht haben, sind sie Verkörperungen des Dharma.

Weder die geistlichen Gewänder, noch der Körper, noch auch die Worte machen den Guru, sondern das, was als Wahrheit, als Wissen und als Licht (*bodhi*) in ihm lebt. Je mehr er hiervon besitzt (d. h. je mehr hiervon in ihm *lebendig* geworden ist) und je mehr seine äußere Erscheinung und Haltung in Übereinstimmung damit ist, desto leichter ist es für den Tschela, den Buddha in seinem Guru zu sehen. Darum sollte der Tschela ebenso sorgfältig in der Wahl seines Guru sein, wie der Guru in der Annahme eines Tschela.

Man sollte jedoch nie vergessen, daß in jedem menschlichen Wesen das *bodhi-citta* als Potentialität gegenwärtig ist (aus diesem Grunde ziehe ich es vor, statt von einem Erleuchtungsgedanken von einem ‹Funken› des Erleuchtungsbewußtseins zu sprechen, das nur dann entsteht, wenn dieser latente Funken zu vollem Bewußtsein wird) und daß nur unsere

eigene Blindheit uns daran hindert, dies zu erkennen. Je größer unsere eigene Unvollkommenheit ist, desto mehr sind wir geneigt, die Fehler anderer zu sehen, während diejenigen, die eine tiefere Einsicht gewonnen haben, durch diese Fehler hindurchsehen können in die wahre Natur anderer Wesen. Die größten Menschen waren darum jene, die die göttlichen Qualitäten in ihren Mitmenschen erkannten und jederzeit bereit waren, selbst den Unscheinbarsten unter ihnen Achtung zu zollen.
Solange wir uns anderen überlegen dünken und auf die Welt herabschauen, können wir keinen wirklichen Fortschritt machen. Sobald wir aber zu der Einsicht gelangen, daß wir in genau *der* Welt leben, die wir verdienen, werden wir die Fehler anderer als unsere eigenen empfinden – selbst wenn sie in anderer Form als bei uns selbst in Erscheinung treten. Es ist unser eigenes Karma, daß wir in dieser ‹unvollkommenen› Welt leben, denn sie ist im letzten Sinne unsere eigene Schöpfung. Nur eine solche Haltung kann uns helfen, unsere Schwierigkeiten zu überwinden, denn sie ersetzt fruchtlose Negierung durch den positiven Impuls zur Vervollkommnung, der uns nicht nur einer besseren Welt würdig, sondern zu Mitwirkenden und Teilhabern an ihrer Schöpfung macht.»
Der Guru erklärte dann weiterhin die geistigen Vorbedingungen und die vorbereitenden Meditationsübungen zur Hervorbringung einer solchen positiven und schöpferischen Haltung. Selbstlose Liebe und Mitgefühl (*maitrî* und *karuṇâ*) – und zwar nicht nur Mit‹leid›, sondern ebenso Mit‹freude› (*muditâ*) – allen lebenden Wesen gegenüber, war seiner Meinung nach die erste Vorbedingung der Meditation, da sie alle selbstgeschaffenen emotionellen und intellektuellen Begrenzungen beseitigt. Um diese Haltung zu gewinnen, sollte man alle Wesen so betrachten wie die eigene Mutter oder die eigenen Kinder – gibt es doch im ganzen Universum kein Wesen, das in der Unendlichkeit der Zeit nicht in der einen oder der anderen Weise in engstem Verwandtschaftsverhältnis zu uns gestanden hat. Um uns aber der Kostbarkeit der Zeit bewußt zu werden, sollten wir uns stets vor Augen halten, daß jeder Augenblick der letzte dieses Lebens sein könnte, und daß die Gelegenheiten, die uns dieses Leben bietet, nicht so leicht wiederzuerlangen sind. Weiterhin wies er darauf hin, daß das, was wir aus Büchern über Meditation lernen können, nicht zu vergleichen ist mit der direkten Erfahrungsübermittlung und dem geistigen Einfluß

eines lebenden Gurus, vorausgesetzt, daß wir uns ihm in aller Demut und Aufrichtigkeit öffnen.

Zu diesem Zweck sollte man sich den Guru in der Gestalt des Buddha vorstellen, und nachdem man dies mit solcher Hingabe getan hat, daß man sich in seiner unmittelbaren Gegenwart fühlt, sollte man ihn in der Meditationsstellung über dem eigenen Haupte schwebend empfinden, bis er endlich in die eigene Person eingeht und seinen Sitz auf dem Lotusthron des Herzens einnimmt. Denn solange der Buddha noch außerhalb unserer selbst vorgestellt wird, können wir ihn nicht im eigenen Leben verwirklichen. In dem Augenblick jedoch, in dem wir seiner als des Lichtes unseres innersten Wesens bewußt werden, beginnt das Mantra OṂ MAṆI PADME HÛṂ seinen Sinn zu enthüllen, denn nun ist der ‹Lotus› *(padma)* unser eigenes Herz, in dem das ‹Juwel› *(maṇi)*, nämlich der Buddha, gegenwärtig ist. Das OM und das HÛṂ jedoch stellen das Universum in seinem höchsten und tiefsten Aspekt dar, in all seinen Erscheinungs- und Erlebnisformen, die wir, dem Buddha gleich, mit unbegrenzter Liebe und unendlichem Mitgefühl umfassen sollen. «Sei nicht besorgt um deine eigene Erlösung, sondern mache dich zum Werkzeug der Befreiung aller lebenden und leidenden Wesen. Wenn erst einmal der Buddha in dir erwacht ist, wirst du nicht anders mehr handeln können als in Übereinstimmung mit seinem Gesetz.»

Darum heißt es im *Bodhicaryâvatâra:* «Sobald der Gedanke der Erleuchtung in ihm Wurzel geschlagen hat, wird der Elende, der durch seine Leidenschaften an das Gefängnis des Daseins gefesselt ist, unmittelbar zum Sohn der Erleuchteten und verehrungswürdig für Menschen und Götter. Sobald dieser Gedanke von seinem unreinen Körper Besitz ergriffen hat, verwandelt er sich in das erhabene Juwel eines Buddhakörpers. Ergreife darum dieses Elixier, das eine so wunderbare Verwandlung hervorbringt und das der Gedanke der Erleuchtung genannt wird.»

INITIATION

Es war ein besonders glücklicher Umstand für mich, daß ich nicht nur durch Katschenlas geduldige Belehrungen wohl vorbereitet war, sondern daß ich überdies einen Freund in Gestalt eines gelehrten mongolischen Lamas gefunden hatte, der genügend Englisch sprach, um mir bei meinen tibetischen Studien helfen zu können, wofür ich ihn im Austausch in Pâli und Englisch unterrichtete. Er hatte zwanzig Jahre lang in einer der Kloster-Universitäten in der Nähe Lhasas studiert, woselbst er den Grad eines «Gésché» erworben hatte, und später hatte er unter dem bekannten Orientalisten von Staël-Holstein in Peking gearbeitet. Sein Name war Tubden Scherab, obwohl er im allgemeinen einfach als «Géschéla» bezeichnet wurde.

Mit ihm als Dolmetscher hatte ich keine Schwierigkeiten, die Lehren des Guru zu verstehen und mit ihm Zwiegespräche zu führen, obwohl – wie ich gar bald herausfand – der Guru keines Dolmetschers bedurft hätte, da er imstande war, meine Gedanken wie ein offenes Buch zu lesen. Da er wußte, daß ich den größeren Teil meines Lebens als Erwachsener dem Studium des Buddhismus gewidmet hatte, verschwendete er keine Zeit mit Erklärungen allgemein-doktrinärer Punkte, sondern wandte sich unmittelbar dem Thema meditativer Praxis zu, das ihm wichtiger war als alles theoretische Wissen. Auch für mich war es von jeher als der wesentlichste Aspekt des Buddhismus und alles religiösen Lebens erschienen.

Ich war bisher in der Ausübung der Meditation vorwiegend meiner eigenen Intuition und den Anweisungen der Pâli-Texte gefolgt, vor allem dem *Satipaṭṭhâna-Sutta* (das damals noch nicht in der modernen, aber recht einseitigen Methode der Rangoon-Schule popularisiert und propagiert worden war). Es war darum von größtem Interesse für mich, in traditionelle Methoden eingeführt zu werden, die einem schrittweise die tieferen Bereiche meditativer Erfahrung erschließen konnten.

An dem Tage, an dem Tomo Géshé Rimpotsché mich formell als Tschela akzeptierte und mir in einem besonderen Initiationsritual die Weihe erteilte, in der ich mein erstes Mantra erhielt, wurde mir eines der wichtigsten Dinge klar, nämlich das, was bisher meinem religiösen Leben gefehlt hatte: das Erlebnis einer geistigen Kraft, die weder philosophischer Argumente noch intellektueller Begründungen oder Rechtfertigungen bedurfte, da sie nicht auf theoretischem Wissen, sondern auf Tatsachen und unmittelbarer Erfahrung gegründet war und einem auf diese Weise die Gewißheit gab, daß das erstrebte Ziel nicht bloß eine abstrakte Idee oder ein Hirngespinst war, sondern ein erreichbarer Zustand höheren Bewußtseins, der einzigen «greifbaren» Wirklichkeit, von der wir sprechen können.

Und dennoch ist das Erlebnis, durch das diese «greifbare» Wirklichkeit vermittelt wird, so subtil, so inkommensurabel, daß eine Beschreibung des Initiationsvorganges und der mit ihm verbundenen Erlebnisse ebenso unzureichend wäre, wie die Beschreibung eines musikalischen Erlebens durch Worte. Ja, eine Beschreibung technischer Einzelheiten und sogenannter «Fakten» würde das wesentlichste Element, die emotionelle Bedeutung und eigentlichen Grundlage des Erlebens zerstören, denn «Emotion» in des Wortes eigentlichstem Sinne ist das, was unseren Geist *bewegt*, vertieft und zu einem höheren Leben, zu einer erweiterten Wahrnehmungsfähigkeit erweckt. Diese wird in ihrer höchsten Auswirkung zur Erleuchtung, zur völligen Verwirklichung unserer Lichtnatur, die zu gleicher Zeit reine, ungehinderte, unendliche Bewegung und höchste Ruhe ist. Bewegung ist sowohl die Natur des Geistes wie des Lichtes. Alles, was die unendliche Bewegung des Geistes zu hindern, aufzuhalten oder einzuschränken versucht, ist Unwissenheit – gleichgültig, ob sie durch begriffliches Denken, Begierden oder Verhaftungen verursacht wird. Ruhe aber bedeutet nicht Stillstand, sie bedeutet nicht das Anhalten des Denkens, sondern besteht in der Nicht-Behinderung des Bewußtseinsstroms durch künstliche Begriffe und selbstisches Wollen oder durch Unterbrechung des natürlichen Flusses durch Sezierung seiner Bewegung in isolierte Phasen, in dem zwecklosen Versuch, seine Natur zu analysieren. Dies soll nicht bedeuten, daß wir alles begriffliche Denken aufgeben sollten – was eine Unmöglichkeit ist – sondern nur daß wir uns nicht in ihm verstricken, nicht zu seinen Sklaven werden sollten.

So wie der einzelne Ton in einer Melodie nicht in sich selbst irgendwelchen Sinn trägt, sondern nur in Beziehung und im Zusammenhang mit den vorhergehenden und nachfolgenden Tönen – d. h. als Moment einer sinnvollen, organischen Bewegung, der nicht festgehalten werden kann, ohne seinen eigenen Wert und ohne die Melodie selbst zu zerstören, in gleicher Weise können wir nicht einen einzelnen Begriff oder ein einzelnes Erlebnismoment aus seiner Bezugswelt oder aus dem Fluß des Denk- oder Erlebensvorganges herauslösen, ohne seinen Sinn zu zerstören. In dem Augenblick, in dem wir die Vorgänge und Erlebnisse der Initiation zu analysieren, in Begriffe zu fassen und zu rationalisieren versuchen, haben wir nur die toten Teile in der Hand, nicht aber das «geistige Band», das ihnen Leben verlieh. Dieses «geistige Band» kommt im tibetischen Wort *dam-ts'hig* zum Ausdruck. Es bezeichnet die innere Beziehung zwischen Guru und Tschela (sowie auch die Beziehung zwischen dem Göttlichen – in welcher Form immer es sich offenbaren mag – und dem es verehrenden menschlichen Individuum) und kennzeichnet die spontane innere Bewegung und Verwirklichung, auf die sich diese Beziehung gründet.

Der Vorgang der Initiation enthält kein Geheimnis, aber er ist nicht mitteilbar, weil jeder ihn für sich selbst erleben muß. Durch den Versuch, etwas zu erklären, was über Worte hinausgeht, ziehen wir nur das Heilige auf das Niveau des Profanen herunter und verlieren hiermit jenes *dam-ts'hig,* ohne damit irgend jemandem zu nützen. Wir zerreden das Mysterium und zerstören die Reinheit und Spontaneität unserer inneren Haltung und die Ehrfurcht, die der Schlüssel zum Tempel der Offenbarung ist. So wie sich das Mysterium der Liebe nur entfalten kann, wenn es den Augen der Menge entzogen ist, und wie der Liebende seine Liebe nicht mit Außenstehenden diskutieren wird, in gleicher Weise kann das Mysterium der inneren Verwandlung nur dann vor sich gehen, wenn die geheimen Kräfte seiner Symbole profanen Augen und dem müßigen Geschwätz der Welt entzogen bleiben.

Was mitteilbar ist, sind nur solche Erfahrungen, die der Ebene des profanen Bewußtseins angehören; und darüber hinaus können wir über die Ergebnisse und Schlußfolgerungen sprechen, zu denen unsere Erfahrungen uns geführt haben, oder auch über die Lehren, in denen die Erlebnisse früherer Generationen oder unserer Gurus zusammengefaßt wurden. Ich habe dies in einem früheren Buch* zu tun versucht und will mich darum im vorliegenden Band soweit als möglich auf meine persönlichen Eindrücke und die wesentlichsten Ereignisse und Persönlichkeiten beschränken, die einen weitgehenden Einfluß auf mein Innenleben hatten.

Unter diesen Persönlichkeiten war Tomo Géché Rimpotsché zweifellos die größte. Das innere Band, das am Tage meines *abhiśeka*, meiner ersten und wichtigsten Initiation, geschaffen wurde, war für mich eine ständige Quelle der Kraft und der Inspiration. Wieviel der Guru mir durch seine geistige Gegenwart, selbst über seinen Tod hinaus, helfen würde, ahnte ich damals ebensowenig als mir die Tatsache bewußt war, daß Tomo Géché Rimpotsché einer der größten und geehrtesten religiösen Lehrer Tibets war und daß sein Name für Millionen von Menschen mit den höchsten Verwirklichungen des Buddha-Pfades identisch war.

In gewisser Hinsicht war jedoch meine Unkenntnis dieser Sachlage ein großer Vorteil, denn sie erlaubte mir, unvoreingenommen und unbeeinflußt durch die Meinungen anderer, durch eigene Erfahrung die außergewöhnlichen Eigenschaften des Guru zu beobachten und mich davon zu überzeugen, daß er wirklich jene yogischen Kräfte *(siddhi)* besaß, wie sie den Heiligen der Vergangenheit zugeschrieben wurden.

Es ergab sich ganz zufällig, als ich eines Tages mit meinem mongolischen Freund beim Guru verweilte und wir, wie so oft, in ein Gespräch über gewisse Aspekte der Meditation vertieft waren. Unsere Fragen drehten sich vorwiegend um Probleme, die aus praktischen Erfahrungen hervorgingen. Im Laufe dieser Unterhaltung geschah es, daß mein Freund einige persönliche Dinge zu besprechen hatte, und da ich an dem Gespräch nicht teilnahm, ließ ich meine Gedanken in anderer Richtung wandern. Dabei wurde mir mit Bedauern bewußt, daß der Tag nicht mehr fern war, an dem der Guru Abschied nehmen würde, um zu sei-

* Govinda, *Grundlagen tibetischer Mystik*, Rascher, Zürich, 2. Aufl. 1966.

nem Hauptkloster, jenseits der tibetischen Grenzpässe, zurückzukehren, und daß vielleicht Jahre vergehen würden, bevor ich eine Gelegenheit haben würde, wieder zu seinen Füßen zu sitzen. Und einem plötzlichen Impuls folgend, formulierte ich im Geist die Worte: «Bitte gib mir ein sichtbares Zeichen des inneren Bandes, das mich mit dir, mein Guru, verbindet – etwas, das mich über alle Worte hinaus täglich an das Hohe Ziel und die Güte meines Guru erinnert: sei es eine kleine, von deinen Händen gesegnete Buddhafigur oder was sonst auch immer ...» Kaum hatte ich diese Worte innerlich ausgesprochen, als der Guru plötzlich sein Gespräch unterbrach und, sich unvermittelt an mich wendend, sagte: «Bevor wir scheiden, will ich dir eine kleine Buddhafigur zum Gedenken geben.»

Ich war wie vom Donner gerührt und kaum fähig, einige Dankesworte hervorzubringen – teils aus Freude, teils aus einem gewissen Gefühl der Beschämung heraus, den Guru durch meinen aufdringlichen Gedanken unterbrochen und sozusagen auf die Probe gestellt zu haben. Denn so wenig, wie ich gewagt hätte, den Guru in einem hörbaren Gespräch zu unterbrechen, so wenig hätte ich es verantworten können, ihn in Gedanken anzureden – hätte ich nur geahnt, daß meine Gedanken für ihn ebenso hörbar waren, als wenn ich sie laut ausgesprochen hätte.

Daß der Guru darauf reagierte, selbst in einem Augenblick, in dem er von anderen Dingen in Anspruch genommen war, überzeugte mich davon, daß er nicht nur imstande war, die Gedanken anderer wahrzunehmen, wenn er seine Aufmerksamkeit auf sie richtete, sondern daß er jene Fähigkeit besaß, die in den buddhistischen Schriften als das «göttliche Ohr» beschrieben wird, d. h. als die Fähigkeit, an ihn gerichtete Gedanken zu hören wie andere Menschen das gesprochene Wort. Ja, mehr noch: ich hatte die Worte nicht in Tibetisch, sondern in meiner eigenen Sprache gedacht! Es waren also nicht die Worte, sondern der den Worten zugrunde liegende Sinn, der dem Guru «hörbar» war.

Als endlich der Tag des Abschiednehmens kam, befand ich mich verständlicherweise in einem Zustand größter Spannung. Denn Wochen waren seit jenem denkwürdigen Gespräch vergangen, ohne daß der Guru je auf sein Versprechen zurückgekommen wäre, und ich selbst hatte natürlich nicht gewagt, irgendeine darauf bezügliche Bemerkung zu machen, da ich überzeugt war, daß der Guru sich dessen ebenso bewußt war wie ich. Vielleicht wollte er meine Geduld und meinen Glau-

ben an ihn auf die Probe stellen. Dieser Gedanke bestärkte mich in meinem Entschluß, Schweigen zu bewahren.
Als aber der Guru während der letzten Tage seines Aufenthaltes in Yi-Gah-Tschö-Ling von unzähligen Menschen in Anspruch genommen wurde, die von nah und fern gepilgert kamen, um seinen Segen zu empfangen, konnte ich die Befürchtung nicht loswerden, daß meine Bitte in Vergessenheit geraten könnte oder daß andere Umstände ihre Erfüllung verhindern würden.
Wie groß war daher meine Überraschung und Freude, als er mir beim Abschiednehmen – noch ehe ich ein Wort davon erwähnen konnte – eine kleine, fein bemalte und vergoldete Terrakottafigur des Buddha Śâkyamuni überreichte und mir sagte, daß er sie während seiner täglichen Meditationen in den Händen gehalten hätte.
Nun erst begriff ich die Größe seiner Gabe und den Grund ihrer Verzögerung; und als ich die kleine Buddhafigur aus seinen Händen empfing, konnte ich nur mit größter Mühe meine Tränen zurückhalten. Unfähig zu sprechen, verneigte ich mich schweigend, und dann fühlte ich seine Hände segnend auf mir ruhen; seine Kraft durchströmte mich und gab mir die Gewißheit, daß ich nie von meinem Guru getrennt sein würde, selbst wenn tausend Meilen zwischen uns lägen.
Die kleine Buddhafigur ist seitdem mein ständiger Begleiter gewesen: sie hat mich über unzählige schneebedeckte Pässe in den Bergen des Himalaja und im Inneren Tibets begleitet; sie ist mit mir auf den einsamen Hochflächen des Tschang-Thang umhergewandert und in den fruchtbaren Tälern Süd- und Zentraltibets. Sie hat mich in späteren Jahren (1948) aus schwierigen Situationen in Westtibet gerettet, als des Gurus Siegel, mit dem die Statuette geweiht worden war, davon Zeugnis ablegte, daß ich ein persönlicher Tschela Tomo Géshé Rimpotschés und somit kein chinesischer Agent war. Und bei anderer Gelegenheit beschwichtigte sie die bewaffnete Horde wilder Nomaden, die das Karawanenlager drohend umzingelten und die uns schließlich mit des Gurus Segen verließen, um zu guter Letzt mit Gaben von Milch und Butter zurückzukommen und mit der Bitte, auch ihre Frauen und Kinder und ihre Herden zu segnen.
Aber es ist noch etwas anderes, das mir diese kleine Buddhafigur so wertvoll macht, nämlich die Tatsache, daß sie nicht von irgendeinem unbekannten Handwerker hergestellt worden ist, sondern von den

Händen Katschenlas, der wie kein anderer dem Guru in hingebender Liebe diente und für mich untrennbar mit ihm verbunden ist.

Während der Jahre, die vor der Rückkehr des Guru nach Yi-Gah-Tschö-Ling vergingen, war Katschenla mir nicht nur ein Freund, sondern ein wahrer Gurubhai (d. h. einer, der einem als Tschela des gleichen Guru zum Bruder geworden ist), und wenn immer ich nach Yi-Gah-Tschö-Ling zurückkehrte – sei es, um mich im Kloster oder in seiner nächsten Nähe aufzuhalten – war es Katschenla, der mich empfing und mich väterlich betreute.

Dies war besonders der Fall, als in späteren Jahren ein jüngerer Mönch mit der Aufsicht des Haupttempels betraut wurde, während Katschenla die Privaträume des Guru verwaltete und die täglichen Kulthandlungen vor den darin befindlichen Schreinen vollzog. Wenn ich daher, dem Wunsch des Guru folgend, von dem Vorrecht Gebrauch machte, in seinen geheiligten Räumen zu wohnen, war es wiederum Katschenla, der mich mit seiner Güte umgab und umsorgte und mir mehr denn je das Gefühl gab, daß der Guru in unserer Mitte weilte, wie in den Tagen unserer ersten Begegnung.

AUF DEM WEG DER WEISSEN WOLKEN

«Von des weißen Schneebergs Gipfel im Osten
Steigt eine weiße Wolke zum Himmel empor.
Und so wie die Wolke am östlichen Gipfel,
Entsteigt meinem Herzen des Guru Gestalt,
Und im Gedenken der Güte des Guru
Ersteht mir des Glaubens tiefster Gehalt.»

Bevor ich mich in Ghoom niederließ (wo ich in späteren Jahren ein in einem Bambushain verstecktes kleines Haus bewohnte, um ungestört in der Nähe des Klosters leben zu können), wurde der Drang, meinem Guru über die schneebedeckten Pässe in das verbotene Land jenseits des Horizontes zu folgen, so übermächtig, daß ich mich bald auf dem Karawanenpfad befand, um einen ersten Blick in seine Heimat zu werfen.

Obwohl es schon etwas spät im Jahr war und ich wußte, daß ich in dieser Jahreszeit (es war im Herbst 1932) nicht weit kommen würde, da man mir nur eine begrenzte Erlaubnis erteilt hatte und es unmöglich gewesen wäre, in der mir zur Verfügung stehenden Zeit über die im Winter unpassierbaren Pässe zurückzukehren, wollte ich dennoch die mir gebotene Gelegenheit nicht versäumen. Aber trotz seiner Kürze war der erste Eindruck von Tibet, den mir diese Reise vermittelte, für mich von überwältigender Bedeutung: es war wirklich «Liebe auf den ersten Blick». Tibet wurde mir von nun ab das Land der Verheißung, und so oft ich zu ihm zurückkehrte, der erste unvergeßliche Eindruck blieb eines der schönsten Erlebnisse meines Lebens.

Die Reise selbst hatte etwas seltsam Traumhaftes. Regen, Nebel und Wolken verwandelten den Urwald, Schluchten, Abgründe, Felsen und Berge in eine Welt von unheimlich wechselnden, unwirklichen Formen. Gewaltige Wasserfälle stürzten aus unsichtbaren Höhen in ebenso unsichtbare, bodenlose Tiefen. Wolken über und tief unter dem sich aufwärtswindenden Saumpfad, aus dunkler Tiefe aufwallend und wieder

niedersinkend, hier und da Ausblicke von atemberaubender Großartigkeit eröffnend, um im nächsten Augenblick alles wieder auszulöschen, als ob es nie dagewesen wäre.
Bäume von majestätischen Ausmaßen erschienen wie vielarmige Riesen mit langen, grauen Moosbärten, von Lianen umschlungen und mit zarten, hellgrünen Girlanden behangen, die sich von Baum zu Baum schwangen. In den niederen Regionen sprossen vielfarbige Orchideen und Farne aus Baumstämmen und Ästen, während ein undurchdringliches Dickicht den Boden verhüllte. Wolken, Felsen, Bäume und Wasserfälle schufen ein Märchenland, wie es der Vorstellung eines romantischen chinesischen Landschaftsmalers entsprungen sein konnte, und die kleine Karawane von Menschen und Pferden bewegte sich durch diese Wunderwelt wie Miniaturfiguren in einer endlosen Landschaftsrolle.
Höher und höher wand sich die Karawane an steilen Berghängen empor, durch eine Wolkenschicht nach der anderen. Was gestern noch unser Himmel war, lag heute zu unseren Füßen, als ein weißes, brodelndes Wolkenmeer, unter dem die Welt der Menschen verborgen lag. Es war wie eine Reise durch verschiedene «Himmelswelten» zu einem allen Vorstellungen entzogenen, fernen Jenseits. Der Aufstieg schien kein Ende zu nehmen – selbst der Himmel schien nicht mehr die Grenze des Erreichbaren zu sein – und jeder Tagesmarsch enthüllte andersartige Landschaften, anderes Klima und andere Vegetationsarten.
Der wuchernde, feuchtwarme, von Blutegeln wimmelnde und des Nachts von Moskitos schwärmende, fieberschwangere tropische Urwald, in dem die Farne zur Größe von Bäumen wuchsen und Bambus, wie grünes Feuerwerk, in elegant-gefiederte und graziös geschwungene Riesenstauden explodierte, wich den mehr nüchternen, aber um so freundlicheren Wäldern subtropischer und gemäßigter Zonen, in denen die Bäume ihre Individualität wiedergewannen und Blumen mit dem lichter gewordenen Unterholz und seinen blühenden Sträuchern wetteiferten, bis schließlich die Blumen die Oberhand gewannen, um sich als leuchtend gelbe, orangefarbene und violette Teppiche unter den dunklen Nadelbäumen wetterzerzauster alpiner Wälder auszubreiten.
Bald blieben auch diese hinter uns zurück, und wir traten in die subarktische Zone ein, in der nur noch Zwergkiefern, Latschen und Zwergrhododendren, neben Heidekraut, Moosen und Flechten, in einer Um-

welt titanischer Felsen, schneebedeckter Gipfel und tiefgrüner Seen überleben konnten, zwischen denen tiefhängende Wolken und plötzliche Sonnendurchbrüche ein wechselndes Spiel von Licht und Schatten schufen. Die Landschaft schien sich in einem Zustand dauernder Verwandlung zu befinden, als ob sie von Augenblick zu Augenblick neu erschaffen würde. Was noch vor einer Minute da war, war in der nächsten verschwunden, und neue Formen traten an die Stelle der früheren.

Und dann kam das große Wunder, das mich stets von neuem ergriff, so oft ich die Grenzen Tibets überschritt: auf dem höchsten Punkt des Passes, auf den die Wolken in dunklen Massen zustürmten, öffnete sich der Himmel wie durch einen Zauberschlag, die Wolken lösten sich auf, und eine Welt leuchtender Farben unter einem tiefblauen Himmel enthüllte sich dem verwunderten Blick, während eine blendende Sonne die schneebedeckten Abhänge der anderen Seite aufleuchten ließ, daß das Auge vom Glanze geblendet war.

Nach den nebel- und wolkenverhüllten Landschaften Sikkims ging es fast über menschliches Vermögen, so viel Farbe und Licht in sich aufzunehmen. Selbst die tiefsten Schatten hatten eine unerhörte Farbintensität, und die vereinzelten weißen Sommerwolken, die selig im samtblauen Himmel den fernen purpurnen Bergketten zuschwebten, verstärkten das Gefühl der Unendlichkeit und Tiefe des Raumes und der Leuchtkraft der Farben.

Es war in diesem Augenblick – in dem meine Augen zum erstenmal das heilige Land Tibet erblickten –, daß mir klar wurde, daß ich von nun an dem Weg der Weißen Wolken in das verzauberte Land meines Gurus folgen würde, um mehr von seiner Weisheit zu lernen und in dem Frieden und der Schönheit seiner Natur Inspiration zu finden. Ich wußte, daß ich von nun an mich stets zu diesem Land des Lichtes und der Farben hingezogen fühlen und daß mein Leben der Erforschung seiner geistigen Schätze gewidmet sein würde.

Wie so mancher Pilger vor mir, umwandelte ich feierlich den mit Gebetswimpeln geschmückten Steinhaufen *(lhatse)*, der den höchsten Punkt des Passes und die Grenze Tibets markierte, und indem ich des Gurus Mantra wiederholte, fügte ich einen Stein zu dem Haufen, als Zeichen der Dankbarkeit, daß mich das Schicksal sicher zu diesem Ort geleitet hatte, als ein Versprechen, in Zukunft den eingeschlagenen Pfad weiter zu beschreiten, und nicht zuletzt als einen Segenswunsch für alle Pilger, die nach mir an diesem Ort vorbeikommen würden. Dann kamen mir die Worte einer chinesischen Stanze in den Sinn, die Maitreya, dem zukünftigen Buddha, zugeschrieben wird, der als Wandermönch einst die Welt durchzog: «Allein wandere ich tausend Meilen ... und erfrage meinen Weg von den Weißen Wolken.»

Während des Abstiegs ins Tschumbi-Tal war ich von unbeschreiblicher Glückseligkeit erfüllt. Bald wich der Schnee der Paßhöhe vielfarbigen Blumenteppichen und stolzen Tannenwäldern, in denen Schmetterlinge über die Blumen des Waldbodens gaukelten und Vögel in den sonnendurchstrahlten Lichtungen umherschwirrten. In der klaren Höhenluft fühlte ich mich selbst beschwingt wie ein Vogel und konnte kaum meiner Freude Herr werden, obwohl ich wußte, daß ich bald wieder in die dunkle Schattenwelt auf der anderen Seite des Passes zurückkehren und in die dampfenden, tropischen Dschungel hinabsteigen mußte. Aber ich war von Zuversicht erfüllt, daß ich früher oder später dem Weg der Weißen Wolken über den fernen Horizont hinaus folgen würde, über dem die strahlende Pyramide des heiligen Berges Tschomolhari, der Thron der Göttin Dorje Phagmo, verheißungsvoll zu winken schien.

Und wirklich, durch Umstände unwahrscheinlichster Art – die ich mir rückblickend nicht anders vorstellen kann als die Auswirkung einer schicksalhaften, richtunggebenden Kraft, die sowohl in mir, wie in denen, die mir alle Hindernisse aus dem Wege räumten, zum Ausdruck kam – fand ich mich bald wieder auf dem Karawanenpfad, der mich in unbekannte Regionen jenseits des Himalaya führen sollte.

Diesmal jedoch war mein Ziel der nordwestliche Teil Tibets, und im Frühjahr 1933 schloß ich mich für den ersten Teil der Reise einer Karawane an, die vom Yarkand Sarai in Srinagar, der Hauptstadt Kaschmirs, nach Kargil in Baltistan ging. Der bekannte indische Gelehrte und Tibetforscher Rahula Sankrityayana reiste mit mir bis nach Leh, der Hauptstadt von Klein-Tibet, wie Ladakh damals genannt wurde, das ursprünglich einen Teil des westtibetischen Königreichs Guge bildete. In Leh trennten wir uns, und ich zog allein weiter, von nur zwei Tibetern begleitet, deren Pferde mein bescheidenes Gepäck samt dem für eine längere Reise notwendigen Proviant trugen.

Die Reise bis Leh hatte fast einen ganzen Monat in Anspruch genommen. Sie hatte mir Gelegenheit gegeben, mich den klimatischen Verhältnissen anzupassen und abzuhärten, indem ich, Rahulas Beispiel folgend, unter freiem Himmel ohne Zelt nächtigte. Mein einziger Schutz gegen Schnee und Regen war eine kaschmirische Filzdecke *(namda)*, die einigermaßen wasserdicht war und die ich über mein zusammenlegbares Feldbett breitete. Rahula (der damals noch buddhistischer Mönch war und einen aussichtslosen Kampf um die Aufrechterhaltung der vielen unwesentlichen, im ceylonesischen Orden auf sich genommenen Regeln führte, bis die größeren Aufgaben seines Lebens ihn eines Besseren belehrten) betrachtete das «Campcot» mehr oder weniger als Luxus, bis wir beim Überqueren des ersten Passes über die Hauptkette des Himalaya in einen Gewittersturm gerieten, der mit Schneeregen begann und in der Nacht in einen heftigen Schneefall ausartete. Als ich am nächsten Morgen unter meiner schweren, von einer dicken Schneeschicht bedeckten und steifgefrorenen Namda hervorlugte, konnte ich keine Spur meines Reisekameraden entdecken – bis er ziemlich reduziert und zähneklappernd einem weißen Hügel entstieg, den ich für eine Schneewehe gehalten hatte. Dazu kam, daß er seit dem Mittag des vorigen Tages der Ordensregel gemäß nichts gegessen hatte, trotz meiner Warnung, daß es ungewiß sei, ob wir am nächsten Tag Gelegenheit haben würden, auch nur das einfachste Mahl zuzubereiten. Genau das traf zu, denn zwei Tage lang kämpften wir uns durch hohen Schnee. Von da ab gab er zu, daß Regeln, die in tropischem Klima ihre Berechtigung hatten, sich nicht auf kalte Zonen oder andere Lebensverhältnisse anwenden lassen, und daß wir, dem Geiste des Buddhismus entsprechend, uns nicht an Regeln und Riten *verhaften* sollen. Befreite doch der Buddha selbst noch unmittelbar vor seinem Hinscheiden seine Jünger vom Zwang aller sekundären Regeln und überließ ihre Einhaltung dem Gewissen und der Einsicht seiner Jünger.

Glücklicherweise war das Wetter im Himalaya vorwiegend trocken und sonnig; ja, die Sonne war sogar noch intensiver als in Indien, obwohl man dessen infolge der kalten Luft nicht eher gewahr wurde, als bis einem, trotz des Gebrauchs von Sonnenbrandsalben, die Haut vom Gesicht und den Händen blätterte und die Lippen schmerzhaft aufgesprungen waren, so daß man nur mit Mühe sein Essen zu sich nehmen konnte.

Aber diese Schwierigkeiten der ersten Wochen waren längst überwunden. Ich war in jeder Weise akklimatisiert und mit einer neuen, dunk-

Lagerplatz am Fuß der tibetischen Bergriesen

Selbstbildnis von Thangu

leren und widerstandsfähigeren Haut versehen, als ich nach dem Tschang-thang aufbrach, dem Land der blauen Seen, der gold- und kupferfarbenen Berge, der grünen Talgründe und der weiten Steppen, in denen die Nomaden des Nordens mit ihren Yak- und Schafherden und ihren schwarzen Yakhaarzelten leben. Nachdem ich mich in den gastlichen Klöstern Ladakhs ausgeruht hatte, war ich begierig, in die damals noch so wenig erforschten Regionen jenseits der großen Schneeketten vorzudringen, die sich zwischen dem Oberlauf des Indus und dem Karakorum-Gebirge erstrecken.

Ein Paß von über 6000 m Höhe lag vor uns. Wir folgten einem breiten, sanft ansteigenden Tal. Die Sonne, die seit endlosen Wochen unbarmherzig auf die vegetationslose Berglandschaft herniedergebrannt hatte, war seit dem frühen Morgen hinter schweren, dunklen Wolken verborgen, und ein kalter, feiner Regen peitschte uns ins Gesicht. Alles hatte plötzlich ein unheimliches, düsteres Aussehen, und das Tal, das in das Dunkel der Wolken hinaufführte und von den Felszähnen benachbarter Berge flankiert wurde, erschien mir wie der offene Rachen eines vorzeitlichen Ungeheuers. Die Pferde trotteten gleichmäßig und schicksalsergeben vor sich hin, keiner meiner Leute sprach ein Wort, und ich dachte mit einiger Besorgnis an die kommende Nacht und ob wir am nächsten Tag heil dem Rachen dieses gefürchteten Passes entrinnen würden. Ein Schneesturm auf solchen Höhen würde das Ende unserer Reise bedeuten!

DAS FELSENKLOSTER

Am Spätnachmittag erreichten wir den Eingang einer Schlucht, von der aus der eigentliche Aufstieg zum Paß beginnen sollte. Am Fuß einer steil aufsteigenden, wildzerrissenen Felsgruppe drängte sich eine Anzahl ärmlicher Hütten zusammen, deren kubische Formen sich kaum von herabgestürzten Felsquadern unterschieden. Einen merkwürdigen Kontrast zu ihnen bildeten unzählige weißgetünchte Tschörten, religiöse Symbolbauten, die ihren Ursprung in den altindischen Tumuli oder Stûpas (in denen die Reliquien des Buddha und seiner Jünger aufbewahrt wurden) haben. Sie bestanden aus einem kubischen Unterbau, einem kuppelförmigen oder vasenartigen Mittelstück und einer langen konischen Spitze, die aus dreizehn sich nach oben verjüngenden roten Terrakottascheiben bestand, die von einem schirmartigen Aufsatz und den Symbolen des Mondes, der Sonne und des Feuers gekrönt war.

Millionen solcher Monumente sind über ganz Tibet verstreut. Sie finden sich überall, wo Menschen leben oder gelebt haben, und selbst auf abgelegenen Pässen oder am Zugang zu (oft lebensgefährlichen) Hängebrücken oder auf seltsam geformten Felsen in der Nähe der Karawanenpfade. Die große Anzahl der hier vor uns erscheinenden Tschörten, die wie eine aus dem Felsen gezauberte und zum Teil schon wieder verfallende Gnomenstadt wirkten, ließen auf die Nähe eines Heiligtums oder Klosters schließen. Da ich bereits von einem uralten Felsenkloster gehört hatte, das in den Schluchten dieser Berge liegen und aus der Zeit Padmasambhavas (8. Jahrhundert n. Chr.) stammen sollte, folgte ich dem durch die Tschörten führenden Pfad, der mich durch

ein Gewirr haushoher Felsblöcke und senkrecht aufragender Felswände führte.
Der Pfad wurde steiler, so daß wir die Pferde zurücklassen mußten. Aber nun trat hier und da Mauerwerk in Erscheinung, und aus den Felsen wuchs eine Gruppe kubischer Gebäude, aus deren leicht abgeschrägten Wänden hier und da hölzerne Balkons hervorragten. Es war kaum zu unterscheiden, was Fels und was Architektur war, da beide so vollkommen aneinander angepaßt waren, als ob die Natur sie so geschaffen hätte.
In der Hoffnung, Unterkunft für die Nacht zu finden, stieg ich durch ein Labyrinth von Felsen und Gebäuden empor, aber je weiter ich vordrang, desto tiefer sank meine Hoffnung. Nirgends zeigte sich ein lebendes Wesen. Nicht einmal einer der in Tibet so gefürchteten Wachhunde, die jeden Fremden anzufallen versuchen, der sich einer Siedlung nähert, sei es ein Haus, ein Kloster oder das Zelt eines Nomaden, ließ sich sehen oder hören. Dennoch war es nicht ratsam, eines dieser scheinbar verlassenen Gebäude zu betreten.
Neben jedem Eingang bemerkte ich eine kleine Steinpyramide, die auf ihrer Spitze eine flache Steinplatte trug, in deren Mitte ein kleiner, runder Stein lag. Ich wollte gerade den einen meiner beiden Leute, der mich begleitete, während der andere bei den Pferden zurückgeblieben war, nach der Bedeutung dieser Miniatur-Tschörten fragen, als er von einer derselben den kleinen, runden Stein aufhob und ihn auf die Steinplatte fallen ließ, von der er ihn genommen hatte. Ein heller, gläserner Klang ertönte. Das war also die Hausglocke! Welch geniale Erfindung! Wieder einmal mußte ich die wundervolle Gabe der Tibeter bewundern, aus den einfachsten Dingen etwas zu machen.
Wir ließen noch mehrere dieser klingenden Steine ertönen, aber vergeblich! So stiegen wir weiter, bis wir zu einem kleinen Hof gelangten, der auf der einen Seite von einem überdeckten, hölzernen Umgang, auf der andern von überhängenden Felsen mit eingebauten Tempelfassaden begrenzt wurde, während auf der dem Eingang gegenüberliegenden Seite ein zweistöckiges Gebäude mit offenen Veranden stand, über dem seltsam geformte Felsspitzen in den Himmel ragten. In der Mitte des Hofes stand eine hohe, weiße Gebetsfahne. Wir befanden uns also in einem Klosterhof. Aber auch hier wieder keine lebende Seele!

Trotz alledem hatte ich das bestimmte Gefühl, mich am richtigen Ort zu befinden, und ließ mich unter dem hölzernen Umgang häuslich nieder, um in Ruhe den Verlauf der Dinge abzuwarten und gegebenenfalls hier mein Nachtlager aufzuschlagen. Das Dach über mir war zwar etwas schadhaft, aber der Boden war noch relativ trocken und der Regen im Begriff nachzulassen.
Plötzlich schlug ein Hund an, in der Richtung, aus der wir gekommen waren. Ich sah mich instinktiv nach einem anderen Ausgang um, konnte aber nichts dergleichen entdecken. Da saßen wir also in einer netten Falle! Aber wir hatten Glück. Der Hund war keine jener gefährlichen Kreaturen, wie ich gefürchtet hatte (und jeder Tibetreisende weiß, daß die tibetischen Mastifs weit gefährlicher sind als tibetische Wölfe), und unmittelbar hinter ihm kam ein alter Lama, der mich mit großer Ehrerbietung begrüßte. Ich sagte ihm, daß ich ein Pilger sei aus einem fernen Land und die heiligen Stätten Tibets besuchen wollte. Da er aus meiner Kleidung sah, daß ich einem tibetischen Orden angehörte, öffnete er ohne Zögern die schwere Tür zum Felsentempel und bedeutete mir, ihm zu folgen.
Er führte mich über eine steile, dunkle Treppe in eine geräumige Höhle, deren geglättete Wände mit anscheinend sehr alten Fresken bedeckt waren. Im milden Licht einer Altarlampe erhob sich über einem mehrstufigen Aufbau mit Opferschalen und Wassergefäßen die Statue Padmasambhavas, des großen buddhistischen Apostels und Gründers der ältesten Sekte Tibets *(Nyingmapa)*, zu der dieses Kloster gehörte. Rechts und links von ihm thronten die Statuen zweier Bodhisattvas und zu seinen Füßen die kleineren Figuren seiner Hauptjünger, der indischen Prinzessin Mandâravâ und der tibetischen Khadoma Yésché Ts'hogyal (die von westlichen Autoren fälschlicherweise immer wieder als Padmasambhavas Gattinnen dargestellt werden, obwohl Padmasambhavas Biographie ihre Positionen vollkommen klarmacht).
Nach Beendigung des Verehrungsrituals wurde ich in einen zweiten, höher gelegenen Tempelraum des benachbarten Gebäudes geführt. Den Wandmalereien nach zu urteilen, war dieser Tempel erst vor kurzem renoviert worden. Er war Śâkyamuni, dem geschichtlichen Buddha Gautama, geweiht. Seine Statue war von seinen beiden Hauptjüngern Śâripûtra und Maudgalyâyana begleitet und flankiert von dem

Buddha des vergangenen Weltzeitlalters, Dîpankara, und dem kommenden Buddha, Maitreya.

Als wir wieder im Hof ankamen, hatten sich dort einige weitere Lamas eingefunden, und nachdem ich die üblichen Fragen nach Woher und Wohin beantwortet hatte, führte man mich in einen großen, freundlichen Raum, der völlig leer war und der, wie man mir versicherte, noch von niemandem bewohnt worden war. Eine steile, vorgebaute Treppe führte zum Hof hinunter, und ein Fenster öffnete sich nach der Talseite zu. Die dem Fenster gegenüberliegende Wand war von einem vorspringenden Felsen durchbrochen, die mir die Eigenart der Örtlichkeit, die aus dem Zusammenwirken von Mensch und Natur entstanden war, von neuem zum Bewußtsein brachte.

Während ich noch mit den Lamas sprach, schleppte mein Begleiter das Gepäck herbei, und als ich dann begann, mein Feldbett auseinanderzuklappen und meinen Primuskocher zusammenzuschrauben, ließen sich die Lamas im Halbkreis um mich nieder, um dieses seltene Schauspiel zu genießen. Auch die Türöffnung hatte sich mittlerweile mit Leuten gefüllt, die wahrscheinlich von dem Dörfchen zu Füßen des Klosters herbeigeeilt waren, um den fremden Lama, der so überraschend in ihre Einsamkeit eingedrungen war, zu sehen. Da der Raum bereits voll war, konnten sie nur von außen beobachten, was im Innern vor sich ging.

Der Aufbau des Feldbettes war bereits mit großem Interesse, verständnisvollen Kommentaren und Ausrufen der Bewunderung verfolgt worden. Als jedoch der Primuskocher zusammengesetzt und die Anheizvorrichtung mit einer geheimnisvollen Flüssigkeit gefüllt worden war, erreichte die Spannung, mit der jede meiner Bewegungen beobachtet worden war, ihren Höhepunkt. Ehrfurchtsvolles Schweigen umgab mich, und ich war mir der Dramatik des Augenblicks voll bewußt, als ich plötzlich mit einem Streichholz der Flüssigkeit eine durchsichtigblaue Flamme entlockte.

Ein Schnalzen der Überraschung ertönte aus dem Kreis der Zuschauer, die sprachlos die Köpfe schüttelten und halb ungläubig auf die nie gesehene Erscheinung starrten. Sie waren eher bereit, den bläulichen Schein der Spiritusflamme für eine Sinnestäuschung zu halten als für wirkliches Feuer, denn wie konnte «Wasser» Feuer hervorbringen? Der fremde Lama war gewiß ein großer Zauberer! Um die Umstehenden von der Wirklichkeit des Feuers zu überzeugen, forderte ich sie auf, ihre Hände über die Flamme zu halten, und als sie sie eiligst, unter allgemeinem Beifallsgelächter, zurückzogen und ihre Erfahrung den andern mitteilten, war man von der Wirklichkeit des Feuers einigermaßen überzeugt.

Das Wunder hatte aber hiermit noch nicht sein Ende erreicht, denn als die Flamme nach Aufzehrung der Flüssigkeit plötzlich erlosch und an ihrer Stelle die grün-blauen Feuerperlen des Vergasers mit leisem Zischen aufflammten, war des Staunens kein Ende.

Wenn ich nun mit untergeschlagenen Beinen durch die Luft von dannen geflogen wäre, so hätte das einen angemessenen und würdigen Abschluß der Vorführung bedeutet und die Anwesenden nicht mehr sonderlich in Verwunderung gesetzt. Als ich nun aber seelenruhig einen ganz profanen Kochtopf auf den Zauberapparat setzte, ging ein Lächeln der Entspannung und des Verständnisses durch die Versammlung. Wir waren wieder auf der Ebene des Menschlichen angekommen.

Während meiner weiteren Essensvorbereitungen wurden die Ingredienzien meiner Mahlzeit eingehender Prüfung unterzogen, und noch während ich aß, ruhten aller Blicke auf mir. Da ich meiner Gewohnheit nach mit Eßstäbchen aß, schlossen sie, daß ich wohl ein chinesischer Mönch sein müsse, und ich ließ es dabei bewenden, da ihnen die Welt außerhalb Asiens ohnedies kein Begriff war. Als aber nach beendetem Mahl noch immer keiner der Anwesenden Miene machte, sich zu entfernen, legte ich mich kurzerhand auf mein Feldbett, drehte mich zur Wand und gab vor zu schlafen.

Als ich einige Minuten später die Augen öffnete, war ich allein.

DIE VISION DES TSCHELA

Die Sonne war noch nicht untergegangen, so daß es noch zu früh zum Schlafen war, und außerdem fühlte ich mich auch keineswegs müde. Aber es war angenehm, sich nach einem langen Tag im Sattel auszustrecken und auszuruhen. So blieb ich liegen und musterte die mir gegenüberliegende, frisch beworfene Wand, deren Unebenheiten ihr eine merkwürdige Lebendigkeit gaben.

Dabei kam mir zum Bewußtsein, daß dieser Raum bei aller Kahlheit etwas außerordentlich Sympathisches an sich hatte, obwohl ich nicht imstande war, irgendwelche vernünftigen Gründe dafür zu entdecken. Das düstere Wetter und die trüben Aussichten für den nächsten Tag waren ganz und gar nicht dazu geeignet, mich in gehobene Stimmung zu versetzen. Aber seit ich diesen Raum betreten hatte, war jegliche Depression von mir gewichen, und ich empfand eine große innere Ruhe und Heiterkeit.

War es die allgemeine sympathische Atmosphäre dieser alt-ehrwürdigen Kultstätte, die aus der Höhle eines frommen Einsiedlers im Lauf der Jahrhunderte zum stattlichen Kloster gewachsen war, in dem ungezählte Generationen von Mönchen ein Leben der Hingabe und der Kontemplation geführt hatten? Oder war es die besondere Atmosphäre dieses Raumes, unter deren Einfluß diese Wandlung in mir vor sich gegangen war? Ich wußte es nicht und konnte keine Erklärung dafür finden.

Ich fühlte nur, daß irgend etwas an der Oberfläche dieser Wand meine Aufmerksamkeit auf sich zog und mich wie in einem Bann gefangen hielt, wie eine seltsame, faszinierende Landschaft. Aber sonderbarerweise war da nichts, was an eine Landschaft erinnerte. Diese augenscheinlich zufälligen Formen waren in einer geheimnisvollen Weise miteinander verbunden; und je länger ich meine Aufmerksamkeit auf sie richtete, desto plastischer und zusammenhängender wurden sie. Sie schlossen sich zu festen Umrissen zusammen und wuchsen plastisch aus dem flachen Grund. Es war wie ein Kristallisationsvorgang oder wie ein organisches Wachstum; und die Verwandlung der Wandoberfläche war so natürlich und überzeugend, als ob ich einem unsichtbaren Bildhauer bei der Schaffung eines lebensgroßen Reliefs zusähe. Der einzige Unterschied war, daß der unsichtbare Bildner nicht von außen, sondern vom Innern des Materials aus und an allen Stellen zugleich arbeitete.

Bevor ich wußte, wie es geschah, formte sich eine hoheitsvolle Gestalt vor meinen Augen. Sie saß auf einem Thron, mit beiden Füßen auf dem Boden, auf dem Haupt ein fünfteiliges Diadem, die Hände in erklärender Geste erhoben: es war die Gestalt des Maitreya, des kommenden Buddha, der schon jetzt auf dem Wege zur vollen Buddhaschaft ist und der – wie die Sonne, bevor sie über den Horizont steigt – die Strahlen seiner Liebe in die Welt sendet, durch die er in unzähligen Formen, durch unzählige Wiedergeburten und durch unendliche Zeiten gewandert ist. Ich fühlte eine Welle unbeschreiblicher Freude mich durchströmen, ähnlich jener, die mich in der Gegenwart meines Guru erfaßt hatte, der mich in den mystischen Kreis *(maṇḍala)* des Maitreya eingeweiht hatte, dessen Statuen durch seinen Einfluß in allen Gegenden Tibets errichtet wurden.

Ich schloß meine Augen und öffnete sie wieder: die Figur in der Wand hatte sich nicht verändert. Sie stand unbeweglich vor mir, wie aus Stein gehauen und dennoch voller Leben! Ich blickte umher, um mich zu vergewissern, daß ich nicht träumte – aber alles war unverändert: da war der Felsvorsprung, der in den Raum hineinragte, mein Kochgeschirr auf dem Boden und mein Gepäck in der Ecke, wie zuvor.

Ich richtete meinen Blick wieder nach der Wand. Die Gestalt war da – oder täuschte ich mich? – Was ich sah, war nicht die Gestalt eines gütig lehrenden Buddha, sondern die eines schreckenerregenden Dämons von gedrungenem Körperbau, die Füße wie zum Sprung auf den Boden gestemmt, auf dem Kopf ein Diadem von Totenschädeln, aus dem das Haar wie lodernde Flammen emporstieg, in der rechten, in drohender

Geste weit von sich gestreckten Hand das Diamantzepter schwingend, während die linke die Ritualglocke vor der Brust hielt.

Wäre das alles nicht wie ein von Künstlerhand aus der Wand gehauenes Relief vor mir erschienen, würde mir vor Entsetzen das Blut in den Adern erstarrt sein. So aber empfand ich die mit der Furchtbarkeit gepaarte grandiose Schönheit und die Gewaltigkeit des Symbols, das in der Gestalt Vajrapâṇis zum Ausdruck kommt, der als Wahrheitskämpfer gegen die Mächte der Dunkelheit und der Verblendung zugleich der Hüter und Meister der tiefsten Mysterien ist.

Während ich noch im Bann der machtvollen Gestalt von diesen Empfindungen bewegt wurde, verwandelte sich das Diamantzepter *(vajra)* in ein flammendes Schwert, und an Stelle der Glocke wuchs aus der linken Hand ein Lotus empor. Er wuchs bis zur Höhe der linken Schulter, und auf seiner entfalteten Blüte erschien das heilige Buch der transzendenten Weisheit. Der Körper nahm die Form eines wohlgebildeten, in indischer Weise auf einem Lotusthron sitzenden Jünglings an, und an Stelle der flammenden Haare und der Totenköpfe war sein Haupt mit der Krone der Fünf Weisheiten geschmückt. Sein Gesicht aber leuchtete vom Feuer jugendlicher Schönheit, erfüllt mit der Weisheit eines Vollkommen-Erleuchteten. – Es war die Gestalt Mañjuśrîs, der Verkörperung aktiver Weisheit, der die Knoten der Zweifel und das Dunkel des Nichtwissens mit dem flammenden Schwert der Erkenntnis durchschneidet.

Nach einiger Zeit begann auch diese Figur sich zu verwandeln, und eine weibliche Gestalt formte sich vor meinen Augen. Sie hatte die jugendliche Grazie Mañjuśrîs, und selbst der Lotus, der aus ihrer linken Hand wuchs, schien der gleiche zu sein. Aber sie schwang kein Flammenschwert, sondern sie hatte die rechte Hand segenspendend geöffnet auf dem rechten Knie liegen. Ihr rechter Fuß war ausgestreckt, als ob sie im Begriff sei, von ihrem Lotusthron zu steigen, um ihre helfende Hand den Hilfesuchenden entgegenzuhalten. Die wunschgewährende Geste, der liebevolle Ausdruck ihres Gesichtes, das sich den ihre Hilfe suchenden Bittstellern entgegenzuneigen schien, waren die lebendigste Verkörperung der Worte Śâkyamunis:

> «Wie eine Mutter, die ihren Sohn, ihren einzigen Sohn,
> mit dem eigenen Leben schützt,

so möge man allen Wesen gegenüber
ein Herz unbegrenzter Liebe entfalten.»

Ich war tief bewegt, und indem ich meine ganze Aufmerksamkeit auf den lieblichen Ausdruck ihres göttlichen Antlitzes richtete, war mir, als ob ein schmerzliches Lächeln ihren Mund umspielte, wie wenn sie sagen wollte: «Ja, meine Liebe ist unbegrenzt, aber auch die Zahl der leidenden Wesen ist unbegrenzt. Wie kann ich, die ich doch nur *einen* Kopf habe und nur zwei Arme, das unsägliche Leid unzähliger Wesen stillen?!»
Waren dies nicht die Worte Avalokiteśvaras, die in meinem Geist widerhallten? Und wirklich, Târâs Antlitz trug die Züge des Großen Mitleidsvollen, von dem es heißt, daß eine Träne im Anblick der leidenden Welt seinem Auge entrollte und daß dieser Träne die jungfräulich-mütterliche, allerbarmende Göttin Târâ entsprungen sei.
Doch ehe ich noch wußte, ob das Antlitz der göttlichen Gestalt das der Târâ oder dasjenige Avalokiteśvaras war, barst ihr Haupt, wie von der Überfülle des Leidens zersprengt, in eine Unzahl von Köpfen, während die Arme sich in tausend Arme zerteilten, deren tausend Hände sich helfend in alle Weltrichtungen erstreckten, wie die Strahlen einer Sonne, die sich nach allen Seiten in den Weltraum stürzen. Und wirklich löste alles sich in Licht auf, denn in jeder der unzähligen Hände öffnete sich ein strahlendes Auge, ebenso liebend und gütig wie die Augen, die mich aus dem Antlitz Avalokiteśvaras oder Târâs angeblickt hatten. Verwirrt und geblendet von der Überfülle des Lichtes und der Erscheinungen, wußte ich, daß ich diesem Antlitz schon einmal begegnet war: es war das des kommenden Buddha Maitreya, des Großen Liebenden.
Als ich wieder emporblickte, war alles verschwunden, aber der Glanz auf der Wand war geblieben, und als ich mich umwandte, sah ich, daß es die letzten Strahlen der Abendsonne waren, die durch die gelichteten Wolken drangen. Freudig sprang ich auf und eilte zum Fenster. Alles Düstere und Unheimliche war aus der Landschaft verschwunden. Sie war in die sanften Farben des scheidenden Tages gebadet. Über den grünen Matten des Talbodens stiegen rötliche und goldschimmernde Felsenberge auf, und hinter ihnen erschienen hellbeleuchtete Schneeflächen, die sich grell von den hinter ihnen lagernden dun-

kel-violetten Wolkenmassen abhoben, in denen hier und da noch Blitze aufzuckten. Fernes Donnergrollen zeigte an, daß jenseits der Berge Vajrapâṇi noch immer sein Diamantzepter schwang, im Kampf mit den Mächten der Finsternis.

Tief unter mir im Tal sah ich meine Pferde grasen, klein wie Spielzeuge, und nicht weit von ihnen stieg der blaue Rauch eines Lagerfeuers auf, an dem meine Leute ihre Abendmahlzeit kochten. Aus dem Höhlentempel kam in regelmäßigen Abständen der tiefe vibrierende Ton einer Kesselpauke, wie eine Stimme aus den Eingeweiden der Erde, ein Ruf aus der Tiefe nach dem Licht — dem Licht, das alle Furcht und Finsternis des ewigen Abgrunds in seinen Strahlen auflöst.

Und aus der Freude meines Herzens formten sich spontan die Worte eines Gebetes:

Wer bist Du, Mächtiger,
der an die Pforten
meines Herzens klopft?

Bist Du ein Strahl
der Güte und des Wissens,
der aus der Aura
eines Still-Versenkten
hervorbricht
und der reifen Wesen
Geist erleuchtet?

Bist Du der Kommende,
der Retter aller Wesen,
der in tausend Formen
die schmerzversehrte
dunkle Welt durchwandert?

Oder das letzte Schwingen derer,
die das andre Ufer –
das Ufer der Vollkommenheit –
erreichten und das Floß verließen,
das ihr Vermächtnis,
unser Erbe ist.

Wer Du auch seist,
o Leuchtender im Geiste!
Geöffnet sind die Tore
meines Herzen!
Bereitet ist der Lotusthron,
Dich zu empfangen!

Treff' ich Dich nicht
auf allen meinen Wegen?
Im Aug' des Freundes,
in des Guru Stimme,
im treuen Sorgen
mütterlicher Liebe?

Warst Du es nicht,
der mir den Stein belebte
und aus der Wand
Dein Abbild treten ließ?
Der mir in heil'ger
Weihestunde nahte,
der mich in Träumen
segnete und labte?

O tausendarm'ge Sonne Du, der Güte,
des allerinnigsten Verstehns!
Du tausendfält'ges Auge,
dessen Blick durchdringt,
doch nicht verletzt,
nicht richtet und nicht schreckt,
doch wärmt und reifen läßt,
wie sanfter Sommerregen.

Du Auge, dessen Blick
selbst unsre Schwäche
heiligt und verwandelt
und aus dem Gift
des Todes selbst

des Lebens Heiltrank
wundersam bereitet!

Wo in das Meer
des Hassens und des Irrens
ein Strahl der Liebe,
des Verstehens, leuchtet: –

Da weiß ich Dich,
gewaltlos Waltender,
an dem die Mächte dieser Welt
zerschellen
und zu nichts vergehen.

Nimm meine ird'ne Form
und laß mich auferstehen
in Dir!

EIN ERWACHEN UND EIN BLICK IN DIE ZUKUNFT

Am nächsten Morgen weckte mich strahlender Sonnenschein. Ich hatte am Abend vorher noch alles gepackt, so daß wir unverzüglich aufbrechen konnten. In der Morgensonne schien alles um mich verwandelt. Ich hätte gern den freundlichen Lamas für die Unterkunft gedankt und Lebewohl gesagt, aber keine Menschenseele zeigte sich weit und breit. Ich beschloß, noch etwas zu warten, und vertrieb mir die Zeit, indem ich eine Skizze vom Klosterhof und dem Gebäude, in dem ich die Nacht verbracht hatte, herstellte. Aber selbst als ich damit fertig war, rührte sich nichts. Es war, als liege das Kloster unter einem Zauberbann, demzufolge die Zeit vor tausend Jahren stehen geblieben und alles Leben zum Stillstand gekommen war, während die Natur rund umher ihre eigenen Wege ging, so daß die Felsen zu seltsamen Formen wuchsen und das von Menschen Geschaffene mit ihrer eigenen Vitalität durchdrangen.

Befand ich mich etwa an einem jener verwunschenen Orte, an denen eine lang-verschollene Vergangenheit von Zeit zu Zeit zum Leben erwacht und wo einsame Wanderer allerhand seltsame Dinge sehen und hören, die dann plötzlich wieder verschwinden wie eine Fata Morgana? ‹Auf jeden Fall›, dachte ich bei mir selbst, ‹ist das Kloster noch da, und sollte es plötzlich verschwinden, so habe ich wenigstens meine Skizze!›

Langsam stieg ich hinab durch die engen Gassen zwischen Felsen und Gemäuer, das hier Erlebte noch einmal überdenkend. Mein Pferdeführer, der gekommen war, um mein Gepäck abzuholen, sah mein

nachdenkliches Gesicht und sagte: «War Kuschog Rimpotsché nicht zufrieden mit der Unterkunft?»
«O doch», sagte ich, «ich habe mich nie besser befunden als hier.»
«Kein Wunder», meinte er, «wenn man in geweihtem Raum schläft.»
«Wie meinst du das?» fragte ich, denn ich dachte, ich hätte nicht recht gehört.
«Erinnert Ihr Euch nicht, Kuschog, daß der Lama, der Euch in den Raum führte, versicherte, es habe noch nie ein Mensch darin gewohnt?»
«Ja, allerdings.»
«Ich will Euch den Grund sagen. Während Ihr im Höhlentempel wart, berieten die Lamas, ob man Euch den neuen Raum zur Unterkunft geben sollte, und so erfuhr ich, daß er dem Tschamba geweiht sei, dem Buddha Maitreya.»
Plötzlich kam mir eine seltsame Idee.
«Was gab ihnen den Gedanken, dem Buddha Maitreya einen Lhakhang zu bauen?» fragte ich.
«Oh», sagte der Mann, «wißt Ihr denn nicht, daß überall in Tibet Heiligtümer errichtet werden für Tschamba, den Großen Kommenden, durch die Macht eines großen Lamas aus dem südlichen Teil Tibets?»
«Kennst du seinen Namen?» fragte ich, meine Erregung mühsam verbergend.
«Ich weiß nicht seinen Namen; aber man sagte mir, daß die Leute ihn Tomo Gésché nennen.»
«Das ist mein eigener Guru!» rief ich aus. «Sprach ich dir nicht schon von ihm?» – Und dann erinnerte ich mich, daß er selbst eines Tages gefragt hatte, wer mein «Tsawai-Lama» sei, worauf ich, ohne dieser in Tibet üblichen Frage allzuviel Gewicht beizulegen, geantwortet hatte: «Mein Guru lebt mehr als tausend Meilen von hier entfernt, so daß dir sein Name auf jeden Fall unbekannt sein wird.»
Aber nun gewann mein Erlebnis vom vorigen Abend eine neue Bedeutung – und plötzlich wurde es mir klar: *Dies war meine zweite Initiation!*
Ob es eine Folge von meines Gurus unmittelbarem Einfluß war (wie im Fall der Ereignisse von Tschörten Nyima oder anderer ähnlicher Fälle, die später zu meiner Kenntnis kamen) oder ob es eine Folge des Reifens der Samen war, die der Guru in mich gelegt hatte: eines war sicher, mein Erlebnis war nicht das Produkt eines bloßen Zufalls.

Zum erstenmal hatte ich selbst erfahren, was der Guru meinte, als er zu mir vom Kerim *(bsKyed-rim)*, dem schöpferischen Stadium der Meditation, sprach. «Eines Tages wirst du imstande sein, die transzendenten Körper (oder rein-geistigen Erscheinungsformen meditativer Schau; Tibetisch: *longs-sku*, Sanskrit: *sambhoga-kâya)* von Buddhas und Bodhisattvas zu sehen, die nichts anderes sind als die Kräfte des Lichtes in dir selbst, die jetzt nur als undeutliche Ideen in deinem Geiste wohnen. Wenn sie dir so wirklich geworden sind wie das, was du jetzt für die materielle Welt hältst, die dich umgibt, dann wirst du verstehen, daß die Wirklichkeit der inneren und äußeren Welt auswechselbar ist und daß es allein an *dir* liegt, in welcher von diesen beiden du zu leben wünschest: ob du der Sklave der einen oder der Erbe und Meister der anderen sein willst.»

Mehr denn je empfand ich nun die Nähe des Guru, und ich fühlte mich innerlich so erhoben, daß selbst die Anstrengung des Aufstiegs zu jenem mächtigen Paß, dem ich am vorigen Tage mit Besorgnis entgegengesehen hatte, zu einer Bagatelle wurde. Meine Gedanken flossen in einem ununterbrochenen Strom, und es war, als ob eine innere Stimme zu mir spräche und mir Stück für Stück die Lösungen vieler Probleme offenbarte, die meinen Geist seit langer Zeit beschäftigt hatten.

Ich begriff nun, was ich nur undeutlich während meines Aufenthaltes in Yi-Gah Tschö-Ling gefühlt hatte, nämlich, daß die Bildwerke, die mich umgaben, mehr waren als bloße Dekorationen von ästhetischem Wert. Sie waren Darstellungen einer höheren Wirklichkeit, geboren aus den Schauungen inneren Erlebens. Ihre Formsprache war so präzis wie die einer Landkarte oder einer wissenschaftlichen Formel und gleichzeitig so natürlich und unmittelbar in ihrer Wirkung wie die Schönheit einer Blume oder eines Sonnenuntergangs.

Ist es nicht diese Formsprache, welche die Pforten zum Mysterium der menschlichen Seele und ihrer verborgenen Kräfte öffnet, eine Sprache, die von allen verstanden werden kann, die ehrlich an diese innerste Pforte klopfen, wenn ihnen nur ein wenig Führung gegeben würde?

Da der Guru meine Augen diesem Mysterium geöffnet hatte, war es da nicht meine Pflicht, an andere weiterzugeben, was ich empfangen hatte?

Wahrlich, ich sah jetzt deutlich die Botschaft, die mir der Guru durch diese Vision gegeben hatte. Und aus dem Wunsch heraus, andern zu übermitteln, was ich selbst gesehen und erlebt hatte, reifte in mir die Idee, dem Beispiel jener inspirierten Lama-Künstler der Vergangenheit zu folgen, und in Farbe und Form, in Wort und Bild die großen Traditionen geistiger Errungenschaften, wie sie in Tempeln, Klöstern und Einsiedeleien Tibets bewahrt worden sind, wahrheitsgetreu wiederzugeben.

Von eben dieser Reise brachte ich meine ersten einfachen Konturzeichnungen von Steingravierungen der berühmten «Vierundachtzig Siddhas», der mittelalterlich-buddhistischen Mystiker mit. Die Zeichnungen wurden später im Städtischen Museum von Allahabad in einer meinen Arbeiten gewidmeten Halle untergebracht.

Und als ob eine unsichtbare Hand mich geleitet hätte und alles, was zur Erfüllung meines Wunsches notwendig war, geschehen ließ, stieß ich auf meiner Reise auf einen der von Lotsawa Rintschen-Sangpo gegründeten Tempel, in dem ich zum erstenmal einige der großartigen Fresken und Statuen des elften Jahrhunderts n. Chr. erblickte.

Ich war so tief von dieser einzigartigen Kunst beeindruckt, daß ich keine Zeit verlor, alle verfügbaren Informationen betreffs dieser Epoche Westtibets zu sammeln, und so erfuhr ich, daß Rintschen-Sangpo einer der größten Vorkämpfer des Buddhismus in Tibet gewesen war: ebenso groß als Gelehrter, als Gründer zahlreicher Tempel und Klöster, als Künstler und als Heiliger. Ein wesentlicher Teil der Heiligen Schriften Tibets (*Kandschur* und *Tändschur*) wurde von ihm in Zusammenarbeit mit indischen Gelehrten aus dem Sanskrit übersetzt, ein Werk, das ihm den hochangesehenen Titel eines *Lotsawa* (Übersetzer) eintrug. Während er die Lehren des Buddha in Wort und Schrift verbreitete, baute er Tempel, Klöster, Stûpas und Schreine und schmückte sie mit den auserlesensten Bildwerken der Skulptur und der Malerei, wie sie in keinem Zeitalter tibetischer Kunst übertroffen wurden. Das Hauptfeld seiner Tätigkeit war in und um Tholing und Tsaparang (siehe historischen Anhang). Tholing war das wichtigste Kloster und der Mittelpunkt des geistigen Lebens Westtibets und blieb es bis zur chinesischen Invasion unserer Tage. Tsaparang dagegen wurde schon vor Jahrhunderten verlassen.

Diese Tatsache erregte mein besonderes Interesse, denn in einem Klima wie demjenigen Tibets konnte ich mit Recht erwarten, einen bedeutenden Teil der frühesten Werke tibetischer Kunst unter den Ruinen zu finden, und gerade die Abgelegenheit und Einsamkeit des Ortes berechtigte mich zu der Hoffnung, ungestört meine Nachforschungen betreiben zu können. Alle Informationen, deren ich habhaft werden konnte, gaben mir die Überzeugung, daß dieses die Stätte sein würde, an der ich reiches Material für meine Studien finden würde, und darüber hinaus die Gelegenheit, einiges von dem Glanz der Vergangenheit für die Nachwelt zu retten. So wurde die Idee einer Expedition nach Tsaparang geboren, obwohl noch viele Jahre vergehen mußten, bevor mein Traum Wirklichkeit werden konnte.

Zweiter Teil

PILGERLEBEN

DIE NATUR DES HOCHLANDES

Wir hatten den gefürchteten, sechstausend Meter hohen Paß mühelos und unter einem wolkenlosen Himmel überschritten. Die Sonne war während des Aufstiegs von der Südseite des Passes so heiß gewesen, daß ich mich meiner warmen Kleidung entledigt und sie in meinem Gepäck verstaut hatte. Kaum aber hatten wir die im Schatten liegende Nordseite des Passes erreicht, als wir uns in eisige Kälte versetzt fanden, so daß ich bedauerte, meine warmen Sachen nicht zur Hand zu haben. Die Kälte war so intensiv, daß man gezwungen war, sich ständig in Bewegung zu halten, um warm zu bleiben. Ich wagte daher nicht, den Trott der kleinen Karawane zu unterbrechen, um mein Gepäck zu öffnen und mich umzukleiden.

Tibet ist ein Land, in dem man sich dauernd vor unerwartete Situationen gestellt sieht. Selbst die uns vertrauten Naturgesetze scheinen ihre Gültigkeit verloren zu haben. Der Siedepunkt des Wassers ist so niedrig, daß selbst wenn man versehentlich die Hand in siedendes Wasser taucht, man dessen kaum gewahr wird und keine Verbrennungssymptome entstehen. Aus dem gleichen Grunde ist es in größeren Höhenlagen fast unmöglich, Reis zu kochen, da die Zeit bis zum Garwerden so lang ist, daß der Reis sich entweder zu Schleim auflöst oder jedes Korn innen hart bleibt. Der Kontrast aber zwischen Sonnenschein und Schatten ist derartig groß, daß wenn man für längere Zeit eine Seite des Körpers der Sonne aussetzen würde, während die andere im Schatten bliebe, man gleichzeitig Brandblasen von der Sonnenbestrahlung und Frostbeulen infolge der eisigen Luft im Schatten davontragen könnte. Die Luft ist zu dünn, um die Sonnenwärme zu absorbieren und auf diese Weise eine gemäßigte Schattentemperatur hervorzubringen, und ebensowenig ist sie imstande, einen vor der Glut der Sonne und ihren ultravioletten Strahlen zu schützen. Der Temperaturunterschied zwischen Sonne und Schatten kann, wie gewisse Beobachter festgestellt haben, bis zu 100° Fahrenheit (38° Celsius) betragen. Ich zweifle nicht im mindesten daran; denn beim Reiten wurden meine Füße oft trotz der hohen tibetischen Filzstiefel so kalt, daß sie jedes Gefühl verloren, während meine Handrücken, die beim Halten der Zügel der Sonne ausgesetzt waren, Brandblasen entwickelten, wie wenn ich kochendes Wasser über sie geschüttet hätte. Am schlimmsten erging es meiner Gesichtshaut, die sich in Fetzen ablöste, ehe ich mich einigermaßen an das Klima gewöhnt hatte. Trotz der Verwendung von Salben brachen meine Lippen auf, so daß Essen und Trinken zur Qual wurden. Aber glücklicherweise entwickelte meine Haut nach den ersten drei oder vier Wochen solche Widerstandsfähigkeit, daß ich im weiteren Verlauf meiner Reise gegen diese Übel immun war und keinerlei Beschwerden mehr hatte.

Selbst die Tibeter, mit Ausnahme derer, die dauernd im Freien leben, wie Hirten, Bauern oder Karawanenleute, tragen beim Reisen oft Gesichtsmasken, um sich vor der Sonnenglut und den noch gefürchteteren heftigen Winden, die zu gewissen Jahreszeiten über das Hochland brausen, zu schützen. Diese Winde führen Wolken feinen, stechenden Sandes mit sich, der selbst die dickste Kleidung durchdringt. Wenn man jedoch einer Karawane oder Gruppe maskierter und bewaffneter Männer in der Wildnis und Einsamkeit unbewohnter Gebiete begegnete, so war das immer ein von berechtigten Befürchtungen erfülltes Erlebnis; denn man konnte nie sicher sein, ob sich hinter den Masken harmlose Reisende oder Räuber verbargen. Es gab viele, die in Zeiten politischer oder kriegerischer Unruhen die abgelegenen Karawanenstraßen Tibets unsicher machten.

Ich war jedoch damals über diese Möglichkeiten nicht allzu besorgt (obwohl ich wußte, daß im nahen chinesischen Turkestan ein Aufstand gegen die Chinesen ausgebrochen war), da ich nach dem Verlassen des letzten ladakischen Grenzposten in Tankse von der Karawanenstraße ins «Niemandsland» abgezweigt war, das sich vom Gebiet der großen Seen, dem Panggong und dem Nyak-Tso zum Aksai-Tschin-Plateau erstreckte. Die Grenzen zwischen Ladakh und der unter Lhasas Obrigkeit stehenden Gebiete Tibets waren zu jener Zeit noch nicht festgelegt, da niemand an diesen menschenleeren Regionen interessiert war. Sie bildeten eine der wenigen Gegenden in der Welt, wo Mensch und Natur sich selbst überlassen waren, ohne Einmischung staatlicher Autoritäten oder bürokratischer Verordnungen. Hier galten nur das innere Gesetz des Menschen und das Naturgesetz der Elemente. Ein Gefühl seltsamer Beglückung und Erhobenheit erfüllte mich bei dem Gedanken, einmal gänzlich auf mich selbst gestellt zu sein, allein in der Unendlichkeit der Natur, angesichts der Erde und des Universums, wie sie vor der Erschaffung des Menschen gewesen sein mögen.

Meine zwei getreuen Ladakhis und ihre Pferde waren die einzigen mir verbundenen Lebewesen, und wie nah und verwandt empfand ich ihre Gegenwart in der endlosen Weite dieser unberührten Natur. Die Pferde bestimmten nun mehr oder weniger die Wahl unserer Rast- und Lagerplätze, denn wir konnten uns nur dort aufhalten, wo für sie genügend Weidegrund und Wasser vorhanden war.

Trotz des Gefühls der Kleinheit gegenüber der Größe und Gewaltigkeit der Gebirgslandschaft, trotz des Bewußtseins menschlicher Begrenztheit und Abhängigkeit von den Launen der Witterung, wie von Wasser und Weidegründen, Nahrung und Brennstoff und sonstiger materieller Bedingungen, habe ich nie ein größeres Gefühl der Freiheit und Unabhängigkeit erfahren. Es wurde mir mehr denn je klar, wie eng und beschränkt unser sogenanntes zivilisiertes Leben ist und welch hohen Preis an Freiheit und wirklicher Unabhängigkeit des Denkens und Handelns wir für die Sicherheit eines geborgenen Lebens zahlen!

Wenn jedes Detail unseres Lebens geplant und reguliert ist, der Inhalt jeder kleinsten Zeitspanne im voraus festgelegt und mit belanglosen Tätigkeiten ausgefüllt wird, dann schwindet die letzte Spur unseres zeitlosen und grenzenlosen Wesens, in dem die Freiheit unserer Seele beruht. Diese Freiheit besteht nicht darin, daß wir tun können, was wir wollen; sie ist weder Willkür noch ein Sichgehenlassen und ebensowenig bloße Abenteuerlust, sondern die Fähigkeit, das Unerwartete zu akzeptieren, in uns aufzunehmen und zu verarbeiten, d. h. den unvorhergesehensten Lebenssituationen – guten sowohl wie schlechten – mit offenem Geist entgegenzutreten. Es ist die Fähigkeit, sich einer unendlichen Verschiedenartigkeit von Bedingungen anzupassen, ohne das Vertrauen in die tieferen Zusammenhänge zwischen der Innen- und der Außenwelt zu verlieren. Es ist die unmittelbare Gewißheit, weder im Raum noch in der Zeit begrenzt zu sein, die Fähigkeit, die Fülle beider zu erleben, ohne sich an irgendeinen ihrer Aspekte zu klammern, ohne zu versuchen, von ihnen auf dem Wege willkürlicher Zerstückelung Besitz zu ergreifen.

Die künstliche, maschinell regulierte Zeit des modernen Menschen hat ihn nicht zum Herrn, sondern zum Sklaven der Zeit gemacht; je mehr er versucht, Zeit zu gewinnen, desto weniger besitzt er sie. Es ist, als ob wir einen Fluß in einem Eimer einfangen wollten, ohne uns zu vergegenwärtigen, daß es ja gerade das Fließen, die Kontinuität seiner Bewegung ist, die den «Fluß» ausmacht. Das gleiche trifft auf die Zeit zu: nur wer sie in ihrer Fülle, in ihrem ewigen und lebensspendenden Rhythmus akzeptiert, in der ihre Kontinuität besteht, kann sie meistern und sich zu eigen machen. Indem wir die Zeit in dieser Weise akzeptieren und willig in uns aufnehmen, ohne ihrem Fluß zu widerstreben, verliert sie ihre Macht über uns. Wir werden von ihr wie auf dem Gipfel einer Woge getragen, ohne von ihr verschlungen und in die Tiefe gezogen zu werden, und ohne den Blick für unsere essentielle Zeitlosigkeit zu verlieren.

Nirgends habe ich dies tiefer empfunden als unter dem freien Himmel Tibets, in der Intensität seiner Stille, der Klarheit seiner Atmosphäre, der Leuchtkraft seiner Farben und der plastischen, fast abstrakten Reinheit seiner Bergformen. Organisches Leben ist auf ein Minimum reduziert und spielt keine Rolle in der Gestaltung oder dem Allgemeineindruck der Landschaft, die eher selbst als organischer Ausdruck irdischer Urkräfte bezeichnet werden könnte. Vegetationslose Berge enthüllen in weit ausschwingenden Konturen die Grundgesetze der Gravitation – modifiziert nur durch die Einwirkungen von Wind und Wetter – und die geologische Struktur und Eigenart ihrer Aufbaustoffe, die sich in lebhaften Farben und ausgeprägten Formen bekunden.

Himmel und Erde haben ihre Rollen ausgetauscht. Während normalerweise der Himmel heller erscheint als die Landschaft unter ihm, ist hier der Himmel dunkel und tief, während die Landschaft sich gegen ihn in leuchtenden Farben abhebt, als ob sie die Quelle des Lichts wäre. Rote und gelbe Felsen lodern wie Flammen gegen den dunkelblauen Samtvorhang des Himmels.

Des Nachts jedoch ist der Vorhang zurückgezogen und erlaubt einen Blick in die Tiefe des Weltraums. Die Sterne sind so leuchtend und nah, als wären sie ein Bestandteil der Landschaft. Man sieht sie bis unmittelbar auf den Horizont herunterkommen und plötzlich mit einem Flackern verschwinden, als ob ein Mensch mit einer Laterne um die nächste Ecke verschwunden wäre. Das Universum ist nicht mehr eine blasse Abstraktion, sondern unmittelbare, erlebte Wirklichkeit, und daher denkt hier niemand an «Zeit» anders als in bezug auf Sonne, Mond und Sterne. Die Himmelskörper beherrschen den Rhythmus des Lebens; damit verliert die Zeit ihren negativen Aspekt und wird zu einer sinnlich wahrnehmbaren Erfahrung jener ewig gegenwärtigen, ewig wiederkehrenden, sich selbst erneuernden *Bewegung*, die das Wesen allen Daseins ist. Da der Himmel fast nie von Wolken verhüllt ist, bleibt der Mensch in stetem Kontakt mit den Himmelskörpern und der Weite des Weltraums. Auch die Nächte sind nie völlig dunkel. Ein seltsames, diffuses Licht durchdringt die Landschaft in mondlosen Nächten, ein Licht, das von den Sternen selbst ausgeht und darum im wahren Sinn des Wortes «astral» ist. Ohne Schatten oder Farben erscheinen in ihm alle Dinge und die Konturen landschaftlicher Formationen deutlich sichtbar.

Selbst die Wasser der Flüsse und Bäche schwellen und fallen in Übereinstimmung mit dem Rhythmus des Himmels, denn während der zwölf Tagesstunden der sommerlichen Jahreszeit schmilzt der Schnee auf den Bergen, so weit er der direkten Sonnenbestrahlung ausgesetzt ist, während er des Nachts wieder gefriert, so daß das Schmelzwasser versiegt. Da dieses aber durchschnittlich zwölf Stunden brauchte, um von den Bergen herunterzukommen, beginnt die Hochflut der Flüsse am Abend und ebbt gegen Morgen wieder ab. Kleinere Wasserläufe trocknen während des Tages oft völlig aus und werden nur in der Nacht zu reißenden Sturzbächen. Wenn man daher sein Zeltlager im Bett eines augenscheinlich völlig ausgetrockneten Wasserlaufs aufschlägt, kann es vorkommen, daß man bei Nacht unversehens davongeschwemmt wird. (Dies geschah mir selbst, doch gelang es mir glücklicherweise, mich samt meiner Ausrüstung im letzten Augenblick noch in Sicherheit zu bringen.)

Der große Rhythmus der Natur durchdringt alle Dinge, und der Mensch ist körperlich und seelisch mit ihm verwoben. Selbst seine Vorstellungen und sein Gefühlsleben gehören nicht so sehr dem Bereich des Individuums an als der Landschaftsseele, in welcher der Rhythmus des Universums zu einer Melodie von unwiderstehlichem Zauber verdichtet ist. Imagination wird hier zum adäquaten Ausdruck der Wirklichkeit auf der Ebene des menschlichen Bewußtseins, und dieses Bewußtsein scheint alle Individuen zu verbinden und dem ganzen Land eine geistige Atmosphäre zu geben.

Unter dem Einfluß dieses außergewöhnlichen Landes, in dem die Täler so hoch sind wie die höchsten Gipfel Europas, und in dem die Berge in den Bereich des außermenschlichen Raumes vorstoßen, vollzieht sich eine seltsame seelische Wandlung. Es ist, als ob eine schwere Last von einem genommen sei oder als ob gewisse geistige Schranken weggefallen wären. Gedanken fließen leicht und spontan, ohne ihre Richtung oder ihren Zusammenhang zu verlieren. Ein hoher Grad von Konzentration und Klarheit wird fast ohne Anstrengung erreicht, und ein Gefühl erhabener Freude hält den Geist in schöpferischem Schwung. Das Bewußtsein scheint auf ein höheres Niveau gehoben zu sein, auf dem die Hindernisse und Störungen des gewöhnlichen Lebens nicht mehr existieren oder höchstens noch blasse Erinnerungen an Dinge sind, die alle Bedeutung und Anziehungskraft verloren haben. Gleichzeitig wird man sich neuer Wirklichkeitsformen bewußt und wird ihnen gegenüber offener und sensitiver. Intuitive Fähigkeiten werden erweckt und angeregt: kurz, alle Vorbedingungen zum Erlebnis meditativer Schauungen (*dhyâna*) und forgeschrittener Versenkungszustände sind weitgehend vorhanden.

Die Bewußtseinstransformation, die ich hier (und jedesmal, wenn ich nach Tibet zurückkehrte) beobachtete, hatte eine gewisse Ähnlichkeit mit der, die ich während meines ersten Aufenthaltes in Yi-Gah Tschöling erfahren hatte – obwohl jetzt in einem größeren Maßstab, denn hier waren alle Zusammenhänge mit der mir vertrauten Welt völlig abgeschnitten, und die Einwirkungen der Höhe, der dünneren Luft, des Klimas und der Lebensbedingungen trugen weitgehend zu den psychologischen Veränderungen bei. Die geistige Bedeutung dieser Verwandlung wird jedoch in keiner Weise durch eine Erklärung physiologischer Ursachen und Reaktionen vermindert. Selbst die Praktiken des Yoga sind auf einer Zusammenwirkung physischer, geistiger und seelischer Faktoren begründet, insofern als die Wirkungen von Atembeherrschung *(prâṇâyâma)* und körperlichen Haltungen *(âsana)* mit Konzentration, schöpferischer Schauung, *(dhyâna)*, geistiger Achtsamkeit *(smṛti)* und der vollendeten Ruhe emotioneller Ausgeglichenheit, *(samâdhi)*, verbunden sind.

Die außerordentlich dünne Höhenluft hat eine ähnliche Wirkung wie gewisse Übungen der *prâṇâyâma*-Praxis; denn sie zwingt uns, unsere Atmung in einer bestimmten Weise zu regulieren, besonders beim Steigen oder bei langen Märschen. Man muß infolge der Sauerstoffarmut das zwei- bis dreifache Volumen an Luft einatmen, als man es auf Meereshöhe benötigen würde, und dementsprechend hat das Herz eine erheblich größere Arbeit zu leisten. Andererseits ist das Gewicht des Körpers erheblich vermindert, so daß die Muskeln ihn fast ohne Anstrengung emporheben und man sich beim Steigen wie beschwingt fühlt. Aber gerade das ist eine Quelle der Gefahr; denn man ist sich nicht unmittelbar bewußt, daß Lungen und Herz sich hier im Nachteil befinden. Nur die Tatsache, daß man sehr bald außer Atem gerät und daß das Herz plötzlich in beängstigender Weise zu galoppieren beginnt, erinnert einen daran, daß es notwendig ist, jede körperliche Bewegung unter sorgfältiger Kontrolle zu halten. Die Tibeter selbst ziehen ein langsames, gleichmäßiges Schreiten vor und synchronisieren ihren Atem mit ihrer Fortbewegung. So wird auch das Schreiten zu einer bewußten Atemübung, ähnlich wie im indischen Hatha-Yoga, und dies trifft ganz besonders zu, wenn der bewußt dem Schreiten angeglichene Atem von der rhythmischen Rezitation heiliger Formeln begleitet wird, wie es in Tibet vielfach üblich ist. Ich kann aus eigener Erfahrung bestätigen, daß das eine sehr beruhigende und zugleich energieverstärkende Wirkung hat.

Was mir aber zu jener Zeit besonders klar wurde, war der ungeheure Einfluß der Farbe auf den menschlichen Geist. Abgesehen von dem ästhetischen Genuß am Schönen, der uns durch Farbe vermittelt wird – und der mich zum Malen begeisterte, um so viel als möglich von der Schönheit des Gesehenen festzuhalten und anderen zu übermitteln – empfand ich, daß noch etwas Tieferes und Subtileres durch den Einfluß der Farben ausgelöst wurde und vielleicht mehr als irgendein anderer Faktor zur Verwandlung des Bewußtseins beitrug. Die Richtigkeit dieses Empfindens bestätigte sich mir in der außerordentlichen Bedeutung, die in allen tibetischen Meditations- und Schauungserlebnissen der Farbe beigemessen wird.

Farben sind die lebendige Sprache des Lichtes, des Kennzeichens bewußter Wirklichkeit. Die metaphysische Bedeutung der Farben als Exponenten und Symbole der Wirklichkeit wird im *Bardo Thödol* (bekannt als «Das tibetanische Totenbuch») hervorgehoben, in dem die transzendente Wirklichkeit durch das Erlebnis verschiedener Lichtqualitäten angedeutet wird. Sie erscheinen in Form leuchtender, reiner Farben, und es ist interessant, daß ein ernsthafter moderner Denker wie Aldous Huxley zu der Schlußfolgerung gelangt ist, daß Farbe geradezu der «Prüfstein der Wirklichkeit» sei.

Nach seiner Meinung sind unsere begrifflichen Abstraktionen, unsere auf intellektuellem Wege «fabrizierten» Symbole und Vorstellungen gänzlich *farblos*, während die Gegebenheiten der Wirklichkeit, sei es in Form von Sinneseindrücken der Außenwelt oder in Form archetypischer Symbole unmittelbarer innerer Erfahrung *farbig* erscheinen. Ja mehr noch: «Die letzteren sind», wie Huxley hinzufügt, «von weitaus intensiverer Farbigkeit als die äußeren Gegebenheiten. Wir versuchen dauernd, Dinge in Zeichen der für uns leichtverständlichsten Abstraktionen eigener Erfindung zu verwandeln. Indem wir dies aber tun, berauben wir diese Dinge eines großen Teils ihrer angeborenen Dingheit. An den Antipoden des Geistes sind wir mehr oder weniger vollkommen frei von der Sprache und außerhalb des Systems begrifflichen Denkens. Dementsprechend besitzt unsere Wahrnehmung visionärer Objekte die ganze Frische und nackte Intensität von Erfahrungen, die nie in Worte gefaßt und nie zu leblosen Abstraktionen wurden. Ihre Farbe (das Charakteristikum der Gegebenheit) strahlt mit einer Leuchtkraft, die uns übernatürlich erscheint, obwohl sie in Wirklichkeit vollkommen natürlich ist in dem Sinn, daß sie nicht verintellektualisiert ist durch Sprache oder durch wissenschaftliche, philosophische und utilitaristische Vorstellungen, zufolge deren wir für gewöhnlich die gegebene Welt in unserem eigenen trüben menschlichen Bilde wiedererstehen lassen.» *

Die tibetische Landschaft hat in größtem Maße diese «nackte Intensität» von Farbe und Form, die man mit einer übernatürlichen Vision oder einem prophetischen Traum assoziiert, der sich von einem gewöhnlichen Traum durch seine überwirkliche Klarheit und Lebhaftigkeit der Farben unterscheidet. Es war in einem Traum solcher Art, daß ich zum ersten Mal Farben von derartiger Leuchtkraft und Transparenz sah, und zwar in Form eines Inselgebirges, das aus dem tiefblauen Meer aufstieg. Ich war von unbeschreiblicher Glückseligkeit erfüllt und dachte mir: dies müssen die paradiesischen Inseln der Südsee sein, von denen ich so viel gehört habe. – Als ich aber später tatsächlich die palmenumrahmten Inseln tropischer Meere sah, fand ich keine jener Farben wieder, die mich im Traum begeistert hatten.

In Tibet jedoch fand ich diese Farben wieder, und die gleiche Glückseligkeit kam bei ihrem Anblick über mich wie in jenem unvergeßlichen Traum. Aber warum sollte ich jene Berge aus einer tiefblauen See auf-

* Aldous Huxley, *Die Pforten der Wahrnehmung*. Meine Erfahrung mit Meskalin, Piper, München, 1954, und *Himmel und Hölle*, 1957.

steigend gesehen haben? Diese Frage beschäftigte mich lange, bis wir eines Tages durch eine enge, heiße Schlucht zogen, die von hellgelben Felsen eingeschlossen war, wodurch nicht nur das grelle Licht der Mittagsstunde gesteigert, sondern auch die Hitze derartig verstärkt wurde, daß man hätte glauben können, in den Tropen oder durch eine Felsenschlucht der Sahara zu reisen, statt auf einer Höhe von 4500 m in Zentralasien. Es war so heiß, daß ich während der Mittagsrast am Ufer eines ruhig dahinfließenden Wasserlaufs der Versuchung nicht widerstehen konnte, mich meiner Kleidung zu entledigen und den Luxus eines Bades und einer kurzen Strecke des Schwimmens zu genießen – sehr zum Erstaunen meiner Ladakhis. Ich fühlte mich wundervoll erfrischt; aber die Wirkung hielt nicht lang an, da die Schlucht heißer und heißer wurde, je weiter wir in ihr vordrangen. Auch das Wasser des Flüßchens nahm stetig ab und verschwand schließlich in einem flachen, zitronengelben See. Danach wurde die Schlucht, die nun völlig trocken war, zunehmend enger und bedrückender – und ebenso unsere Stimmung. Wir trotteten mißmutig weiter, und ich fragte mich, wie lange diese Tortur anhalten sollte – als plötzlich ein seltsames Phänomen mich zum Stehen brachte und staunend, wie gebannt, in die Ferne starren ließ. Dort, am Ende der sich allmählich erweiternden Schlucht, erschien ein leuchtend blaues Objekt. Seine Leuchtkraft war so groß, und es hob sich so scharf gegen den Hintergrund ab wie die Schnittfläche eines geschliffenen Edelsteins von seiner Goldfassung; und es strahlte ein so intensives blaues Licht aus, als ob es von innen erleuchtet wäre. Es war ein gänzlich unvermittelter und unerwarteter Anblick, etwas von allem bisher Gesehenen Verschiedenes. Ich staunte ratlos, ohne einen Zusammenhang oder eine zureichende Erklärung zu finden. In der Befürchtung, das Opfer einer Halluzination zu sein, rief ich aufgeregt meinen Gefährten zu: «Schaut her! Schaut, was ist das dort?!»

«Tso! Tso! Panggong Tso!» riefen sie wie aus einem Mund und warfen ihre Mützen triumphierend in die Luft, als ob sie einen mächtigen Paß erobert hätten. In der Tat, da war ein *lha-tse,* eine der traditionellen Steinpyramiden, wie sie auf allen Pässen zu finden sind, – in diesem Fall aber, um die glückverheißende Stelle zu kennzeichnen, von der aus der große Panggong-See zum ersten Mal sichtbar wird. Auch wir fügten freudig unsere Steine dazu, voller Dank, der bedrückenden Schlucht entronnen zu sein. Aber ich konnte noch immer meinen Augen

nicht trauen. Unmöglich! dachte ich, das kann nicht Wasser sein! Es sieht aus wie eine unirdische, selbstleuchtende Substanz!
Bald aber waren wir aus der Schlucht und der Hitze heraus, und vor uns breitete sich ein See wie eine Fläche aus geschmolzenem Lapislazuli, die in der Ferne zu einem intensiven Ultramarin und an den näheren Steilufern zu leuchtendem Kobaltblau wurde. An den von blendend weißem Strand eingefaßten, flachen Buchten verwandelte es sich in ein opalisierendes Veroneser Grün. Die Berge, die den Rahmen dieses unglaublichen Farbenspiels bildeten, waren eine Symphonie von goldenem Ocker, gebrannter Sienaerde und pompejanischem Rot mit purpurnen und violetten Schatten. Ja, dies war die leuchtende Landschaft meines Traums, die sich aus sonnenbeschienenen, blauen Fluten zu einem tiefen, wolkenlosen Himmel erhob!
Die Berge zur Linken hatten scharf geschnittene Formen; die auf der gegenüberliegenden Seite bildeten eine Kette sanft modellierter Bergriesen, die von ewigem Schnee und mächtigen Gletschern bedeckt waren. Sie liefen parallel zu den fjordartigen Seen, Panggong- und Nyak-Tso, die eine fast ununterbrochene Wasserfläche von mehr als 160 km Länge bildeten. Die beiden Seen hatten ursprünglich ein langes Tal, völlig mit Wasser ausgefüllt. Später aber war es durch einen Bergrutsch in zwei Teile zerschnitten worden, wodurch zwei getrennte Seen entstanden.
Als wir unseren nächsten Lagerplatz am Fuß der Schneekette, ein wenig oberhalb des Seeufers, erreicht hatten, war ich so von den Farben des Sees und der Berge und dem ungeheuren Rhythmus, der diese weite Landschaft durchwaltete, ergriffen, daß ich Hunger und Müdigkeit vergaß und gleich wieder an die Stelle zurückkehrte, von der ich den ersten überwältigenden Eindruck vom See und den Schneebergen gehabt hatte. So wanderte ich mit Zeichenbrett, Papier und Pastellfarben ausgerüstet, und mit einigen *kulchas** als Wegzehrung, einige Kilometer zurück, bis ich die Stelle erreichte, die ich mir beim Hermarsch gemerkt und an der ich nicht zu verweilen gewagt hatte,

* *kulcha* ist ein hartes, aus Mehl, Milch und Zucker bestehendes Gebäck, das ohne Hefe im Ofen gebacken wird. Da es vollkommen trocken ist, hält es sich unbegrenzt, wie Zwieback, und kann daher als eine Art «eiserne Ration» dienen. Ich hatte mir in Leh einen Sack voll dieser *kulchas* backen lassen und fand sie außerordentlich nützlich.

da wir nicht wußten, wie weit es bis zu unserem nächsten Lagerplatz sein würde. Ich arbeitete mit solcher Begeisterung, daß ich in kurzer Zeit zwei oder drei Skizzen fertig hatte. Zugleich trieb mich auch der Gedanke an, daß ich spätestens bei Sonnenuntergang im Lager zurück sein sollte.

Trotzdem hätte mein Ausflug fast ein schlimmes Ende gefunden; denn als ich mich auf den Rückweg machte, fand ich mich plötzlich einem reißenden Wasserstrom gegenüber, der vorher nicht dagewesen war! In meinem Eifer, an meinen Malplatz zu kommen, hatte ich nicht beachtet, daß ich mehrere ausgetrocknete Wasserläufe durchschritten hatte. Das Schmelzwasser der Gletscher kam nun zu Tal gebraust und drohte mir den Rückzug abzuschneiden. Da ich wußte, daß es jetzt auf jede Minute ankam, watete ich durch das eiskalte Wasser, und nachdem ich in dieser Weise zwei oder drei Wasserläufe durchquert hatte, gelang es mir endlich, wenn auch ziemlich außer Atem, das Lager wiederzugewinnen. Trotz aller Ermüdung war ich glücklich, etwas von der unvergeßlichen Schönheit und Unmittelbarkeit meines ersten Eindrucks von diesem denkwürdigen See eingefangen zu haben.

TRÄUME UND ERINNERUNGEN IM LANDE DES BLAUEN SEES

Während der nächsten Tage folgten wir dem Seeufer am Fuß der Schneeberge, deren weitausladende Hänge allmählich in eine fast ebene Landfläche übergingen, die ein Plateau über dem tieferliegenden See bildete und nur durch meist trockene Flußbetten unterbrochen wurde. Sehr wenige von ihnen führten Wasser, so daß Weideplätze nur in größeren Abständen zu finden waren. Man litt daher paradoxerweise während des größten Teils des Tages unter Wassermangel, trotz der Nähe des Sees. Aber erstens war das Ufer für uns kaum erreichbar, weil das Plateau, über das wir zogen, fast senkrecht in den See abbrach, mit Ausnahme jener Stellen, an denen die Wasserläufe flache Flußbetten ausgewaschen hatten. Folgte man ihnen, so konnte man die teils sandigen, teils kieselbedeckten Strandstreifen erreichen. Zweitens aber erwartete einen eine neue Überraschung: Wenn man ans Ufer gelangt war, war das Wasser wegen seines hohen Magnesiumgehaltes nicht trinkbar.

Dies war auch der Grund für die unglaubliche Klarheit und Farbe des Wassers. Obwohl das Magnesium selbst farblos ist, hält es das Wasser von allem organischen Leben frei, selbst in Form kleinster pflanzlicher oder animalischer Organismen. Demzufolge war das Wasser so transparent, daß man an windlosen Tagen, wenn die Oberfläche des Sees glatt wie ein Spiegel war, am flachen Strand nicht unterscheiden konnte, wo das Wasser begann und das trockene Ufer endete. Ich erinnere mich noch deutlich an die schreckhafte Überraschung, als ich mich zum ersten Mal dem Rand des Wassers näherte und mich plötzlich mit den Füßen im eisigen Wasser befand. Die Kiesel, deren Farben ich bewunderte und die sich in nichts von denen des trockenen Ufers unterschieden, lagen bereits unter Wasser. Das Wasser war ebenso unsichtbar wie die Luft. Erst wo es beträchtlich tiefer wurde, nahm der Grund einen grünlich-blauen Ton an und verschwand schließlich ganz in dem leuchtenden Blau, das diesen See zu einem solchen Wunder machte.

Die Farben des Sees und seiner Umgebung hörten nie auf, mich zu faszinieren. Am Abend, wenn die Schmelzwässer der Gletscher in den See flossen, bildeten sie hellere Streifen auf der dunkelblauen Oberfläche, während die Berge in orangefarbenen, roten und violetten Tönen glühten und der Himmel darüber in den zartesten Abstufungen transparenter Regenbogenfarben leuchtete.

Das Wetter wurde plötzlich sehr mild, fast wie beim aufkommenden Schirokko am Mittelmeer, und eines Tages durchquerten wir eine blendend weiße, unerträglich heiße Sandwüste, die hier und da von Kieseln durchsetzt war und sich meilenweit zwischen den Hängen der Schneeberge und dem See hinzog. Obwohl wir uns Mitte Juli befanden, hätte ich eine solche Hitze auf dem tibetischen Hochland, und noch dazu in offenem Gelände, nie für möglich gehalten. Aber, wie schon erwähnt, Tibet ist ein Land der Überraschungen und Gegensätze: den einen Tag mag man in einem Schneesturm erfrieren und den anderen in einer heißen Wüste rösten oder mit einem Sandsturm kämpfen.

Bald nachdem wir die «brennende Wüste» verlassen hatten, stießen wir auf eine liebliche Oase blühender Büsche und frisch-grünen Weidelandes, das von einem gemächlich dahinfließenden Flüßchen bewässert wurde. Es schlängelte sich durch eine weite, sanftgewellte Ebene, die sich zwischen dem See und den hier weiter zurückweichenden Bergen erstreckte. Die Blüten der Büsche erinnerten in Farbe und Form an die des Heidekrautes, aber ihre Stämme waren kräftig genug, uns mit reichlichem Feuerholz zu versorgen. Das war ein Luxus, den wir seit langem nicht mehr gehabt hatten, da wir uns bisher meist mit Yakdung, den wir hier und da im Laufe des Tages aufsammelten, oder mit Wurzeln und Dorngestrüpp, das sich in der Nähe der Wasserläufe oder in trockenen Flußbetten vorfand, begnügen mußten. Seit wir die Karawanenpiste verlassen hatten, war Yakdung eine Seltenheit geworden. Selbst auf begangeneren Karawanenrouten gelten Yak- und Pferdedung als Kostbarkeiten, an denen niemand vorbeigehen würde, ohne sie sorgsam zu sammeln und im weiten Brustbausch des üblichen tibetischen Gewandes für das abendliche Lagerfeuer aufzubewahren. Bei der außergewöhnlichen Trockenheit der Luft werden die Fladen des Yakdungs und jeder andern Dungart hart wie Holz und ebenso geruchlos.

Wer nicht in Tibet oder in den holzlosen Regionen Zentralasiens gelebt hat, kann sich schwer eine Vorstellung vom Wert des Yakdungs machen. Er ist der wichtigste Brennstoff des Landes und brennt mit einer fast rauchlosen, heißen und stetigen Flamme. Da ich außer im Behälter meines Primuskochers kein Petroleum besaß, machte ich davon nur in seltenen Fällen Gebrauch, wie z. B. in jenem Felsenkloster am Fuße des Tschang-La. Seitdem hatten wir kein Dach mehr über dem Kopf gehabt, da wir selbst in der Nähe menschlicher Behausungen – wie in Tankse – es vorzogen, im Freien zu kampieren. Nach Tankse hatten wir, mit Ausnahme einiger weniger Hütten am Fuß der Panggongkette, in der Nähe eines angebauten Fleckchens Erde mit niedriger Gerste, keine menschlichen Siedlungen mehr angetroffen.

Brennstoff war daher immer ein Hauptproblem und ebenso wichtig wie Wasser oder Weideland für die Pferde. Um so erfreulicher war es für uns, in dieser unbewohnten Oase all diese Lebensnotwendigkeiten vereinigt zu finden. So ließen wir uns an einem lodernden Lagerfeuer in einer windgeschützten Mulde am Ufer des Flüßchens häuslich nieder. Es war in jeder Hinsicht ein idyllischer Ort, mit herrlichem Blick auf die Schneeberge in der einen und auf den fjordartigen See in der andern Richtung.

Ich fühlte mich so glücklich und sorgenfrei, daß ich beschloß, hier für einige Tage zu kampieren, die Umgegend zu erforschen und die Zeit mit Malen und Meditation auszufüllen. In der großen Stille der unberührten Natur, fern von menschlicher Geschäftigkeit, unter offenem Himmel und umgeben von einer Traumlandschaft, deren Farben den Juwelenbergen eines mythischen Paradieses glichen, fühlte ich mich im Frieden mit mir selbst und der Welt.

Seltsamerweise hatte ich nicht das Gefühl, «einsam» zu sein in dieser gewaltigen Stille der Natur, und noch weniger verspürte ich die Notwendigkeit, mich anderen mitzuteilen. Es war, als ob mein Bewußtsein sich dermaßen ausgeweitet hätte, daß es die äußere Welt – Landschaft und Himmelsraum und Menschen – sowohl die gegenwärtigen, wie auch die, mit denen ich in der Vergangenheit verbunden gewesen war, einschloß. Ja, mehr noch: die Vergangenheit schien ungerufen in die Gegenwart hineinzuwachsen und sie zu durchdringen. Dieses Phänomen hatte ich schon bei früherer Gelegenheit beobachtet, insbesondere bei zunehmender Luftfeuchtigkeit oder Bewölkung oder der ihr vorangehenden Schwere und Schwüle der Luft.

Aber auch schon ehe irgendwelche Zeichen eines Wetterumschlags sichtbar wurden, fand ich, daß meine Träume direkt von atmosphärischen Veränderungen beeinflußt wurden, so daß ich mit Sicherheit plötzliche Wetterumschläge voraussagen konnte. Ich erinnerte mich des volkstümlichen Glaubens, der besagt, daß Regen bevorsteht, wenn man von Toten träumt. Da ich mit dem besten Willen keinen vernünftigen Zusammenhang zwischen dem Regen und den Toten finden konnte, betrachtete ich dies als reinen Aberglauben. Aber seit einiger Zeit hatte ich beobachtet, daß immer, wenn ich von einem Menschen träumte, der mir besonders in meiner Kindheit sehr nahe gestanden hatte und seit Jahren verstorben war, innerhalb von drei Tagen heftiger Regen, wenn nicht gar ein Gewitter- oder Schneesturm folgte. Für gewöhnlich war zur Zeit eines solchen Traumes keine Wolke am Himmel und auch nicht das geringste Anzeichen eines Wetterwechsels in Form zunehmender Wärme oder Feuchtigkeit zu bemerken. Infolge der relativen Seltenheit von Niederschlägen im Bereich des tibetischen Hochlandes beobachtete ich diese Tatsache zum ersten Mal auf dieser Reise und machte von da an guten Gebrauch von meiner Erfahrung. Bei allen späteren Reisen in Tibet beobachtete ich meine Träume und richtete mein Reiseprogramm danach ein.

Meine Erklärung für dieses Phänomen ist, daß unser Bewußtsein auf atmosphärischen Druck reagiert und daß mit zunehmender «Schwere» (was immer ihre Ursache sein mag) tiefere Schichten unseres Bewußtseins in den Bereich unserer Wahrnehmung kommen, d. h. Schichten des Unbewußten, in denen die Erinnerungen unserer individuellen Vergangenheit aufgespeichert sind. Je größer der Druck, desto weiter gehen wir in die Vergangenheit zurück, und dies enthüllt sich in unseren Träumen, in denen vor allem jene Personen erscheinen, mit denen wir in unserer Kindheit am engsten verbunden waren, und die zu einer

Zeit, in der unsere frühe Jugend nur noch eine ferne Erinnerung ist, meist schon gestorben sind. In den großen Höhenlagen Tibets wird man nicht nur sensitiver für diese Dinge, sondern man wird sich auch mehr seiner Träume bewußt und von ihnen beeindruckt. Die Tibeter selbst verlassen sich weitgehend auf ihr Traumbewußtsein und irren sich selten in der Beurteilung ihrer Träume.

Außer der Beobachtung ihrer Träume haben sie noch viele andere Methoden, mit ihrem Unbewußten in Kontakt zu kommen: Meditation, Trance-Zustände, mediumistische Orakel und verschiedenartige natürliche und «übernatürliche» (d. h. psychische) Vorzeichen. All diese Methoden sind durch Jahrtausende in allen Weltteilen und Kulturen betätigt worden, und ihre Resultate haben sich augenscheinlich genügend bewährt, um den Menschen im täglichen Leben Führung und Richtung zu geben. Die Tibeter wären höchst überrascht, wenn man diese Tatsache anzweifeln würde, denn für sie sind diese Methoden Angelegenheiten praktischer Erfahrung, die nichts mit Glaubenssätzen oder Theorien zu tun haben. Ihnen würden die Versuche moderner Psychologen, durch wissenschaftliche Experimente psychische Phänomene, wie außersinnliche Wahrnehmung (extra-sensory perception) und dergleichen zu «beweisen», primitiv und lächerlich erscheinen, so, als ob man die Existenz des Lichtes, die allen, außer den völlig Blinden, offenbar ist, beweisen wollte. Die Umstände, unter denen diese modernen Experimente ausgeführt werden, sind selbst die größten Hindernisse für ihren Erfolg. In ihrem Bestreben nach «Objektivität» schließen sie gerade die wesentlichsten emotionellen und spirituellen Triebkräfte des menschlichen Geistes aus, ohne die kein Zustand wirklicher Vertiefung oder Konzentration erreicht werden kann. Die skeptisch-experimentelle Einstellung, die mechanische Handhabung und statistische Methodik (die nur Quantitatives erfaßt, aber völlig am Qualitativen vorbeigeht) und endlich die nüchterne Umgebung, in der solche Experimente vorgenommen werden, blockieren geradezu die «Tore psychischer Wahrnehmung».

In Tibet ist die Fähigkeit der Konzentration und Selbstbeobachtung und vor allem die psychische Sensitivität hundertfach verstärkt durch die Weite, Stille und Einsamkeit der Natur, die wie ein Hohlspiegel wirkt, der nicht nur unsere innersten Gefühle und Gemütsbewegungen vergrößert und reflektiert, sondern sie auch in einem Brennpunkt vereint: unserem eigenen Bewußtsein. Hier ist nichts, was den Geist von sich selbst ablenkt, auch nicht die Großartigkeit der Natur, denn Natur wirkt nie störend, sondern im Gegenteil anregend, die geistige Aktivität erhöhend und verstärkend. Geist und Natur sind Verbündete, nicht Konkurrenten. Die Großartigkeit und Weite der Natur und ihr zeitloser Rhythmus spiegeln die gleichen Eigenschaften unseres Tiefenbewußtseins.

Es sind im allgemeinen die Auswirkungen der Geistestätigkeit anderer Menschen, die unser Bewußtsein stören und den ruhigen Strom unseres Innenlebens, unseres Denkens und Fühlens, unserer Konzentration und Geistesklarheit unterbrechen und ablenken. In menschenleeren oder spärlich bewohnten Gebieten weitet sich der Geist ungehindert und unbeeinflußt. Seine Feinfühligkeit ist nicht durch die dauernde Einwirkung fremder Bewußtseinsausstrahlungen oder durch das unaufhörliche Geschwätz und den sinnlosen Lärm des modernen Lebens abgestumpft, und darum ist er imstande, den seelischen Kontakt mit dem eigenen Tiefenbewußtsein und mit allen ihm durch Sympathie oder durch gemeinsames (gleichgerichtetes) inneres Erleben verbundenen Menschen aufrecht zu erhalten.

Dies erklärt die Häufigkeit telepathischer Phänomene bei den Bewohnern Tibets – und zwar nicht nur bei den geistig geschulten, sondern selbst bei den einfachsten Menschen, den Hirten und Bauern, Händlern und Handwerkern, Nomaden und Karawanenleuten, die jahraus, jahrein die Einöden dieses weiten Landes durchstreifen. Sven Hedin berichtet von einem hierfür typischen Fall in einem seiner Reisebücher. Auf dem Weg ins Innere Tibets hatte er mit seiner Karawane ausgedehnte, völlig unbewohnte Gebiete zu durchqueren. Als er im Begriff war, in diese noch unerforschten Gebiete vorzudringen, traf er eine Gruppe von Nomaden, die mit ihren Herden von dorther kamen und mit der Beschaffenheit des Landes vertraut waren. Unter größter Schwierigkeit gelang es ihm, einen dieser Nomaden zu überreden, der Karawane für eine Zeitlang als Führer zu dienen. Es war ein sehr scheuer junger Mann; er erklärte, daß er nicht gewohnt sei, in Gesellschaft so vieler Menschen zu leben und daß er die Karawane nur unter der Bedingung führen würde, daß man ihn allein vorangehen ließe, da er andernfalls nicht imstande sei, sich auf die Kennzeichen und die Richtung des einzuschlagenden Weges zu konzentrieren. Sven Hedin respektierte seinen Wunsch, und die Karawane folgte dem jungen Mann in angemessenem Abstand, bis er eines Tages erkrankte und unter unerklärlichen Umständen starb. Sven Hedin hatte keine andere Wahl, als mit seiner Karawane auf dem selben Weg, auf dem sie gekommen waren, zum Ausgangspunkt zurückzukehren. Aber als sie noch einige Tagereisen von diesem Ort entfernt waren, kam ihnen der Bruder des jungen Mannes entgegen, und bevor noch irgend jemand über das Vorgefallene hatte berichten können, brach er in laute Klagen aus über den Tod seines Brudes. Auf die erstaunten Fragen der Karawanenleute, wie er davon wissen könne, beschrieb er genau den Ort und die Umstände, unter denen der junge Mann gestorben war. Er hatte sie mit dem geistigen Auge gesehen!

In diesem von Sven Hedin berichteten Fall wurde der telepathische Kontakt weitgehend durch eine enge Verwandtschaftsbeziehung gefördert. Aber ich erinnere mich eines Falles, der mich selbst anging und in dem eine dritte Person als Vermittler oder «Medium» wirkte, ohne mein Wissen oder meine Mitwirkung. Es war auf einer späteren Reise in Westtibet, nachdem ich ein Jahr lang von jeglicher Postverbindung mit der Außenwelt abgeschnitten gewesen war und mir über das Ergehen meiner hochbetagten Pflegemutter Sorgen machte. Ich fürchtete, daß sie in der Zwischenzeit erkrankt oder gestorben sein könnte. Li Gotami, die mich auf dieser Reise begleitete, veranlaßte daraufhin, ohne mir etwas davon zu sagen, einen unserer tibetischen Freunde, der wohlbewandert war in den Methoden tantrischer Meditation, eine Orakelbefragung *(mo)* nach den Anweisungen eines alten, in seinem Besitz befindlichen Buches vorzunehmen. Die Antwort war, daß meine Pflegemutter am Leben sei und daß ich keine Ursache zu irgendwelcher Besorgnis hätte, daß jedoch ihre Beine geschwollen seien und sie sehr behinderten. Ich nahm diese Antwort mit einigem Zweifel auf, da geschwollene Beine nicht zu den Krankheitssymptomen paßten, zu denen meine Pflegemutter ihrer Konstitution nach neigte. Aber einige Wochen später erhielt ich einen Brief, aus dem hervorging, daß die Antwort des *mo* genau stimmte.

Einsamkeit scheint eine ähnliche Wirkung zu haben wie gewisse meditative oder yogische Übungen: Sie beseitigt automatisch Ablenkungen durch äußere Einflüsse und verursacht auf diese Weise einen Zustand des Insichselbstruhens, einen Zustand natürlicher Konzentration. Was an Gedankenobjekten im Geist auftauchen mag, nimmt automatisch eine größere Wirklichkeit und Plastizität an und kann aus diesem Grund länger festgehalten und mit voller Aufmerksamkeit betrachtet werden. Die Vergangenheit verdichtet sich zur Gegenwart, und die Gegenwart erscheint nicht als die Trennungslinie zwischen einer Vergangenheit, die gestorben ist, und einer Zukunft, die noch nicht geboren ist, sondern als ein einheitlicher Aspekt des koexistenten und kontinuierlichen Körpers lebendiger, vierdimensionaler Erfahrung.

In der aus dieser Einsamkeit geborenen Losgelöstheit wurde mir klar, wie wenig unser Leben von unseren hirngeschaffenen Entscheidungen abhängt und wieviel auf scheinbar unbedeutende Ereignisse und Eindrücke zurückgeht, die plötzlich die wesentliche Richtung unserer wahren Natur enthüllen. Wir halten diese flüchtigen Eindrücke und Ereignisse für Zufälligkeiten, weil sie scheinbar ohne ursächlichen Zusammenhang mit uns selbst geschehen, aber wir bemerken dabei nicht, daß diese Eindrücke und Geschehnisse nur dadurch Bedeutung gewannen, daß sie Kräfte freisetzten, die schon lange in uns schlummerten, denen wir aber keine Beachtung schenkten, weil unsere intellektuell ausgedachten Pläne den kontinuierlichen Fluß unseres inneren Lebens und die Triebkräfte unserer Seele überschatteten.

Meine Kindheitsträume woben sich um die schneebedeckten Gipfel der Anden und die majestätischen Einsamkeiten des bolivianischen Hochlands, der Geburtsstätte meiner Mutter und Schauplatz vieler abenteuerlicher Geschichten und Reisebeschreibungen, mit denen mich meine Großmutter beglückte und die mir eine ungezähmte, fremde Welt erschlossen, in der Karawanen von Maultieren und Llamas sich mühsam durch die Wildnis der Berge wanden. Gleichzeitig umschwirrten mich die Gespräche anderer Familienmitglieder, die die Angelegenheiten ihrer Wismut-Minen in den Bergen von Quechisla erörterten, Erinnerungen aus der Jugendzeit meines Großvaters in Cochabamba austauschten oder die kriegerischen Taten meines Urgroßvaters erörterten, der einer der führenden Generäle des Befreiungskrieges und Waffenbruder Bolivars war, für den er einen entscheidenden Sieg errang, der ihm die höchsten Ehren und den Titel eines General-Feldmarschalls von Montenegro eintrugen.

Was mich jedoch mehr als all dies beeindruckte, war die Gewaltigkeit jener vegetationslosen, plastisch-modellierten Berge des bolivianischen

Hochlandes und der Geheimnisse, die sie in ihren Tiefen bargen: eine Welt verborgener Schätze von Gold und Silber, Wismuth und anderen seltenen Metallen. Ich hatte wundervolle Proben dieser Mineralien gesehen und fühlte mich mehr von ihrer Schönheit als von ihrem Wert, der mir noch kein Begriff war, angezogen. Vor allem die Wismuthkristalle, deren architektonische Formen mir wie goldene Burgen erschienen, übten einen unbeschreiblichen Zauber auf mich aus. Um diese geheimnisvolle Welt in den Tiefen der Erde zu erforschen und zugleich im ewigen Sonnenschein und im Anblick der weiten Horizonte dieses mächtigen Hochlandes zu leben, beschloß ich, mich in Zukunft dem Bergbau zu widmen und so die Familientradition fortzusetzen.

Als ich jedoch etwas älter wurde, entdeckte ich, daß ich mich nicht so sehr für die Tiefen der Erde als für die Tiefen des Geistes interessierte, und so wandte ich mich vom Studium der Naturwissenschaften zum Studium der Philosophie. Da aber Philosophie für mich gleichbedeutend war mit Wahrheitsforschung, war ich weniger an philosophischen Systemen, d. h. an den akademischen Definitionen philosophischer Gedanken interessiert, als an ihren religiösen Ausdrucksformen und Verwirklichungsmöglichkeiten. Ich war tief beeindruckt von Platos Dialogen, die mich sowohl durch ihre dichterische Schönheit wie durch ihre religiöse Haltung ansprachen. Unter den modernen Philosophen hatte Schopenhauer großen Einfluß auf mich, und das Studium seiner Werke führte mich zu den christlichen Mystikern, sowie zu den Upanischaden und zum Buddhismus.

Im Alter von achtzehn Jahren begann ich, eine vergleichende Studie der drei Weltreligionen, Christentum, Islam und Buddhismus, zu schreiben, um mir selbst klar zu werden und meine eigene Religion zu bestimmen, denn es schien mir nicht sinnvoll, unbesehen einen Glauben zu akzeptieren, nur weil meine Vorfahren ihm angehangen hatten oder weil er von der Gesellschaft, in der ich lebte, für selbstverständlich gehalten wurde. Religion war für mich eine Angelenheit der Überzeugung und nicht bloß eine Sache des Glaubens oder der Konvention; und um überzeugt zu werden, mußte ich *wissen*.

Um die Wahrheitsansprüche dieser drei Religionen zu prüfen und herauszufinden, welche von ihnen mich von ihrer Wahrheit am tiefsten überzeugen könne, begann ich, mich in ihre Lehren zu vertiefen. Da mir aber bald schien, daß der Islam keine wesentlich neuen Ideen zu der gemeinsamen Tradition des Judentums und des Christentums hinzufügte, schied er bald aus dem Wettbewerb aus, und nur Christentum und Buddhismus behielten das Feld. Beim Beginn meiner Studien war ich mehr oder weniger von der Überlegenheit des Christentums (wenn auch nicht der christlichen «Kirche») überzeugt. Je weiter ich jedoch in meinen Studien fortschritt, desto mehr fand ich mich in Übereinstimmung mit dem Buddhismus – bis es mir endlich klar wurde, daß der Buddhismus die einzige Religion war, der ich mit voller Überzeugung folgen konnte. So wurde das Buch, das aus meinen vergleichenden Religionsstudien entstand, ausschließlich den Lehren des Buddha gewidmet, und ich selbst war der erste, der durch dieses Buch zum Buddhismus bekehrt wurde. Trotz seines verhältnismäßig unreifen Charakters wurde es nicht nur in Deutschland, sondern auch in Japan veröffentlicht, wie ich bei meiner Ankunft in Ceylon, acht Jahre nach seinem ersten Erscheinen, entdeckte.

Was mich nach Ceylon brachte, war die Überzeugung, daß ich dort die reinste Tradition des Buddhismus finden würde, und vor allem Gelegenheit, tiefere Meditationserfahrungen zu gewinnen und meine Pâlistudien fortzusetzen, die ich bereits in meinem Heim in Capri und an der Universität von Neapel begonnen hatte. Diese besaß dank der Generosität des Königs Chulalongkorn von Siam eine vollständige Ausgabe des in siamesischer Schrift gedruckten Pâli-Kanons.

Ceylon erwies sich in der Tat in mancher Hinsicht fruchtbar, und unter der freundlichen Führung von Nyânatiloka Mahâthera, dem Gründer und Abt des idyllischen Inselklosters von Polgasduwa (bei Dodanduwa), der einer der größten Pâli-Gelehrten seiner Zeit war, fand ich reiche Gelegenheit, meine Studien fortzusetzen und persönliche Erfahrungen zu sammeln, sowohl in bezug auf das mönchische Leben wie auf die Tradition der *Theravâda*-Schule des südlichen Buddhismus. Ich war tief beeindruckt von der Freundlichkeit des singhalesischen Volkes und dem hohen Niveau der Disziplin und des religiösen Wissens unter den Mönchen. Aber irgend etwas fehlte hier – was es war, entdeckte ich erst später, als sich mir während meines Aufenthaltes in Yi-Gah Tschö-Ling plötzlich neue Horizonte religiöser Erfahrung eröffneten und der große Guru in mein Leben trat.

Erst jetzt konnte ich deutlich die verschlungenen Wege und die verborgenen Wurzeln meines Lebens sehen. Es wurde mir klar, daß diese Pilgerschaft ins Ungewisse eine Heimkehr ins Land meiner Träume war – und daß Träume mehr Wirklichkeitsgehalt besitzen als die Pläne unseres Hirns, vorausgesetzt, daß es Träume sind, welche die tiefste Sehnsucht unserer Seele, unserer innersten Wesensnatur, widerspiegeln, und nicht nur unsere flüchtigen Wünsche und Ambitionen, die sich hinter den Beweggründen unseres Intellekts verbergen. Wie wahr sind Santayânas Worte:

> «Es ist nicht Weisheit, weise nur zu sein
> Und zu verschließen seinen Blick dem innern Schauen;
> Doch Weisheit ist's, dem Herzen zu vertrauen.»*

Hier war ich nun also im Land der «türkisfarbenen Seen und der goldenen Berge» unter den blühenden Büschen einer weltfernen Oase und saß mit zwei wildfremden Männern, außer mir den einzigen menschlichen Wesen in der Unendlichkeit dieser unbewohnten Regionen, am Lagerfeuer, während unsere Pferde zufrieden grasten und der vertraute Klang ihrer Glocken beruhigend durch die Nacht tönte.
Als der Mond aufging, verlies ich das Lagerfeuer und zog mich in eine kleine Lichtung zwischen den Sträuchern zurück, die entfernt genug war, um mich dem Stimmenbereich des Lagers und der Aufmerksamkeit meiner Gefährten zu entziehen. Ich setzte den kleinen Schrein mit der mir von Tomo Gesche gegebenen Buddhafigur, die ich stets bei mir trug, auf eine erhöhte Stelle des Bodens und versenkte mich in stille Kommunion mit meinem Guru. Wenn meine Gedanken in den vorhergehenden Tagen oft in der Vergangenheit geweilt hatten, waren sie nun völlig auf den vor mir liegenden inneren Weg gerichtet und auf Den, der mir diesen Weg gewiesen hatte und mir stets gegenwärtig war. Ich weiß nicht, wie lange ich in diesem glücklichen Zustand der Kontemplation und der inneren Zwiesprache jenseits aller Worte verweilte. Aber plötzlich erschienen Wolken über den Schneebergen, und so kehrte ich zum Lager zurück. Am nächsten Tag ging ein sanfter Regen auf uns hernieder. Der Himmel selbst sandte uns seinen Segen.

* Die zitierten Zeilen lauten im Original:

> *It is not wisdom to be only wise –*
> *And on the inner vision close the eyes –*
> *But it is wisdom to believe the heart.*

DER GLEITENDE BERGHANG UND DAS RÄTSEL DER PFERDEHUFE

Nach einem Tag wohlverdienter Ruhe am Lagerfeuer, das uns trotz des Regens warm und trocken hielt, brach die Sonne mit doppelter Pracht hervor, und so beschloß ich, so weit als möglich das östliche Ende des Sees zu erforschen. Nachdem die Sonne für einen ganzen Tag unsichtbar gewesen war, schien sie nun um so heißer, und der wolkenlose Himmel erschien blauer denn je (wenn so etwas noch möglich gewesen wäre) – ein herrlicher Tag zum Malen.

In leichter Kleidung und mit nichts anderem als meinen Malutensilien machte ich mich auf den Weg. Ich hatte ausreichend gefrühstückt, so daß ich auf Proviant für meinen Ausflug verzichten konnte, und da meine kniehohen tibetischen Reitstiefel arg zerschlissen waren und von meinen Gefährten geflickt wurden, trug ich meine indischen Sandalen und dementsprechend auch keine Strümpfe. Es war ein wundervolles Gefühl, so leicht und sorgenfrei durch die sonnige Landschaft und die klare, erfrischende Luft zu wandern und in eine pfadlose, von Menschen völlig unberührte Natur, die sich in unirdisch-transparenten Farben vor mir ausbreitete, vorzudringen: ein wahres Fest für einen Maler! Das Wunder des Sees faszinierte mich noch ebenso wie am ersten Tag – ich konnte mich nicht sattsehen an diesem tiefleuchtenden Blau! – und dies bestärkte mich in meiner Absicht, so weit als möglich am Ufer entlangzuwandern, um einen vollen Blick über die große Wasserfläche und die südlichen Schneeberge zu gewinnen, an deren Fuß wir während der vorhergehenden Tage entlanggezogen waren. Als ich der Kontur eines in den See vorspringenden Hügels folgte, stieß ich unvermittelt auf eine Gruppe von Kyangs, eine Art wilder Pferde, die außerordentlich scheu und unnahbar sind und sich mit der Grazie von Gazellen bewegen. Es war das erste Mal, daß ich sie zu Gesicht bekam. Sie ähneln Zebras in Größe und Form, nicht aber in ihrer Farbe. Ihre Köpfe sind im Verhältnis zum Körper größer als die von Pferden; ihr Fell ist hellbraun, wie das einer Gazelle, mit Ausnahme des weißen Bauchs. Dies läßt sie schlanker und graziöser erscheinen als Pferde. Sie sind Geschöpfe weiter Räume: in Gefangenschaft gehen sie ein, denn sie können den Verlust ihrer Freiheit nicht ertragen und weigern sich, Nahrung von Menschenhand anzunehmen. Aus diesem Grund versucht niemand, sie einzufangen oder zu zähmen, und ebensowenig werden sie um ihres Fleisches willen gejagt, denn das Töten von Tieren geht gegen die Sittengebote des Buddhismus.

Jagd wird in Tibet nicht als Sport, sondern als ein Verbrechen betrachtet, und selbst wenn das Töten von gezähmten Tieren, infolge von Futtermangel im Winter, zur Notwendigkeit wird, bittet der Hirte die Tiere um Vergebung und betet für ihre Wiedergeburt in besseren Lebensformen. Das Töten selbst der unscheinbarsten Geschöpfe wird als ein Übel betrachtet und darum, soweit es möglich ist, vermieden, trotz der schwierigen Lebensverhältnisse Tibets, wo Obst und Gemüse fast unbekannt sind und nur in den tieferen, künstlich bewässerten Tälern größerer Flüsse gedeihen, so daß Tsampa (Mehl von gerösteter Gerste) die Hauptnahrung ist. Das Fischen und das Töten von Vögeln gilt als besonders verabscheuungswürdig, da es einer größeren Anzahl von Lebewesen bedarf, um eine einzige Mahlzeit zu bereiten. Vögel, Hasen, Murmeltiere und dergleichen sind daher Menschen gegenüber von erstaunlicher Furchtlosigkeit. Ich erinnere mich eines Hasen, der ruhig in seinem Lager liegen blieb, bis ich ihn berührte. Vögel spazierten oft in mein Zelt, um sich darin umzusehen, und kleine, murmeltierähnliche Geschöpfe (von einigen Reisenden als «schwanzlose Ratten» bezeichnet) tauchten aus ihren Löchern auf, um zu beobachten, was in dem plötzlich auf ihrem Territorium errichteten Lager vor sich ging.

Die Kyangs jedoch hielten sich immer in respektvoller Entfernung von menschlichen Wesen, nicht nur weil sie von Natur scheu sind, sondern vielleicht auch weil der Anblick von berittenen Menschen sie warnt. Ich war daher nicht wenig überrascht, als ich sie hier zum ersten Mal erblickte, und beobachtete sie, hinter einem Felsvorsprung kauernd, eine geraume Weile, bevor ich mich wieder auf den Weg machte. In den Prärien, die sich um den Manasarovar-See herum und über weite Gebiete des Tschang-Thang erstrecken, kann man Herden von Hunderten dieser Tiere begegnen. Es ist ein großartiger Anblick, solch eine Herde über die weiten, welligen Flächen des Hochlandes galoppieren zu sehen.

Nachdem ich den in den See vorspringenden Hügel umgangen hatte, stieg ich in eine ausgedehnte, flache Ebene hinab, die mit einer schneeweißen Kruste von Magnesiumkristallen überzogen war, unter der sich ein Sumpf verbarg. Sie erinnerte mich an die verräterischen Salzseen (Schotts) der Sahara, in die man weit hineinwandern kann, bevor man den eigentlichen Wasserspiegel erreicht und in denen gar mancher nichtsahnende Wanderer sein Ende fand, wenn der feuchte oder schlammige Sandboden unerwartet unter seinen Füßen nachgab und ihn verschlang. Ich machte daher einen weiten Bogen um den Sumpf und stieg über eine Kette niedriger Hügel, die mich noch vom Ufer des Sees trennten. Dieses stieg senkrecht aus dem See auf und bildete erst hoch über dem Wasserspiegel eine von Felsblöcken übersäte schmale Terrasse, von der wiederum die Berghänge steil emporstiegen. Die Felsblöcke waren so dichtgepackt, daß es unmöglich war, sie zu umgehen, und man von Block zu Block springen mußte, um nicht zwischen ihnen eingeklemmt zu werden. Aber ich war frisch und voller Unternehmungslust, so daß ich trotz aller Hindernisse bald eine beträchtliche Strecke zurückgelegt hatte; und je weiter ich vordrang, desto prächtiger wurde der Ausblick.

Schließlich wichen die Felsblöcke einem steilen Abhang mit einem Neigungswinkel von etwa 45°, der über dem senkrechten Felsufer unvermittelt abbrach. In der Hoffnung, das Schwierigste hinter mir zu haben, betrat ich wohlgemut den Abhang – kaum aber hatte ich den Fuß auf ihn gesetzt, als sich der ganze Hang in Bewegung setzte und mich unaufhaltsam dem Felsabsturz zutrug. Das lose Gemisch von Sand und Geröll befand sich in einem Zustand labilen Gleichgewichts, in dem die geringste Überbelastung einen Bergrutsch auslöste. Es blieb mir nicht viel Zeit zum Nachdenken. Einen Sturz in das eisige Wasser des Sees konnte ich mir nicht leisten; denn ich wäre wahrscheinlich erfroren, bevor ich das Ufer schwimmend hätte erreichen können, gar nicht zu reden davon, daß dieses aus einer senkrechten Felswand bestand und keine Möglichkeit der «Landung» geboten hätte. So blieb mir nichts anderes übrig, als so schnell wie möglich vorwärts zu springen, um den hinter mir in Bewegung geratenen Geröllmassen zu entrinnen. Wie ein entfesselter Bergdämon, der mir dicht auf den Fersen folgte, prasselte das Geröll hinter mir in die Tiefe. Indem ich einen diagonalen, leicht aufwärts gerichteten Kurs einschlug, gelang es mir, mich einigermaßen auf der gleichen Höhe zu halten und auf der andern Seite der Geröllhalde festen Boden zu erreichen.

Die wild zusammengewürfelten Felsblöcke, die nun wieder den Boden bedeckten, erschienen mir als willkommene Abwechslung. Hier konnte ich mich unbedroht und ungehetzt fortbewegen, und im Gefühl wiedergewonnener Sicherheit setzte ich mich zu einer kurzen Rast nieder. Während ich auf einem Felsblock sitzend ausruhte und meine nähere Umgebung betrachtete, machte ich eine erstaunliche Entdeckung: unzählige Pferdehufe staken überall zwischen den Felsblöcken und im Geröll, das sie umgab, und nicht ein einziger dieser Hufe war nach oben gekehrt. Es schien, als ob eine ganze Herde von Pferden vom Boden weggefegt worden wäre und nur die Hufe zurückgelassen hätte. Aber wie war so etwas möglich? Könnte eine Lawine etwas Derartiges bewerkstelligt haben? Aber nein, hier waren keine schneebedeckten Berge, keine Hänge, die hoch genug gewesen wären, um im Winter die Bildung von Lawinen zu ermöglichen – und dies um so weniger, als der Schneefall in diesen Regionen Tibets (ebenso wie der Regen in den übrigen Jahreszeiten) sehr gering ist. Selbst wenn ein Schneesturm von unvorstellbarer Gewalt eine Herde von Pferden getötet und ihre Kadaver fortgefegt hätte, würden die Skelette der Tiere im klaren Wasser des Sees, auf dessen Grund jeder Kieselstein bis auf eine beträchtliche Entfernung erkennbar war, sichtbar gewesen sein. Aber auch nicht der kleinste Knochensplitter war weit und breit zu sehen, weder im Wasser, noch zwischen den Felsblöcken. Hätten Wölfe oder Raubvögel die Kadaver verzehrt, so hätten sie doch irgendwelche Spuren hinterlassen müssen. Zumindest die Schädel der Pferde oder ihre Zähne würden übriggeblieben sein. Und wie kam es, daß alle Hufe aufrecht standen und genau im Gelenk abgebrochen waren – als ob die Pferde vor Schrecken erstarrt stehen geblieben und plötzlich vom Tode überrascht worden wären? Welch unheimliche Macht konnte eine ganze Herde schnellfüßiger Pferde auf solch mysteriöse Weise vernichtet haben?

Was auch die Ursache sein mochte, ich hatte nicht die Zeit, mir darüber den Kopf zu zerbrechen. Ich war ja auf der Suche nach einer günstigen Stelle, von der aus ich einen guten Überblick über den See mit den Schneebergen im Hintergrund hätte. Mit diesem Ziel im Auge wanderte ich weiter, bis ich an eine liebliche, fast kreisrunde Bucht kam, die von einem blendend-weißen Strand eingerahmt war, gegen den das Wasser wie ein grünblauer Opal schimmerte. Auf der mir gegenüberliegenden Seite der Bucht ragte ein Felsvorsprung in den See vor und bildete genau den Aussichtspunkt, den ich mir gewünscht hatte. Aber wie so oft in Tibet unterschätzte ich infolge der klaren Luft und der leuchtenden Farben die Entfernung, und obwohl ich auf dem flachen Strand schnell vorankam, brauchte ich eine beträchtlich längere Zeit, als ich erwartet hatte, um die andere Seite der Bucht zu erreichen. Während ich mich voller Begeisterung in meine Malerei stürzte, stiegen gewaltige Gewitterwolken über den Gletschern der südlichen Gebirgskette auf. Aber ich war zu sehr in meine Arbeit vertieft, um diesen fernen Wolken eine andere Beachtung zu schenken als die einer willkommenen Bereicherung meiner Komposition.
Erst als mein Bild fertig war, bemerkte ich, daß die Sonne inzwischen von den aufsteigenden Gewitterwolken verschlungen worden war und daß die zunehmende Verdunkelung der Landschaft nicht nur eine Folge der Wolken war, sondern ihre Ursache darin hatte, daß die Sonne im Begriff war unterzugehen. Ich trat eilends den Rückzug an; aber als ich die andere Seite der Bucht erreichte, war es bereits so dunkel, daß die Blitze sich grell gegen den Himmel abzeichneten und der Donner unmittelbar über meinen Kopf hinwegzurollen schien. Die Luft war plötzlich eisig kalt geworden.
Jetzt erst kamen mir wieder die Schutthalden und die Pferde, die in ihrer unmittelbaren Nähe auf so rätselhafte Weise umgekommen waren, in den Sinn, und ich wurde mir der Gefahr bewußt, in der ich mich befand. Aller Wahrscheinlichkeit nach waren die Pferde in ihrem Lauf durch den drohenden Bergsturz aufgehalten worden, als die Nacht hereinbrach und ein Sturm sie an der Umkehr hinderte; so mußten sie auf der Stelle, an der sie zum Stillstand gekommen waren, erfroren sein. Oder gab es hier Gefahren, die schlimmer als die der Kälte und des Sturmes waren, und von denen ich nichts wußte? Das vollkommene Verschwinden der Skelette und der Schädel konnte selbst durch die

Gegenwart wilder Tiere nicht zureichend erklärt werden, denn selbst Wölfe konnten nicht alles bis auf den kleinsten Rest verschlingen – und warum auch, wenn sie sich am Fleisch einer ganzen Pferdeherde sättigen konnten?

Die unwegsame Natur des Terrains hatte mich bereits genügend überzeugt, daß auch vor der Zeit, in der sich der Bergsturz ereignet hatte, dieses Ufer als Karawanenstraße nicht in Frage kommen konnte. Darüber hinaus aber überzeugte mich die Gegenwart kleinerer Hufe, daß eine Anzahl von Füllen sich unter den Pferden befunden haben mußten, und es war kaum anzunehmen, daß eine Karawane solch junge Tiere mit sich führte – es sei denn, daß sie sich auf der Flucht vor Feinden befunden hätte. Wie immer die Dinge liegen mochten, ich fand keine Erklärung und hatte auch keine Zeit, mich damit zu beschäftigen. Jede Minute war kostbar! Ich mußte unbedingt die gleitenden Halden vor Einbruch völliger Dunkelheit überqueren.

Glücklicherweise verschwanden die Gewitterwolken ebenso plötzlich, wie sie gekommen waren. Der Himmel war zwar noch bedeckt, aber es fiel kein Regen, und die leichte Wolkendecke begann sich zu zerteilen. Mit der letzten, kaum noch wahrnehmbaren Spur von Tageslicht erreichte ich die Absturzstelle, und obwohl ich kaum mehr als die Konturen der Erdoberfläche sehen konnte, gelang es mir, unter Aufbietung aller Kräfte, die rutschende Geröllhalde zu überqueren. Ich kam ziemlich außer Atem auf der andern Seite an und setzte mich einen Augenblick nieder, um Luft zu schöpfen; aber der Gedanke an Wölfe und andere unsichtbare Gefahren – unter denen die, einzuschlafen und zu erfrieren, vielleicht die größte war, – ließen mir keine Ruhe. Wenn die Kälte erst einmal den Körper durchdrungen hätte, würde es unmöglich gewesen sein, die verlorene Körperwärme wiederzugewinnen, zumal ich weder einen warmen Schal noch eine Decke mitgenommen hatte und so leicht bekleidet war, daß nur die Bewegung mich warmhalten konnte. So sprang ich also schnell wieder auf, in dem Bewußtsein, daß mein Leben auf dem Spiel stand.

Ich hatte seit dem Morgen keine Nahrung zu mir genommen, noch keinen Tropfen Wasser über die Lippen gebracht seit dem Verlassen des Lagers, und nun begannen Hunger und Durst sich bemerkbar zu machen – am meisten aber der Durst. Welch eine Ironie des Schicksals, Meilen und Meilen klaren Wassers zu meinen Füßen zu sehen und dennoch keinen Tropfen zu haben, um meinen Durst zu löschen! Die Versuchung, in einer der Höhlen, die ich auf dem Herweg beobachtet hatte, Schutz zu suchen, wurde aufgewogen von der Befürchtung, daß Wölfe in ihnen lauerten, und da ich weder Streichhölzer noch Feuerzeug bei mir hatte, gab ich den Gedanken an eine solche Zuflucht sofort wieder auf. Die größte Versuchung war und blieb der Drang, mich niederzusetzen und auszuruhen. Nur die Erkenntnis, daß ich, sobald ich einmal saß, nicht mehr die Kraft aufbringen würde, wieder aufzustehen, machte mich entschlossen, so lange in Bewegung zu bleiben, als meine Beine mich tragen würden.

Die Dunkelheit war nun so vollständig, daß es mir nicht mehr möglich war, die Felsblöcke, die den Boden für die nächsten Meilen meines Rückwegs bedeckten, zu unterscheiden, – und dennoch sprang ich zu meinem Erstaunen mit nachtwandlerischer Sicherheit von Block zu Block, ohne ein einziges Mal mein Ziel zu verfehlen, auszurutschen oder meinen Halt zu verlieren – und dies, obwohl ich nur ein Paar lose Sandalen (durch einen Lederstreifen zwischen den Zehen festgehalten) an den nackten Füßen trug. Plötzlich wurde mir bewußt, daß eine seltsame Kraft sich meines Körpers bemächtigt hatte, ein Bewußtsein, das nicht mehr von meinen Augen oder meinem Gehirn geleitet wurde, sondern von einem mir unbekannten «Sinn». Meine Glieder bewegten sich wie in einem Trancezustand, als ob sie mit einem ihnen innewohnenden, von mir unabhängigen Wissen handelten. Ich beobachtete all das wie in einem Traum. Mein eigener Körper erschien mir fern und nicht ganz zu mir gehörig, getrennt von meinem Willen. Ich empfand mich wie einen Pfeil, der unverwandt seine Bahn durchläuft, entsprechend seiner ursprünglichen Abschußkraft und Richtung. Zugleich war ich überzeugt, daß ich unter keiner Bedingung den Bann brechen durfte, der mich ergriffen hatte.

Erst später erkannte ich, was geschehen war: ich war, ohne es zu wissen, unter dem Zwang der Umstände und einer unmittelbaren Gefahr in den Zustand eines Lung-Gom-pa, eines Tranceläufers, gefallen, der unbewußt aller Hindernisse und körperlicher Anstrengung sich seinem vorgesetzten Ziel entgegenbewegt und kaum den Boden berührt, so daß es einem entfernten Beobachter erscheinen könnte, als ob der Lung-Gom-pa durch die Luft (Tib.: *rLung)* getragen würde und dicht über der Oberfläche der Erde dahinschwebte.

Ein falscher Sprung oder ein einziges Ausrutschen auf diesen Felsblöcken hätte genügt, um mir den Fuß zu brechen oder zu verstauchen, aber ich verfehlte keinen einzigen Sprung. Ich bewegte mich mit schlafwandlerischer Sicherheit, obwohl ich weit entfernt von Schlaf war. Ich weiß nicht, wie viele Meilen dieses unwegsamen Küstenstreifens ich in dieser Weise zurücklegte; ich weiß nur, daß ich mich endlich wieder auf dem Paß der niedrigen Hügelkette befand und vor mir die Ebene mit dem Magnesiumsumpf lag. Mein einziger Anhaltspunkt war ein Stern, der in der Richtung der Schneeberge sichtbar war und mir als Richtpunkt dienen konnte. Ich wagte nicht von dieser Richtung abzuweichen, und da ich noch immer unter dem Einfluß jenes trance-artigen Zustands war, durchquerte ich den weißschimmernden Sumpf, ohne auch nur ein einziges Mal einzusinken.
Aber wo war das Lager? – Ich konnte nicht mehr weit davon sein, und ein Lagerfeuer würde selbst von zwei Meilen Entfernung sichtbar sein. Ich stieg auf einen der buschbewachsenen, niedrigen Hügel und hielt Ausschau, aber nirgends zeigte sich auch nur der geringste Feuerschein. Ich war sicher, daß meine Gefährten das Lagerfeuer nicht ausgehen lassen würden, selbst wenn sie das Lager, um mich zu suchen, zeitweise verlassen hätten. Sofern sie nicht von Räubern überfallen worden waren, konnte es keinen Grund geben für das Verlöschen des Feuers. Aus eigenem Willen hätten sie das Lager bestimmt nicht verlassen, um mich in der Wildnis ohne Nahrung und warme Kleidung umkommen zu lassen, obwohl niemand sie darüber zur Rechenschaft hätte ziehen können – ich wäre eben eines Tages aus dem Lager gewandert und nicht zurückgekommen! Ich schämte mich, daß ein solcher Gedanke in mir aufsteigen konnte, aber in diesem Zustand völliger Erschöpfung war ich nicht imstande, meiner Furcht Herr zu werden. Wahrscheinlich hatte ich die Richtung verfehlt, und in diesem Falle war es besser, weiterzuwandern, bis ich an das Ufer des Flüßchens käme und dann seinem Lauf flußaufwärts folgen könnte, bis ich auf den Lagerplatz stieße.
Glücklicherweise erwies sich die eingeschlagene Richtung als korrekt, und gerade, als ich die Hoffnung schon fast aufgegeben hatte, das Lager wiederzufinden, sah ich plötzlich den Schein des Feuers in einer nahen Senkung des Geländes. Ich versuchte zu rufen, doch meine Kehle war so ausgetrocknet, daß meine Stimme auf diese Entfernung nicht

mehr hörbar war. Aber die Gewißheit und Freude, wieder in Sicherheit zu sein, gab mir neue Kraft, und wenige Minuten später erreichte ich das Lager und sank beim Feuer nieder, während meine Gefährten, glücklich, mich unversehrt zurückzuhaben, mich mit Trank und Speise labten. Ich fühlte mich wie ein «verlorener Sohn», der heimgekehrt ist zu den Seinen, und nie ist mir die Gegenwart eines Lagerfeuers und die Gesellschaft menschlicher Wesen eine größere Freude gewesen als in dieser denkwürdigen Nacht.

Bis zum heutigen Tag habe ich keine Erklärung für das Rätsel der Pferdehufe gefunden, obwohl ich es oft mit anderen diskutiert habe, in der Hoffnung, eine befriedigende Lösung zu finden. Aber was die andere, mehr persönliche Seite der Erlebnisse dieses Tages anbelangt, so fand ich eine zureichende und bedeutsame Erklärung für den Trancezustand, in dem ich mich befunden hatte, als ich mehr über das psychische Phänomen des *lung-gom* erfuhr. In einem Buch von Alexandra David-Neel begegnete ich zum ersten Mal dessen Beschreibung, und viele Jahre später wurde mir dann aus eigener Anschauung die Erklärung zuteil: es war in dem berühmten Kloster Nyang-tö Kyi-phug, in einem Seitental des Nyang-tschu-Flusses, nicht weit von Schigatse, einem der bedeutendsten Schulungszentren dieser yogischen Kunst, das ich im Jahre 1947 im Verein mit Li Gotami besuchte.

TRANCE-LÄUFER UND LUNG-GOM-TRAINING

Der erste Augenzeugenbericht eines Lung-Gom-pa, der den Westen erreichte, ist wahrscheinlich die eindrucksvolle Beschreibung, die Alexandra David-Neel in ihrem berühmten Buch *Mystiques et magiciens du Tibet* gab. Eines Tages, während ihrer Reise über das weite Hochland Tibets, beobachtete sie in der Ferne einen sich fortbewegenden schwarzen Punkt, der ihre Aufmerksamkeit erregte. Die Gegenden, durch die sie zog, waren völlig unbewohnt, und sie war seit fast zwei Wochen keiner Menschenseele begegnet. Ein Blick durch den Feldstecher zeigte ihr, daß das Objekt ihrer Aufmerksamkeit ein Mensch war, «der sich in einer ungewöhnlichen Weise und mit einer außerordentlichen Geschwindigkeit fortbewegte». Als er näher kam, konnte sie «deutlich sein vollkommen ruhiges und unbeteiligtes Gesicht und seine weitgeöffneten Augen sehen, deren Blick auf ein fernes, unsichtbares Objekt, hoch im Raum, gerichtet zu sein schienen. Der Mann lief nicht, sondern schien sich sprungweise vom Boden zu schnellen. Er sah aus, als besäße er die Elastizität eines Gummiballs und als prallte er jedesmal, wenn er den Boden berührte, von ihm. Seine Schritte hatten die Regelmäßigkeit eines Pendels.»

Als ich das einige Jahre nach meinem im vorhergehenden Kapitel Berichteten las, wurde ich sogleich an mein Erlebnis am Ufer des Panggong-Sees erinnert. Die Beschreibung deckte sich genau mit meiner eigenen Erfahrung. Anfängern in der Kunst des *lung-gom* wird oft empfohlen, ihren Geist nicht nur auf ein visuelles Vorstellungsbild ihres Ziels zu konzentrieren, sondern ihre Augen während der Nacht auf einen besonderen Stern zu richten, was in gewissen Fällen eine hypnotische Wirkung hervorzubringen scheint. Selbst in dieser Hinsicht hatte ich mich, ohne es zu wissen, den Regeln entsprechend verhalten und augenscheinlich einen Zustand erreicht, in dem das Körpergewicht nicht mehr gefühlt wird und in dem die Füße mit einer Art Eigenbewußtsein oder einem eigenen Instinkt begabt zu sein scheinen; sie vermeiden unsichtbare Hindernisse und finden an Stellen einen Halt, die bei dieser Geschwindigkeit und im undurchdringlichen Dunkel der Nacht nur ein Hellseher hätte entdecken können.

Alexandra David-Neel ist der Meinung, daß eine Art Anästhesie die Schmerzempfindlichkeit beim Anstoßen gegen Steine oder andere Hindernisse ausschaltet. Dies aber scheint mir nicht der Fall zu sein, denn sonst würde der Lung-Gom-pa seine Füße später geschwollen oder verletzt vorfinden, was, wie meine eigene Erfahrung mich belehrte, nicht zutrifft. Ebensowenig kann ich der Ansicht beipflichten, daß die Vermeidung der Hindernisse dem Rest des verbleibenden Normalbewußtseins zuzuschreiben ist. Im Gegenteil, es ist die Nichteinmischung des normalen Bewußtseins, was die Immunität des Trancewandlers und die instinktive Sicherheit seiner Bewegungen garantiert. Es gibt für ihn keine größere Gefahr als das plötzliche Erwachen zum normalen Bewußtsein. Dies ist der Grund, warum die Tranceläufer es vermeiden müssen, zu sprechen oder sich umzuschauen, denn die kleinste Ablenkung würde den Trancezustand unterbrechen, wenn nicht gar aufheben.

Die tiefere Bedeutung von *lung-gom* ist, daß Materie dem Geist unterworfen werden kann. Dies wird durch die Tatsache illustriert, daß die vorbereitenden Übungen zur Hauptsache geistiger Natur sind. Sie bestehen in strenger Abgeschlossenheit und Konzentration auf gewisse Elementarkräfte und ihre visualisierten Symbole, begleitet von der Rezitation mantrischer Formeln, durch welche die psychischen Zentren (Skt.: *cakra)* des Körpers, die zu jenen Kräften durch ihre natürlichen Funktionen in Beziehung stehen, erweckt und aktiviert werden.

So wie in den *tum-mo*-Praktiken, die zur Hervorbringung «psychischer Wärme»* führen und in denen der Übende sich auf das Element Feuer in dem ihm entsprechenden psychischen Zentrum konzentriert

* Siehe auch Govinda, *Grundlagen tibetischer Mystik,* Rascher, Zürich, 2. Aufl. 1966.

und sich zugleich aller Erscheinungs- und Wesensqualitäten und psychischen Beziehungen dieses Elementes bewußt ist, so muß der Lung-Gom-Adept sich aller Erscheinungsformen, aller Aspekte und Funktionen des Lebenselementes Luft bewußt werden und seine volle Aufmerksamkeit auf sie richten.

gom (sgom) bedeutet sowohl Meditation, Konzentration, Kontemplation aller geistigen und seelischen Kräfte auf ein bestimmtes Objekt, als auch die allmähliche Entleerung des Geistes von jeder Subjekt-Objekt-Beziehung, bis eine vollständige Identifikation von Subjekt und Objekt erreicht ist.

lung (rLuṅ) bezeichnet den Elementarzustand Luft (Skt.: *vâyu*), wie auch die subtile vitale und psychische Kraft (Skt.: *prâṇa*). Ebenso wie das griechische Wort *pneuma* sowohl Luft als auch Geist bedeuten kann, so kann *lung* sich sowohl auf das Element Luft wie auch auf jene körperliche Funktion beziehen, welche die materielle Seite unseres vitalen Prinzips darstellen, wie z. B. den Atmungsvorgang und die Fähigkeit, sich zu bewegen, und die Ströme psychischer Energie, durch die verschiedene Bewußtseinszustände ausgelöst oder hervorgebracht werden.

In Kombination mit *gom* kann das Wort *lung* nur auf jenes *prâṇa* des indischen Yoga bezogen werden, das in verschiedenartigen Meditationspraktiken mit der Kontrolle vitaler Funktionen des menschlichen Körpers durch die feineren Kräfte des Geistes verbunden ist. Mit anderen Worten: Der Lung-Gom-pa ist nicht ein Mensch, der die Fähigkeit hat, durch die Luft zu fliegen (ein Glaube, der seinen Ursprung in der falschen Interpretation des Wortes *lung* hat), sondern jemand, der gelernt hat, seinen *prâṇa* durch die Yogapraxis des *prâṇâyâma* zu beherrschen. Dies beginnt mit der einfachen Übung bewußten Atmens und macht sie zum Ausgangspunkt eines geistigen Erlebens, das eine Transformation des gesamten psycho-physischen Organismus und der gesamten Persönlichkeit des Übenden zur Folge hat. Kräfte und Fähigkeiten, die in jedem Menschen gegenwärtig sind, werden gesammelt, verstärkt und in neue Bahnen gelenkt.

lung-gom könnte somit treffend als «Konzentration auf das dynamische, vitale Prinzip» wiedergegeben werden. Es enthält die dynamische Natur unseres physischen Organismus und aller materiellen Aggregatzustände – jedoch nicht im Sinne getrennter, in sich geschlossener Dynamismen, sondern als etwas, das vom Zusammenwirken verschiedenster Vorgänge und vor allem von den Urkräften und den universellen Eigenschaften des Bewußtseins abhängt. In dieser Weise wird eine direkte Beeinflussung körperlicher Organe und Funktionen ermöglicht, so daß ein harmonisches psycho-physisches Zusammenwirken erzielt wird: ein Parallelismus von Gedanken und Bewegung, und ein Rhythmus, der alle verfügbaren Kräfte des Individuums in seinen Dienst nimmt.

Wenn man den Punkt erreicht hat, an dem die Transformation einer Kraft oder eines Materialisationszustandes in einen anderen möglich ist, können verschiedenartige Wirkungen von scheinbar übernatürlichem Charakter erzielt werden, wie z. B. die Verwandlung psychischer Energie in körperliche Bewegung (ein Wunder, das wir in kleinerem Maßstab in jedem Augenblick vollziehen, ohne uns dessen bewußt zu sein) oder die Transformation von Materie in einen aktiven Energiezustand, der zugleich in einer Gewichtsabnahme oder in einer scheinbaren Aufhebung oder Verminderung der Gravitation resultiert.

Schon in den ältesten buddhistischen Meditationspraktiken galt die Erlangung magischer Kräfte als ein bloßes Beiprodukt, das mehr gefahrbringend als fördernd oder zur Befreiung führend betrachtet wurde. Die Zurschaustellung solcher Kräfte wurde zu allen Zeiten verabscheut. Die eigenartigen Bedingungen Tibets haben es jedoch in gewissen Fällen notwendig gemacht, von diesen okkulten Kräften Gebrauch zu machen, insbesondere wenn es galt, außergewöhnliche Hindernisse der Natur zu überwinden, wenn sie sich der Verwirklichung des geistigen Weges und somit auch dem Dienst am Mitmenschen entgegenstellten.

So kann z. B. *tum-mo* zugleich ein Mittel geistigen Fortschritts und ein Schutz gegen die erbarmungslose Kälte tibetischer Winter sein, der die Yogis in ihren Höhlen und Meditationsklausen, hoch oben in den von aller Vegetation baren Bergen ausgesetzt sind, denn nur wenige von ihnen sind in der Lage, sich genügend Brennstoff zu verschaffen. Es muß jedoch betont werden, daß Wärme-Erzeugung nicht der *Zweck* des *tum-mo* ist, wie dies naiverweise wieder und wieder behauptet wird, sondern daß *tum-mo* in erster Linie ein Mittel zu geistiger Integration ist, das zur Erleuchtung und Ganzwerdung führt.

In ähnlicher Weise ist *lung-gom* nur einer der vielen Wege zur Befreiung, obwohl er unter gewissen Umständen den Ausübenden auch in die Lage versetzt, sich über weite Entfernungen mit großer Geschwindigkeit fortzubewegen, was in einem Lande primitiver Verkehrs- und Kommunikationsmittel eine besondere Bedeutung annimmt. Es mag vorkommen, daß Menschen ein solches Training zunächst aus dem Ehrgeiz auf sich nehmen, außergewöhnliche magische Kräfte zu gewinnen. Aber das Opfer, das von ihnen gefordert wird, ist so groß, daß jemand, der imstande ist, durch ein solches Training zu gehen, einen außerordentlich starken Charakter und geistige Qualitäten haben muß. Und je ernsthafter ein solcher Mensch die vorgeschriebenen Übungen ausführt, desto mehr wird er seinen anfänglichen Stolz oder Ehrgeiz verlieren, denn das ganze Training ist auf die Überwindung, nicht aber auf eine Stärkung des eigenen Ichs gerichtet, in dem Stolz und Ehrgeiz ihren Ursprung haben.

Dies wird durch viele volkstümliche Geschichten, wie die der berühmten *Vierundachtzig Siddhas* (wörtlich «Vollendete» oder «Zielverwirklicher»), die vorwiegend in der Zeit vom 7. bis 10. Jahrhundert unserer Zeitrechnung lebten, illustriert. Viele von ihnen begannen mit der Absicht, übernatürliche Kräfte zu ihrem eigenen Nutzen zu erwerben. Während sie aber diesem Ziel nachstrebten, und mehr noch, als sie es erreicht hatten, war ihr Interesse an weltlichen Dingen erloschen, denn sie hatten im Laufe der Übungen gerade jenes Ichbewußtsein überwunden, das die Ursache ihrer selbstischen Wünsche war.

Als Beispiel mag hier die Geschichte vom Siddha Khadgapa dienen. Es war einmal ein Räuber, der begegnete einem Yogi und fragte ihn, wie er unbesiegbar werden könnte. Der Yogi antwortete: «Es gibt einen Stûpa (*stûpa*) an einem Ort unweit von Benares. Gehe dorthin und umwandle das Heiligtum, das eine Statue Avalokiteśvaras enthält, drei Wochen lang, während du das Mantra rezitierst und die Meditationsübung befolgst, die ich dir geben werde. Wenn du dies mit voller Hingabe und ununterbrochener Konzentration tust, ohne je im Geist abzuschweifen, so wird am Ende der dritten Woche eine tödliche schwarze Schlange aus der Öffnung des Stûpas hervorkommen. Du mußt diese Schlange sofort beim Kopf ergreifen, andernfalls wird sie dich töten. Wenn du aber deine Meditation gewissenhaft ausgeübt hast, wird die Schlange dir nichts tun, und du wirst die magische Kraft der Unbesiegbarkeit erlangen.»

Der Räuber dankte dem Yogi und tat, wie ihm geheißen. Er gab sich mit Herz und Seele den vorgeschriebenen Übungen hin, und als die gefürchtete Schlange endlich aus der Öffnung des Stûpa hervorkam, ergriff er sie unmittelbar hinter dem Kopf, und siehe da! – er hielt das unbezwingbare Schwert der Weisheit in der Hand!
Er hatte nun keine Verwendung mehr für Wunderkräfte, denn er war ein Heiliger geworden. Seit jener Zeit ist er als Siddha Khadgapa bekannt, «der Heilige mit dem Schwert».

NYANG-TÖ KYI-PHUG: DAS KLOSTER DER EINGEMAUERTEN EINSIEDLER

Alles, was ich im Lung-Gom-Trainingszentrum von Nyang-tö Kyi-phug *(ñaṅ-stod kyid-phug*, was soviel bedeutet wie «die Höhle der Glückseligkeit vom oberen Nyang-Tal») sah und hörte, bestätigte meine Überzeugung, daß das Ziel des *lung-gom* weit über die Erlangung magischer Kräfte, wie Trancewandeln oder Levitation, hinausgeht, und daß dieses Training bestimmt nicht ein Tummelplatz persönlicher Ambitionen oder der Selbstverherrlichung ist; denn das erste, was von einem zukünftigen Lung-Gom-pa verlangt wird, ist völlige Anonymität.

Wenn er die Meditationsklause (*ts'hang-khang*) betritt, ist er für die Welt gestorben: seinen Namen, seine Familienzugehörigkeit und selbst den Ort seiner Herkunft darf niemand erfahren. Er hat seine Vergangenheit aufgegeben, und wenn er nach vielen Jahren wieder aus seiner Klause tritt, ist nichts von seiner früheren Persönlichkeit übrig geblieben, und niemand weiß, wer er war. Er ist wie ein neugeborenes Wesen, das nicht nur seiner Vergangenheit gestorben, sondern bewußt durch die Pforten des Todes gegangen und zu einem neuen Leben wiedergeboren ist, einem Leben, das von allen persönlichen Verhaftungen frei ist. Der neue Mensch ist dann gänzlich der Wohlfahrt und Befreiung seiner Mitwesen aus dem Dunkel des Nichtwissens zu dienen bereit.

Dies wird auch durch den volkstümlichen Glauben bestätigt, daß *lung-gom* seinen Ursprung in dem Bestreben eines Heiligen hatte, den Tod durch das Opfer seines eigenen Selbst zu überwinden. Dieser Heilige

war der berühmte Historiker Buston, der in der Nähe von Schigatse im Jahre 1289 geboren wurde und der Großabt des Klosters Schalu war. Es wurde das erste Trainingszentrum für *lung-gom*. Nicht weit von diesem Ort lebte ein großer Magier, der unter dem Namen Yungtön Dorje Pal bekannt war und den Gott des Todes (*gŚin-rje*, «Schindsche» gesprochen; Skt.: *Yama*) in einem besonderen Ritual beschwören wollte, um ihn dazu zu bewegen, für eine Zeitspanne von zwölf Jahren das Leben menschlicher Wesen zu schonen. Der Totengott war hiermit einverstanden, aber nur unter der Bedingung, daß jemand sein eigenes Leben als Gegengabe opfern würde (der zugrundeliegende Gedanke war augenscheinlich, daß ein aus freiem Willen aufgeopfertes Leben so viel wert war wie tausende unter Zwang aufgegebene). Keiner der während des schrecklichen Rituals Anwesenden war bereit, sich zu opfern – mit Ausnahme Bustons (sprich Butön)*. Hieraus ersah der Magier, daß dieser heilige Mann der einzige war, der die Fähigkeit hatte, dieses Ritual auszuführen; und anstatt das Angebot anzunehmen, auferlegte er ihm und seinen Nachfolgern die Pflicht, dieses Ritual alle zwölf Jahre auszuführen.
Da es notwendig war, zu diesem Ritual die furchtbaren Schutzgottheiten der Hauptheiligtümer der zentralen Provinzen Tibets, Ü (*dBus*) und Tsang (*gTsań*), einzuladen, und da nur ein Bote ohne Todesfurcht und begabt mit der Fähigkeit, die Pilgerfahrt zu allen diesen heiligen Stätten innerhalb von vierundzwanzig Stunden zu vollenden, dieser Aufgabe gewachsen war, wurde das Lung-Gom-Training in Samding und Nyang-tö Khy-phug eingeführt, von wo aus die Läufer alle zwölf Jahre, einander abwechselnd, ausgesandt wurden.
Diese Geschichte, die ich in Kyi-phug hörte, ist auch von Alexandra David-Neel in einem ihrer Bücher berichtet worden. Ich hatte keine Gelegenheit, Samding zu besuchen, aber vor einigen Jahren kam mir eine dramatische Beschreibung Sven Hedins zu Gesicht, in der er von einer Höhle in einem Tal «oberhalb von Linga und Pesu» berichtet, in der ein Lama eingemauert war. Er besuchte diesen Ort an einem kalten Wintertag. Die Höhle befand sich am Fuß einer hohen Felswand und wurde Samde-phug genannt. Sie hatte weder Fenster noch Türen; aber eine Quelle sprudelte in ihrem Innern, und das Wasser floß aus einer

* Ich behalte die Original-Schreibweise dieses Namens bei, da sich diese in allen Geschichtswerken westlicher Autoren eingebürgert hat.

kleinen Öffnung unter der Mauer, die den Eingang der Höhle verschloß.

«Als dieser rätselhafte Lama Rimpotché vor drei Jahren nach Linga kam, hatte er vor den Mönchen des Klosters das Gelübde abgelegt, für immer in das Dunkel zu gehen. Durch Erforschen der heiligen Schriften hatte man den Tag gefunden, an dem die Einmauerung vor sich gehen sollte. An diesem Tage versammelten sich alle Mönche, um ihn zu seinem Grabe zu geleiten. Schweigend und feierlich, wie bei einem Trauerzug, wanderten die Mönche hinauf durch das Tal, langsam, Schritt für Schritt, als ob sie unwillkürlich die letzten Minuten verlängern wollten, in denen der unbekannte Eremit Sonne, Licht und Farben noch sehen konnte. Er weiß, daß er die Welt auf immer verläßt, daß er nie wieder die Berge sehen wird, die Wacht halten an seinem Grab. Er weiß, daß er in der Höhle sterben wird, vergessen von allen.

Nachdem der Eingang der Höhle zugemauert ist, ist das Licht für immer für ihn erloschen. Er ist einsam und wird nie wieder eine menschliche Stimme hören, nur das eingeschlossene Echo seiner eigenen. Aber wenn er seine Gebete spricht, wird es niemand geben, der ihnen lauscht, und wenn er ruft, wird niemand antworten. Für die Brüder, die ihn lebendig begraben haben, ist er bereits tot. Sie gehen schweigend hinab zum Kloster und nehmen ihre gewohnte Beschäftigung auf. Das einzige Band zwischen ihnen und dem Eingeschlossenen ist die Pflicht, ihn täglich mit Nahrung zu versehen. Eine Schale mit Tsampa, Butter und Tee wird ihm täglich durch die kleine Öffnung unter der Mauer zugeschoben, aber die Mauer ist so dick und festgefügt, daß weder ein Laut noch ein Lichtstrahl den Eremiten erreicht. Das einzige Mittel, um festzustellen, ob er noch am Leben ist oder nicht, ist die Beobachtung, ob die Nahrung verzehrt wurde. Wenn die Nahrung sechs Tage lang unberührt blieb, wird die Mauer aufgebrochen. Dies war in früheren Fällen geschehen, wie die Mönche berichteten: ‹Vor drei Jahren starb ein Lama, der zwölf Jahre in der Krypta zugebracht hatte, und vor fünfzehn Jahren starb einer, der im Alter von zwanzig Jahren in das Dunkel ging und dort vierzig Jahre lebte.›»

Sven Hedin versuchte, sich die endlosen Jahre vorzustellen, die der Einsiedler in völliger Dunkelheit erduldet: «Er kann die Tage nicht zählen, aber am nächsten Sommer merkt er, daß ein Jahr vergangen ist. Später vergißt er, wieviele Jahre er in der Höhle eingeschlossen ist. Das einzige, was er zählt, ist die Anzahl der Kugeln des Rosenkranzes, und damit seiner Gebete... Endlich, nach langen Jahren, klopft es an die Tür der Höhle. Er streckt die Arme aus, den Freund zu empfangen, auf den er so lange gewartet hat. Es ist der Tod, der die Schwelle überschreitet. Der blinde Eremit, der Jahrzehnte hindurch in ein undurchdringliches Dunkel versunken war, sieht plötzlich ein strahlendes Licht... Er ist befreit von der Seelenwanderung und in das Licht der ewigen Seligkeit eingegangen.» *

Dieser dramatische Bericht ging mir eine lange Zeit nach, und ich wunderte mich, ob und wie es einem menschlichen Wesen möglich war, ein Leben in vollkommener Dunkelheit, ohne frische Luft und ohne jegliche Bewegung, auszuhalten – ganz abgesehen von der psychologischen Rückwirkung, die ein vollkommenes Abgeschnittensein von jeglichem menschlichen Kontakt mit sich bringen mußte. War es wirklich glaubhaft, daß man durch das Ausschließen des Sonnenlichtes das innere Licht finden oder gar zur Erleuchtung kommen konnte? Hatte der Buddha nicht selbst die Extreme der Askese ebenso verurteilt wie die Extreme in der Verfolgung weltlicher Vergnügungen?

Physische Selbstvernichtung wurde von den Buddhisten nie als ein Mittel zur Erlösung oder als eine Tugend betrachtet. Und die Tibeter haben, trotz ihres Glaubens an übernatürliche und transzendente Kräfte, von jeher im täglichen Leben wie in ihren religiösen Methoden einen außergewöhnlich gesunden Menschenverstand gezeigt. Sie sind von Natur aus praktische Leute, und ihre religiöse Auffassung ist weder düster noch lebensfeindlich.

Dies wird selbst an einem Ort wie Nyang-tö Kyi-phug völlig klar, trotz der Strenge seiner Regeln und der Ernsthaftigkeit seiner Praktiken. Alles dort widerlegte gründlich die Idee, daß *lung-gom* in völliger Dunkelheit (wie selbst Mme. David-Neel zu glauben scheint) geübt werden müsse, und unter menschenunwürdig-unhygienischen Bedingungen. Ganz im Gegenteil! Ich fand zu meiner freudigen Überraschung, daß die Meditationsklausen, die sich am Hang des aufsteigenden Tales unmittelbar über den Tempeln und Schreinen des Klosters erhoben, gut imstande gehalten und in einer äußerst sinnvollen und praktischen Weise angelegt waren, um sowohl die körperliche wie

* Sven Hedin, *Abenteuer in Tibet*, Brockhaus, Wiesbaden, 1951.

die geistige Gesundheit der Meditierenden sicherzustellen und ihnen zugleich völlig Stille und Ungestörtheit zu gewähren. «Mens sana in corpore sano» schien hier der Leitspruch zu sein.

Jede Klause war so gebaut, daß Luft, Wasser und Sonne freien Zugang hatten und daß der sie Bewohnende sich körperliche Bewegung verschaffen konnte. Trotz der Abgeschlossenheit seiner Behausung blieb er dennoch mit dem weiten Himmelsraum verbunden und konnte die Bewegungen der Wolken und der Himmelskörper und die Stimmungen der Jahreszeiten beobachten. Diese Klausen sollten keine Orte der Selbstqual oder der Buße sein, sondern Orte des Friedens und der Vertiefung in die Kontemplation. Weit entfernt davon, Gräbern zu ähneln, sollten diese Klausen dazu dienen, Menschen einem glücklicheren Geisteszustand entgegenzuführen, wie ja schon der Name Kyi-Phug («Höhle der Glückseligkeit») andeutete. Der allgemeine Eindruck, den mir diese Örtlichkeit vermittelte, erweckte in mir den Wunsch, eines Tages selbst in einer dieser Klausen für eine längere Zeitspanne ungestört der Meditation und Kontemplation zu pflegen.

Die meditationsbeflissenen Klausner oder *Gomtschen (dGom-chen)* durften Bücher, Kultbilder oder Thankas, entsprechend ihrer *sâdhanâ* in ihre Klausen bringen, und ebenso Dinge, die zu ihrem täglichen Ritual benötigt wurden, wie *vajra, (ghantâ, ḍamaru,* Butterlampen und sonstige Altargefäße, sowie den üblichen *tschoktse (lCog-tse),* das niedrige, meist zusammenlegbare Holztischchen, auf dem diese Dinge aufgestellt werden konnten. Aus all diesem wurde es vollkommen klar, daß des Gomtschen Zeit sorgfältig reguliert und eingeteilt war; sie war ausgefüllt mit Studien, Verehrungsritual und Meditation, die nur durch regelmäßige Körperübungen und die sonstigen unvermeidlichen Betätigungen, wie Nahrungszubereitung und Sauberhaltung von Körper und Kleidung, Gebrauchs- und Ritualgegenstände unterbrochen wurde. Mit zunehmender Vervollkommnung wurden selbst diese Betätigungen dem meditativen Prozeß eingeordnet, so daß schließlich das ganze Leben des Einsiedlers zu einem einzigen Meditationsvorgang wurde.

Die Klause enthielt eine kleine Küche mit einigen Töpfen und Pfannen, um den Buttertee, der ein unerläßlicher Bestandteil der tibetischen Kost ist (denn es ist fast unmöglich, trockene *Tsampa* herunterzuschlucken) und einfache Speisen zuzubereiten. Die das Kloster besuchenden Laien brachten als Geschenke oft nur Rohmaterialien mit, die, zusammen mit zubereiteten Nahrungsmitteln, durch die kleine Öffnung unterhalb der Hauswand, zur Seite des versiegelten Eingangs, geschoben wurden. Neben der Küche befand sich ein kleiner Raum, durch den das von einem Bach abgeleitete Wasser floß, der allen lebenswichtigen Bedürfnissen, einschließlich denen eines WC, diente.

Der eigentliche Meditationsraum war geräumig und luftig – letzteres infolge einer weiten, quadratischen Dachöffnung, wodurch der Raum eher einem kleinen Innenhof glich, der von einem überdeckten Umgang umgeben war. Das Dach dieses Umgangs war auf der einen Seite erheblich breiter als auf den anderen drei. Hier war der Hauptaufenthaltsort des Eremiten. Er enthielt eine erhöhte Plattform aus Stein und Lehm, die ihm als Sitz und Schlafstelle diente und über die eine dünne Matratze oder der Meditationsteppich gebreitet wurde. Dem Sitz gegenüber befand sich das Altartischchen mit Kultbildern, Butterlampen, Wasserschalen und sonstigen Opfergaben. Der Wandraum auf der gegenüberliegenden Schmalseite des Umgangs diente als Stapelplatz von Brennmaterial, einem lebenswichtigen Bedarfsgegenstand im kalten Klima Tibets, in dem heißer Tee fast das einzige Mittel ist, um den Körper im ungeheizten Raum einigermaßen warm zu halten. Brennstoff ist in Tibet viel zu kostbar, als daß man ihn zum Heizen eines Raumes verwenden würde, was im vorliegenden Falle wegen des offenen Daches ohnedies nutzlos gewesen wäre.

Der Brennstoff, der in diesen Klausen verwendet wurde, war übrigens nicht der übliche Yakdung, in dem sich oft Käfer und Würmer einnisten – und der daher nicht für Menschen, die von Mitleid und Liebe zu aller Kreatur bewegt sind, angemessen schien –, sondern bestand entweder aus Reisig oder einem verholzten pilzförmigen Gewächs, einer Art verhärteter Moosstauden, die auf den umliegenden Berghängen in großen halbkugelförmigen Auswüchsen zu finden waren. Es hieß, daß dieser Brennstoff keinerlei tierisches Leben enthielte.

Vom offenen Innenhof führte eine Leiter auf das flache Dach des Umgangs und der Seitenräume, und hier konnte der Gomtschen sich täglich ergehen, ohne jedoch von außen gesehen zu werden, da eine hohe Mauer ihn von der Außenwelt abschirmte, so daß er sich ungestört beim Gehen seiner Meditation widmen konnte. Auf diese Weise konnte er täglich Meilen zurücklegen, falls es ihm beliebte, ohne seine Klause zu verlassen.

Kailaś, der heilige Berg

Simbiling Gompa im Tal von Purang

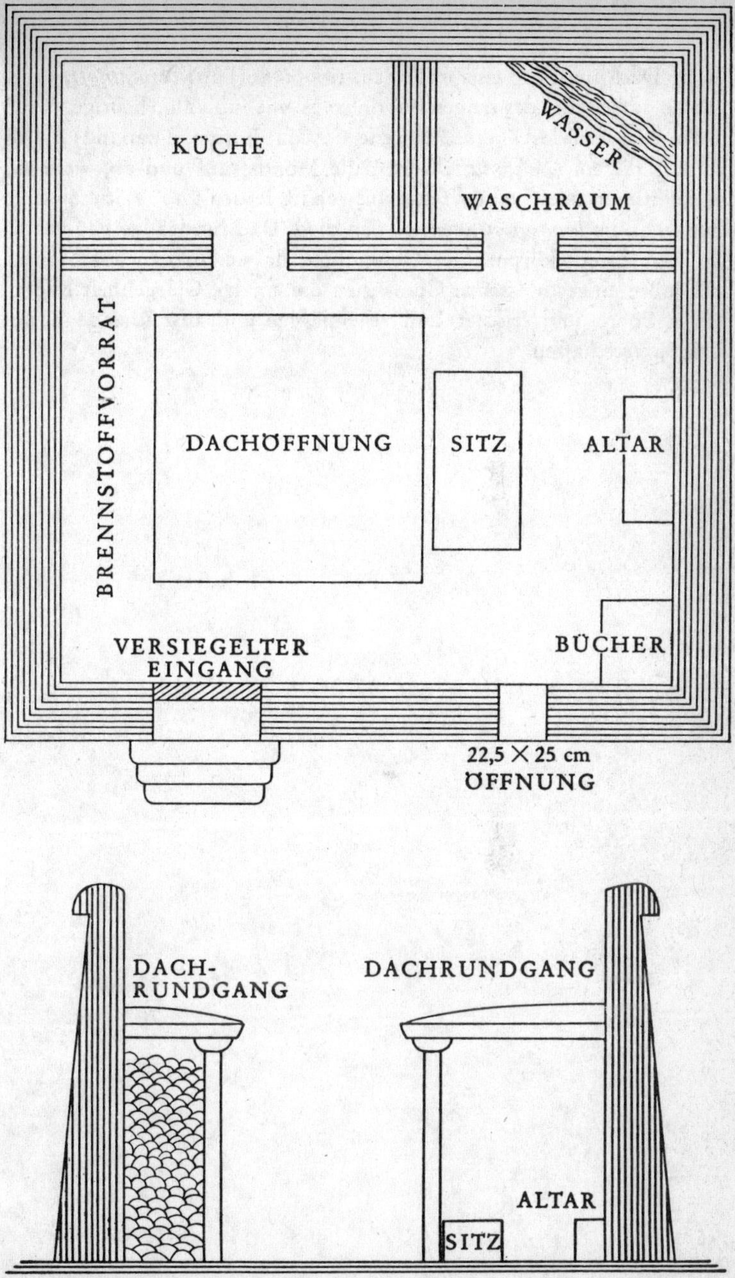

Lung-Gom-Klause im Grundriß und Aufriß

Dieser Dachrundgang entsprach dem *caṅkama* (Pâli: *cankamati*, «auf-und-ab-schreiten») des frühen Buddhismus, wie er bis zum heutigen Tage in den Ländern des *Theravâda* (wie Ceylon, Burma, Thailand) üblich ist. Auf diesem *caṅkama* schreiten die Mönche auf und ab, während sie meditieren oder heilige Texte auswendig lernen und rezitieren. Für Eremiten, die *lung-gom* üben, dienen diese Dachrundgänge hauptsächlich dem Zweck körperlicher Gesundheit, da sie für den auf Monate und Jahre eingeschlossenen Gomtschen die einzige Gelegenheit bilden, sich in Sonne und frischer Luft regelmäßige und ausreichende Bewegung zu verschaffen.

KÖRPERLICHE ÜBUNGEN

Andere körperliche Übungen, die während des Lung-Gom-Trainings ausgeführt werden, bestehen in einem Emporschnellen des Körpers vom Meditationssitz mit gekreuzten Beinen und ohne Benutzung der Hände. Vor jedem Emporschnellen füllt der Lung-Gom-pa seine Lungen mit Luft. Indem er diese Übung jeden Tag mehrere Male nacheinander wiederholt, ist er allmählich imstande, höher und höher zu springen, während sein Körper, wie es heißt, leichter und leichter wird. Wesentlich ist, daß tiefe Atmung und Disziplinierung des Körpers zusammengehen. Ich selbst habe diese Übung nie ausgeführt gesehen, noch kann ich mich dessen erinnern, daß sie in Nyang-Tö Kyi-Phug erwähnt worden wäre. Aber nach Informationen, die von Alexandra David-Neel gesammelt wurden, scheint es, daß diese Übungen als eine Art Befähigungstest für *lung-gom* ausgeführt werden.

«Eine Grube wird in den Boden gegraben, deren Tiefe der Höhe des Kandidaten entspricht. Über die Grube wird eine Art Kuppelbau errichtet, dessen Höhe wiederum der Höhe des Kandidaten entspricht. Eine kleine Öffnung wird am Apex der Kuppel freigelassen. Der Zwischenraum zwischen dem Mann, der mit gekreuzten Beinen auf dem Boden der Grube sitzt, und jener Öffnung beträgt somit die doppelte Höhe seines Körpers. – Der Test besteht darin, mit gekreuzten Beinen emporzuspringen und durch die kleine Öffnung am Scheitelpunkt der Kuppel herauszukommen. Ich habe Khampas erklären gehört, daß dieses in ihrem Lande ausgeführt worden sei, aber ich selbst habe Derartiges nicht gesehen.» *

* Alexandra David-Neel, *Mystiques et magiciens du Tibet*, Paris, 1929, S. 209.

Wie schon erwähnt, habe ich in Nyang-tö Kyi-phug keine Bestätigung dieses Brauches gefunden; aber seltsamerweise fand ich eine Parallele hierzu in John Blofelds Beschreibung eines Mêng Goong oder Stammesmagiers in einem Miao-Dorf in Nord-Thailand. Der Magier saß vor dem Schrein der Ahnengeister «auf einer etwa einen Meter hohen Bank, schlug auf eine Trommel, und seine kraftvolle, aber erschreckend unmenschliche Stimme erklang in einem feierlichen Ritual. Von Zeit zu Zeit begab sich etwas Außerordentliches, etwas wirklich und wahrhaftig Entsetzliches. Mit einem greulichen Aufschrei schoß er etwa einen oder anderthalb Meter hoch in die Luft und landete wieder mit solcher Wucht auf der Bank, daß sie bedrohlich erzitterte. Diese Bewegung eines sitzenden Mannes, *dessen Beine sich kein einziges Mal für den Sprung streckten,* war so unheimlich, daß mir der kalte Schweiß aus den Poren brach.» *

Dieser Augenzeugenbericht eines bekannten und zuverlässigen Autors beweist zwei Dinge: erstens, daß die von den Tibetern beschriebene Übung nicht jenseits des Möglichen ist, wie dies kritischen Lesern erscheinen mag; zweitens aber, daß mehr als bloße Muskelkraft in dieser Leistung zum Ausdruck kommt. Tibeter sehen hierin einen, wenn auch noch so kurzen Levitationsakt, der durch die außerordentliche Leichtheit und Willenskraft des Lung-Gom-pa ermöglicht wird.

Wie dem auch sei: die Tatsache, daß ein ähnlicher Brauch sich sowohl in Ost-Tibet wie in Nord-Thailand nachweisen läßt, scheint mir bedeutungsvoll und bestätigt meinen ersten Eindruck, daß nämlich die Springpraxis nicht ein urtümlicher und wesentlicher Teil des Lung-Gom-Trainings ist, sondern etwas, das ihm aus einer anderen Tradition hinzugefügt wurde. Der eigentliche Ursprung des *lung-gom* ist, wie schon erwähnt, die altindische *prâṇâyâma*-Praxis (die ein wesentlicher Bestandteil sowohl des hinduistischen wie des buddhistischen Yoga ist), in der Körperdrill dieser Art nie eine Rolle spielte. Ebensowenig kann man sagen, daß diejenigen, die sich dem Lung-Gom-Training unterziehen, «lebendig begraben» wären oder das Gelübde ablegten, «für immer in die Dunkelheit zu gehen». Es gibt nichts in der Welt, das nicht dem Wechsel oder der Umbildung unterworfen wäre, am wenigsten aber menschliches Wollen und Wünschen, Denken und Fühlen. Selbst die Gelübde des Mönchtums sind nicht «auf ewig» bindend oder

* John Blofeld, *Volk der Sonne,* Rascher, Zürich, 1962, S. 148.

unwiderrufbar. Denjenigen, die finden, daß sie nicht für das Mönchsleben geeignet sind oder daß es ihnen keine geistige Förderung bringt, steht es frei, in das normale Leben in der Welt zurückzukehren. Das Leben in Klöstern, in Einsiedeleien oder in völliger Abgeschlossenheit ist ein Mittel zum Zweck, nicht aber Selbstzweck. Wenn daher Sven Hedin berichtete, daß seine Frage, ob der Mönch, der dem eingemauerten Eremiten täglich seine Nahrung brachte, mit letzterem sprechen dürfe, mit den Worten beantwortet wurde: «Nein, er würde damit ewige Verdammnis auf sich ziehen, und die drei Jahre (die der Eremit bis dahin in der Höhle verbracht hatte) würden nicht als Verdienst angerechnet werden», – dann ist es offenbar, daß Sven Hedin seine eigene christliche Denkweise in den Mund seines tibetischen Informanten legt.

Der Buddhismus glaubt weder an «ewige Verdammnis», noch hält er Kasteiung und Selbstabtötung für förderlich; moralisches Verdienst ist ihm keineswegs abhängig von Gelübden oder der Dauer gewisser Übungen. Der Buddha selbst gab ein Leben strenger asketischer Übungen auf, als er fand, daß sie nicht zum Ziel der Befreiung oder der Erleuchtung führten; und er bewies, daß durch einen einzigen, blitzartigen Blick in die Tiefen des eigenen Wesens mehr Weisheit erworben werden kann als in Jahren der Selbstqual.

Die Länge der Zeit, die ein Übender in völliger Abgeschlossenheit verbringen kann, hängt daher von der Befähigung des Sâdhaka und seinen Fortschritten in den Übungen ab. Er ist in keiner Weise gezwungen, diese Übungen fortzusetzen, wenn seine Gesundheit oder seine Widerstandskraft erlahmen. In Nyang-tö Kyi-phug waren die Perioden völliger Abgeschlossenheit sorgfältig abgestuft, und es galt als selbstverständlich, daß niemand sich solchen Übungen unterzog, ohne von seinem Guru entsprechend vorbereitet zu sein. Die kürzesten Perioden hatten eine Dauer von einem bis zu drei Monaten, die mittleren von einem bis zu drei Jahren, die längste betrug neun Jahre. Letztere wurde als ein vollständiger Übungskursus zur Meisterung des *lung-gom* betrachtet, obwohl es dem Übenden freistand, über diese Zeitspanne hinaus die traditionellen zwölf Jahre in Klausur zu bleiben. Um jedoch Betrug und falsche Angaben über die absolvierte Übungszeit (auf der weitgehend das Prestige eines Gomtschen beruht) zu verhindern, wurde der einzige Zugang der Meditationsklause von den zuständigen geistlichen oder auch weltlichen Behörden versiegelt, d. h. vom Abt eines Klosters oder einem höheren Regierungsbeamten (denn Tibet war ja in erster Linie ein theokratisch verwaltetes Land, in dem weltliche und geistige Belange nicht scharf getrennt waren). Die Siegel aber konnten nicht ohne Wissen und Erlaubnis dieser Würdenträger oder ihrer Behörden gebrochen werden. Da nur ein Mann von starker Willenskraft und Hingabe eine lange Zeit völligen Alleinseins und absoluter Abgeschlossenheit von der Außenwelt unbeschadet überstehen kann, wurde der Länge der Zeit, die ein Meditationsbeflissener unter diesen Bedingungen absolvierte, große Bedeutung beigemessen. Sie galt als eine Prüfung der Ausdauer und der Charakterstärke.

Zur Zeit meiner Nachforschungen lebten sechs Einsiedler in den Meditationsklausen von Nyang-tö Kyi-phug. Einer von ihnen hatte bereits drei Jahre des Schweigens und der Meditation hinter sich, und man erwartete, daß er seine Klause nicht vor Ablauf weiterer sechs Jahre verlassen würde.

Es war niemandem erlaubt, mit einem Lung-Gom-pa zu sprechen oder auch nur den geringsten Teil seiner Person zu sehen. Die letztere Regel dient der Sicherstellung und Aufrechterhaltung völliger Anonymität. Aus diesem Grunde ist selbst die Hand des Eremiten in einem Strumpf oder Stoffsack verborgen, wenn er Almosen durch die erwähnte Öffnung unter der Mauer seiner Klause entgegennimmt, so daß er nicht durch die besondere Form seiner Hand, sei es durch eine Narbe, eine Deformation oder eine Tätowierung erkannt werden kann. Dieselbe kleine Öffnung, die nach meiner Messung 22½ x 25 cm betrug, sollte nach neunjähriger Übung dem Lung-Gom-pa als Ausgang dienen können.

Es heißt, daß nach einer solchen Zeitspanne sein Körper so leicht und geschmeidig geworden ist, daß er sich durch eine Öffnung zwängen kann, die nicht weiter ist als die ausgespannte Hand eines normalen Mannes, und daß der Lung-Gom-pa sich mit der Geschwindigkeit eines galoppierenden Pferdes fortbewegen kann, während er kaum den Boden berührt. Auf Grund dieser Fähigkeit ist es ihm, wie es heißt, möglich, die vorgeschriebene Pilgerschaft zu allen Haupttheiligtümern Zentraltibets (Ü-Tsang) in einer geradezu unglaublich kurzen Zeit zu bewerkstelligen.

Nach Beendigung dieser Pilgerschaft sucht sich der Lung-Gom-pa eine eigene, ihm zusagende Einsiedelei, sei es in Form einer Höhle oder einer selbstgebauten oder von Gläubigen für ihn errichteten Klause, in der er den Rest seines Lebens meditierend und lehrend verbringt, in der er seinen verschiedenartigen religiösen Pflichten, in Übereinstimmung mit seiner besonderen *sâdhanâ*, und den Bedürfnissen seiner Mitmenschen und Schüler nachkommt.

Er wird alle, die zu ihm kommen, seines Segens teilhaftig werden lassen, die Kranken heilen und den in Not Befindlichen Beistand und Trost gewähren. Die in langen Jahren der Übung erworbenen psychischen Kräfte befähigen ihn zum Heilen, sei es durch Handauflegen oder durch besondere Riten, sei es durch Zubereitung heilender Kräuter oder geweihter Pillen (*ril-bu*; «ribu» gesprochen), die im tibetischen Buddhismus eine ähnliche Rolle spielen wie das geweihte Brot oder die Hostie in der christlichen Eucharistie. Heilende Kräfte werden überhaupt allen religiösen Handlungen zugeschrieben, und darauf gründet sich die Überzeugung, daß, je weiter ein Mensch auf dem Wege der Heiligkeit fortgeschritten (d. h. je mehr er selbst «heil» geworden) ist, um so größer seine Fähigkeit sei, andere zu heilen oder von ihm geweihte Objekte mit heilenden und segenbringenden Kräften zu erfüllen.

HEILENDE KRÄFTE

Der Glaube an die heilenden Kräfte derer, die durch ein Leben der Entsagung und Geistesdisziplin zu Heiligen geworden sind, ist nicht nur eine tibetische Eigentümlichkeit, sondern eine allgemeinmenschliche Erfahrung. Christus war nach dem Zeugnis der Evangelisten in erster Linie ein Heiler (was in dem deutschen Wort «Heiland» so treffend zum Ausdruck kommt), der die Menschen nicht durch Argumente und wortreiche Erklärungen überzeugte, sondern durch die Macht seiner gotterfüllten Persönlichkeit, die in allen, die von ihr berührt wurden, solch tiefen Glauben erweckte, daß sie selbst von langjährigen, scheinbar unheilbaren Krankheiten geheilt wurden.

Die Beziehung zwischen Glauben und Heilkraft ist wechselseitig. Glaube ist die Fähigkeit, sich zu öffnen und zu empfangen; die Macht des Geistes aber, die in der Heilkraft zum Ausdruck kommt, ist die Fähigkeit zu kommunizieren, auszustrahlen, den Überfluß inneren Reichtums auszugießen und die Früchte, die in der Stille eines befriedeten Geistes gereift sind, mit anderen zu teilen. Heilkraft und Glaube sind wie der positive und negative Pol der gleichen Kraft, und wo die erstere vorhanden ist, dort tritt auch der andere in Erscheinung. Aber auch das Umgekehrte ist möglich: Glaube kann selbst zu einer Macht werden (heißt es nicht: «Der Glaube kann Berge versetzen»?), indem er wie ein Vakuum alle umliegenden Kräfte an sich zieht und sie auf das Objekt oder die Person, auf die er sich richtet, zurückstrahlt.

Religiöse Führer hängen ebensosehr vom Glauben ihrer Jünger ab, wie letztere von der Inspiration ihres religiösen Oberhauptes. Sobald dieser wechselseitige Prozeß einmal begonnen hat, schwillt er lawinenartig an. Die vereinigten Glaubenskräfte, die sich einem religiösen Führer oder einem geistlichen Oberhaupt (dessen Stellung für gewöhnlich durch seine persönlichen Qualitäten bedingt ist) zuwenden, machen ihn zu einem Zentrum von Kräften, die weit über die seiner eigenen Person hinausgehen und ihn zu außergewöhnlichen Leistungen befähigen. Wenn aber solche Persönlichkeiten ihrer naturgemäßen Umgebung und ihres geistigen und traditionellen Hintergrundes beraubt werden – wie dies bei vielen aus Tibet vertriebenen höheren Lamas der Fall war, die in eine ihnen völlig fremde Welt, wie in eine Art geistigen Vakuums, versetzt wurden – so kann man nicht erwarten, sie im Besitz der gleichen überindividuellen Kräfte zu finden, deren Sammelpunkt sie waren, bevor sie ihrer natürlichen Lebensbedingungen und des Kontaktes mit denen, die an sie glaubten, beraubt wurden.

Solange wir nicht die Wechselbeziehung zwischen Glauben und geistigen Kräften verstehen (auf der sich das Wort vom Glauben, «der Berge versetzen kann», gründet), erscheinen uns die heilenden Kräfte eines Heiligen oder eines vergeistigten Menschen, der seine innere Mitte gefunden hat, entweder als Wunder oder als Selbsttäuschung. Was uns aber als Wunder erscheint, ist nichts anderes als ein Abkürzungsweg in der Aufeinanderwirkung natürlicher Kräfte, d. h. eine unmittelbare Einwirkung von Geist auf Geist, ohne den Umweg über die Sinne und ihre physischen Organe und materiellen Stimuli. Glaube wirkt sozusagen als ein Katalysator oder ein Leiter, der eine unmittelbare Verbindung ermöglicht. Ebenso wie Elektrizität, die potentiell überall vorhanden ist, aber erst durch die Gegenwart eines leitenden Mediums wirksam wird, so kann geistige Kraft nur in Gegenwart gläubigen Vertrauens und williger Mitwirkung sich entfalten.

Wenn wir aber davon überzeugt sind, daß der Geist nicht bloß ein Produkt physischer Funktionen oder chemischer Reaktionen ist, sondern das *primäre* Gestaltungselement des Lebens, der Schöpfer und Gestalter des Körpers, nicht sein Sklave – können wir zu keinem anderen Schluß kommen, als Gesundheit einem harmonischen, ausgeglichenen Geist zuzuschreiben und Krankheit einem gestörten, unharmonischen Geist. Selbst die frühesten buddhistischen Schriften bezeichneten den Geist als den Vorläufer aller Dinge (Pâli: *«mano pubbangamâ dhammâ»)* und die *conditio sine qua non* alles Existierenden.

Die Tibeter ziehen es daher vor, statt der physischen Symptome die Übel und Krankheiten an der Wurzel zu vernichten, indem sie den Geist zu heilen versuchen. Dies kann entweder durch den unmittelbaren Einfluß eines Heiligen geschehen oder durch die kräfteerwekkende Stimulanz gläubiger Hingabe mittels geweihter Objekte, Symbole und Riten, die dem Geist eine neue Richtung geben.

Ob wir an psychometrische Eigenschaften der Materie, d. h. an die Möglichkeit ihrer Beeindruckung mit gewissen psychischen Qualitäten durch bewußte Konzentration, glauben oder nicht, die Tatsache bleibt bestehen, daß eine dauernde Wechselwirkung zwischen Geist und Materie stattfindet, ja, selbst zwischen verschiedenen Formen materieller Aggregate, die letzten Endes nichts anderes sind als stabilisierte oder «gebundene» Energiezustände. Die Idee der Transsubstantiation ist darum nicht nur die Grundlage der christlichen Eucharistie, sondern aller Konsekrationsriten, in denen gewisse Substanzen der durchdringenden Kraft geistiger Konzentration ausgesetzt sind, sei es durch gewisse magische Handlungen oder durch Jahre schweigender Meditation, denen tibetische Gomtschen sich hingeben.

Aus all diesem wird es verständlich, daß Tomo Géché Rimpotsché, als er nach zwölf Jahren langer, einsamer Meditation wieder in die Welt trat, derartige Heilkräfte entwickelt hatte, daß die Ribus, die er rituell zubereitete und freigebig an alle verteilte, die um seinen Segen baten, in allen Teilen Tibets begehrt wurden und heutzutage höher gewertet werden als die kostbarsten Perlen. Als ich drei dieser Ribus nach meiner Initiation erhielt, bat mich mein Freund Géché Tubden Scherab, der bei der Weihe assistiert hatte, sie mit ihm zu teilen. Er erzählte mir, wie sehr sie ihm bei einer ernsthaften Erkrankung, als alle ärztlichen Mittel versagt hatten, nicht nur geholfen, sondern seine unmittelbare Heilung bewirkt hatten. Da ich zu jener Zeit noch nicht die tiefere Bedeutung von dieser Gabe des Guru begriffen hatte und sie für ein bloßes medizinisches Hilfsmittel hielt, für das ich kaum Gebrauch zu haben glaubte – ganz abgesehen davon, daß ich mehr Vertrauen in westliche Arzneien hatte –, so gab ich zwei dieser kostbaren Ribus meinem Freund. Leider kam es mir nicht in den Sinn, sie bei späteren Gelegenheiten, bei denen ich den Guru darum hätte bitten können, zu ersetzen, und so blieb bis zum heutigen Tage nur eine einzige Ribu in meinem Besitz. Erst viele Jahre später begriff ich ihren Wert.

Die folgende Episode mag die Bedeutung, die diesen Ribus beigemessen wird, illustrieren. Als ich im Jahre 1949, zusammen mit Li Gotami, auf der Rückreise von Westtibet war, fanden wir zu unserer Überraschung in Rampur, der Hauptstadt des Baschar-Staates, der von einem Hindufürsten regiert wurde, einen kleinen, aber wohlausgestatteten tibetischen Tempel, der eine vollständige Sammlung der kanonischen heiligen Schriften, *Kandschur (bKa-ḥgyur)* und *Tandschur (bsTan-ḥgyur)* und einen riesigen Gebetszylinder enthielt. Da die Bevölkerung von Rampur rein hinduistisch war, wunderten wir uns, wer dieses Heiligtum erbaut haben könnte und durch wen es instand gehalten werde, bis wir erfuhren, daß es der Maharadscha von Rampur selbst war, der den Tempel in Erfüllung eines Gelübdes hatte errichten lassen und weiterhin für seinen Unterhalt aufkam.
Der Maharadscha war jahrelang kinderlos geblieben, und ohne einen Thronfolger wäre die Dynastie erloschen. Obwohl der Fürst viele gelehrte Brahmanen konsultiert hatte und zahlreiche religiöse Riten zur Beschwörung der Götter hatte ausführen lassen, war sein Wunsch nicht erfüllt worden. Eines Tages kam ein angesehener Lama mit seinem Gefolge durch Rampur, auf einer Pilgerfahrt zum heiligen Kailaś, und da der Ruhm seines Namens ihm vorausgegangen war, kamen Tausende von Menschen, insbesondere aus den nördlichen Bezirken des Landes, um ihn zu begrüßen und *darshan* zu haben. Der Maharadscha nahm diese Gelegenheit wahr, den Lama in seinen Palast einzuladen und ihm sein Leid zu klagen. Er versprach dem Lama, einen Tempel für buddhistische Pilger zu bauen und ihn mit einer vollständigen Sammlung der heiligen Schriften Tibets auszustatten, wenn infolge der Segnung des Lama ein Thronfolger geboren würde.
Der Lama versprach seine Hilfe, aber er machte zur Bedingung, daß der Maharadscha ihm einen ungestörten Ort zur Meditation und zur Ausführung gewisser Riten zur Verfügung stellen müsse, um die geweihten Ribus für den Fürsten und seine Gemahlin herzustellen. Der Maharadscha ließ daraufhin einen besonderen, für diesen Zweck geeigneten Pavillon in den Palastgründen bauen und gab strikten Befehl, daß niemand sich diesem Pavillon nähern oder in irgendeiner Weise den Lama bei der Ausübung seiner Riten stören dürfe.
Einer der Diener des Fürsten konnte jedoch seine Neugierde nicht bezähmen und schlich sich im Dunkel der Nacht zum Eingang des

Pavillons, um durch das Schlüsselloch zu spähen und zu beobachten, was der Lama unternehme. Augenscheinlich hatte er von den wunderwirkenden Ribus gehört und wollte das Geheimnis ihrer Herstellung herausfinden, da man sagte, daß sie viele kostbare Substanzen enthielten, die aus übernatürlichen Quellen stammten. Als es aber dem Diener gelang, einen Blick ins Innere des Pavillons zu werfen, sah er den Lama umgeben von einer Menge übermenschlicher Wesen, göttlicher wie dämonischer Art, so daß er vor Schrecken in Ohnmacht fiel. Er wurde am nächsten Morgen am Fuß der Stufen, die zum Eingang des Pavillons führten, gefunden. Als er wieder zu sich kam, sprach er wie ein von Fieberphantasien Verfolgter von den Dingen, die er gesehen hatte und die ihn mit Furcht und Schrecken erfüllten. Wenige Stunden danach war er tot. Nach diesem Ereignis wagte niemand mehr, sich dem Pavillon zu nähern, und während vieler Tage und Nächte war der Lama in seine geistigen Übungen vertieft. Nur die Klänge von Glocke und *ḍamaru*, begleitet von des Lamas sonorer Stimme, waren von Zeit zu Zeit zu hören.

Am festgesetzten Tag verließ der Lama den Pavillon, segnete den Maharadscha und seine Gemahlin und gab ihnen die geweihten Ribus, und bevor ein Jahr vergangen war, wurde dem Herrscherpaar ein Thronfolger geboren. Voller Dankbarkeit für den geistesmächtigen, frommen Lama erfüllte der Maharadscha sein Gelübde und baute den versprochenen Tempel. Er sandte eine besondere Delegation nach Tibet, um die heiligen Schriften von den in Narthang aufbewahrten handgeschnitzten Druckstöcken drucken zu lassen und die notwendigen Kultgegenstände, und was sonst zur Ausstattung eines Tempels gehörte, zu beschaffen. Nach Besichtigung des Tempels begaben wir uns ins Palastviertel, um den Pavillon, in dem der Lama während seiner Klausur gelebt hatte, zu sehen. Bei dieser Gelegenheit fragten wir den Aufseher, der uns herumführte, ob er sich an den Namen des Lamas erinnerte. Seine Antwort war: «Tomo Géshé Rimpotsché!»

Überall auf dem Wege von Tibet nach Rampur hörten wir Wundergeschichten über die Pilgerschaft Tomo Géshé Rimpotschés, ein Ereignis, das Tausende von Menschen mit neuem Glauben und neuer Hoffnung erfüllt hatte. Wo immer er sich aufhielt, verkündete er die Lehre des Buddha, heilte die Kranken und ermutigte die von Leid Bedrückten, die um Rat und Hilfe zu ihm kamen. Im Dorfe Poo, an der tibetischen Grenze, wurde ein sterbendes Mädchen auf einer Bahre zu ihm gebracht. Sie war seit langer Zeit krank, und ihr Zustand war so beängstigend, daß ihre Angehörigen zögerten, sie zum Lama zu bringen, da sie befürchteten, daß sie auf dem Wege sterben würde. Die Leute im Dorf aber hatten solches Vertrauen in die Wunderkräfte Tomo Géschés, daß sie die Eltern des Mädchens überredeten, das Risiko auf sich zunehmen. Als sie mit der Bahre am Aufenthaltsort des Lamas ankamen, war fast das ganze Dorf dort versammelt.

Unter den Augen der Menge befahl Tomo Gésché dem Mädchen, sich zu erheben und aufzustehen. Zum Staunen aller schlug sie die Augen auf, erhob sich, und nachdem sie den Segen des Lamas empfangen hatte, verließ sie das Haus auf eigenen Füßen, als ob sie nie krank gewesen wäre. Das Mädchen war noch am Leben während unseres Aufenthaltes in Poo, und zahlreiche Augenzeugen garantierten für die Wahrheit dieses Geschehnisses. Wir hatten keine Ursache, ihre Berichte anzuzweifeln – selbst wenn Tomo Gésché nicht unser Guru gewesen wäre, denn es gab kaum einen Ort, durch den er auf seiner Pilgerschaft gezogen war, in dem die Leute nicht mit leuchtenden Augen und tiefer Verehrung von ihm sprachen, obwohl viele Jahre seitdem vergangen waren und der Guru selbst inzwischen seinen Körper aufgegeben hatte.

Obwohl die Phantasie des Volkes einen Schleier von Wundergeschichten über viele tatsächliche Ereignisse gewoben hatte, schälte sich als unzweifelhafter Kern die Tatsache heraus, daß Tomo Gésché Rimpotsché über außergewöhnliche Heilkräfte verfügte und daß seine Persönlichkeit auf alle, die ihm begegneten, einen unauslöschlichen Eindruck machte. Dies ergab sich deutlich aus allen uns zu Ohren kommenden Berichten. Noch während seines Lebens war er zur Legende geworden. Aber allen, die ihn persönlich gekannt hatten, wurde es klar, daß die Legenden, die sich um das Leben eines Heiligen spinnen, mehr Wahrheit enthalten, als unser kritischer Intellekt vermutet, und daß selbst in unserem nüchternen Zeitalter Heilige auf dieser Erde wandelten – wie in den Tagen eines Buddhas Śâkyamuni oder eines Jesus von Nazareth, eines Mohammed oder eines heiligen Franz von Assisi.

Das Beispiel Tomo Gésché Rimpotschés zeigt in überzeugender Weise, daß selbst diejenigen, die durch die strengste Yoga-Schulung gegangen sind und für lange Jahre in vollständiger Einsamkeit lebten, dadurch nicht die innere Verbundenheit mit ihren Mitwesen verlieren, sondern in erhöhtem Maße der menschlichen Gesellschaft zu dienen imstande sind. Im geistigen Leben Tibets spielten sie eine weit größere Rolle und hatten einen tieferen Einfluß auf die Bevölkerung als jene Gelehrten, die sich ausschließlich der Lehrtätigkeit oder literarischen Arbeiten widmeten.

Die Funktion eines geistlichen Lehrers, im Sinne eines Guru, ist nach tibetischer Auffassung nicht so sehr die Verkündigung einer spezifischen Lehre oder die Erklärung der allgemein anerkannten Grundsätze des traditionellen Buddhismus, sondern die Demonstration, daß die höchsten Ziele verwirklicht und daß die Wege zu ihrer Verwirklichung praktisch begangen werden können. Selbst ein schweigender Eremit kann wie ein Leuchtfeuer Strahlen rettender Erkenntnis in die Dunkelheit des Nichtwissens und der Illusion hinaussenden. Die bloße Tatsache seines Daseins, die Tatsache, daß er im Licht seiner eigenen inneren Verwirklichung existieren kann, genügt, um die im Dunkel Irrenden mit Mut und Vertrauen zu erfüllen.

Einzelhaft gilt dem Durchschnittsmenschen als die härteste aller Strafen. Der ungeschulte Geist bricht unter dem Druck langer Abgeschlossenheit von allen menschlichen Kontakten zusammen. Diejenigen, die unbeschadet aus einer solchen Prüfung hervorgehen, beweisen damit, daß sie eine ungewöhnlich große Reserve an Kraft besitzen. Eine solche Kraft ist jedoch nicht eine Angelegenheit physischer oder mentaler Robustheit, sondern einer Unabhängigkeit und Selbstgenügsamkeit des Geistes, die ein reiches Innenleben, ein selbständiges Denkvermögen und eine Willensdisziplin zur Voraussetzung haben, die nur durch lange und sorgfältige Schulung erworben werden können.

Die Tibeter haben darum recht, wenn sie größere Achtung und tieferes Vertrauen den Menschen entgegenbringen, die ihre moralische und geistige Kraft in der Einsamkeit durch Meditation und religiöse Praxis erworben haben, als denen, die nur gute Redner oder kluge Köpfe sind. Nur ein Mensch, der die Schätze der inneren Welt zu erschließen vermag, kann es wagen, auf die Güter der Außenwelt zu verzichten. Um dies aber tun zu können, muß er den Schlüssel zu dieser inneren Schatzkammer besitzen. Der Schlüssel jedoch ist nichts anderes als die Ausübung seiner *sâdhanâ*, die er unter der Leitung seines Guru gelernt hat.

Durch das Mantra des Guru bleibt er mit dem Lehrer und der Hierarchie seiner geistigen Vorgänger in Kontakt. Durch die *sâdhanâ* tritt er mit der inneren Welt in Verbindung. Und allmählich, Schritt für Schritt, entfaltet sich diese neue Welt und nimmt immer größere Wirklichkeit an, bis sie ihn umgibt wie ein himmlisches Mandala, in dessen Zentrum er eine Glückseligkeit empfindet, die alle Freuden der Welt übertrifft, die er außerhalb seiner Klause gelassen hat.

Er hat keine Zeit, sich dem Müßiggang hinzugeben. Seine Tage sind bis zum Rande ausgefüllt – er verbringt sie nicht in passivem Warten auf den Tod oder auf ersehnte Visionen, sondern in der schöpferischen Gestaltung, Konsolidierung und Integrierung jener neuen Welt, die aus den universalen und ewig gegenwärtigen Form-Elementen einer tieferen und umfassenderen Wirklichkeit aufgebaut ist. In diesem Vorgang schöpferischer Tätigkeit befreit sich der Adept von den letzten Spuren des Anhaftens oder Festklammerns an irgendwelche Einzelform oder Gestalt, denn das ganze Orchester schöpferischer Möglichkeiten steht ihm zur Verfügung. Und so wie ein großer Dirigent* an keiner Phase seiner Schöpfung hängenbleibt – denn er ist ihr Meister und kann sie jederzeit seinen Willen gemäß wiedererstehen lassen – erfährt sich der Adept als Herr und Meister aller Formen, und er weiß sich zugleich als stilles Zentrum des Universums.

* Ich wähle hier das Beispiel des großen Dirigenten – nicht das des Komponisten –, weil der Dirigent, obwohl das von ihm dirigierte Musikwerk nicht seine eigene Komposition ist, sie dennoch, wenn er ein Meister ist, nach seiner Art neu schafft und mit seinem eigenen Leben und Herzblut erfüllt. In ähnlicher Weise schafft der Meditierende nicht willkürlich eigene Formen, sondern er schöpft aus der Fülle ewiger Formelemente und Archetypen, um die «Partitur des Universums» in der ihm eigenen Weise wiedererstehen zu lassen.

DER EINSIEDLER-ABT VON LATSCHEN

Aus dem bisher Dargestellten dürfte es klar geworden sein, daß die tiefsten Quellen der Inspiration nicht die großen Klöster, Mönchskollegien und Kloster-Universitäten (wie Sera, Drepung und Ganden, die größten Stätten der Gelehrsamkeit in Tibet) waren, sondern die stillen Einsiedeleien, die in den Schluchten und Falten mächtiger Berge oder in einsamen Tälern und unwegsamen Canyons verborgen waren, wie Adlerhorste auf hohen Felsen thronten oder auch in den menschenleeren Weiten des Hochlandes und an den Ufern stiller Seen verstreut lagen, weit entfernt von den Karawanenstraßen und vom Lärm der Märkte und Handelszentren.

Aus diesen Einsiedeleien und jenen kleinen, um einen Guru versammelten kleinen Gruppen kontemplativer Sâdhakas gingen die Heiligen und Weisen Tibets hervor, in ihnen fanden sie ihre Inspiration; und diese Stätten der Stille sind es, zu denen alle, die den Weg der Weisheit und der Befreiung gehen wollen, wieder und wieder zurückkehren müssen. Aus diesem Grunde besaß jedes größere Kloster eine Anzahl von isolierten Meditationsklausen, wie auch fernabgelegene Einsiedeleien *(ri-khrod,* Ritö gesprochen) hoch oben in den Klüften benachbarter Berge.

Der größte Einsiedler Tibets war der Dichter, Heilige und Yogi Milarepa (*Mi-la-ras-pa,* 1052–1135 n. Chr.), der den größten Teil seines Lebens in Höhlen und unzugänglichen Gebirgsmassiven verbrachte. Seinem Beispiel folgend, legen die Angehörigen des *Kargyütpa*-Ordens bis zum heutigen Tage größeren Wert auf Schweigen und Meditation

Tschörten, Burgen und Klöster – Zeugen tibetisch-religiöser Vergangenheit

Am Manasarovar-See: Der Autor bei seiner täglichen pûjâ, vor dem improvisierten Altar

als auf Buchwissen und gelehrte Diskussionen. Sein Leben ist wohl das beste Beispiel für den tiefen Einfluß, den selbst der weltfernste Eremit auf die Welt ausüben kann. Sein Beitrag zum kulturellen und religiösen Leben Tibets hat an Originalität und Unmittelbarkeit, an dichterischer Schönheit und inniger Hingabe nicht seinesgleichen.

Ein bemerkenswertes Beispiel eines Eremiten unseres Jahrhunderts ist der Abt von Latschen, der als Gomtschen von Latschen bekannt war und dessen Einsiedelei an der Grenze zwischen Nord-Sikkim und Tibet gelegen war. Der Earl of Ronaldshay (später Marquis of Zetland), ein ehemaliger Gouverneur von Bengalen, beschrieb den Gomtschen in folgenden Worten: «Während einer Zeitspanne von sechsundzwanzig Jahren war es seine Gewohnheit, sich von Zeit zu Zeit von der Welt zurückzuziehen, um ein Leben einsamer Meditation in einer abgelegenen Höhle zu führen – hoch oben in den Felsen eines schwer erreichbaren, unwirtlichen Bergzuges, oberhalb des Pfades nach Thangu. Eine dieser periodischen Zeiten der Zurückgezogenheit von der Welt erstreckte sich über eine Spanne von fünf Jahren, während welcher er kein menschliches Wesen sah und Leib und Seele mit einem Minimum an Nahrung zusammenhielt.»

Der Earl of Ronaldshay schrieb dies vor mehr als dreißig Jahren in seinem Buch *Lands of the Thunderbolt,* in dem er sein Zwiegespräch mit dem Gomtschen wiedergibt und aus dem er den Eindruck gewann, daß dieser den Zustand der Befreiung verwirklicht hatte. «Soviel ist auf jeden Fall gewiß», fügte er hinzu, «daß der Beweggrund, der Menschen dazu treibt, ihresgleichen zu verlassen und jahrelang, die Schwäche des Fleisches verachtend, ein Leben völliger Einsamkeit zu führen, von außerordentlicher Stärke sein muß. Daß ein solches Leben Bewunderung und Respekt erregt, ist ebenso gewiß.»

Man mag sich fragen, ob eine so gewaltige Anstrengung und eine so hervorragende Leistung der Welt nicht von größerem Nutzen gewesen wäre, wenn der Einsiedler in die Welt zurückgekehrt wäre, um die erworbene Weisheit den Menschen nutzbar zu machen. Dies würde durchaus dem Beispiel vieler geistiger Verkünder entsprochen haben. Aber der Eremit wählte einen anderen Weg.

Eines Tages näherte sich eine Europäerin seiner Höhle und bat, als Schülerin von ihm aufgenommen zu werden. Der Gomtschen wies auf eine Höhle, nicht weit von der seinen, und antwortete: «Nur wenn

Ihr drei Jahre lang in dieser Höhle zu verbringen bereit seid, ohne in die Welt zurückzukehren.» Die Fremde akzeptierte diese Bedingung und blieb dort drei Jahre lang, indem sie geduldig die völlige Isolierung und Härten dreier Himalaya-Winter mit ihren arktischen Temperaturen über sich ergehen ließ.

Die Fremde aber, die so zum Tschela des Eremiten wurde, war niemand anderes als die berühmte französische Forscherin und Orientalistin Alexandra David-Neel, deren Bücher ein so außerordentliches Aufsehen erregten, daß sie in alle Weltsprachen übersetzt wurden. Das tiefe Wissen, das aus diesen Büchern spricht und das dem Westen zum ersten Mal ein objektives Bild der bis dahin unbekannt gebliebenen spirituellen Praktiken und psychischen Phänomene tibetischer Meditationsmeister und ihrer Schüler vermittelte, war das unmittelbare Resultat dieser drei Jahre des Studiums und der Meditation unter der Leitung des großen Eremiten von Latschen, der auf diese Weise – ohne seine weltferne Klause inmitten der Schneegipfel des Himalaya zu verlassen – mit unfehlbarer Sicherheit das geeignete Medium gewählt hatte, um sein geistiges Vermächtnis der ganzen Welt zukommen zu lassen.

Mit diesem «Vermächtnis» meine ich nicht eine Botschaft persönlicher Natur oder die Propagierung einer besonderen Lehre, sondern eine Botschaft, welche die Augen der Welt den bisher verborgenen Schätzen tibetischer Geisteskultur und religiöser Erfahrung öffnete. Hätte dem Gomtschen nicht dieses Ziel am Herzen gelegen, würde er nie Alexandra David-Neel seine Einwilligung gegeben haben, ihr Guru zu werden und drei Jahre darauf zu verwenden, sie all das zu lehren, was es ihr ermöglichte, in das religiöse Leben Tibets einzudringen. Einer der Hauptgewinne jener in der Einsamkeit verbrachten Jahre kennzeichnet sie mit folgenden bedeutsamen Worten: «Geist und Sinne verfeinern sich in diesem kontemplativen, aus dauernden Beobachtungen und Reflexionen bestehenden Leben. Wird man zu einem Visionär, oder ist es nicht vielmehr so, daß man bis dahin blind war?»*

Dies ist tatsächlich der Kern der Sache: der kontemplative Eremit, weit entfernt davon, die Augen zu schließen und der Welt abzusterben, öffnet seine Augen und wird hellwach; statt seine Sinne abzustumpfen, entwickelt er eine höhere Wahrnehmungsfähigkeit und eine

* *Mystiques et magiciens du Tibet,* Paris, 1929, p. 209.

tiefere Einsicht in die *wirkliche* Natur der Welt und seiner selbst. Und dies zeigt ihm, daß es ebenso töricht ist, von der Welt wegzulaufen, wie ihr nachzulaufen: beide Extreme haben ihre Wurzel in der Illusion, daß die «Welt» etwas von uns Getrenntes sei. Dies war eine der Lehren, die der Gomtschen seiner Schülerin vor Augen führte, eine Lehre, die in der philosophischen Sprache des Buddhismus auf dem Mysterium der *śûnyatâ* begründet ist, der metaphysischen, dem Denken unfaßbaren Leere, in der die Fülle aller Dinge beschlossen liegt.

Es ist diese Lehre, die mir der Gomtschen in dramatischer Weise vordemonstrierte, als ich ihn in seiner Klause oberhalb von Thangu, auf einer Höhe von etwa 4000 m ü. M., besuchte. Der Maharadscha von Sikkim, als dessen Gast ich im Jahre 1937 im Land verweilte, hatte mir, als er hörte, daß ich den Eremiten in Thangu besuchen wollte, bereitwilligst seine eigenen Pferde und Leute zur Verfügung gestellt, mich mit allem notwendigen Proviant ausgerüstet und mir die Erlaubnis gegeben, mich in allen Rasthäusern und Klöstern, die auf meinem Wege lagen, nach Belieben aufzuhalten. Ich hatte seit langem den Wunsch gehegt, den Gomtschen aufzusuchen, und da er bereits über siebzig Jahre alt war, sagte ich mir, daß dies wohl die einzige und letzte Gelegenheit sei, diesem Mann, der einen so tiefen Einfluß auf das geistige Leben seines Landes ausübte, von Angesicht zu Angesicht zu begegnen. Eine zweiwöchige Reise zu Pferde durch die höchsten Berge der Welt (Sikkim hat eine größere Anzahl von Bergen von über 7000 m Höhe als irgendein anderes Gebiet der Welt von gleicher Größe) nahm ich darum gern in Kauf, und selbst die Möglichkeit, die Klause des Gomtschen für alle Besucher geschlossen zu finden, wie dies öfters der Fall war, wenn er sich zu einer längeren Meditationsperiode zurückzog, konnte mich nicht abschrecken. Ein weiteres Risiko, das ich auf mich nehmen mußte, war der nahende Winter; und tatsächlich wären wir fast im Schnee steckengeblieben, der ausgerechnet einen Tag, bevor wir zum letzten Teil unserer Reise aufbrachen, uns den Weg zu versperren drohte. Man warnte uns, daß es besser sei zu warten, bis Yaks verschafft werden könnten, da die Pferde nicht imstande seien, sich durch tiefe Schneewehen hindurchzuarbeiten. Aber ich wollte nicht länger warten; denn ich fühlte, daß meine Chance entweder jetzt oder nie war – und wer konnte sagen, ob die nächsten Tage nicht schlimmere Schneefälle bringen würden? So ließ ich mich nicht ein-

schüchtern, und es gelang mir, trotz aller Hindernisse, Thangu zu erreichen.
Ich fand dort in einem scheußlich kalten und zugigen Rasthaus, das einsam und verloren in der weiten Landschaft des Hochtales stand, Unterkunft. Die Klause des Gomtschen lag weiter oben am Berghang, der hinter dem Rasthaus aufstieg. Da es zu kalt und zu spät war, um noch irgend etwas zu unternehmen, ging ich so bald als möglich schlafen, in der Hoffnung, den Gomtschen am nächsten Morgen besuchen zu können.
Bevor ich aber einschlief, geschah etwas Seltsames: Ich hatte das Gefühl, daß jemand von meinem Bewußtsein Besitz ergriff, ja, nicht nur von meinem Bewußtsein, sondern auch von meinem Körper und meinem Willen. Ich hatte keine Kontrolle mehr über meine Gedanken, und es war, als ob jemand anderer sie dächte und nach seinem Willen leitete, so daß ich langsam meine eigene Identität verlor und unwiderstehlich einer fremden Macht ausgeliefert war. Diese aber konnte, wie ich mit dem letzten Rest meines Eigenbewußtseins fühlte, niemand anderer sein als der Gomtschen, der seine Aufmerksamkeit auf mich gerichtet und – vielleicht ganz unabsichtlich – von meinem Körper Besitz ergriffen hatte, durch die Intensität seiner Konzentration und dank der Widerstandslosigkeit meiner selbst im Zwischenzustand zwischen Wachbewußtsein und Schlaf. Ich empfand diese Gegenwart des Gomtschen weder als feindlich noch als aggressiv – im Gegenteil, sie gab mir eine Art Genugtuung und ein Gefühl verwunderter Erwartung, das mich in Versuchung führte, mich dem unwiderstehlichen Magnetismus dieser immer mächtiger werdenden Kraft zu überlassen.
Ich kam mir vor wie ein Meteor, der in die Bahn eines größeren Himmelskörpers hineingezogen wurde – bis es mir dämmerte, daß ich, sobald ich mich ohne Rückhalt «fallen» ließe, der völligen Vernichtung anheimfallen würde. Plötzlich erfaßte mich ein unsagbarer Schrecken, meine eigene Identität auf immer zu verlieren, unwiderruflich aus meinem eigenen Körper verstoßen zu werden und in ein namenloses Nichts zu fallen, aus dem es keine Rückkehr gab.
Mit dem letzten Impuls von Selbstbehauptung und Kraft der Verzweiflung sprang ich von meinem Lager auf, und indem ich hartnäckig gegen die Macht ankämpfte, die mich zurückzuhalten versuchte, entzündete ich eine Kerze und ergriff mein Zeichenbrett und ein Stück

Holzkohle (Dinge, die ich immer während der Reise zur Hand hatte). Wie um mich meiner eigenen Wirklichkeit zu vergewissern, begann ich vor meinem Rasierspiegel in fliegender Hast ein Selbstporträt zu zeichnen. Im gleichen Maße aber, in dem mein Werk fortschritt, verließ mich jene fremde Macht, und als die Skizze vollendet war, hatte ich meine Selbstkontrolle wiedergefunden.

Nach dem Frühstück stieg ich hinauf zur Klause und wurde vom Gomtschen aufs freundlichste empfangen. Nachdem wir die üblichen höflichen Fragen und Antworten ausgetauscht und heißen Buttertee getrunken hatten, den der Gomtschen aus der ewig simmernden Teekanne, die auf einem Tontopf mit glühenden Holzkohlen stand, in meine hölzerne Tasse goß (die man in Tibet stets bei sich trägt), sagte ich ihm, wie sehr ich von den Werken seiner Schülerin beeindruckt worden sei und daß ich mich oft gewundert hätte, wie sie die Härten eines Einsiedlerlebens für so lange Jahre ertragen hätte. Er strahlte vor Freude, als ich ihren Namen erwähnte, und kramte sogleich aus einem Kasten neben seinem Sitz einen vergilbten Zeitungsausschnitt hervor mit einem Bild Alexandra David-Neels. Während ich es betrachtete, erging er sich in Reminiszenzen an die Zeit, die sie als Novizin bei ihm verbracht hatte, und pries ihre Ausdauer und Charakterstärke.

Er fragte mich nach meinem eigenen Guru, und als er erfuhr, daß Tomo Géshé Rimpotsché (der inzwischen gestorben war) mein Guru gewesen sei, nahm er die kleine Buddhastatue, die ich von ihm erhalten hatte und die ich stets bei mir trug, aus meinen Händen und berührte sie ehrfurchtsvoll mit seinem Scheitel. «Er war ein großer Lama», sagte er, indem er die kleine Statue betrachtete, «ein sehr großer Lama!»

Als ich ihm über meine Studienzeit in Ceylon berichtete, wies er lachend auf seinen Zopf und fragte mich, was die Buddhisten dort wohl von ihm denken würden, da er niemals seinen Kopf rasiert oder geschoren hätte und ein verheirateter Mann sei. Seine Frau sei zwar schon vor vielen Jahren gestorben. «Nun», sagte ich, indem ich in sein Lachen einstimmte, «selbst der Buddha hatte Weib und Kind und rasierte nie seinen Kopf, und dennoch kam er noch im gleichen Leben zur Erleuchtung! – Aber die meisten Menschen hängen sich an Äußerlichkeiten. Sie wissen nicht, daß es nicht das Gewand oder der geschorene Kopf ist, der einen Heiligen macht, sondern die Überwindung selbstischer Wünsche und Begierden.»

«Und die Erkenntnis, die aus dem Erlebnis höchster Wirklichkeit in der Meditation geboren wird», fügte der Gomtschen hinzu. «Bloße Güte und Moralität ohne Weisheit ist ebenso nutzlos wie Wissen ohne Güte.»

Dieses brachte uns zum Thema der Meditation und ihrer verschiedenartigen Methoden und Erfahrungen; und in diesem Zusammenhang war ich nahe daran, das Geschehen der vergangenen Nacht zu erwähnen. Aber da ich mich etwas schämte einzugestehen, welchen Terror ich empfunden hatte, als ich der bodenlosen Leere gegenüberstand, ließ ich die Gelegenheit vorbeigehen und bat statt dessen den Gomtschen, mir etwas in mein Meditationsbüchlein (das mir während der Reise als eine Art Brevier diente) zur Erinnerung an unsere Begegnung und als Anregung zur Meditation zu schreiben.

Er zögerte erst, indem er sagte, daß infolge seines Alters seine Hand nicht mehr stetig sei, aber dann nahm er plötzlich sein wie der Kiel einer Gänsefeder zugeschnittenes Bambusstäbchen, tunkte es in eine aus Lampenruß selbstgefertigte Tinte und füllte eine Seite meines Breviers mit tibetischen Schriftzeichen.

«So!» sagte er. «Hier ist dein Meditationsthema: *Die achtzehn Arten der Leere!»*

Er hatte also Kenntnis davon, was mir in der vergangenen Nacht widerfahren war und was ich vergeblich zu verbergen versucht hatte! Ich war tief erschüttert. Und als ich Abschied nahm und der Gomtschen segnend seine Hände auf meinen Scheitel legte, wußte ich, daß ich ihm nicht nur im Fleisch begegnet war, sondern im Geiste – in einer Weise, die sowohl die Macht seiner Konzentration wie seine menschliche Güte enthüllte.

Ich sollte ihn nie wiedersehen – denn er folgte bald meinem Guru. Aber immer, wenn ich das Selbstporträt jener unvergeßlichen Nacht ansehe, weiß ich, daß es nicht nur mich selbst, sondern in einer gewissen Weise auch den großen Eremiten darstellt – und daß es, obwohl es meine Züge trägt, mich mit den Augen eines Menschen anblickt, der die «Große Leere» verwirklicht hat.

Meine Reise war somit nicht vergeblich gewesen, und ich kehrte zurück mit Dankbarkeit in meinem Herzen – sowohl für den Gomtschen wie für den Maharadscha, der mir durch seine Güte diese Reise ermöglicht hatte und der hierdurch seine eigene hohe Wertschätzung und Verehrung für den großen Eremiten zum Ausdruck gebracht hatte. Ich werde nie den Frieden seiner Einsiedelei inmitten der Schneeberge und die Lehre, die er mir erteilte, vergessen: nämlich, daß wir nicht der «Großen Leere» gegenübertreten können, bevor wir die Kraft und die Größe haben, sie mit unserem ganzen Wesen zu füllen. Denn die Leere ist nicht bloß die Negierung unserer begrenzten Persönlichkeit, sondern jenes Allumfassende, nicht mit den Sinnen Erfaßbare, das, wie der unendliche Mutterschoß des Weltraums, alle Formen gebiert, nährt und in sich beschließt, in dem das Licht ewig strömt, ohne je verloren zu gehen.

WUNDERBARE RETTUNG UND SCHWEBENDE LICHTERSCHEINUNGEN

Bevor ich nach Gangtok zurückkehrte, besuchte ich des Maharadschas Kloster Podang. Der alte Abt, ein Mann mit einem bemerkenswert schönen und vergeistigten Gesicht, erinnerte sich an Alexandra David-Neel aus der Zeit, in der sie sich in diesem Kloster aufgehalten hatte. Ich bewohnte den selben Raum, in dem sie gelebt hatte und in dem eine unheimliche Stimme den jungen Maharadscha (den Vorgänger des Maharadscha Taschi Namgyal, der mein Gastgeber war) vor dem drohenden Tode gewarnt und das Fehlschlagen seiner geplanten religiösen Reformen vorhergesagt hatte. Wie so mancher junge Mann mit verwestlichten Ideen, hatte er es als seine Pflicht empfunden, sein Land von dem, was er für bloßen Aberglauben hielt, zu befreien; aber er sah nicht, daß dies nur zu einem völligen Zusammenbruch aller traditionellen Werte geführt hätte.

Daß diese noch lebendig waren, obwohl vielleicht verborgen unter dem Unkraut volkstümlicher Mißverständnisse und Bräuche (wie dies nur natürlich war in einem Land, das zum größten Teil von primitiven Urwaldbewohnern bevölkert war), wurde mir klar, als ich den gelehrten Bermiak Rimpotsché, den Bruder des Privatsekretärs des Maharadscha, dem Kasi von Bermiak, kennenlernte. Sowohl der Rimpotsché wie sein Bruder (mit dem ich viele Jahre hindurch in Freundschaft verbunden war) überzeugten mich davon, daß, wenn irgendeine religiöse Reform in ihrem Lande notwendig wäre, diese nur aus einer Neuwertung jener kulturellen und traditionellen Werte geboren werden könnte, auf denen sich der tibetische Buddhismus aufbaute, niemals aber durch Einführung fremder Denkweisen, selbst wenn sie den historischen Quellen des Buddhismus näher zu stehen schienen. Historische Tatsachen und Begründungen können nie eine entscheidende Rolle im religiösen Leben spielen, denn dieses hängt weit mehr vom Erlebnis und von der schöpferischen Vorstellung der Gläubigen ab als von abstrakten «Wahrheiten» und logischen Schlüssen. Die legendäre Figur des Buddha, wie sie sich im Geiste der Dichter und der Gläubigen spiegelt, ja, selbst die Darstellungen des Buddha in Skulptur und Malerei, die von Generationen von Künstlern aus tiefer Kontemplation geschaffen worden sind, hatten einen weit größeren Einfluß auf die Entwicklung und das religiöse Leben des Buddhismus als alle philosophischen Theorien, welche die religiöse Erfahrung in Ausdrükken rationalen Denkens und in Form von Gesetzen und Systemen zu deuten versuchten. Solche Interpretationen waren indessen nicht ohne Wert; im Gegenteil, sie sind eine Notwendigkeit des Geistes, dessen Funktion es ist, das Erlebte zu verarbeiten und zu ordnen.

Auf dem Wege nach Podang wäre mein Ausflug fast zu einem schlimmen Ende gekommen. Während des steilen Aufstiegs zum Kloster, durch den tropischen Urwald, war ich vom Pferd gestiegen, einem stolzen Schimmel von fleckenloser Weiße, der, wie der uns begleitende Stallknecht mir anvertraut hatte, des Maharadscha eigenes Reitpferd war. Ich ließ den Schimmel hinter mir herführen, zusammen mit dem Pferd meines persönlichen Dieners (der als Koch und allgemeines Faktotum fungierte), der, meinem Beispiel folgend, ebenfalls abgestiegen war. Der Pfad war schmal und wand sich über gähnenden Abgründen und tiefen Schluchten bergan. Ich mahnte daher den Mann, der die Pferde betreute, sie hintereinander gehen zu lassen – nicht Seite an Seite – da Pferde die Gewohnheit haben, einander zu stoßen, wenn sie in ihrer Bewegungsfreiheit beengt sind. Eine Zeitlang ging alles gut, und ich genoß die wilde Szenerie von Felsen und Urwald. Als jedoch der Pfad um einen besonders steilen Felsvorsprung bog und ich gerade im Begriff war, meine Mahnung zu wiederholen, bemerkte ich, daß die Pferde nebeneinander hergingen; doch bevor ich noch den Mund öffnen konnte, stürzte der Schimmel über den Rand des Pfades hinaus in die Tiefe.

Ich war starr vor Schrecken, und meine schlimmsten Befürchtungen wurden vom Geschrei des Pferdeknechtes bestätigt: das Pferd war

verloren! Ich rannte zurück zu der Stelle, an der ich den Schimmel hatte verschwinden sehen, und stählte mich für den entsetzlichen Anblick des zerschmetterten Körpers auf dem Grund der Schlucht. Was würde der Maharadscha sagen, und was würde das Schicksal des Mannes sein, durch dessen Nachlässigkeit dies Unglück geschehen war? Weinend und klagend war er inzwischen ein Stück weit in die Schlucht hinabgeklettert, und ich eilte ihm nach. Endlich sahen wir den weißen Körper des Pferdes in einer Bambusstaude über dem Abgrund hängen. Es bewegte sich nicht. War es sich bewußt, daß die geringste Bewegung es in die Tiefe stürzen würde, oder war es bereits mit gebrochenen Gliedern verendet? Wir durchlebten Höllenqualen der Ungewißheit, bis wir uns in die Nähe der Bambusstaude vorgearbeitet hatten, und unsere Freude war grenzenlos, als wir das Tier lebendig und unverletzt vorfanden. Wir fühlten, daß ein Wunder geschehen war – aber als ein ebenso großes Wunder erschien es mir, daß es uns gelang, das Pferd aus seiner prekären Situation zu befreien, in der eine einzige falsche Bewegung genügt hätte, es zu Tode stürzen zu lassen. Waren wir doch selbst kaum imstande, einen Halt für unsere Füße zu finden. Das Pferd aber schien wie von einem sechsten Sinn beherrscht und paßte sich unserer Rettungsaktion in einer so verständigen Weise an, als ob es all unsere Gedanken und Absichten verstünde oder gar vorwegnähme. Als wir es endlich wieder auf den Beinen hatten, kletterte es mit der Geschicklichkeit einer Gemse mit uns den steilen Felshang hinauf, bis wir den Pfad erreichten. Dankbaren Herzens für die Mächte, die uns aus dieser furchtbaren Lage befreit hatten, setzten wir unseren Aufstieg nach Podang fort. Als die Mönche dort hörten, was uns passiert war, priesen sie unsere unsichtbaren Beschützer, die uns so offensichtlich vor Unglück bewahrt hatten.
Bei meiner Rückkehr nach Gangtok benutzte ich die Gelegenheit, viele der wertvollen Details tibetischer Kunst und Ritualistik in dem schönen neuen Tempel in der Nähe der Residenz des Maharadscha zu studieren und gewisse Texte von Manuskripten und Holzdrucken des Entsche Gompa für späteren Gebrauch kopieren zu lassen. Die Mönche beider Tempel waren sehr freundlich und hilfsbereit, insbesondere da ich nicht nur Empfehlungen des Maharadscha, sondern auch solche von Entsche Kasi, eines sikkimesischen Edelmanns, vorweisen konnte, zu dessen Familienbesitz das Entsche Gompa gehörte.

Im Jahre 1932, bei meinem ersten Aufenthalt in Gangtok, während meines ersten kurzen Ausflugs nach Tibet, hatte ich als Gast in Entsche Kasis Haus gewohnt. Er sowohl wie seine Gattin hatten mich überaus freundlich in ihrem Haus aufgenommen, so daß ich mich wie ein Mitglied der Familie fühlte. Bei dieser Gelegenheit erfuhr ich, daß auch Lama Yongden in diesem Haus gelebt und als Junge gedient hatte, um sich seinen Lebensunterhalt und seine Erziehung zu verdienen, da er aus einer armen Familie stammte. Entsche Kasi und seine Gattin waren aufs höchste erstaunt, als ich ihnen von Yongdens Karriere als Lama und Forschungsreisendem erzählte und von dem Ruhm, den er als Mitarbeiter und Ko-Autor von Alexandra David-Neel erworben hatte. Hier in Entsche Kasis Haus hatte sie ihn kennengelernt und ihn zu adoptieren beschlossen. Es war eine schwerwiegende Entscheidung, die sowohl Yongdens wie ihr eigenes Leben vollständig änderte und dazu beitrug, Tibet Millionen von Lesern in der ganzen Welt näherzubringen. Zukünftige Ereignisse bewiesen, daß Entsche Kasis Haus in der Tat ein Ort war, in dem Schicksale gestaltet wurden.

Am Tag meiner Abreise von Gangtok hatte der Maharadscha einen frühen Lunch auf der Veranda seines Palastes arrangiert, und ich war höchst erfreut zu sehen, daß der Tisch nur für uns beide gedeckt war und daß ich auf diese Weise Gelegenheit haben würde, mit ihm ungestört über religiöse Fragen zu sprechen. Es war ein herrlicher Tag, und während wir über Täler und Berge blickten, die sich vor uns in blendender Schönheit ausbreiteten, wies ich auf eine entfernte Bergkette hin, wo ich während der vorhergehenden Nacht hellstrahlende Lichter, die sich mit großer Geschwindigkeit fortbewegten, beobachtet hatte, während ich auf der Veranda von Dilkuscha (dem Bungalow der Maharani) saß.

«Ich hatte keine Ahnung, daß es in jenen Bergen eine Autostraße gibt», sagte ich. «Oder wird dort eine neue Straße gebaut?»

Der Maharadscha sah mich erstaunt an. «Wie kommen Sie zu dieser Idee? Es gibt dort keinerlei Straßen, und es liegt auch kein Plan vor, dort eine Straße zu bauen. Die einzige von Autos befahrbare Straße meines Landes ist die, auf der Sie vom Tista-Tal hierher kamen.»

Ich beschrieb daraufhin die schnell sich bewegenden Lichter, die ich über die erwähnte Bergkette gleiten sah und die ich, ihrer Stärke und Geschwindigkeit wegen, für Scheinwerfer von Autos gehalten hatte.

Der Maharadscha lächelte und sagte dann mit geheimnisvoll gesenkter Stimme: «Viele seltsame Dinge geschehen hier, und ich spreche über sie im allgemeinen nicht mit Besuchern, denn sie würden mich nur für abergläubisch halten. Aber da Sie die Lichterscheinungen mit eigenen Augen gesehen haben, kann ich Ihnen sagen, daß sie keinen menschlichen Ursprung haben. Sie bewegen sich über die allerschwierigsten Bodenverhältnisse mit solcher Leichtigkeit und Schnelle, wie sie kein menschliches Wesen erreichen könnte. Augenscheinlich schweben sie in der Luft. Niemand war bisher imstande, ihre Natur zu erklären, und ich selbst weiß sie nicht zu deuten. Die Leute meines Landes halten sie für eine Art von Geistern. Wie dem auch sei, es ist eine Tatsache, daß ich sie durch die Anlagen meiner Residenz kommen gesehen habe. Sie bewegten sich auf die Stelle zu, an der jetzt der Tempel steht. Dies war immer ein geheiligter Ort, und wie man sagt, war früher hier ein Verbrennungsplatz oder eine Begräbnisstätte.»

Da ich fühlte, daß der Maharadscha an Dinge gerührt hatte, die ihm mehr bedeuteten, als er zuzugeben bereit war, drängte ich ihn nicht weiter und beschränkte mich darauf, ihm zu versichern, daß ich, weit entfernt davon, populäre Glaubensformen zu belächeln, sie im Gegenteil als einen Versuch respektierte, den vielen unerklärlichen Phänomenen, die uns umgeben, eine höhere Bedeutung zu geben, anstatt in ihnen nur sinnlose mechanische Prozesse zu sehen, die völlig beziehungslos zu allem beseelten Leben ablaufen. Warum sollten physikalische Gesetze als Antithese des bewußten Lebens betrachtet werden, wenn unsere eigene Körperlichkeit sich doch als ein Zusammenwirken geistiger und physikalischer Kräfte, von Geist und Materie, von Naturgesetz und individueller Freiheit erweist? Unser Bewußtsein macht von den elektrischen Strömen des Nervensystems und des Gehirns Gebrauch, Gedanken senden Schwingungen aus, die denen eines Radiosenders ähneln und über weite Entfernungen von sensitiven Organismen empfangen und registriert werden können. Wissen wir wirklich, was Elektrizität ist? Trotz unserer Kenntnis der Gesetze, nach denen Elektrizität wirkt, und unserer Fähigkeit, hiervon für unsere begrenzten Zwecke Gebrauch zu machen, wissen wir nichts über den Ursprung oder die wirkliche Natur dieser Kraft, die sich schließlich als die Quelle allen Lebens, allen Lichtes und allen Bewußtseins herausstellen mag: als der göttliche Atem, der alles durchdringt und bewegt, gestaltet und verwandelt. Hier liegt das letzte Mysterium der Protonen, Neutronen und Elektronen der modernen Wissenschaft; der menschliche Intellekt steht ihm im Grunde ebenso hilflos gegenüber wie der primitive Urwaldbewohner dem Wirken der Natur. Wir haben bestimmt keine Ursache, auf den animistischen Glauben des primitiven Menschen herabzublicken, der im Grunde nur das ausdrückt, was die Dichter aller Zeiten empfunden haben: daß die Natur kein toter Mechanismus ist, sondern pulsierendes Leben, das in unseren Gedanken, Gesichtern und Gemütsbewegungen zum Ausdruck kommt.

Das Phänomen der schwebenden Lichter ist auch auf dem heiligen Berg Wu Tai Sh'an in China beobachtet worden. Dieser Berg ist in Tibet unter dem Namen *ri-bo-rtse-lnga,* der «Fünfgipfelberg», bekannt und ist der Verkörperung transzendenter Weisheit, dem Dhyâni Bodhisattva Mañjuśrî geweiht. Auf dem südlichen Gipfel dieses Berges steht ein Turm, von dem die Pilger einen ungehinderten Ausblick genießen können. Der Turm ist jedoch nicht zur Betrachtung der Landschaft gebaut worden, sondern um den Pilgern Gelegenheit zu geben, eine seltsame Erscheinung zu beobachten, die von vielen für eine Manifestation des Bodhisattva selbst gehalten wird.

Eine anschauliche Beschreibung dieses Phänomens wird uns durch John Blofeld vermittelt, der sich viele Monate auf dem heiligen Berg aufhielt. In seinem Buch *Das Rad des Lebens* schreibt er: «Wir erreichten den höchsten Tempel am Spätnachmittag und schauten mit Interesse zu einem kleinen Turm empor, der auf der obersten Spitze, etwa einhundert Fuß über uns, stand. Einer der Mönche lenkte unsere besondere Aufmerksamkeit auf den Umstand, daß man von den Fenstern dieses Turmes Meile auf Meile in der Runde in den leeren Raum blicken könne. – –

Kurz nach Mitternacht trat der Mönch mit einer Laterne in unseren Schlafraum und rief: ‹Der Bodhisattva ist erschienen!› – Der Anstieg zur Tür des Turmes dauerte weniger als eine Minute. Als wir nach einander den kleinen Raum betraten und uns dem gegenüberliegenden Fenster näherten, entfuhr jedem von uns ein Ausruf der Verwunderung, denn alle unsere Mutmaßungen und Erwartungen hatten uns nicht auf das vorbereitet, was wir jetzt sahen. Dort in jenen großen offenen Räumen unterhalb des Fensters, schätzungsweise nicht mehr als ein- oder zweihundert Meter entfernt, schwebten zahllose Feuerkugeln majestätisch vorüber. Ihre Größe konnten wir nicht abschätzen; denn niemand wußte, wie weit weg sie waren. – Woher sie kamen, was sie waren und wohin sie gingen, nachdem sie gegen Westen aus dem Blickfeld entschwunden waren, konnte niemand sagen. Flaumige Bälle von orangegetöntem Feuer, die sich durch den Raum bewegten, ohne Eile und majestätisch – wahrhaftig, eine angemessene Manifestation der Gottheit!» *

* John Blofeld, *Das Rad des Lebens*, Rascher, Zürich, 1961, p. 171 f.

Dritter Teil

TOD UND WIEDERGEBURT

DAS ABSCHEIDEN DES GURU

Nach meiner Rückkehr von Gangtok zog ich mich für einige Zeit in Tomo Géschés Privaträume in Yi-Gah Tschö-Ling zurück. Es war, als ob die Zeit in dem kleinen Schrein-Raum, den ich bewohnte, stehengeblieben wäre. Nichts hatte sich dort seit meiner ersten Begegnung mit dem Guru geändert. Sein Sitz, auf dem sein schwerer Mantel sorgfältig aufgestellt war, sah aus, als ob er ihn eben erst verlassen hätte, und auf dem Tschoktse vor seinem Sitz stand eine mit Tee gefüllte Tasse aus hellgrüner Jade auf einem silbernen Untersatz und daneben die üblichen Ritualgeräte, wie Vajra, Glocke und Reisgefäß. Die große silberne Butterlampe vor dem geschnitzten Schrein mit der goldenen Statue Dölmas brannte mit einer stetigen, zeitlosen Flamme, die Katschenla, trotz seines vorgeschrittenen Alters, mit liebevoller Sorgfalt und in unveränderter Heiterkeit betreute.

Für ihn war der Guru stets gegenwärtig, und täglich bereitete er seinen Sitz, schüttelte seinen Gebetsmantel aus und faltete ihn wieder in aufrechter Stellung zusammen, füllte seine Teetasse, bevor er seinen eigenen Tee schlürfte, putzte und füllte die Wasserschalen und die Butterlampen, zündete die Räucherstäbchen an, rezitierte die Verehrungs- und Zufluchtsformeln und saß dann in schweigender Meditation vor den Schreinen mit den verschiedenartigen Kultbildern. So kam er allen Pflichten eines religiösen Lebens und eines seinem Meister hingegebenen Jüngers nach. Dem Guru zu dienen, war für ihn die höchste Form des «Gottesdienstes», denn es war gleichbedeutend mit dem Dienst an Buddha.

Kein Stäubchen durfte sich auf den *tschogtse* oder auf den bemalten und reich vergoldeten Schnitzereien der Schreine und Altäre niederlassen. Der Boden glich einem Spiegel, und die Thankas sowie die kostbaren Brokate, die sie umrahmten, hatten keine ihrer sanftvibrierenden Farben eingebüßt. Die handgewobenen Sitzteppiche auf den niedrigen Polstern, die Wandbehänge über ihnen, das dunkelbraune Tuch, das unter der Zimmerdecke ausgespannt war, und die seidenen Baldachine mit ihren regenbogenfarbigen Volants über dem Sitz des Guru und über den Hauptschreinen gaben mir das Gefühl, im Zelt oder in der Yurte eines Nomadenpatriarchen oder eines Herrschers der Vergangenheit irgendwo in Zentralasien zu sein – weit entfernt von unserer gegenwärtigen Welt und Zeit. Der Raum atmete jahrtausendealte Traditionen, verstärkt und sublimiert durch die Persönlichkeit, die ihn mit seiner lebendigen Gegenwart erfüllte.

Ein ähnliches Gefühl hatte mich während unserer letzten Begegnung in Sarnath erfüllt, als der Mangohain der heiligen Stätte in ein tibetisches Zeltlager verwandelt war und während der Nacht zahllose Öllampen unter den Bäumen zu Ehren Tomo Géshé Rimpotschés und seines Gefolges brannten. Er selbst bewohnte ein großes Zelt im Zentrum des Mangohains, und im milden Licht der Öllampen und dem Schein der Lagerfeuer, deren Rauchschwaden wie transparente Schleier zwischen den Bäumen und Zelten hingen, verwandelte sich der Hain für mich in eine Oase fernab im Herzen Asiens, in der eine Pilgerkarawane nach einer langen, mühevollen Reise durch endlose Wüsten und Steppen rastete. Es war in der Tat eine der letzten Etappen auf der Lebensreise des Guru – ein Abschiednehmen von den heiligen Stätten von Buddhas Erdenwandel. Es war Tomo Géshés letzte Pilgerfahrt durch Indien im Winter 1935/36, in Begleitung vieler seiner Schüler. Überall wurde er mit großer Begeisterung empfangen, obwohl er selbst allen persönlichen Ehrungen und öffentlichen Veranstaltungen abhold war.

Als er auf der Rückreise nach Yi-Gah Tschö-Ling und Tibet durch Kalkutta kam, brachten die dortigen Zeitungen folgenden Bericht: «Ein berühmter Lama, der als Vierter im Rang nach dem Dalai Lama betrachtet wird, hält sich augenblicklich in Kalkutta auf. Der ehrwürdige Géshé Rimpotsché befindet sich auf dem Weg nach Tibet, nachdem er seine Pilgerfahrt zu den heiligen Stätten des Buddhismus in Nordindien vollendet hat. Übernatürliche Kräfte werden dem 71 Jahre alten Lama zugeschrieben. Er verbringt den größten Teil seiner Zeit mit dem Lesen heiliger Texte, in Lehrgesprächen mit seinen Schülern oder in tiefer Meditation. Er vermeidet die Öffentlichkeit, verläßt fast nie seinen Raum und schläft nie, wie es heißt. Er ist von einem Gefolge von vierzig Lamas begleitet. Sie besuchten Sarnath, Gaya und Rajgir. In Sarnath wohnte er mit seinem Gefolge in Zelten.»

Die Idee, daß Tomo Géché nie schlafe, beruhte auf der Tatsache, daß er – wie bereits erwähnt – sich nie zum Schlafen niederlegte, sondern während der ganzen Nacht in der Meditationsstellung verharrte, so daß er selbst im Schlaf nie die Kontrolle über seinen Körper verlor. Dadurch wurde selbst der Schlafzustand, entsprechend der höchsten Form meditativer Praxis, zu einer natürlichen Fortsetzung der *sâdhana* auf einer anderen Bewußtseinsstufe. Obwohl es keinem Zweifel unterliegt, daß Tomo Géchés geistige Kräfte weit über denen des gewöhnlichen, d. h. ungeschulten Menschen lagen, würde er sich gegen den Ausdruck «übernatürlicher Kräfte» verwahrt haben und mehr noch gegen eine Verbreitung solcher Ansichten in der Öffentlichkeit. Als die Pressereporter ihre Neugier betreffs seiner magischen Kräfte zu befriedigen suchten und ihn über die mystischen Rituale des tibetischen Buddhismus befragten, brach er die Unterhaltung ab, indem er darauf hinwies, daß diese Dinge ihnen nicht zum Verständnis der wesentlichen Lehren des Buddha verhelfen würden.

Die Berichterstatter mußten sich somit mit den äußeren Geschehnissen der Pilgerfahrt begnügen. Sie erfuhren, daß Sardar Bahadur Ladenla der Leiter der Gruppe war. Er hatte dem dreizehnten Dalai Lama in verschiedenen hohen Ämtern gedient und war von ihm in den Rang eines Generals erhoben worden. Weiterhin berichteten sie, daß Tomo Géché und Ladenla die Buddhastatue im neuen Tempel von Sarnath vergoldet hatten und daß der Maharadscha von Bhutan einen schöngearbeiteten Baldachin aus Silber für die Statue durch sie übersandt hatte.

Ich fand diesen Zeitungsbericht in den Tagebüchern des Barons von Veltheim-Ostrau, der Tomo Géché Rimpotsché während seines Aufenthaltes in Kalkutta am 2. Februar 1936 seine persönliche Aufwartung machte. Infolge des großen Andrangs von Besuchern war es ihm nicht möglich, mit dem Lama zu sprechen. «Inmitten des Gehens und

Kommens der Leute war er (der Lama) der einzige ruhende Pol. Er saß auf einem Sitzteppich, lächelnd und schweigend. Der alte Mann machte einen äußerst würdevollen Eindruck, reif an Wissen und Weisheit, wie einer, der sich dem Zustand der Verklärung nähert.»

Und das war wirklich der Fall; denn diese letzte Phase in Tomo Géschés Leben, und vor allem sein bewußter Übergang in ein neues Leben, der sich im folgenden Jahr vollzog, stellten im wahrsten Sinne des Wortes einen «Zustand der Verklärung» dar, einen Triumph über den Tod.

Katschenla erzählte mir, was während der letzten Tage im Leben des Guru geschehen war; und später, bei einem Besuch in Dungkar, Tomo Géschés Hauptkloster im Tomo-Tal von Südtibet, hörte ich die Einzelheiten seines Abscheidens von den Mönchen, die selbst dabeigewesen waren. Der Guru hatte sie wissen lassen, daß er bald seinen Körper, der ihm zur Last geworden war, verlassen würde. «Aber», sagte er, «das ist kein Grund zur Trauer für euch. Ich verlasse weder euch, noch gebe ich mein Wirken für den Dharma auf. Aber statt diesen alten Körper weiterzuschleppen, werde ich in einem neuen wiederkehren. Ich verspreche euch, daß ich zu euch zurückkommen werde. In drei oder vier Jahren dürft ihr nach mir Ausschau halten.»

Nicht lange nach dieser Ankündigung zog er sich für eine längere Meditationsübung zurück und gab Anweisung, ihn nicht zu stören, obwohl er in seinen gewohnten Aufenthaltsräumen im Kloster blieb. Er trat in einen Zustand tiefer Versenkung ein und verharrte darin viele Tage lang. Als jedoch zehn Tage vergangen waren und der Guru noch immer bewegungslos auf seinem Sitz verharrte, wurden die ihn betreuenden Mönche unruhig. Einer der Mönche hielt einen Spiegel nah vor sein Gesicht. Als aber die Oberfläche des Spiegels unbeschlagen blieb, begriff man, daß der Atem erloschen war. Der Guru hatte seinen Körper während der Meditation verlassen und bewußt die Schwelle zwischen Leben und Tod überschritten – oder richtiger: die Schwelle zwischen dem gegenwärtigen Leben und dem zukünftigen.

Er hatte seinen Körper verlassen, bevor der Tod ihn ihm entreißen konnte. Zu gleicher Zeit aber richtete er sein Bewußtsein auf einen neuen Lebenskeim, der den Impetus seines Willens aufnehmen und weitertragen konnte und sich zu einem neuen Instrument zur Erreichung seines höchsten Ziels, der Verwirklichung seines Bodhisattva-

Gelübdes formen würde. Der Sinn dieses Gelübdes läßt sich in folgende Worte zusammenfassen: «Was immer die höchste Vollkommenheit des menschlichen Geistes sein mag, möge ich sie zum Segen aller lebenden Wesen verwirklichen. Selbst wenn ich alle Leiden der Welt auf mich nehmen müßte, so will ich nicht dieses Ziel und meine Mitwesen im Stiche lassen, um für mich selbst allein die Befreiung zu gewinnen.»

Dieses Gelübde ist auf der tiefen Erkenntnis der Wurzel allen Leidens und seiner Heilung gegründet. Die Wurzel des Leidens ist des Menschen Ichheit, die ihn von seinen Mitwesen und den Quellen des größeren Lebens und der Wirklichkeit trennt. Wie kann er dieses Leiden überwinden? «Im Grunde kann es nur zwei Antworten geben. Die eine ist, die Getrenntheit zu überwinden und die Einheit wiederzufinden durch ein Zurückgehen (Regression) zum Zustand der Einheit, der existierte, bevor irgendwelche Wahrnehmung entstand, d. h. bevor der Mensch geboren wurde. Die andere Antwort ist, *ganz geboren zu werden,* seine Wahrnehmungsfähigkeit, seinen Verstand, seine Liebesfähigkeit bis zu einem solchen Grade zu entwickeln, daß man die eigene egozentrische Verhaftung transzendiert und zu einer neuen Harmonie gelangt, zu einer neuen Einheit mit der Welt.» *

Das erstere ist der Weg des durchschnittlichen Hindu-Mystikers, insbesondere des strengen Vedantin, der zur Einheit des Unerschaffenen *(brahman)* zurückzukehren wünscht, um seine individuelle Seele in der Allseele aufgehen zu lassen. Das letztere ist der Weg des Bodhisattva, der Weg zur Buddhaschaft. Der erstgenannte Weg ist der des Asketentums, der Weltverneinung (in der die Welt als bloße Illusion betrachtet wird), der zweite ist der Weg der Lebensbejahung, der Anerkennung individueller Werte und der Transzendierung oder Verwandlung der Welt: denn ob wir die Welt als *saṃsâra* oder als Nirvana erleben, hängt von der geistigen Entwicklung oder dem Niveau der Verwirklichung des erlebenden Subjektes ab; es ist nicht eine Qualität der Welt. Dies ist der Grund der Gleichsetzung von *saṃsâra* und Nirvana in der Philosophie des *Mahâyâna-* oder ganz besonders des tibetischen *Vajrayâna*-Buddhismus.

Der Zweck der buddhistischen Meditation ist darum nicht, bloß in den Zustand der Unerschaffenheit zurückzusinken, in einen Zustand völli-

* Erich Fromm, *Zen-Buddhism and Psychoanalysis,* Allen & Unwin, London, 1960, p. 87.

ger Beruhigung mit leerem Geist; es ist nicht eine Regression ins Unbewußte oder eine Erforschung der Vergangenheit, sondern ein Vorgang der *Transformation* oder der *Transzendierung*, in dem wir uns der Gegenwart völlig bewußt werden und mit ihr der unbegrenzten Macht und Möglichkeiten des Geistes, zu Meistern unseres Schicksals zu werden durch die Pflege jener Qualitäten, die zur Verwirklichung unserer zeitlosen Natur führen: zur Erleuchtung.

Statt uns also der Betrachtung einer Vergangenheit hinzugeben, an der wir nichts mehr ändern können und auf die wir nicht den geringsten Einfluß haben, säen wir in der Meditation die Samen endgültiger Befreiung und gestalten damit schon jetzt die Körper zukünftiger Vollendung nach dem schöpferischen Bild unserer höchsten Ideale.

TULKU

Die Schaffung eines schöpferischen Bildes *(imago)*, in dem die Keime unserer höchsten Ideale beschlossen liegen, ist im wahrsten Sinne des Wortes Magie, nämlich die wirkende Kraft, die sowohl formt wie verwandelt. Deshalb kann ein Ideal nur dann wirken, wenn es durch ein Symbol dargestellt wird, d. h. nicht bloß durch ein konventionelles Zeichen oder eine dichterische Allegorie, sondern durch ein wertbeständiges, archetypisch-lebendiges Symbol, das innerlich geschaut, erlebt, gefühlt und mit unserem ganzen Wesen erfaßt und verwirklicht werden kann. Dies ist der Grund, warum der tibetische Buddhismus so großen Wert legt auf die Schauung und Visualisierung der Symbole der Buddhaschaft – die so zahlreich sind wie die Qualitäten eines Erleuchteten – und auf die Kontemplation von Kultbildern, Mandalas, Mantras und dergleichen. All diese Dinge sind nicht so sehr Objekte der Verehrung, sondern hauptsächlich Hilfsmittel der Kontemplation, durch die der Sâdhaka eins wird mit seinem Ideal und so, indem er sich in es verwandelt, zu seiner Verkörperung wird.

Dies ist es, was man in erster Linie unter einem Tulku *(avatâr)* zu verstehen hat. Er ist weder ein Phantom* noch der Avatâr eines

* Diese Übersetzung ist auf einer einseitigen Interpretation des tibetischen Ausdrucks *sprul* (Tul) begründet, der die Macht der Verwandlung, die schöpferische Kraft des Geistes bezeichnet, die in der Entstehung einer zeitbedingten Erscheinungsform materieller wie auch immaterieller Art resultieren kann. Nur in letzterem Falle kann man von einem Phantom, d. h. von einem Scheingebilde ohne materielle Substanz reden. Im Falle einer materiellen

Gottes oder einer transzendenten Wesenheit, die menschliche Form annimmt. Wenn z. B. der Dalai Lama als Tulku von Avalokiteśvara betrachtet wird, so bedeutet das nicht, daß ein göttliches Wesen oder ein Buddha oder Bodhisattva vom Himmel herabgestiegen ist und nun in menschlicher Form erscheint, sondern vielmehr, daß eine göttliche Idee in einem menschlichen Wesen in solchem Maße verwirklicht worden ist, daß es die lebendige Verkörperung dieser Idee darstellt. Und nachdem er in solcher Weise die Begrenzung einer bloß individuellen Existenz durch die Erkenntnis seines universellen Hintergrundes oder seiner zeitlosen Quelle überwunden hat, greift ein Tulku über die Grenzen des Todes hinweg, indem er eine bewußte Kontinuität zwischen seinen aufeinanderfolgenden Existenzen herstellt.

Diese Kontinuität befähigt ihn nicht nur, die Früchte seines früheren Wissens und seiner früheren Erfahrungen zu nutzen, sondern konsequent auf dem von ihm gewählten Pfad zur Erleuchtung und zum Dienst seiner Mitwesen fortzuschreiten. Entsprechend karmischer Gesetzmäßigkeit geht keine unserer Handlungen und keiner unserer Gedanken verloren. Jeder hinterläßt einen Eindruck in unserem Charakter, und die Gesamtsumme der so geschaffenen Eindrücke oder psychischen Tendenzen unseres Lebens bildet die Basis für das nächste. Solange aber die Menschen sich nicht dieser Kontinuität bewußt sind, handeln sie nur unter dem Zwang ihrer augenblicklichen Bedürfnisse und Wünsche oder entsprechend ihrer begrenzten Ziele, indem sie sich mit ihrer gegenwärtigen Persönlichkeit und Lebensspanne identifizieren. Auf diese Weise werden sie richtungslos von Existenz zu Existenz geworfen und finden nie eine Gelegenheit, die Kettenreaktion von Ursache und Wirkung zu unterbrechen.

Nur wenn wir uns darüber klar sind, daß es in unserer Hand liegt, den Abgrund des Todes zu überbrücken und die Richtung unseres zukünftigen Lebens zu bestimmen und in solcher Weise zu lenken, daß wir in ihm fortsetzen und vollenden können, was wir uns als höchste Aufgabe gesetzt haben, – dann nur können wir unserer gegenwärtigen Existenz und unseren geistigen Bestrebungen Tiefe und Fernblick verleihen. Der innerlich zerrissene und gequälte Mensch unserer Zeit, der sich weder seiner unendlichen Vergangenheit noch seiner unbegrenzten

Erscheinungsform aber spricht man von einem *sprul-sku* (Tulku), d. h. von einem durch geistige Kraft geschaffenen oder verwandelten Körper *(sku)*.

Zukunft bewußt ist, weil er den Zusammenhang mit seinem zeitlosen Wesen verloren hat, gleicht einem Kranken, der an unheilbarer Amnesie leidet, einer Geisteskrankheit, die ihn der Kontinuität seines Bewußtseins beraubt und damit der Fähigkeit, vernunftgemäß und in Übereinstimmung mit seiner wahren Natur zu handeln. Für einen solchen Menschen, der sich mit seiner momentanen Existenz identifiziert, ist der Tod absolute Wirklichkeit.

Man kennt in Tibet ein besonderes geistiges Training, das von denen, die in die Lehren des *Bardo Thödol* (betreffend die Übergangsstadien des Bewußtseins zwischen Leben und Tod oder zwischen Tod und Wiedergeburt) eingeweiht sind, ausgeübt wird. Es hat den Zweck, in das tiefste Zentrum unseres Wesens vorzustoßen, in welches sich das Bewußtsein im Augenblick des physischen Todes zurückzieht, um auf diese Weise die Erfahrung des Übergangs von einem Leben zum andern vorwegzunehmen. Es handelt sich hier nicht darum, die Vergangenheit aufzurufen oder die Zukunft voraussehen zu wollen, es hat nichts zu tun mit der Erinnerung an frühere Existenzen oder mit Voraussehen eines zukünftigen Lebens, sondern es ist die volle Wahrnehmung und Erkenntnis dessen, was bereits *gegenwärtig* ist, in dem die Keime zukünftiger Möglichkeiten enthalten sind. Wer diese ihrer wahren Natur nach erkennt, gewinnt Meisterschaft über die in ihnen verborgenen Kräfte und kann sie im Augenblick des Todes in solcher Weise lenken, daß sie, wenn sie von ihren körperlichen Banden befreit sind, die bewußte Kontinuität ihres Richtungsimpulses beibehalten und ihn einem neuen Lebenskeim einverleiben.

Dieser Vorgang wird im Tibetischen als *pho-wa (ḥpho-ba)* bezeichnet. Er stellt einen Akt der Bewußtseinsübertragung dar, der sich sowohl zwischen voll ausgebildeten Individuen wie als Projektion eines individuellen Bewußtseins auf einen im Entstehen begriffenen Lebenskeim im Augenblick der Empfängnis im Mutterleib beziehen kann. Eine solche unmittelbare Einwirkung von Bewußtsein auf Bewußtsein oder von konzentrierter (d. h. gerichteter) geistiger Energie auf ein sensitives empfangsfähiges Bewußtseinsorgan, das noch keine eigene Aktivität entfaltet hat, sondern in einem rein passiven Zustand verharrt, ist heutzutage auf Grund unserer Erfahrung auf dem Gebiet der Radiotechnik, durch die Analogie von Sender und entsprechend abgestimmtem Empfangsapparat, leicht zu verstehen.

Während der gewöhnliche Mensch vom Tod überrascht und überwältigt wird, sind diejenigen, die sowohl Körper wie Geist unter ihre Kontrolle gebracht haben, imstande, sich freiwillig aus dem Körper zurückzuziehen, ohne den Leiden eines physischen Todeskampfes ausgesetzt zu sein, ja, ohne die Herrschaft über ihren Körper, selbst in diesem entscheidenden Augenblick, zu verlieren.
Dies wurde im Fall von Tomo Géschés Abscheiden durch die Tatsache demonstriert, daß sein Körper unverändert und in aufrechter Meditationshaltung verblieb, auch nachdem er ihn lange verlassen hatte. Niemand weiß den genauen Tag, an dem dies geschah. Einige Tage mögen bereits vergangen gewesen sein, als der Spiegel vor sein Gesicht gehalten wurde. Wochenlang danach noch blieb der Körper in der gleichen Haltung, wie auch H. E. Richardson, der damalige britische Geschäftsträger in Lhasa, bezeugte. Einige Wochen, nachdem die Nachricht vom Hinscheiden Tomo Géschés zu ihm gedrungen war, reiste er durch das Tal, in dem das Kloster der Weißen Muschel (Dungkar Gompa) gelegen ist. Und da er den Rimpotsché während seiner Lebenszeit gekannt hatte, unterbrach er seine Reise und ritt hinauf zum Kloster, das auf einem isolierten Felsgipfel inmitten des fruchtbaren Tals emporragt. Der Abt begrüßte ihn mit größter Höflichkeit; doch bevor ihm Mr. Richardson noch sein Beileid aussprechen konnte, sagte er, daß der Rimpotsché sehr erfreut sei, ihn zu empfangen. Überrascht und ein wenig bestürzt durch den Gedanken, daß er vielleicht falsch informiert worden sei, folgte der Gast dem Abt in die Privatgemächer des Rimpotsché. Wie groß aber war sein Erstaunen, als er den Raum betrat und Tomo Gésché auf seinem gewohnten Platz sitzen sah. Bevor er jedoch seinem Erstaunen Ausdruck geben konnte, wurde ihm klar, daß es nur der Körper des Rimpotsché war, dem er sich gegenüber befand. Der Abt schien allerdings anderer Auffassung darüber zu sein, denn er verhielt sich genauso, als befände er sich in der lebendigen Gegenwart des Rimpotsché. Er meldete Mr. Richardsons Besuch und lud den Gast zum Sitzen ein. Dann sagte er – als ob er die unhörbar gesprochenen Worte des Rimpotsché wiederholte: «Der Rimpotsché heißt Sie willkommen und fragt, ob Sie eine gute Reise hatten und sich bester Gesundheit erfreuen?» – In dieser Weise entspann sich ein regelrechtes Zwiegespräch zwischen dem Rimpotsché und Mr. Richardson, während Tee serviert wurde und alles seinen gewohn-

ten Gang nahm, so daß der Besucher kaum noch seinen Sinnen zu trauen wagte. Es war ein wirklich phantastisches Erlebnis, und wenn Li Gotami und ich es nicht aus Mr. Richardsons eigenem Munde gehört hätten, als wir ihn in Gyantse einige Jahre später trafen, so würden wir die Glaubwürdigkeit dieses Berichtes angezweifelt haben.

Selbstverständlich war es nicht die Absicht des Abtes, einen mediumistischen Kontakt mit dem Geist Tomo Géschés vorzutäuschen. Er handelte einfach in Übereinstimmung mit seiner Überzeugung, daß der Guru in irgendeiner Weise gegenwärtig sei. Solange das heilige Gefäß, das den Geist des Guru beherbergt hatte, in der Form seines Körpers gegenwärtig war – und augenscheinlich wurde dieser Körper noch immer von der Macht seines Willens beherrscht und aufrecht erhalten – hatte der Abt ihn mit demselben Respekt zu behandeln wie zu Lebzeiten des Guru.

Es mag für einen im Westen aufgewachsenen Menschen schwer sein, sich in die Gefühlswelt eines frommen Tibeters zu versetzen, und noch schwerer, die Haltung derer zu verstehen, denen Leben und Tod nicht als einander widersprechende Gegensätze erscheinen, sondern nur als zwei Seiten der gleichen Wirklichkeit. Aus dieser Haltung heraus wird es verständlich, daß der Tibeter den Tod weniger fürchtet als die meisten anderen Menschen. Die nekromantischen Aspekte prähistorischer Religionen und ihr Fortbestehen in gewissen Traditionen und Ritualen des tibetischen Buddhismus – in denen die Symbole des Todes, wie Menschenschädel, Skelette, Leichen und alle Aspekte der Verwesung, des Verfalls und der Auflösung dem Menschen zum Bewußtsein gebracht werden – sind nicht Mittel, um Widerwillen und Abscheu gegen das Leben zu erregen, sondern um Herrschaft über die dunklen Mächte zu gewinnen, welche die Rückseite des Lebens repräsentieren. Wir müssen uns mit ihnen vertraut machen und uns mit ihnen auseinandersetzen, denn sie haben nur so lange Macht über uns, als wir sie fürchten. Die dunklen Mächte anzuerkennen, sie zu beschwören oder ihnen Ehrfurcht entgegenzubringen, bedeutet nicht, sie zu besänftigen oder zu bestechen, sondern ihnen einen Platz in unserem Bewußtsein einzuräumen, sie in unsere Erfahrungswelt einzuordnen, sie als einen notwendigen Bestandteil der Wirklichkeit zu akzeptieren, der uns lehrt, uns nicht an irgendwelche Erscheinungsformen zu klammern, und uns dadurch von der Bindung an den Körper zu befreien.

Ich weiß nicht, wie lange der Körper des Guru auf seinem Sitz verharrte. Ich erinnere mich nur, daß der Abt von Dungkar und alle, die das Hinscheiden Tomo Géschés miterlebt hatten, sich über die Tatsache einig waren, daß der Körper des Guru keine Zeichen des Zerfalls aufwies, und daß viele Wochen (wenn nicht Monate) vergangen waren, bevor die Beisetzung stattfand.

Wenn ein Mensch einen hohen Grad der Verwirklichung – oder wie wir zu sagen pflegen, Heiligkeit – erreicht hat, so nimmt man an, daß auch die materiellen Bestandteile des Körpers bis zu einem gewissen Grad transformiert worden sind. Sie sind sozusagen gesättigt von psychischen Kräften, die auch weiterhin ihre Umgebung beeinflussen, ganz besonders die Menschen, die sich auf Grund ihrer religiösen Einstellung in aufrichtigem Glauben solchen Einflüssen öffnen. Die gleichen Kräfte sollen auch den natürlichen Zerfall des Körpers verzögern, was bei Heiligen anderer Religionen ebenfalls beobachtet worden ist – und dies selbst unter den denkbar ungünstigsten Umständen eines tropischen Klimas (wie z. B. im Fall des Heiligen Franz Xavier von Goa). Der weltumspannende Glaube an den Wert von Reliquien ist sowohl auf solche Erfahrungstatsachen wie auch auf den oben erwähnten Glauben an die psychometrischen Eigenschaften der Materie, die unter der Einwirkung starker geistiger Kräfte entstehen, zurückzuführen.

Dies ist der Grund, warum die Körper von Heiligen und berühmten Lamas (wie den Dalai- und Panchen-Lamas) nicht kremiert oder auf andere Weise der Vernichtung anheimgegeben werden, sondern in Reliquienschreinen aus Gold und Silber, in der Form von Tschörten, der Nachwelt erhalten werden. Ein solcher Tschörten wurde auch für Tomo Gésché errichtet, und die prächtige und kostbare Ausstattung dieses Schreins ist nicht nur ein Symbol seiner hohen geistigen Verwirklichung, sondern ebensosehr ein Zeugnis für die Liebe und Verehrung, welche die Menschen Tibets für ihn empfanden. Sobald die Nachricht seines Hinscheidens bekanntgeworden war, strömten Tausende von nah und fern zum Dungkar Gompa, um dem Guru die letzten Ehren zu erweisen und um Gaben von Gold, Silber und Juwelen aller Art für den Bau des Tschörten beizusteuern. Selbst die Ärmsten bestanden darauf, ihr Scherflein beizutragen: einige von ihnen gaben ihre mit Türkisen besetzten Ohrgehänge und Ringe oder ihre silbernen

Armbänder, andere ihren Korallenschmuck und wieder andere ihre silbernen, mit Halbedelsteinen geschmückten Amulette und Reliquiare. Nichts war ihnen zu gut oder ein zu großes Opfer für die Errichtung eines würdigen Schreins, der kommende Generationen an den großen Guru erinnern und sie seiner geistigen Gegenwart teilhaftig werden lassen würde. Die Begeisterung und Opferwilligkeit der Menschen schien keine Grenzen zu kennen. Die Menge der Gaben, in Form von Wertgegenständen, Geld und Schmuckstücken, war so groß, daß ein zwei Stockwerke hoher Tschörten aus Silber errichtet werden konnte, der mit getriebenen und vergoldeten Arabesken und figürlichen Motiven geschmückt war, ihrerseits mit Korallen, Türkisen, Onyx, Achaten, Lapislazuli, Granaten, Topasen, Amethysten und dergleichen besetzt. Die besten Gold- und Silberschmiede wurden mit der Ausführung der Arbeiten beauftragt und schufen ein Werk von großer Schönheit und Vollkommenheit.

Der untere Teil des Tschörten war groß genug, um einen Raum zu bilden, in dem der mumifizierte Körper Géschés inthronisiert werden konnte, zusammen mit allen Ritualobjekten, die auf einem Tschogtse vor seinem Sitz, wie zu seinen Lebzeiten, aufgestellt waren. Der Tschörten selbst befand sich in einer eigens um ihn gebauten hohen Halle, deren Wände mit herrlichen Fresken von Buddhas, Bodhisattvas und mächtigen Schutzgottheiten, sowie einer großen Anzahl von Heiligen geschmückt waren. Unter den letzteren befanden sich auch die berühmten Vierundachtzig Vollendeten (Siddhas).

Bevor der Körper für die endgültige Beisetzung im Tschörten hergerichtet war*, wurde eine stilisierte, aber dennoch lebensnahe Statue, die dem Körper und den Zügen des Guru nachgebildet war, von einem traditionellen Statuenbildner hergestellt. Ein Abguß wurde in jedem der von Tomo Gésché errichteten und verwalteten Tempel zu seiten der zentralen Maitreya-Figur aufgestellt. Tomo Gésché ist in der

* Die tibetische Methode der Mumifizierung besteht darin, daß man dem Körper alle Flüssigkeit entzieht, indem man ihn für eine gewisse Zeit in einem mit Salz gefüllten Behälter läßt. Um die inneren Organe zu reinigen, gießt man Quecksilber durch den Mund. Nachdem der in der Meditationshaltung belassene Körper auf diese Weise ausgetrocknet ist, wird er in Bandagen gewickelt, um ihm größeren Halt und die Grundlage für einen Überzug von Lehm oder Lack und Gold zu geben. Diese Schicht verwandelt den Körper in eine Statue und macht ihn gegen alle klimatischen Einflüsse widerstandsfähig.

dharma-desana-mudrâ, in der Geste der Lehrdarlegung, dargestellt: die rechte Hand ist erhoben, mit der nach außen gekehrten Handfläche, wie in Amoghasiddhis Geste des Segnens und der Furchtlosigkeit, jedoch mit dem Unterschied, daß Daumen und Zeigefinger zu einem Kreis vereint sind, um anzudeuten, daß die höchste Form des Segnens die Verkündigung der zeitlosen Wahrheit ist, aus deren Erkenntnis Furchtlosigkeit geboren wird.

WIEDERGEBURT

Tomo Gésché Rimpotsché hatte versprochen, zu seinem Kloster und zu seinen Schülern zurückzukehren, innerhalb der von ihm angegebenen Zeit, und er hielt sein Versprechen.

Nie hatte ich jedoch geahnt, daß sich seine Wiedergeburt gerade in dem Haus ereignen sollte, in dem ich als Gast während meines ersten Ausflugs nach Tibet verweilt hatte, dem gleichen Haus, das ich während meiner Pilgerfahrt zum Eremiten-Abt von Latschen erneut besuchte: das Haus des Entsche Kasi. Aus Entsche Kasis eigenem Mund erfuhr ich die Einzelheiten von Tomo Géschés Wiedergeburt und seiner Identifizierung und Auffindung mit Hilfe des großen Staatsorakels von Netschung bei Lhasa.

Da mir Entsche Kasi als ein aufrichtiger und tiefreligiöser Mensch bekannt ist, kann ich mich für die Wahrhaftigkeit seines Berichtes, bei dem auch Li Gotami zugegen war, verbürgen. Trotz der Tatsache, daß er als Vater eines Tulku alle Ursache hatte, hierauf stolz zu sein, war sein Bericht von Trauer erfüllt, denn er hatte seine Frau kurz nach der Geburt des Kindes verloren; und wenige Jahre später, als es sich herausstellte, daß dieses Kind niemand anderer war als die Wiedergeburt Tomo Géschés, mußte er auch diesen, seinen einzigen Sohn hergeben. Nur angesichts der überwältigenden Beweise, und um der Zukunft des Knaben nicht im Wege zu stehen, der sich nichts sehnlicher wünschte, als «in sein Kloster zurückzukehren», gab der Vater endlich nach und erlaubte ihm, die Reise nach Dungkar in Begleitung der von dort ausgesandten Mönche anzutreten.

Der Maharadscha von Sikkim hatte selbst den Vater beredet, nicht dem Schicksal seines Sohnes vorzugreifen, das durch das große Orakel von Netschung offenbart und durch des Knaben eigene Aussagen und sein ganzes Verhalten bestätigt worden war. Letzterer hatte immer schon behauptet, nicht Sikkimese, sondern Tibeter zu sein, und wenn sein Vater ihn «pu-tschung» (kleiner Sohn) nannte, pflegte er zu protestieren und zu sagen, sein Name sei *Jigme* (der Furchtlose). Dies aber war tatsächlich der Name, den das Orakel von Netschung als den Namen erwähnt hatte, unter dem Tomo Géshé wiedergeboren werden würde.

Die Tatsache, daß das Staatsorakel aufgerufen worden war, zeigt, welche Bedeutung man der Auffindung von Tomo Géschés Wiedergeburt beimaß. Augenscheinlich war das lokale Orakel in Dungkar nicht imstande gewesen, einen klaren Hinweis zu geben; es hatte darum die Behörden in Lhasa veranlaßt, weitere Auskünfte von Netschung einzuholen. Letzteres hatte tatsächlich nicht nur die Richtung angegeben, in der das Kind zu finden sei, sondern auch eine eingehende Beschreibung der Stadt und der engeren Lokalität geliefert, in der das Kind geboren worden sei. Aus allen angegebenen Einzelheiten wurde es klar, daß kein anderer Ort gemeint sein konnte als Gangtok. Weitere Informationen gaben das Jahr an, in dem der Knabe geboren wurde, sowie das genaue Alter des Vaters und der Mutter; ja sogar eine Beschreibung des Hauses, in dem sie lebten, und der Bäume, die in dem das Haus umgebenden Garten wuchsen, wurde angegeben. Zwei Obstbäume, die sich vor dem Haus befanden, wurden als ein besonderes Kennzeichen erwähnt.

Eine Delegation von vertrauenswürdigen älteren Mönchen wurde somit nach Gangtok entsandt, und im Besitz all dieser Informationen gelang es ihnen, den Knaben zu finden, der zu jener Zeit etwa vier Jahre alt war. Sobald die Mönche den Garten betraten und sich dem Haus näherten, rief der Knabe: «Vater, meine Leute sind gekommen, um mich zu meinem Gompa zurückzubringen!» Und er lief ihnen entgegen, vor Freude hüpfend – aber zur großen Bestürzung des Vaters, der noch nicht bereit war, seinen Sohn herzugeben. Dieser aber flehte den Vater an, ihn gehen zu lassen, und als die Mönche die verschiedenartigsten religiösen Gegenstände, wie Gebetsketten, *vajras*, Glocken, Teetassen, hölzerne Eß- und Trinkschalen, kleine Handtrommeln und

andere mönchische Gebrauchsgegenstände vor dem Knaben ausbreiteten, war er ohne Zögern imstande, all diejenigen Sachen herauszusuchen, die er in seinem früheren Leben benutzt hatte, während er ebenso entschieden alle Artikel zurückwies, die ihm nicht gehört hatten und die man absichtlich mit seinen Sachen vermischt hatte, um ihn zu prüfen. Obwohl viele dieser Zutaten sehr viel anziehender aussahen als die echten Artikel, ließ er sich nicht täuschen.
Der Vater, der alle diese Beweise sah und sich der vielen Anzeichen von des Knaben außergewöhnlicher Intelligenz und vieler bis dahin unverständlicher Absonderlichkeiten erinnerte, ließ sich schließlich überzeugen und gab, wenn auch schweren Herzens und auf Zureden des Maharadscha, seine Zustimmung zur Rückkehr des Knaben in sein tibetisches Kloster in Begleitung der für ihn ausgesandten Mönche.
Auf der Reise zum Dungkar Gompa begegnete die Karawane dem Amtschi, dem tibetischen Arzt, der Tomo Géshé während seiner letzten Lebensjahre betreut hatte. Der Knabe erkannte ihn und rief: «O Amtschi, kennst du mich nicht mehr? Erinnerst du dich nicht, daß du mich behandeltest, als ich in meinem früheren Körper erkrankt war?»
Auch in Dungkar erkannte er einige der älteren Mönche und – was ganz besonders bemerkenswert war – der kleine Hund, der sein ständiger Begleiter während seiner letzten Lebensjahre gewesen war, erkannte ihn sofort und war außer sich vor Freude, mit seinem geliebten Herrn wiedervereint zu sein.
Tomo Géshé hatte somit sein Versprechen eingelöst, und die Menschen strömten wieder von nah und fern zum Dungkar Gompa, um dem Guru ihre Aufwartung zu machen und seinen Segen zu empfangen. Der kleine Knabe beeindruckte jeden, der ihn sah, durch seine selbstsichere und würdevolle Haltung, mit der er auf seinem Thronsitz in der großen Tempelhalle saß, Rituale und Rezitationen bei festlichen Anlässen leitete oder Pilger empfing und segnete – während er in jeder anderen Hinsicht sich natürlich und spontan gab wie jeder andere Knabe seines Alters. Aber während religiöser Handlungen war es, als ob durch die unschuldig-reinen und transparenten Züge des Kindes das Antlitz eines an Jahren und Weisheit reifen Mannes sichtbar würde. Und bald wurde es offenbar, daß er das Wissen, das er in seinem früheren Leben erworben hatte, nicht vergessen hatte. Seine

Erziehung war nur eine Auffrischung, ein Sich-ins-Gedächtnis-Rufen des früher Gelernten. Er machte so schnelle Fortschritte, daß seine Lehrer in Dungkar ihn sehr bald nichts mehr lehren konnten. Aus diesem Grund wurde er bereits im Alter von sieben Jahren nach Sera, einer der großen Klosteruniversitäten in der Nähe von Lhasa geschickt, um höheren Studien obzuliegen und seinen Doktortitel (Géché) wieder zu erwerben.

All dies mag dem kritischen Verstand eines im Westen aufgewachsenen Menschen unglaubhaft erscheinen, und ich gebe zu, daß ich selbst es nur schwer geglaubt haben würde, wäre ich nicht ähnlichen Fällen begegnet, die mich davon überzeugten, daß die Idee der Wiedergeburt mehr ist als eine Theorie oder ein unbegründeter Glaube, – Fälle, die zugleich den Beweis erbrachten, daß es möglich ist, wesentliche Einzelheiten und Errungenschaften früherer Leben im gegenwärtigen Leben zu erinnern. Der Wissenschaftler, der nur an physische Vererbung glaubt, fragt sich augenscheinlich nie, was die Tatsache der Vererbung eigentlich bedeutet. Es ist das Prinzip der Erhaltung und Kontinuität erworbener Eigenschaften, das schließlich in der Fähigkeit bewußter Erinnerung und bewußter Willensäußerung und Richtungsbestimmung unter der Leitung organisierten Wissens, d. h. angewandter Erfahrung, kulminiert. Vererbung ist also nur ein anderer Name für Gedächtnis: es ist das stabilisierende, erhaltende Prinzip, die der Auflösung und Unbeständigkeit entgegenwirkende Kraft. Ob wir ‹Gedächtnis› eine Eigenschaft des Geistes oder der Materie oder ein biologisches Prinzip nennen, ist unwesentlich, denn ‹materiell›, ‹biologisch› und ‹geistig› deuten nur verschiedene Ebenen an, auf denen dieselbe Kraft wirkt und sich manifestiert. Worauf es ankommt, ist, daß es zugleich eine formerhaltende und eine formschaffende Kraft ist, das Bindeglied zwischen Vergangenheit und Zukunft, das sich schließlich im Erlebnis der zeitlosen Gegenwart und des bewußten Daseins manifestiert. Die Gleichzeitigkeit von Erhaltung und Neuschöpfung wird durch einen Prozeß dauernder Transformation bewerkstelligt, in dem die wesentlichen Elemente oder Formprinzipien erhalten oder gegenwärtig bleiben, wie ein idealer Wesenskern, aus dem sich neue Formen herauskristallisieren, entsprechend seiner inneren Gesetzmäßigkeit und unter dem Einfluß äußerer Anreize.

Wenn, wie es scheint, keine physiologische, biologische oder auf rein

materiellen Beobachtungen beruhende wissenschaftliche Erklärung möglich ist und wir zuzugeben haben, daß es eine unbekannte Kraft ist, welche die Entstehung, Gestaltung und Entwicklung eines neuen physischen Körpers und Bewußtseins durch einen jener Kraft innewohnenden Richtungsimpuls bestimmt – dann könnte es keine natürlichere Erklärung geben, als diesen Impuls einem bereits bestehenden, individualisierten Bewußtsein zuzuschreiben, das im Augenblick der Loslösung von seiner körperlichen Basis (wie im Augenblick des Todes) oder der Befreiung von der Herrschaft physischer Funktionen (wie in Trancezuständen oder im Zustand meditativer Versenkung und Konzentration) einen noch undifferenzierten, widerstandslosen und daher rezeptiven Lebenskeim im Mutterschoße als materielle Basis eines neuen individuellen Organismus ergreift.
Selbst wenn wir die Tatsache physischer Vererbung in Betracht ziehen wollen, da die Eltern eines neuen Wesens das ‹Material›, aus dem sich ein neuer Organismus bildet, zur Verfügung stellen, so würde dies nicht der Fähigkeit dieses Organismus, auf die Impulse einer bewußten Kraft zu reagieren, widersprechen. Dies würde um so weniger der Fall sein, wenn jene bewußte Kraft auf die Qualitäten des elterlichen Erbguts abgestimmt ist oder den besonderen Umständen, unter denen es zu neuer Einheit verschmilzt (wie im Augenblick der Empfängnis), entspricht. Es ist nicht das Material, von dem ein Organismus sich nährt – d. h. das, was er aus seiner Umgebung zum Aufbau seines körperlichen Organismus nimmt, – das seine Natur oder sein Wesen bestimmt, sondern es ist die formende Kraft des ihm innewohnenden Bewußtseins, die das Rohmaterial verwandelt. Selbstverständlich muß eine gewisse Affinität zwischen dem assimilierenden Organismus und dem Material, von dem er Gebrauch macht, bestehen. Wenn Vererbung nur in rein biologischer Weise vor sich gehen würde, also durch Permutation von Chromosomen und dergleichen, so wäre die Entwicklung eines individuellen Bewußtseins mit der Fähigkeit reflektiven Denkens, höherer Vernunft und der Erkenntnis des eigenen Seins völlig überflüssig. Der Instinkt eines Tieres würde seinen Zweck weit besser erfüllen, und irgendwelche geistige Entwicklung über dieses Niveau hinaus würde sinnlos erscheinen. «Der Mensch ist vermöge seines reflektierenden Geistes über die Tierwelt herausgehoben und demonstriert durch seinen Geist, daß die Natur in ihm eine hohe Prämie eben gerade

auf die Bewußtseinsentwicklung gesetzt hat.»* Ja, der ganze gigantische Vorgang biologischer Entwicklung durch Millionen von Jahren scheint keinen anderen Zweck gehabt zu haben, als die notwendigen Verbindungen für die Manifestationen eines höheren Bewußtseins zu schaffen.

Für den Buddhisten ist Bewußtsein der zentrale Faktor, von dem alle anderen Dinge ausgehen und ohne den wir weder einen Begriff unserer eigenen Existenz noch der uns umgebenden Welt haben würden. Ob die uns umgebende Welt eine Projektion unseres Bewußtseins ist oder etwas in sich selbst Existierendes, das uns nur in der Form erscheint, in der wir sie erleben, ist von sekundärer Bedeutung. Es ändert nichts an der Tatsache, daß es unser Bewußtsein ist, das, auf Grund seiner selektiven Fähigkeiten der Wahrnehmung und der Koordination, die Art der Welt bestimmt, in der wir leben. Ein anderes Bewußtsein würde eine andere Welt um uns hervorbringen, was auch das existierende – oder nicht-existierende – Rohmaterial des Universums sein mag. Es ist nur in unserem Bewußtsein, daß wir zur Wurzel von allem vordringen können, und nur durch unser Bewußtsein können wir darauf einwirken. Wir haben kein anderes Mittel, die Welt zu ändern, als durch unser Bewußtsein – das sowohl unsere Welt *ist*, wie auch das, was sie transzendiert. *Saṃsâra* und Nirvana, Bindung und Freiheit liegen gleichermaßen in unserem Bewußtsein beschlossen. Die ‹Welt› ist weder das eine noch das andere, sondern das, was wir aus ihr machen.

Bewußtsein gründet auf zwei Funktionen: Wahrnehmung und Bewahrung der Früchte der Erfahrung, welch letzteres wir als Gedächtnis bezeichnen. Das Bewußtsein als Erfahrungsspeicher oder Gedächtnis überwiegt bei weitem das Bewußtsein der Wahrnehmung. Während das letztere momentan ist und sich mehr oder weniger auf jeweils *ein* Objekt beschränkt, ist das erstere universell und nicht zeitgebunden; es besteht selbst dann weiter, wenn wir seiner nicht gewahr sind. Aus diesem Grunde definierten die *Vijñânavâdin* (die Anhänger des tibetanischen *Vijñânavâda*-Buddhismus) das tiefste Bewußtsein als *âlaya-vijñâna* oder «Speicherbewußtsein», in dem nicht nur die Erfahrungen unseres jetzigen Lebens, sondern auch diejenigen aller ‹Vorfahren›

* *Erinnerungen, Träume, Gedanken von C. G. Jung*, aufgezeichnet und herausgegeben von Aniela Jaffé, Rascher, Zürich, 4. Aufl. 1967, S. 341.

(oder Vorexistenzen), die bis zum Anbeginn der Zeit zurückreichen und die Unendlichkeit des Raumes erfassen, aufgespeichert sind. Dieses Tiefenbewußtsein ist darum ein Bewußtsein von universellem Charakter, welches das Individuum mit allem Bestehenden und je Gewesenen oder Wiederkehrenden verbindet.*

Das Bewußtsein ist ein lebendiger Strom, der nicht im engen Gefäß eines Ich gefangen werden kann, denn seine Natur ist die der Bewegung, des Fließens; und Fließen bedeutet Kontinuität wie Bezogenheit, nämlich die Beziehung zwischen zwei Niveaus oder zwei Polen. Ohne diese Polarität kann es kein Leben geben, keine Wahrnehmung – und ohne Kontinuität keine sinnvolle Beziehung. Je größer die Entfernung oder die Differenz zwischen diesen beiden Niveaus oder Polen ist, desto machtvoller ist der Strom oder die Kraft, die er hervorbringt. Das höchste Bewußtsein ist das Produkt der weitesten Erfahrungsspannweite, der Schwingungsamplitude zwischen den Polen der Universalität und der Individualität.

Das gewöhnliche Bewußtsein jedoch beschränkt sich auf den engen Kreis zeitlicher Ziele und Wünsche, so daß der große Fluß gehemmt und abgelenkt und seine Energie vergeudet wird, mit dem Erfolg, daß das daraus entspringende Licht der erkennenden Wahrnehmung getrübt wird. Wenn das Individuum auf diese Weise seine bewußte Beziehung zu seinem universellen Zentrum verliert und versucht, seine beschränkte Persönlichkeit zum Mittelpunkt zu machen, indem es sich an seine augenblickliche Daseinsform klammert, wird die Illusion einer unwandelbaren, separaten Ichheit geschaffen, die sich dem Fluß des größeren Lebens und Bewußtseins entgegenstemmt und zu geistiger Stagnierung führt. Das Heilmittel hierfür ist nicht die Unterdrückung

* Die bloße Wahrnehmung, ohne Bezug auf frühere Erfahrung, ohne den Vorgang der Identifizierung und Koordinierung, ist ebenso sinnlos wie eine bloß automatische Reaktion (wie sie sich in niederen Lebensformen vorfindet). Systeme der Meditation, die den Anspruch erheben, «bloße Wahrnehmung» zu üben, sind reine Selbsttäuschung, denn es ist nicht möglich, sich irgendeiner Sache oder eines Eindrucks völlig bewußt zu sein ohne Bezugnahme auf frühere Erfahrung. Und selbst wenn so etwas möglich wäre, so würde keinerlei geistiger oder sonstiger Gewinn daraus entspringen. Es würde nur eine zeitweise Regression in den Zustand einer vegetativen oder quasi-animalischen Existenz bedeuten, die, wenn man darin verharren würde, zu einem Zustand geistiger Stagnation und steriler Selbstzufriedenheit führte.

der Individualität (was nur das entgegengesetzte Extrem wäre), sondern die Erkenntnis, daß Individualität nicht dasselbe ist wie «Ichheit» (im erwähnten Sinn) und daß Wechsel, als eine natürliche und notwendige Bedingung allen Lebens, weder willkürlich noch sinnlos ist, sondern auf Grund einer innewohnenden und universellen Gesetzmäßigkeit vor sich geht, welche die Kontinuität und die innere Stabilität der Bewegung aufrecht erhält.

Individualität ist nicht nur das notwendige und komplementäre Gegenstück der Universalität, sondern der Brennpunkt, durch den allein Universalität erlebt werden kann. Die Unterdrückung der Individualität, die philosophische oder religiöse Leugnung ihres Wertes oder ihrer Bedeutung, kann nur zu einem Zustand völliger Indifferenz und Auflösung führen, der zwar eine Befreiung vom Leiden mit sich bringen mag, aber nur eine rein negativ sich auswirkende, da sie uns der nächsten Erfahrung, auf die der Prozeß der Individuation abzuzielen scheint, beraubt: des Erlebnisses der völligen Erleuchtung und Ganzwerdung, der Buddhaschaft, in der die Universalität unserer wahren Natur verwirklicht wird.

Bloß «im Ganzen aufzugehen, wie der Tropfen im Weltmeer», ohne dessen Ganzheit verwirklicht und erlebt zu haben, ist nichts anderes als eine poetische Anerkennung völliger Vernichtung und ein Ausweichen vor dem Problem, das die Tatsache unserer Individualität uns stellt. Warum sollte das Universum individualisiertes Leben und Bewußtsein hervorbringen, wenn diese nicht dem innersten Wesen des Universums entsprächen oder dem «Geist der Natur» inhärent wären? Die Frage bleibt die gleiche, ob wir das Universum mit den Augen eines Wissenschaftlers, als ein objektives Universum physikalischer Kräfte, oder mit den Augen des Buddhisten, als eine Emanation oder Projektion einer geistigen Kraft ansehen, die subjektiv als ein allumfassendes universelles «Speicherbewußtsein» (*âlaya-vijñâna*) erlebt wird. Die bloße Tatsache unserer individuellen Existenz muß einen sinnvollen Platz in der Ordnung des Universums einnehmen (und der Buddhist glaubt an eine universelle Ordnung und Gesetzmäßigkeit) und kann nicht als ein bedauerlicher Zufall oder Irrtum oder eine bloße Illusion beiseite geschoben werden – wessen Illusion? möchte man fragen.

Wichtiger jedoch als unser intellektuelles Argumentieren sind die der

Beobachtung zugänglichen Tatsachen, die – lange bevor irgendwelche Erklärungen durch Religion, Philosophie oder Psychologie gegeben wurden – zu der Überzeugung führten, daß eine Fortdauer individuellen Bewußtseins über den Tod hinaus nicht nur in höheren oder niederen Bereichen jenseits unserer Welt möglich sei, sondern vor allem und mit größerer Wahrscheinlichkeit als eine Wiedergeburt im menschlichen Bereich. Ich will darum im folgenden über zwei außergewöhnliche Fälle berichten, die in den Gesichtskreis meiner persönlichen Beobachtung kamen.

U KHANTI: DER SEHER VOM MANDALAY-BERG

Während meiner Pilgerschaft in Burma, im Jahre 1929, verweilte ich einige Zeit in Mandalay in Begleitung des ehrwürdigen Nyâṇatiloka Mahâthera, dem Abt des Inselklosters von Polgasduwa bei Dodanduwa in Ceylon, wo ich mein Noviziat als Brahmacharin (*brahmacârin* – Novize) angetreten hatte. Nyâṇatiloka Thera war etwa zwei Wochen nach meiner Ankunft in Rangoon ebenfalls dort eingetroffen, um seinem alten Guru U Kumara Mahâthera, der vor kurzem in dem kleinen Kloster von Kyundaw Kyaung verschieden war, die letzten Ehren zu erweisen. Nyâṇatiloka Thera war in diesem Kloster vor 26 Jahren zum Bhikkhu ordiniert worden. Die irdische Hülle seines verehrten Lehrers lag in einem reichverzierten, von goldenen Drachen beschützten Teakholz-Sarkophag, der mit Honig gefüllt war, um den Körper des Verstorbenen bis zur Beendigung der langwierigen Vorbereitungen zur feierlichen Verbrennung zu erhalten. Da diese Vorbereitungen sich nach burmesischem Brauch über ein Jahr lang hinziehen konnten, war es uns nicht möglich, so lange zu warten, und Nyâṇatiloka beschloß daher, sich meiner Pilgerfahrt nach Oberburma, zumindest für eine gewisse Zeit, anzuschließen. Nachdem wir etwa zwei Wochen lang auf einem Handelsdampfer (der eine Art schwimmenden Basars darstellte) auf dem Irrawaddy gen Norden gereist und unterwegs die Ruinen von Pagan mit seinen Tausenden von Tempeln und Pagoden besucht hatten, schlugen wir endlich in Mandalay unser Hauptquartier auf, um von dort die vielen Stätten von religiösem und historischem Interesse zu besuchen.

Das größte Heiligtum von Mandalay ist ein felsiger Berg, der an der Peripherie der Stadt steil aus der Ebene emporsteigt. Der Berg ist mit Tempeln, Pagoden und unzähligen kleineren Schreinen und sonstigen Gebäuden bedeckt, die durch lange überdeckte Treppenfluchten miteinander verbunden sind und sich vom Fuß bis zum Gipfel des Berges erstrecken. Zu den bemerkenswertesten Sehenswürdigkeiten, die man erblickt, wenn man sich dem Fuß des Berges nähert, gehören zwei Bereiche von Hunderten kleiner Pagoden (zusammen mehr als anderthalb tausend!), die sich jeweils um eine große, zentrale Pagode gruppieren.

Der Ursprung dieser ungeheuren Bautätigkeit geht zurück auf den König Mindon Min, der von 1853 bis 1878 über Burma herrschte. Inspiriert durch einen Traum, verließ er seine frühere Hauptstadt Amarapura und gründete Mandalay, das er mit herrlichen Palästen und religiösen Bauten verschönte. Als frommer Buddhist wollte er in den Fußstapfen eines früheren Königs wandeln, der die Lehren des Buddha auf goldene Tafeln hatte gravieren lassen, die in einem prächtigen Tempel aufbewahrt wurden. Dies aber hatte die Habsucht der benachbarten Chinesen erregt, die in das Land einfielen und die goldenen Tafeln mit sich nahmen. Der König Mindon Min beschloß daher, die heiligen Texte auf große Marmortafeln eingravieren zu lassen, die weder feindliche Heere noch Räuber anziehen und die Lehren des Buddha unverfälscht allen kommenden Generationen erhalten würden. Sie würden außerdem allen Menschen, die das Wort des Buddha kennenlernen wollten, zugänglich sein, d. h. nicht nur Gelehrten und Geistlichen, sondern auch dem einfachen Volk. Aus diesem Grunde wurde jede einzelne Marmorstele in einem separaten, offenen Schrein, in Form eines kleinen Pagodentempels, untergebracht, in dem die Gläubigen jeden Teil der zahllosen heiligen Texte nicht nur in Pâli, sondern auch in burmesischer Übersetzung ungestört studieren konnten.

So baute der König die Kuthodawu-Pagode, die von 799 kleineren Pagoden umgeben ist, von denen eine jede mit der gleichen Sorgfalt bis ins kleinste architektonische Detail ausgestattet ist und jeweils eine doppelseitig gravierte Stele mit einem heiligen Text des buddhistischen Kanons *(Tipitaka)* enthält. Eine ähnliche «Pagodenstadt» sollte für die noch zahlreicheren Kommentare zu den heiligen Schriften gebaut werden, aber der König starb, bevor dieses Werk in Angriff genommen werden konnte. Sein Nachfolger, König Thibaw, interessierte sich mehr für seine luxuriöse Hofhaltung und seine zahlreichen Konkubinen. Er wurde schließlich von den Briten, die nach einem kurzen Krieg sein Königreich annektierten, abgesetzt. So geriet König Mindon Mins Werk in Vergessenheit, und selbst die Heiligtümer auf dem Mandalay-Berg wurden zu Ruinen. Nur wenige Pilger wagten, sich ihnen noch zu nähern, wegen der Räuber, die den verlassenen Berg unsicher machten.

Eines Tages jedoch erschien ein einsamer Pilger auf dem Berg, der von der reinen Flamme des Glaubens erfüllt war. Er empfand so tiefen Kummer über die Entweihung und den Verfall dieser heiligen Stätte – die nach burmesischem Glauben einst vom Buddha selbst besucht worden war – daß er beschloß, sein Leben diesem Berg zu weihen und ihn nicht eher zu verlassen, als bis er seinen früheren Ruf und Ruhm wiedererlangt hätte. Obwohl der Pilger nichts anderes besaß als seine Almosenschale und das dunkelrote Gewand eines Asketen, erfüllte ihn ein unbeschränkter Glaube an die Macht des Geistes; und ohne sich die geringsten Sorgen darüber zu machen, durch welche Mittel und Wege er sein Ziel werde erreichen können, setzte er sich auf dem Gipfel des Berges im Schutz eines verfallenen Heiligtums nieder und gab sich der Meditation hin, unbekümmert um seine Sicherheit oder seinen Lebensunterhalt. Niemand konnte ihn berauben, denn er besaß nichts, das des Raubens wert gewesen wäre. Im Gegenteil, die Pilger, die ihn in Meditation versunken sahen, begannen, ihn mit Nahrung zu versorgen. Wenn keine Pilger kamen (und es waren nur wenige, die sich auf den Berg wagten), fastete er; wenn Nahrung geboten wurde, aß er. Allmählich aber faßten mehr und mehr Menschen Mut, den heiligen Berg zu besuchen, als sie hörten, daß ein Einsiedler auf seinem Gipfel in den Ruinen alter Tempelbauten lebte.

Seine Gegenwart schien den so lange verwaisten Ort von neuem zu heiligen, und es dauerte nicht lange, bis sich Menschen fanden, die die verfallenen Schreine wieder herstellen, neue und auch Unterkunftsstätten bauen wollten, in denen Pilger ruhen und meditieren konnten. So entstanden im Lauf der Zeit Tempel, Pagoden, Buddhastatuen, Hallen, Pavillons und überdeckte Treppengänge. Je weiter das Werk gedieh, desto reicher flossen die Mittel in die Hände des Einsiedlers, der nichts sein eigen nannte und dem dennoch alle Reichtümer der Welt zur Verfügung zu stehen schienen. Aber selbst nachdem er den Ruhm und die Heiligkeit des Mandalay-Berges wiederhergestellt hatte, gab er sich nicht mit diesem Erfolg zufrieden, sondern er begann ein noch weit umfassenderes Unternehmen: nämlich das von König Mindon Min unvollendet gelassene Werk weiterzuführen und die gesamten Kommentare der heiligen Schriften auf großen Marmorstelen eingravieren und in einer zweiten, noch größeren «Pagodenstadt» unterzubringen.

Nachdem U Khanti, der Eremit vom Mandalay-Berg, der nun als der Mahâ-Yathi, der «große Seher» (*ṛiṣi*), bekannt war, dieses gigantische Werk vollendet hatte, sagte er sich, daß es nicht genüge, die heiligen Schriften in Stein zu verewigen und sie denen, die diese geweihte Stätte besuchten, zugänglich zu machen, sondern daß es notwendig sei, die Lehre des Buddha der ganzen Welt zu eröffnen, durch Drucklegung der gesamten kanonischen und der wichtigsten nachkanonischen Literatur des Buddhismus. Dies war eine so riesenhafte Aufgabe, daß kein Verleger und keine Druckerei ein derartiges Unternehmen finanzieren oder ausführen konnte. Aber das konnte den großen Rishi nicht abschrecken. Seine Macht schien keine Grenzen zu kennen. In erstaunlich kurzer Zeit gelang es ihm, seine eigene, mit allen modernen Hilfsmitteln ausgestattete Druckerei am Fuß des Berges zu errichten und einen Stab von Mitarbeitern zu gewinnen. Zur Zeit, als Nyâṇatiloka Thera und ich uns in Mandalay aufhielten, war der größte Teil dieser umfangreichen Literatur bereits gedruckt und in einer großen Menge wohlausgestatteter und solid gebundener Bände veröffentlicht. Selbst in Ceylon, mit seiner fortgeschritteneren Buchproduktion, waren viele der wichtigsten Pâli-Texte, insbesondere die des *Abhidhamma*, die sich mit den philosophischen und psychologischen Aspekten der buddhistischen Lehre befassen, in jenen Tagen nicht zu haben.

Als wir von U Khantis erfolgreichem Wirken hörten, waren wir natürlich begierig, ihn persönlich kennenzulernen, und so verließen wir eines morgens unser Quartier, um dem Rishi vom Mandalay-Berg unseren Besuch abzustatten. Da wir außerhalb der Stadt und in beträchtlicher Entfernung vom heiligen Berg wohnten, waren wir gezwungen, uns einer Tonga (eines zweiräderigen Pferdewagens) zu bedienen, um zu unserem Ziel zu gelangen. Als wir aber dort ankamen, sagte man uns, daß der Yathi schon am frühen Morgen den Berg verlassen hätte, um an einem 20 bis 25 Meilen entfernten Ort die Renovierungsarbeiten eines alten buddhistischen Bauwerks zu leiten. Wir waren tief enttäuscht, denn es war ungewiß, ob wir noch einmal eine Gelegenheit haben würden, hierher zu kommen, da wir ein sehr gedrängtes Programm vor uns hatten und jeder Tag mit Einladungen, Besprechungen, Vorträgen, Ausflügen und dergleichen ausgefüllt war. Zögernd stiegen wir wieder in unsere Tonga, aber kaum hatte der Wagen gewendet, als ein Auto von der entgegengesetzten Richtung sich näherte und vor dem Eingang des überdeckten Treppenaufgangs, der zum Gipfel des Berges führte, anhielt. Eine hohe, rotgewandete Gestalt entstieg dem Wagen. Es lag etwas unglaublich Eindrucksvolles in der Erscheinung und den ruhigen Bewegungen dieser edlen Gestalt, die mit der natürlichen Würde eines geborenen Herrschers begabt zu sein schien. Es war uns unmittelbar klar: dies konnte nur der große Rishi sein. Sofort hielten wir die Tonga an, stiegen wieder aus und gingen zum Eingangstor zurück, wo man uns zu unserer großen Freude mitteilte, daß U Khanti plötzlich zurückgekehrt sei und daß wir Gelegenheit haben würden, ihn zu sprechen. Wir wurden in einen offenen Pavillon geführt, und dort empfing uns der große Rishi, umgeben von einer Anzahl von Bhikkhus und anderen seiner Mitarbeiter. Wieder fiel es mir auf, wie seine Persönlichkeit alle andern, die ihn umgaben, überragte und wie er, obwohl er kein ordiniertes Mitglied des Bhikkhu-Saṅgha (des orthodoxen Ordens der *Theravâda*-Mönche) war, auch denen Ehrfurcht einflößte, die sich als die exklusiven Hüter des Buddhawortes und als höher im geistlichen Rang betrachteten. Er empfing uns freundlich lächelnd und mit ausgesuchter Höflichkeit, verbeugte sich vor Nyâṇatiloka, als einem Älteren *(thera)* des Ordens und lud uns zum Sitzen ein, während er gleichzeitig Anordnungen gab, daß man uns mit Tee und Süßigkeiten bewirte. Inzwischen beantwortete er Fragen seiner Sekretäre, die sich ihm von Zeit zu Zeit mit Papieren näherten oder um Instruktionen baten; aber dies ging mit solcher Ruhe und Schlichtheit vor sich, daß es weder seine Aufmerksamkeit von uns ablenkte, noch auch den Fortgang des Gesprächs mit uns zu unterbrechen imstande war. Er zeigte besonderes Interesse an der neugegründeten Internationalen Buddhistischen Union, deren Präsident Nyâṇatiloka war, während ich das Amt eines Generalsekretärs innehatte. Als wir über unsere Pläne sprachen, die «Island Hermitage» von Dodanduwa zu einem internationalen Zentrum buddhistischer Kultur zu machen, und von der Notwendigkeit, die buddhistische Literatur der Welt näher zu bringen, war ich gerade im Begriff, unser besonderes Interesse an der *Abhidhamma*-Literatur und unsere Schwierigkeit, die notwendigen Bücher zu bekommen, zu erwähnen. Aber noch bevor ich eine derartige Bemerkung machen konnte, wandte sich der Rishi zu einem seiner Begleiter und gab ihm einige kurze Anweisungen. Der Begleiter verschwand in der Richtung eines benachbarten Gebäudes, das, wie sich später herausstellte, die Druckerei und die Buchbinderei enthielt. Nach wenigen Minuten erschienen einige Bedienstete mit Stößen von Büchern auf ihren Armen. «Hier ist ein Geschenk für Sie», sagte der Rishi lächelnd zu uns, indem er den Dienstleuten bedeutete, die Bücher vor uns auszubreiten. Wie soll ich unsere Überraschung beschreiben?! – Es waren genau jene Bände, die in unserer Bibliothek fehlten: ein vollständiger Satz der *Abhidhamma*-Texte. – Wir waren völlig überwältigt und sprachlos vor der Promptheit, mit welcher der Yathi unseren geheimen Wunsch erkannt und erfüllt hatte, und über seine Güte, uns ein so wertvolles Geschenk zu machen.

Als er unsere Freude sah, bot er uns auch die übrigen Bücherserien an, die er in seiner Druckerei hergestellt hatte, und die sämtlich schön gebunden und mit goldgepreßten Lederrücken versehen waren. Aber die Menge der Bücher war so groß, daß wir sie nicht einmal in unserer Tonga mit uns nehmen konnten und sie uns in einem anderen Fahrzeug am folgenden Tag zugestellt werden mußten. Wie ich aus Zeitungsausschnitten, die über unsere täglichen Unternehmungen in Mandalay berichteten, entnehme, hatten die Bücher, die wir vom Mahâ-Yathi erhielten, einen Wert von über 700 Silber-Rupien, was heutzutage einem Wert von nicht weniger als 3000 Rupien indischer Währung entsprechen würde. Wahrlich eine königliche Gabe, die uns tiefer bewegte, als wir sagen konnten.

Nachdem wir vom Rishi Abschied genommen hatten, begleiteten uns einige Bhikkhus seines Gefolges durch die zahllosen Schreine und Tempel des heiligen Berges, so daß wir eine Idee von der gewaltigen Größe des Werkes bekamen, das hier geleistet worden war und das dennoch nur einen Bruchteil der Tätigkeit dieses erstaunlichen Mannes darstellte. Im Lauf unseres Gesprächs erzählte uns einer der Bhikkhus, daß der Yathi am frühen Morgen den Berg verlassen hatte, um die Renovierungsarbeiten an einem weit entfernten Ort zu überwachen. Aber inmitten seiner Inspektionsarbeit hätte er plötzlich gesagt, daß er sofort nach Mandalay zurückkehren müsse, da Besucher aus einem fernen Land gekommen seien, um ihn zu sehen. Und ohne einen Augenblick zu zögern, sprang er in seinen Wagen und bat den Chauffeur, so schnell als möglich zu fahren. Und als ob er es vorausgesehen hätte, kam er in genau dem Augenblick am Fuß des Mandalay-Berges an, in dem wir uns zur Rückfahrt entschlossen hatten.

Es wurde uns nun klar, daß unsere Begegnung kein bloßer Zufall war, und als wir dem Bhikkhu gestanden, wie überrascht wir gewesen seien, als der Rishi uns genau die von uns gewünschten Bücher gab – bevor wir auch nur die geringste Andeutung hatten machen können – sagte er mit einer vor Erregung bebenden Stimme: «Wißt ihr, wer er ist? Er ist die Wiedergeburt des Königs Mindon Min.»

Ich muß gestehen, daß ich keinen Zweifel an der Wahrheit dieser Aussage hatte, denn sie bestätigte mir, was ich in dem Augenblick, in dem ich die edle Gestalt des Rishi zum ersten Mal erblickte, empfunden hatte. Seine ganze Erscheinung hatte etwas Königliches, Respekteinflößendes, Ehrfurchtgebietendes. Seine Haltung, seine Taten und seine ganze Persönlichkeit waren für mich ein größerer Beweis für den bewußten Zusammenhang mit einer bedeutenden vorgeburtlichen Vergangenheit, als was alle faktischen Nachprüfungen hätten erbringen können. Sein Leben und seine Handlungen zeigten unmißverständlich, daß er über ungewöhnliche seelische und geistige Kräfte verfügte. Die Erinnerung an seine frühere Geburt und die Bestrebungen seines früheren Lebens schienen die treibende Kraft zu sein, eine Kraft, die seinem jetzigen Leben eine erhöhte Bedeutung verlieh. Das Wissen um seine Vergangenheit war für ihn nicht toter Ballast, sondern ein stärkerer Ansporn zum Handeln; es erhöhte sein Verantwortungsgefühl für das in einem früheren Leben unvollendet gelassene Werk. Es war wie die Erfüllung des Gelübdes eines Bodhisattva, der die Kontinuität seines Bewußtseins über viele Leben und Tode aufrechterhält, auf Grund eines Ziels, das größer ist als der Horizont eines einzigen Menschenlebens.* Unser höheres Streben ist es, unser Bemühen, über uns selbst hinauszuwachsen und unser höchstes Ziel völliger Erleuchtung zu verwirklichen, was uns unsterblich macht – nicht die Dauer einer unveränderlichen Einzelseele, deren ewiges Gleichsein uns vom Leben und Wachstum und von dem unendlichen Abenteuer des Geistes ausschließen und uns auf ewig zu Gefangenen unserer eigenen Beschränktheit machen würde.

* Daß eine solche Überzeugung auch dem europäischen Denken nicht fremd ist, mag aus den folgenden Worten Goethes, die er am 4. 2. 1829 zu Eckermann äußerte, hervorgehen: «Wenn ich bis an mein Ende rastlos wirke, so ist die Natur verpflichtet, mir eine andere Form des Daseins anzuweisen, wenn die jetzige meinen Geist nicht ferner auszuhalten vermag.» (Eckermann, *Gespräche mit Goethe)* – «Wer sich als Träger von kosmischen, immateriellen Kräften weiß, deren Versinnlichung als Natur und Welt erscheint», sagt Henri Birven, «der kann mit Goethe von *‹tausend Präexistenzen und tausend antizipierten Postexistenzen›* sprechen.» (Henri Birven, *Goethes offenes Geheimnis,* Origo Verlag, Zürich, 1952, S. 46.)

MAUNG TUN KYAING

Eher als erwartet, stieß ich auf einen weiteren Fall vorgeburtlicher Erinnerung, einen Fall, der um so bemerkenswerter war, weil er zahlreiche Mittel zur Verifikation bot – obwohl ich persönlich wenig Wert darauf lege, ob die Tatsache der Wiedergeburt bewiesen werden kann oder nicht. Die Idee der Wiedergeburt erscheint mir um so überzeugender und natürlicher, als sie die menschliche Vernunft in jeder Weise befriedigt, dem individuellen Leben einen tieferen Sinn gibt und sich in die evolutionären Tendenzen organischen Lebens widerspruchslos einfügt, wie dies die Entdeckungen der Biologie und der Tiefenpsychologie gezeigt haben.

In Maymyo, der Sommerresidenz der damaligen burmesischen Regierung in den nördlichen Schanstaaten, wohin Nyâṇatiloka Thera und ich vor der Hitze Mandalays geflohen waren, hörten wir von einem kleinen Knaben, dessen Name Maung Tun Kyaing war und der im vollen Besitz vorgeburtlicher Erinnerung und vorgeburtlichen Wissens war, so daß selbst der Gouverneur von Burma (Sir Henry Butler) ihn in seine Residenz in Maymyo einlud, um sich von der Wahrheit dieses außergewöhnlichen Phänomens zu überzeugen. Der Knabe machte einen so günstigen Eindruck auf den Gouverneur und auf alle, die während jenes denkwürdigen Interviews zugegen waren, daß man den Knaben ermutigte, überall im Lande seine frohe Botschaft zu verkünden und selbst die Gefängnisse zu besuchen, um Licht und Hoffnung all denen zu bringen, die in tiefster Dunkelheit befangen waren. Seit jener Zeit wanderte er von Ort zu Ort, und Tausende von Menschen lauschten begeistert seinen Worten.

Wo er sich zur Zeit aufhielt, wußte jedoch niemand, und da ich beschlossen hatte, meine Reise nordwärts durch Oberburma und von dort nach China (Yünnan) fortzusetzen, nahm ich vom ehrwürdigen Nyâṇatiloka Abschied, kehrte nach Mandalay zurück und reiste mit dem Flußdampfer den Irrawaddy hinauf nach Bhamo, wo die Karawanenstraße nach Yünnan begann. Ich fand Unterkunft in einem kleinen Kyaung (Kloster) in der Nähe der sogenannten Glockenpagode und wurde, da nur wenige Schlafräume zur Verfügung standen, in der benachbarten Tempelhalle untergebracht, wo ich mein Feldbett für die Nacht aufschlug.

Nach dem geselligen Treiben an Bord des Flußdampfers, auf dessen Deck ich eine Woche lang wie in einer großen Familie gelebt hatte, war es ein seltsames Gefühl, mich plötzlich in der Nacht allein in einer geräumigen, dunklen Halle zu befinden, in der drei weiße, marmorne Buddhastatuen mit stereotypem Lächeln auf mich herniederblickten. Bevor ich mich zur Ruhe begab, hatte ich mich nach der Zeit erkundigt, denn meine Uhr war stehengeblieben, weil ich vergessen hatte, sie aufzuziehen. Aber keiner der Mönche sprach ein Wort Englisch, und da augenscheinlich keine Uhr im ganzen Kloster vorhanden war, konnte mir niemand Auskunft geben.

Als ich am nächsten Morgen erwachte und allerhand Leute in der Halle herumgehen hörte, hatte ich daher keine Ahnung, wie lange ich geschlafen hatte. Einige dieser Leute trugen mit Wasser gefüllte Eimer, und ehe ich noch ausmachen konnte, was sie im Sinn hatten, eilten sie auf die Buddhastatuen zu und schleuderten das Wasser mit wohlgezielten Würfen gegen die Statuen, als ob der Tempel in Flammen stünde. Ich hatte keine Ahnung, was der Zweck dieser seltsamen Handlung war, und befürchtete jeden Augenblick, das Schicksal der Buddhastatuen zu teilen. Aber zu meiner großen Erleichterung verschwanden die Leute ebenso unerwartet, wie sie gekommen waren, ohne die geringste Notiz von mir zu nehmen.

Erst später erfuhr ich, daß dies der Tag des Wasserfestes war, an dem es Sitte ist, die Buddhastatuen zu «baden» und sich gegenseitig auf den Straßen mit Wasser zu bespritzen – mit Ausnahme derer, die das gelbe Gewand trugen. Nur letzteres hatte mich augenscheinlich vor einer kalten Dusche bewahrt. Jedenfalls schien es mir ratsam aufzustehen, um für weitere Eventualitäten vorbereitet zu sein. Diese

kamen in Gestalt eines Uhrmachers, der mir erklärte, er sei hierher bestellt worden, um meine Uhr zu reparieren. Der gute Mann war den weiten Weg von der Stadt zu diesem abgelegenen Kloster gekommen, weil er davon benachrichtigt worden war, daß meine Uhr nicht mehr ginge. Als ich das Mißverständnis aufklärte und ihn davon überzeugte, daß meine Uhr vollständig in Ordnung sei, lachte er herzlich und versicherte mir, daß er es nicht bedaure, den weiten Weg unternommen zu haben, da ihm dies Gelegenheit gegeben hätte, mich kennenzulernen. Ich versicherte ihm meinerseits, daß ich in gleicher Weise erfreut sei, jemanden gefunden zu haben, der Englisch sprach.
Da inzwischen Tee gebracht wurde, ließen wir uns zu einem freundschaftlichen Gespräch nieder, in dessen Verlauf ich unter anderem auch auf Maung Tun Kyaing zu sprechen kam und der Hoffnung Ausdruck gab, ihm eines Tages vielleicht zu begegnen. «Nichts einfacher als das», erwiderte der Uhrmacher. «Maung Tun Kyaing ist gerade in Bhamo und wird heute in einem Kloster, nicht weit von hier, predigen.»
«Welch seltsames Zusammentreffen», rief ich aus, «daß mein Weg mich gerade an diesem Tag hierher geführt hat, ohne daß ich die geringste Ahnung hatte, daß Maung Tun Kyaing sich in diesem Teil des Landes aufhielte. Es scheint, daß mein bloßer Wunsch genug war, um die Erfüllung herbeizurufen.»
«Gewiß», sagte er, «es ist die Kraft eines guten Wunsches, die uns zum rechten Ort führt. Nichts Wesentliches geschieht in unserem Leben aus bloßem Zufall. Ich bin sicher, daß auch unsere Begegnung, obwohl durch ein Mißverständnis veranlaßt, nicht zufällig war, sondern ein notwendiges Glied zur Erfüllung Ihres Wunsches.»
«Sie haben recht», stimmte ich bei, «und ich bin Ihnen äußerst dankbar dafür, daß Sie hierher kamen und mir diese Auskunft gaben.»
Als ich das Kloster erreichte, in dem Maung Tun Kyaing sich aufhielt, war er gerade im Begriff, zu einer großen Volksmenge zu sprechen, die den Vorhof des Tempels bis auf den letzten Platz ausfüllte. Es war ein erstaunlicher Anblick, einen kleinen Knaben mit der Ruhe und Selbstsicherheit eines geübten Redners sprechen zu sehen. Sein Gesicht war strahlend und seine Stimme klar und melodiös wie der Klang einer Glocke. Obwohl ich kein Wort seiner Sprache verstand, war es eine Freude, seiner Stimme zu lauschen, die unmittelbar aus der

Tiefe des Herzens zu kommen schien wie der Gesang eines Vogels. Nach der Predigt, der alle Anwesenden mit gespannter Aufmerksamkeit zuhörten, führte man mich zu dem Knaben, der von seinem Vater und seinem jüngeren Bruder begleitet war. Beide Knaben waren in gelbe Gewänder gekleidet, obwohl sie infolge ihrer Minderjährigkeit offiziell noch nicht dem Saṅgha angehörten. Maung Tun Kyaing schien, seinem Aussehen nach, kaum mehr als sechs Jahre alt zu sein und sein jüngerer Bruder etwa fünf. Aber man sagte mir, daß Maung Tun Kyaing acht Jahre alt sei und sein Bruder sieben. Welcher Unterschied aber zwischen diesen beiden. Der jüngere Bruder sah wie jedes andere Kind seines Alters aus; Maung Tun Kyaing hingegen war von außergewöhnlicher Schönheit. Ich habe selten einen Ausdruck von solch hoher Intelligenz und Lebendigkeit, vereint mit solch transparenter Reinheit und Strahlungskraft in einem menschlichen Antlitz gesehen. Der Knabe war nicht im geringsten scheu, als ich die verschiedenen glückverheißenden Zeichen seines Körpers betrachtete, auf die sein Vater mich aufmerksam machte und deren Bedeutung mir von einem Dolmetscher erklärt wurde. Auf all meine Fragen antwortete der Knabe ohne Zögern und mit natürlicher Offenheit.

Seine Lebensgeschichte, die mir zum größten Teil von seinem Vater, einem einfachen, offenherzigen Mann, erzählt und von Maun Tun Kyaing und den anwesenden Mönchen und Laien bestätigt wurde, erschien mir als der interessanteste und bedeutendste Beweis für die Wiedergeburtsidee und die Tatsache vorgeburtlichen Erinnerungsvermögens. Glücklicherweise hatte ich Notizblock und Bleistift zur Hand, um alle wesentlichen Punkte des Interviews, das nun 34 Jahre zurückliegt, schriftlich festzuhalten. Diesen Aufzeichnungen entnehme ich folgenden Bericht:

Maung Tun Kyaing war der Sohn armer Strohmattenflechter, die weder lesen noch schreiben konnten. Als er vier Jahre alt war, nahm ihn der Vater zusammen mit seinem jüngeren Bruder zu einem Jahrmarkt in einem benachbarten Dorf mit. Als sie sich dem Dorf näherten, begegneten sie einem Mann mit einem Bündel Zuckerrohr, das er auf dem Markt feilhalten wollte. Als er die beiden Kinder sah und sich wohl dachte, daß der Vater zu arm sei, um etwas kaufen zu können, schenkte er jedem der beiden Knaben ein Stück Zuckerrohr. Während der kleinere von ihnen begierig sein Stück zum Munde führte, ermahnte

Maung Tun Kyaing ihn, nicht zu essen, bevor er dem Geber gedankt oder einen Segenswunsch für ihn gesprochen hätte (*Sukhi hotu*, «möge er glücklich sein», ist die entsprechende Pâliformel, die von Mönchen gebraucht wird). Während er so zu ihm sprach, war es, als ob die Tore seines Gedächtnisses plötzlich aufgestoßen wurden, und unter dem Eindruck aufwallender Erinnerung bat er seinen Vater, ihn auf die Schulter zu heben, damit er über die Tugend des Gebens (die in der Lehre des Buddha als die erste der «zehn großen Tugenden» gilt) predigen könne. Der Vater gewährte gutmütig lächelnd seinen Wunsch, den er für eine kindliche Laune hielt. Aber zu seiner und der Umstehenden Überraschung begann der Knabe eine Predigt über den Segen des Gebens zu halten, wie selbst ein religiöser Lehrer es nicht besser hätte tun können. Mehr und mehr Leute versammelten sich um den kleinen Prediger, so daß der Vater ganz verwirrt wurde über die plötzliche Veränderung, die in dem Kinde vor sich gegangen war. Der Knabe blieb jedoch davon unberührt und sagte, nachdem er seine Predigt beendet hatte: «Komm, Vater, wir wollen zu meinem Kyaung gehen.»
«Was meinst du mit ‹deinem Kyaung›?»
«Das Kloster dort! Kennst du es nicht?»
«Ich erinnere mich nicht, daß du je dort gewesen wärst», erwiderte der Vater. «Aber gehen wir trotzdem hin und sehen es uns an.»
Als sie das Kloster erreichten, trafen sie einen älteren Mönch, der, wie sich herausstellte, der Abt des Kyaung war. Maung Tun Kyaing aber schien in Gedanken verloren zu sein und schaute ihn an, ohne ihn der Sitte gemäß zu begrüßen. Der Vater schalt ihn daher und sagte: «Willst du nicht dem ehrwürdigen Thera den schuldigen Respekt erweisen?» – Worauf der Knabe den Abt grüßte, als wenn er seinesgleichen wäre, anstatt sich vor ihm in der vorgeschriebenen Weise zu verneigen und mit der Stirn den Boden zu berühren.
«Weißt du nicht, wer ich bin?» fragte der Abt.
«Gewiß, ich weiß es», sagte der Knabe ohne die geringste Verlegenheit. Und als der Abt ihn verwundert anschaute, erwähnte der Knabe den Namen des Thera.
«Woher weißt du das? Hat dir jemand meinen Namen gesagt?»
«Nein», entgegnete der Knabe. «Erinnerst du dich meiner nicht mehr? Ich war dein Lehrer, U Pandeissa.»
Der Abt war aufs höchste überrascht, aber um sicher zu gehen, fragte

er den Knaben: «Wenn dem so ist, so wirst du auch wissen, wer ich war, bevor ich in den Orden trat. Wenn du dich daran erinnerst, so flüstere den Namen in mein Ohr.» *

Der Knabe tat, wie ihm geheißen. Und als der Thera seinen Namen hörte, den niemand kannte außer ihm und den wenigen, die ihn noch aus seiner Jugend erinnerten und mit ihm alt geworden waren, fiel er dem Knaben zu Füßen, berührte den Boden mit der Stirn und rief mit Tränen in den Augen aus: «Ich weiß es nun – du bist wirklich mein Lehrer.»

Er führte ihn, zusammen mit seinem Vater und seinem kleinen Bruder, ins Kloster, wo Maung Tun Kyaing sich jeder Einzelheit erinnerte und sogleich auf den Raum im östlichen Flügel des Gebäudes hinwies, in dem er gewohnt hatte, und ebenso auf den Platz, an dem er zu meditieren pflegte, auf die von ihm besonders verehrte Buddhastatue, vor der er täglich Lichter und Weihrauch angezündet hatte, und auf vieles andere, an das auch der alte Thera sich erinnern konnte. Es waren ja noch nicht so viele Jahre verflossen, seit U Pandeissa, der Abt von Yunkyaung (wie das Kloster hieß) gestorben war.

Das Wichtigste und Bedeutsamste aber war, daß Maung Tun Kyaing sich nicht nur an die allgemeinen Umstände seines früheren Lebens erinnerte, sondern daß er auch sein früheres Wissen bewahrt hatte. Als der Thera ihm einige alte Pâli-Texte zeigte, erwies der Knabe sich als fähig, sie zu lesen und zu verstehen, obwohl er nie eine Schule besucht hatte und in einem Heim aufgewachsen war, in dem niemand lesen oder schreiben konnte – gar nicht zu reden von irgendwelchen Kenntnissen der Pâli-Sprache. Wenn noch irgendein Zweifel betreffs seiner

* Wenn jemand in den Orden eintritt, beginnt er ein völlig neues Leben, erhält einen neuen Namen und gebraucht von da an nie mehr seinen früheren Namen. Ein Ordensmitglied mit seinem Laiennamen anzureden, würde einer Beleidigung gleichkommen, und es wäre respektlos, ihn danach zu fragen, um herauszufinden, welcher Familie er angehörte, weil jemand, der in die «Familie der Erleuchteten» eingetreten ist, nicht mehr unter dem Gesichtspunkt der Abstammung, der Blutsverwandtschaft oder des sozialen Hintergrundes, wie Kaste, Standesklasse oder dergleichen, betrachtet werden kann, denn alles hat er hinter sich gelassen. In diesem Zusammenhang mag an den Bericht erinnert werden, daß die fünf Asketen, die den Buddha kurz vor seiner Erleuchtung verlassen hatten, weil er die extreme Askese aufgegeben hatte, als sie ihn mit seinem Familiennamen anredeten, vom Buddha streng zurechtgewiesen wurden.

vorgeburtlichen Erinnerungen bestanden hätte, hier war der klare Beweis.
Als der Vater und die zwei Kinder im Begriff waren, zu ihrem Dorf zurückzukehren, das am Ufer des gleichen Flusses lag wie das Kloster, schlug der Abt vor, daß sie sich eines der Boote bedienten, die zu Yunkyaung gehörten. Sie gingen zum Flußufer hinab, und da dort mehrere Boote zur Auswahl standen, fragte der Abt Maung Tun Kyaing, in welchem von ihnen er am liebsten fahren möchte. Ohne Zögern wies Maung Tun Kyaing auf eines der Boote, indem er sagte, daß es sein eigenes gewesen sei.
Burmesische Boote sind für gewöhnlich mit lebhaften Farben bemalt und am Bug mit Augen versehen, was ihnen die Individualität eines lebendigen Wesens verleiht. Dies ist ganz in Übereinstimmung mit dem animistischen Glauben altburmesischer Tradition, der zufolge alle Dinge lebendig sind, ja, eine Art Eigenleben besitzen, da sie von geistigen Wesen bewohnt sind, den sogenannten *nats*. Wer aber den Namen eines solcherart belebten und mit einem *nat* identifizierten Dinges kennt, hat Macht über es, und deshalb wird dieser Name Fremden nicht verraten. Er ist nur dem Besitzer und denen, die ihm nahestehen, bekannt.
Der Abt fragte daher: «Du sagst, daß dies dein Boot sei; weißt du aber auch seinen Namen?» Der Knabe nannte ihn, und es war der richtige.
Nach all diesen Beweisen zweifelte niemand mehr, daß Maung Tun Kyaing der wiedergeborene U Pandeissa war, der frühere Abt von Yunkyaung, und jeder wollte ihn predigen hören. Von allen Seiten kamen nun Einladungen, und seine Eltern befürchteten, daß seine Gesundheit diesen Anstrengungen nicht gewachsen sein würde. Aber er wies alle Bedenken zurück und sagte: «Der Buddha verbrachte unzählige Existenzen in selbstaufopfernden Taten und in unaufhörlichem Streben nach Erleuchtung. Ich sollte darum auch keine Mühe scheuen, um die Buddhaschaft zu erringen. Nur durch Erlangung des höchsten Ziels kann ich zum Wohl aller lebenden Wesen wirken.»
Seine Predigten begeisterten die Menschen in solchem Maße, daß Tausende kamen, um ihn zu sehen und zu hören. Ja, es geschah einst, daß ein Kloster unter dem Gewicht der Menschenmenge, die sich um ihn drängte, zusammenbrach – glücklicherweise ohne Todesopfer zu for-

dern, da die Klöster Burmas meist aus Holz gebaut sind und auf hohen Holzpfeilern ruhen. Das Gebäude sank daher langsam in sich zusammen und gab den Menschen genügend Zeit, sich in Sicherheit zu bringen.
Maung Tun Kyaings Ruhm erreichte schließlich auch die Ohren des Gouverneurs von Burma, Sir Henry Butler, der gerade in seiner Sommerresidenz in Maymyo weilte. Um sich selbst von der Wahrheit der Geschichten, die man ihm über den Knaben berichtete, zu überzeugen, ließ er ihn nach Maymyo kommen.
Maung Tun Kyaing rechtfertigte nicht nur seinen Ruf in jeder Hinsicht, sondern gab eine so überzeugende Darstellung der buddhistischen Lehre, daß Sir Henry am Ende des Interviews ihm eine Bonbonniere mit Süßigkeiten und einen Hundert-Rupien-Schein überreichte. Weder Maung Tun Kyaing noch sein Vater hatten wohl je eine so große Banknote zu Gesicht bekommen oder eine so große Summe besessen; aber der Knabe weigerte sich, sie anzunehmen – denn er könne, wie er sagte, den Dharma nicht verkaufen und der Mönchsregel entsprechend kein Geld akzeptieren. Aber, fügte er hinzu, er könne mit gutem Gewissen die Süßigkeiten in Empfang nehmen, da es einem Mönch erlaubt sei, Nahrungsmittel, die ihm freiwillig geboten würden, anzunehmen. Obwohl diese Regeln für Maung Tun Kyaing noch nicht bindend waren, betrachtete er sich innerlich noch immer als der Bhikkhu, der er im vorigen Leben gewesen war und der er auch in diesem Leben bleiben würde.
Maung Tun Kyaing wollte seinerseits dem Gouverneur ein Geschenk machen, und da er nichts anderes hatte als seinen Rosenkranz, den er stets bei sich trug, so wickelte er ihn sorgfältig von seinem Handgelenk ab und reichte ihn dem Gouverneur, der von dieser Geste tief gerührt war und das Geschenk lächelnd in Empfang nahm. Indem er dem Knaben dankte, sagte er: «Nun mußt du mir aber auch erzählen, wie ich den Rosenkranz zu gebrauchen habe», worauf Maung Tun Kyaing antwortete: «Er ist zum Meditieren über die drei Kennzeichen des Daseins, nämlich ‹*anicca*› (Pâli: Vergänglichkeit), ‹*dukkha*› (Pâli: Leiden) und ‹*anattâ*› (Pâli: Ichlosigkeit).» Und dann erklärte er kurz die Bedeutung dieser drei Worte in der Lehre des Buddha.
Der Gouverneur war sichtlich beeindruckt, solch tiefe Wahrheiten aus dem Munde eines Kindes zu hören. Wie war es möglich, daß ein vier-

jähriger Knabe mit der Weisheit eines alten Mannes sprach? Denn er sprach nicht wie ein Kind, das nur Worte wiederholt, die man es gelehrt hat und deren Sinn es nicht versteht – im Gegenteil, er sprach mit so voller Überzeugung und Aufrichtigkeit, daß Sir Henry keinen Zweifel an ihrer Echtheit hatte und den Knaben aufforderte, seine Botschaft dem ganzen burmesischen Volk zu bringen: «Gehe von einem Ende des Landes zum anderen und predige allen, von den Höchsten zu den Niedrigsten, ja selbst den Gefangenen in den Zuchthäusern; denn niemand könnte das Herz der Menschen tiefer bewegen, als du es tust. Selbst das Herz des härtesten Verbrechers würde sich erweichen in der Gegenwart eines so aufrichtigen Glaubens und guten Willens.»
Und so geschah es, daß überall in Burma nicht nur die Herzen der Menschen, sondern selbst die Tore der Gefängnisse sich dem kleinen Lehrverkünder öffneten, der, wohin er auch kam, die Menschen mit Freude und religiösem Eifer erfüllte und ihrem Glauben neues Leben verlieh.

DER GEIST, DER DEN TOD ÜBERWINDET

Nachdem ich Maung Tun Kyaing begegnet war und mit ihm und seinem Vater und den vielen anderen, die mit den Geschehnissen seines Lebens vertraut waren, gesprochen hatte, konnte ich die gewaltige Wirkung verstehen, die Maung Tun Kyaings Worte und Gegenwart auf die Menschen ausübten. Von ganz besonderer Bedeutung aber erschien es mir, daß es wieder – wie im Fall des Großen Rishi vom Mandalay-Berg – das Bodhisattva-Ideal war, d. h. das *Gerichtetsein** auf ein geistiges Ziel, demzufolge das Bewußtsein zu einer einheitlichen Kraft wurde, die den Abgrund des Todes überbrückt und den seelischen Antrieb gegeben hatte, der ein Leben mit dem anderen verband, in einer ständig sich erweiternden Erkenntnis seiner Verantwortlichkeit und seines allumfassenden Ziels.

Diese Verknüpfung des gegenwärtigen Lebens mit den vorhergegan-

* *Gerichtetes Bewußtsein* ist der buddhistischen Psychologie entsprechend jenes Bewußtsein, das in den auf Befreiung oder Erleuchtung gerichteten Strom eingetreten ist, in dem die entscheidende Umstellung erfolgt ist. Ungerichtetes Bewußtsein hingegen läßt sich von triebhaften Motiven und äußeren Eindrücken hin und her treiben und wird wegen seiner Abhängigkeit von der Außenwelt als *weltliches (lokiya)* Bewußtsein bezeichnet. Im Gegensatz hierzu gilt das gerichtete Bewußtsein als *überweltlich (lokuttara).* Die Berechtigung des Ausdrucks *gerichtet* erhellt aus der Tatsache, daß der Übergang vom weltlichen zum überweltlichen Bewußtsein «Stromeintritt» *(sotâpatti)* genannt wird und einer, der sich in dieser Entwicklungsphase befindet, «ein in den *Strom* Eingetretener» *(sotâpanna)* heißt. (Cfr. *Die psychologische Haltung der frühbuddhistischen Philosophie*, Rascher, Zürich, 1962, S. 103).

genen wurde nicht durch ein Hängen an der Vergangenheit oder durch eine morbide Neugier betreffs früherer Existenzen vermittels hypnotischer Trancezustände oder anderer abnormaler psychischer Zustände erreicht, sondern durch die vorwärtsblickende Zielbewußtheit eines klargerichteten Geistes, der sich mehr auf die Erkenntnis und die Verwirklichung der universalen Natur des Bewußtseins stützt als auf die persönlichen Aspekte einer individuellen Vergangenheit. Letztere mögen vor dem geistigen Auge des Meditierenden automatisch erscheinen (besonders in Zuständen tiefer Versenkung), sollten jedoch nie um ihrer selbst willen verfolgt werden.

Als Beispiel sei hier nur das Erlebnis des Buddha erwähnt, das zu seiner endgültigen Erleuchtung führte, und in dem seine Wahrnehmung in immer weiter sich ausdehnenden Kreisen, beginnend mit der Erinnerung früherer Leben (aber ohne ihren individuellen Einzelheiten besondere Bedeutung zu schenken) zu der Erkenntnis fortschritt, wie lebende Wesen ins Dasein treten, wie sie in immer neuen Formen und unter stetig wechselnden Bedingungen, entsprechend ihrer eingeborenen oder erworbenen Tendenzen, unterbewußten Wünschen und bewußten Handlungen, erscheinen. Und nachdem er so das Leben zu seinen äußersten Ursprüngen zurückverfolgt hatte, beobachtete er das Entstehen und Vergehen ganzer Weltsysteme, in endlosen Zyklen der Materialisierung und Wiedereinschmelzung und Integrierung, die einander folgen wie eine kosmische Systole und Diastole.

Nur eine solche kosmische Schau kann den individuellen Pfad in der richtigen Perspektive erscheinen lassen, von der aus dieser Pfad sowohl seine Bedeutung wie seinen Wert erhält. Das Fehlen einer solchen entweder gedanklich oder durch Erfahrung erworbenen Perspektive würde vorgeburtliche Erinnerungen nur zu einer Bürde, zu einer nutzlosen und hindernden Belastung des Geistes machen. Mit ihr würde die wesentliche Funktion des Todes annulliert, nämlich seine Fähigkeit, uns nicht nur von einem verbrauchten Körper zu befreien, sondern vor allem von seinem überfüllten Intellekt, von den ausgefahrenen Geleisen alter Gewohnheiten, verhärteter Meinungen und Vorurteile, von der Anhäufung unwesentlicher Erinnerungsdetails, die uns an die Vergangenheit fesseln und uns daran hindern, die Probleme der Gegenwart mit frischen Augen zu sehen und neuen Situationen spontan zu begegnen.

Dem oberflächlichen Blick mag es erscheinen, als ob Gerichtetheit und Spontaneität des Bewußtseins sich gegenseitig ausschlössen, und aus diesem Grunde täuschen sich unsere modernen Apostel des «spontanen Lebens» und der «reinen Intuition» mit der Idee, daß jede Form des logischen Denkens, jede bewußte Absicht, Zielsetzung oder geistige Ausrichtung – kurz, jede Form des Strebens zur Überwindung der eigenen Begrenzungen, sei es durch Meditation oder andere Praktiken – sämtlich Formen voreingenommenen Denkens seien, mit denen wir unseren intuitiven Genius vergewaltigten. Das alles hört sich zwar sehr bestechend an und wird gern von all denen zum Vorwand genommen, die eine Entschuldigung suchen, um sich nicht anstrengen zu müssen, um sich einfach dahintreiben zu lassen auf der Oberfläche des Lebens. Solche Menschen halten Launenhaftigkeit und exzentrisches Benehmen für Spontaneität, Lässigkeit für ein Zeichen von Begierdelosigkeit und Gleichgültigkeit gegenüber ethischen Werten oder dem Wohl und Weh anderer Menschen für ein Zeichen geistiger Überlegenheit.

Aber der scheinbare Widerspruch zwischen Konzentration und Intuition, zwischen Gerichtetheit und Spontaneität ist nur eine Folge gedankenloser Verallgemeinerungen, die weder in der Erfahrung noch in der Wirklichkeit begründet sind. Die Wirklichkeit erscheint darum im Bereich abstrakter Terminologie paradox, wie z. B. wenn wir Einsgerichtetsein oder Konzentration üben, um zur Universalität und zum allumfassenden Bewußtsein (dem genauen Gegenteil der «Einspitzigkeit» und Exklusivität des konzentrativen Vorgangs!) zu gelangen, oder wenn wir erst Individualität zu verwirklichen haben, bevor wir zum Erlebnis der Universalität aufsteigen können.

Wir müssen uns von einem chaotischen Bewußtsein, das von allen Arten momentaner Objekte und Illusionen erregt und umhergeworfen wird, zu einem gerichteten, d. h. koordinierten, harmonisierten Bewußtsein wenden, das nicht auf irgendein exklusives oder begrenztes Einzelobjekt gerichtet ist, sondern sozusagen in der Integrierung aller Blickrichtungen und Einzelobjekte besteht. «Einsgerichtetheit» oder «Einspitzigkeit» (Skt. *ekagratâ*) bedeutet nicht notwendigerweise, auf ein besonderes oder ausschließliches Objekt gerichtet zu sein, sondern gedanklich, seelisch und geistig geeint zu sein, wie die Strahlen der Sonne in einem Brennpunkt. Der Brennpunkt einer Linse ist nicht auf irgend etwas gerichtet: er vereint bloß die zerstreuten Strahlen der Sonne in *einem* Punkt, und dieser Punkt, obwohl er keine räumliche Ausdehnung hat, verneint oder verleugnet nicht die Unendlichkeit der Strahlen, die durch ihn hindurchgehen. Hier haben wir die praktische Demonstration des Paradoxons, daß das Endliche (der Punkt) und das Unendliche (die Strahlen) vereint werden und ko-existent sein können.

Die Einsgerichtetheit unseres Bewußtseins ist ähnlich der Fokalisierung einer Linse: sie kann dazu gebraucht werden, um ein bestimmtes Objekt in Fokus zu bringen oder um das Bewußtsein selbst zu ‹fokalisieren›, d. h. in einem Punkt zu sammeln, zu konzentrieren, durch Ausschließung *jeglichen* Objektes und durch ein einfaches In-sich-ruhen-lassen des Bewußtseins, das so in seiner eigenen Wahrnehmung integriert ist. In einem solchen Zustand hält man sich nicht an irgend etwas fest oder konzentriert sich auf irgend etwas, sondern der Geist ist völlig frei von jeglicher Objektwahrnehmung und dem Einfluß des Willens oder des Intellektes.

Für die meisten Menschen ist es jedoch nötig, sich erst von der Vielheit der Objekte und Sinneseindrücke zu befreien durch Konzentration oder durch Fokalisierung ihrer Aufmerksamkeit auf *ein* Objekt, und wenn es ihnen auf diese Weise gelungen ist, alle äußeren und inneren Störungen zu beseitigen, dann kann auch dieses Objekt fallen gelassen werden – sofern es nicht (was normalerweise der Fall ist) von selber verschwindet, da es seinen Objektcharakter verliert, sobald der Meditierende mit ihm eins geworden ist. Auf diese Weise wird der Zustand intuitiver Empfangsbereitschaft (Rezeptivität) und Wahrnehmung erreicht, ein Zustand, in dem wir nicht mehr an Formen oder Objekte, Ziele oder Absichten verhaftet sind.

Die buddhistische Meditation umfaßt sowohl die präliminaren Stadien des Denkens, der Betrachtung, der Reflexion und der Konzentration auf ein gewähltes Thema oder Objekt (*parikrâma bhâvanâ*), wie auch die Erreichungszustände völliger Integrierung *(appanâ bhâvanâ)* und intuitiver Wahrnehmung oder geistiger Schauung (*dhyâna*). Intuition ist jedoch auf wiederholter Erfahrung begründet, und Erfahrung auf Übung. Nur wenn Übung zur vollständigen Beherrschung irgendeiner meditativen Praxis oder irgendeiner Technik geführt hat, so daß dieselbe keiner bewußten Beachtung und Anstrengung mehr bedarf, nur dann ist es möglich, uns auf unsere Intuition zu verlassen und spontan und ohne Zwang oder Anstrengung zu handeln, wie ein Virtuose, der sein Instrument (und mit ihm seinen Geist) in solchem Grade beherrscht, daß er mit voller Freiheit – und ohne die Gesetze, auf denen die Harmonie seiner Schöpfung beruht, zu verletzen – komponieren oder improvisieren kann.

So wie niedere (primitivere) Organismen als Baumaterial für höherentwickelte (differenziertere) Organismen dienen, in gleicher Weise dienen die gesammelten und aufgespeicherten Erfahrungen des Unterbewußtseins oder der automatischen Funktionen der verschiedenen Körperorgane den höheren Zwecken und dem freien Wirken des Geistes. Lebendige Zellen verwandeln sich in harte Knochen, um das Gebäude des Körpers zu stützen und aufrechtzuerhalten; und die meisten körperlichen Funktionen, wie das Schlagen des Herzens, die Verdauung, die Atmung, der Blutkreislauf etc. sind automatisch und selbstregulierend. Wenn alle diese Funktionen von unserer bewußten Anstrengung abhängig wären und somit unsere dauernde Aufmerksamkeit absorbierten, so gäbe es weder ein intellektuelles noch ein geistiges Leben. Ebensowenig wie wir versuchen sollten, die automatischen Funktionen unserer Organe in bewußte zurückzuverwandeln (was einer Reversierung des natürlichen evolutionären Prozesses gleichkäme), ebensowenig sollten wir versuchen, die Einzelheiten früherer Existenzen wiederaufleben zu lassen, von deren Erinnerung wiederholte Tode uns befreit haben, indem sie den Erlebniswert jeder Existenz in eine Qualität unseres Charakters oder eine Fähigkeit unseres Geistes verwandelten. Nur solche Erinnerungen, die kraft ihrer Sinnhaftigkeit, ihrer entscheidenden seelischen Bedeutung und Richtung auf ein hohes Ziel ihren Wert bewahrt haben, können von Bedeutung für unser gegenwärtiges Leben sein – und vielleicht auch für unser zukünftiges, vorausgesetzt, daß das Ziel oder die Idee, die uns begeisterte, weit und groß genug war, um bis in eine ferne Zukunft, über das Maß eines einzigen Lebens hinaus zu wirken.

DER FALL SHANTI DEVI

Die Gerichtetheit unseres Bewußtseins ist nicht nur von der Stärke unseres geistigen Ziels abhängig, sondern in gewissem Grad auch von der Intensität unserer Emotionen, insbesondere, wenn diese mit einem religiösen Ziel, einer heiligen Pflicht verbunden sind, oder mit einer tiefen menschlichen Beziehung, die auf reiner und selbstloser Liebe begründet ist. Wenn solche Emotionen im Augenblick des Todes sehr stark sind, so mag dies zur Folge haben, daß ihre Erinnerung bewußt in das nächstfolgende Leben übernommen wird, wo sie besonders in früher Kindheit bewußt wird, bevor neue Eindrücke und Erfahrungen sie verdrängen können.

Ein Fall solcher Art kam im Winter 1935/36 zu meiner Kenntnis. Ein kleines Mädchen namens Shanti Devi, das mit seinen Eltern in Delhi lebte, behauptete, daß es verheiratet sei und daß sein Ehemann, Kedarnath Chaubey, zusammen mit seinem Sohn in Muttra lebe, einer Stadt, die etwa 150 km von Delhi entfernt liegt. Als das Mädchen über diese Dinge zu sprechen begann, war es kaum drei Jahre alt, und niemand schenkte seinen Aussagen Beachtung, in der Annahme, daß es nur kindliches Spiel sei, in Nachahmung von Gesprächen Erwachsener. Als aber das Mädchen etwa acht Jahre alt war und noch immer auf seinen Aussagen betreffs seines Gatten und seines Sohnes beharrte, begann sein Großonkel, Professor Kishen Chand, zu vermuten, daß es sich doch vielleicht um mehr als um bloße kindliche Phantasie handle. Er fand heraus, daß in der von Shanti Devi beschriebenen Örtlichkeit in Muttra tatsächlich jemand mit dem Namen Kedarnath Chaubey lebte. Der

Professor setzte sich sofort mit Chaubey in Verbindung und erzählte ihm alles, was das Mädchen gesagt hatte. Dies war ein ziemlicher Schock für Chaubey, der inzwischen wieder geheiratet hatte. Zugleich aber befürchtete er, daß jemand dem Professor und ihm einen Streich zu spielen versuchte. Als sich jedoch herausstellte, daß alle Einzelheiten stimmten, gab er schließlich seine Einwilligung, Shanti im Hause ihrer Eltern aufzusuchen.

Am 13. November 1935 reiste Kedarnath Chaubey mit seiner zweiten Frau und seinem zehnjährigen Sohn aus erster Ehe nach Delhi. Shanti war von ihrem Kommen nicht benachrichtigt worden. Sobald sie jedoch den Raum betrat, in dem ihre Eltern und die Besucher versammelt waren, erkannte sie Kedarnath als ihren früheren Gatten und den Knaben als ihren Sohn. Sie umarmte den Knaben mit Tränen in den Augen und nannte ihn mit allen Kosenamen, deren ihr früherer Gatte sich so lebhaft erinnerte. Wenn er noch irgendwelchen Zweifel an Shantis Identität gehegt hatte, so war nun die letzte Spur davon getilgt. Das Mädchen erinnerte ihren früheren Gatten auch an kleine intime Geschehnisse ihres Ehelebens, die nur ihnen bekannt waren, und das machte den Beweis vollständig.

Nun wurden auch andere Leute auf den Fall aufmerksam, und Deshbandhu Gupta, der Präsident der *All-India Newspaper Editor's Conference* und Mitglied des indischen Parlaments, nahm weitere Nachforschungen auf, um sich von der Wahrheit von Shantis vorgeburtlichen Erinnerungen zu überzeugen. Er nahm sie daher mit sich nach Muttra und bat sie, ihm und den anderen, die mit ihnen gekommen waren, den Weg zu ihrem früheren Heim zu zeigen. Sie nahmen eine Tonga, und Shanti wies mit unbeirrbarer Sicherheit den Weg durch viele enge Gassen und die gewundenen Straßen der Stadt zu dem Haus, in dem sie mit ihrem Gatten gelebt hatte. Sie bemerkte sogleich, daß das Haus in einer anderen Farbe gestrichen war als zu ihrer Zeit. «Ich erinnere mich, daß es gelb war und nicht weiß, wie es jetzt ist», rief sie aus. Dies erwies sich als richtig. Kedarnath hatte das Haus nach ihrem Tode verlassen, und seine neuen Bewohner hatten es weiß tünchen lassen. Kedarnath brachte die Gesellschaft sodann zu seiner neuen Wohnung, und danach führte Shanti sie zum Haus ihrer früheren Mutter. Auch hier bemerkte sie sogleich gewisse Veränderungen. «Im Garten war ein Ziehbrunnen», sagte sie. «Was ist damit geschehen?»

Sie zeigte auf die Stelle, wo er gewesen war, und als man dort nachgrub, fand man den Brunnen unter einer großen Steinplatte, die mit Erde überdeckt worden war. Shanti erkannte auch ihre früheren Eltern wieder und ihren früheren Schwiegervater, einen vom Alter gebeugten Brahmanen. – So hatten sich all ihre Erinnerungen bis in die letzte Einzelheit als wahrheitsgemäß erwiesen.
Sie wäre gern mit ihrem früheren Sohn vereint geblieben, aber sie sah ein, daß sie ihn nicht von seinem Vater wegnehmen konnte. Und was ihren früheren Gatten betraf, so wußte sie, daß sie nach seiner zweiten Heirat kein Anrecht mehr auf ihn hatte.
In dieser Weise wurde es ihr allmählich klar, daß die Bande der Ehe und der Mutterschaft nicht über den Tod hinaus aufrechterhalten werden können, und daß es eben die Funktion des Todes ist, uns von diesen Banden und dem Leid der Trennung und Erinnerung zu befreien, ohne dadurch zu vernichten, was wir durch unsere Fähigkeit zu lieben und anderen zu dienen gewonnen haben. So sind wir imstande, denen, die wir liebten, unter neuen Bedingungen und in neuen Gestalten wiederzubegegnen, ohne durch die Einschränkungen früherer Beziehungen und die Erinnerung an eine unwiederbringliche Vergangenheit belastet zu werden. Diese Erkenntnis veranlaßte Shanti, sich den beständigeren Werten eines geistigen Lebens zuzuwenden, in dem all unsere Liebe und Sehnsucht sublimiert wird zu einem tieferen Mitgefühl für alle lebenden Wesen, zu der Fähigkeit intensiverer Anteilnahme an den Freuden und Leiden all derer, mit denen das Leben uns in Berührung bringt.
Shanti Devi hat nie geheiratet, sondern weihte ihr Leben dem Dienst ihrer Mitmenschen. Sie wurde eine erfolgreiche Lehrerin an einer höheren Schule Delhis. Freunde, die sie persönlich kennen, sagten mir, daß sie ein tiefreligiöses Leben führt und einen Ashram zu gründen beabsichtigt, in dem sie sich völlig ihrer *sâdhanâ* und denen, die ihre religiösen Ideale teilen, widmen kann.
Man könnte die Frage aufwerfen: Wie kommt es, daß solche Fälle vorgeburtlicher Erinnerung so oft im Osten vorkommen und nicht im Westen? Meine Antwort ist, daß sie ebenso oft im Westen vorkommen wie im Osten. Der einzige Unterschied besteht darin, daß der Westen ihnen keine Beachtung schenkt, weil sie nicht der geistigen Haltung des durchschnittlichen westlichen Menschen entsprechen; denn seine

Unsere Karawane beim Abstieg in ein Canyon auf dem Weg nach Tholing

Der «Goldene Tempel» von Tholing

Religion lehrt ihn, daß ein gänzlich neues Wesen bei der Geburt ins Leben tritt und daß dieses selbe Wesen, das vor seiner Entstehung im Mutterleib bzw. vor seiner Empfängnis nicht existierte, in Ewigkeit weiterbestehen wird. Diejenigen aber, welche diese Ansicht als unvereinbar mit logischem Denken und gesundem Menschenverstand ablehnen, neigen meist zu der umgekehrten Ansicht, nämlich, daß Wesen, die vor ihrer Geburt nicht existierten, auch nach ihrem Tode nicht existieren werden. Die Lebewesen werden also in diesem Fall mit ihrer physischen Existenz gleichgesetzt, und die Möglichkeit einer vorgeburtlichen Existenz oder eines Fortbestehens nach dem Tode – ausgenommen im Sinne biologischer Vererbung – wird abgeleugnet. Wenn wir aber den Mechanismus der biologischen Vererbung untersuchen, so entdecken wir, daß die Kombinationen und Permutationen der Chromosomen etc. nicht genügen, um entweder die Übertragung einer Unendlichkeit von hereditären Details, noch auch die ausgeprägte Einzigartigkeit jedes Individuums zu erklären – die selbst dann besteht, wenn mehreren Individuen das gleiche Erbmaterial zugrunde liegt (wie im Falle von Kindern derselben Eltern) –, was beweist, daß ein Individuum nicht einfach die Summe der Qualitäten seiner Erzeuger ist. Augenscheinlich ist hier ein unbekannter Faktor im Spiel, der an der Bildung eines neuen physischen Organismus beteiligt ist, nämlich eine richtunggebende schöpferische Kraft, die jenseits aller wissenschaftlichen Beobachtungsmöglichkeiten liegt, ein Prinzip, das sich weder auf eine mathematische Formel noch auf eine mechanische Theorie reduzieren läßt. «Die wirkliche Schwierigkeit bei der mechanistischen Theorie ist, daß wir einerseits gezwungen sind anzunehmen, daß das Keimplasma ein Mechanismus von ungeheurer Komplexität und Bestimmtheit ist und daß andererseits dieser Mechanismus, trotz seiner absoluten Bestimmtheit und Komplexität, sich zerteilen und mit anderen ähnlichen Mechanismen vereinen kann, und daß dieses in unbegrenztem Maße vor sich gehen kann, ohne eine Strukturveränderung mit sich zu bringen ... Die mechanistische Vererbungstheorie ist nicht nur unbewiesen; sie ist unmöglich. Sie ist in solche Absurditäten verstrickt, daß kein intelligenter Mensch, der ihre Bedeutung und ihre Implikationen gründlich verstanden hat, sie weiterhin aufrechterhalten kann.» *

* J. S. Haldane, *Mechanism, Life and Personality,* zitiert in A. W. Osborne, *The Superphysical,* Ivor Nicholson & Watson, London, 1937, p. 67.

Trotz dieser Absurditäten allgemein akzeptierter wissenschaftlicher Ideen, die vom geistigen Standpunkt aus ebenso unbefriedigend sind, wie die früheren religiösen Glaubensartikel vom logischen Gesichtspunkt es waren, haften dennoch die meisten Menschen des Westens an ihrem Vorurteil, das die Idee der Wiedergeburt ablehnt, und so verpassen sie die Gelegenheit, das reiche Beweismaterial, das sich ihnen täglich in den verschiedensten Formen und in vielen bisher unerklärlich gebliebenen Phänomenen darbietet, zu beobachten.

Was letztere anbelangt, sei hier nur das Phänomen der «Wunderkinder» erwähnt, das alle Gesetze der Wissenschaft und der landläufigen Psychologie über den Haufen wirft. Selbst die größte wissenschaftliche Fachkenntnis ist nicht imstande, das spontane Wissen oder auch nur die erstaunliche technische Befähigung solcher Kinder zu erklären. Sofern wir nicht die Möglichkeit zugeben, daß ein solches Wissen und solche technischen Fertigkeiten in einem früheren Leben erworben und durch Kontinuität des Bewußtseins, durch Projektion auf einen neuen Lebenskeim, erinnerungsmäßig erhalten geblieben sind, läßt sich keine vernünftige Erklärung für solche Phänomene finden. Ein Genie fällt nicht vom Himmel, sondern ist, wie alle Dinge in dieser Welt, das Produkt einer langen Entwicklung, die durch vielerlei Versuche und Anläufe und durch Ausscheidung von Fehlleistungen, d. h. durch lange Übung und Erfahrung, zum endlichen Erfolg fortschreitet. Wie ließe es sich anders erklären, daß ein kaum vierjähriges Kind spontan den komplizierten Mechanismus eines musikalischen Instruments, wie den eines Spinetts, und die noch viel komplizierteren und subtileren Gesetze musikalischer Kompositon ohne vorherige Schulung zu meistern imstande wäre, wie dies bei Mozart, Beethoven und anderen Wunderkindern der Fall war. Mozart komponierte in diesem zarten Alter Menuette, er gab öffentliche Konzerte am Hof der Kaiserin Maria Theresia und an vielen anderen Orten im Alter von sieben Jahren. Beethoven hatte, noch bevor er vier Jahre alt war, bereits drei Sonaten komponiert; auch er gab Konzerte im Alter von acht Jahren. Händel, Brahms, Dvořak, Chopin und andere große Komponisten und Musiker vollbrachten ähnliche Wunder der Virtuosität im frühesten Kindesalter.

Viele solche Fälle könnten auch aus den Gebieten der Literatur, der Mathematik und anderen Wissenschaftszweigen zitiert werden. Voltaire z. B. konnte bereits im Alter von drei Jahren sämtliche Fabeln La Fontaines auswendig, und Stuart Mill beherrschte im gleichen Alter die griechische Sprache und schrieb mit sechs Jahren eine Geschichte Roms. William Thomson (Lord Kelvin) löste im Alter von acht oder neun Jahren mathematische Probleme ohne die Hilfe Erwachsener und bezog mit zehn Jahren die Universität. Solche Beispiele könnten ad infinitum vermehrt werden.

Weitere Belege vorgeburtlicher Erinnerung sind in letzter Zeit auf dem Wege der Hypnose gefunden worden. Die Resultate waren um so erstaunlicher, als sie weder erwartet noch vorausgesetzt waren. Sie waren vielmehr Nebenwirkungen ärztlicher Behandlung, in welcher Hypnose zu verschiedenen Zwecken angewandt wurde. Der hervorragendste dieser Fälle war der von Edgar Cayce, einem im Jahre 1877 in Kentucky geborenen Amerikaner, der später der Gründer der bekannten (inzwischen berühmt gewordenen) Cayce Foundation von Virginia Beach wurde. In seiner Jugend hatte er infolge einer psychosomatischen Kehlabschnürung (constriction) die Sprache verloren. Nachdem alle bekannten medizinischen Heilmittel und Behandlungsmethoden sich als erfolglos erwiesen hatten, unterzog er sich der Behandlung eines Hypnotiseurs, der ihn in einen tiefen Trancezustand versetzte. Und hier geschah es, daß nicht nur seine Stimme wiederkehrte, sondern augenscheinlich auch sein vorgeburtliches medizinisches Wissen, denn während seines Trancezustandes war er imstande, eine korrekte Diagnose seines Falles zu geben und im Detail die notwendige Behandlung in medizinischen Fachausdrücken zu beschreiben, obwohl er im Wachzustand nichts von diesen Dingen wußte.

Die Behandlung, die er in seinem Trancezustand beschrieben hatte, war so erfolgreich, daß andere Patienten zu ihm kamen, wenn berufsmäßige Ärzte ratlos waren. Wieder waren ihm große Erfolge beschieden, und seine Verordnungen und Rezepte waren von einer derartigen technischen Vollkommenheit und Genialität, daß nur ein Mann von großem medizinischem und pharmazeutischem Wissen und beträchtlicher Erfahrung sie hätte formulieren können. Aber wohlgemerkt, nur nachdem er sich in Trance versetzt hatte (und nach einiger Zeit war er imstande, sich ohne die Hilfe des Hypnotiseurs in Trance zu versetzen) hatte er die Fähigkeit, Diagnosen zu stellen und Heilmittel zu verordnen. Einige seiner Heilmittel waren der Fachwelt völlig unbekannt und enthielten Ingredienzien und Kombinationen von Wirkstoffen, die nie zuvor benutzt worden waren. Aber die erzielten Heilungen bewiesen die Richtigkeit seiner Verschreibungen. Mehr und mehr Menschen kamen zu ihm um Hilfe, und er half ihnen, ohne je ein Honorar von ihnen anzunehmen, denn er empfand seine außergewöhnliche Gabe als ein Geschenk des Himmels. Er hatte keine Kenntnis von östlichen Wiedergeburtslehren oder der Idee eines universellen Speicherbewußtseins, noch irgendwelcher meditativer Praktiken zur Erlangung von Trancezuständen. Er hatte ohne äußere Hilfe das Geheimnis entdeckt, sich jederzeit willentlich in sein subliminales Tiefenbewußtsein versenken zu können.

Als er sich in dieser Weise einmal in Trance befand, fragte man ihn, ob Wiedergeburt eine Tatsache sei, und ohne Zögern bejahte er die Frage. Nachdem er aber wieder in seinen normalen Bewußtseinszustand zurückgekehrt war und man ihm seine Antwort wiederholte, war er darüber sehr beunruhigt, da sie seiner bewußten Überzeugung widersprach und er fürchtete, daß die Wiedergeburtsidee unvereinbar mit seinem christlichen Glauben sei und daß er vielleicht einer bösen Macht zum Opfer gefallen sei.

Erst nachdem er vermittels seiner Trancezustände tiefer in diese Materie eingedrungen war und sich mit den wesentlichen Ideen des Ostens auseinandergesetzt hatte, überwand er seine Zweifel und war bereit, weiterhin seine Gabe zum Nutzen aller Hilfsbedürftigen, die ihn aufsuchten, zu verwenden. Ihre Zahl wuchs ständig; und da er imstande war, sogar solchen Patienten zu raten, die weit entfernt lebten, breitete sich seine Wirksamkeit schließlich über die ganzen Vereinigten Staaten aus und drang selbst in fremde Länder. Edgar Cayce starb im Jahre 1945 und hinterließ eine große und blühende Institution zur Weiterführung seines Werkes und der Ideen, die es inspiriert hatten. Obwohl Cayce vielleicht nie von einem Bodhisattva gehört hatte, handelte er im Geiste eines solchen, und sicher war es diese verborgene Eigenschaft, die ihn befähigte, von seinem vorgeburtlichen Wissen Gebrauch zu machen.*

* *The Association for Research and Enlightenment* (A.R.E.): Aus einem Prospekt dieser Forschungsgesellschaft entnehme ich folgende Einzelheiten: Viele Jahre lang versetzte sich Cayce zweimal täglich in einen Trancezustand, ähnlich dem tiefer Autohypnose, währenddem er sich in sein Tiefen-

Obwohl die moderne Psychologie langsam den Osten einholt, indem sie den «unbewußten» Teil unserer Psyche (den wir besser als unser «Tiefenbewußtsein» bezeichnen) anerkennt, d. h. als das Sammelbecken der verschiedenen Arten vorgeburtlicher Erinnerung (individueller wie überindividuell-archetypischer), was mehr oder weniger der buddhistischen Idee des Speicherbewußtseins entspricht, hat es die westliche Psychologie noch nicht gewagt, die Möglichkeit eines bewußten Zusammenhangs zwischen aufeinanderfolgenden Daseinsformen in der Entwicklung eines sich selbst perpetuierenden individuellen Bewußtseins zuzugeben. Mit anderen Worten: sie hat noch nicht die Möglichkeit der Wiedergeburt anzuerkennen gewagt.** Demzufolge nehmen selbst solche Fälle wie die hier erwähnten einen entweder krankhaften oder übernatürlichen Charakter an, was beides als anormal empfunden wird und darum seine generelle Bedeutung für die menschliche Gesellschaft verliert. Ein Phänomen aber, das nicht in den Allgemeinaspekt unserer Welt eingeordnet werden kann oder nicht mit den übrigen Konstituenten unserer Erfahrung in Einklang steht, verliert seinen Wert für uns und kann nicht zur Förderung eines tieferen Verstehens der Welt und unserer selbst beitragen.
Es gibt gewiß keinen Mangel an Fakten oder Gründen für die Rechtfertigung der Wiedergeburtsidee und der Möglichkeit vorgeburtlicher Erinnerung. Selbst in der Beobachtung des Verhaltens und der spontanen Aussagen von Kindern frühesten Alters, mögen diese Aussagen uns auch noch so phantastisch erscheinen, würden wir wahrscheinlich finden, daß im Westen ebensoviele Fälle vorgeburtlicher Erinnerung vorkommen wie im Osten. Wir werden uns selten darüber klar, wie vieles von dem, was wir «Phantasie» nennen, Echos ferner Erinnerungen sind – ebenso wie viele unserer Träume ihre Wurzeln nicht nur in den Ereignissen des gegenwärtigen Lebens haben, sondern oftmals in den tieferen Schichten unseres subliminalen Tiefenbewußtsein, in denen die Erinnerungen unserer vorgeburtlichen Vergangenheit (die sich er-

bewußtsein versenkte, das er sich, wie es heißt, als einen gewaltigen «Strom» vorstellte, der von der gesammelten geistigen oder mentalen Aktivität aller menschlichen Individuen genährt wird.

** Eine Ausnahme bildet das gelehrte Werk von Prof. Ian Stevenson von der medizinischen Fakultät der Universität Virginia, Charlotteville, das unter dem Titel *Twenty Cases Suggestive of Reincarnation* von der American Society for Psychic Research, New York, 1966, herausgegeben wurde.

weitert, je tiefer wir hinabsteigen, bis sie endlich die Erinnerungen und Erfahrungen überindividueller und universeller Natur umfassen) aufgespeichert sind. Die Form, in der solche Erinnerungen auftauchen, ist für gewöhnlich die archetypischer «Bilder» und Symbole.
Aber Vorurteile sind die größten Feinde objektiver Beobachtung und schöpferischen Denkens, während die Wahrnehmung noch unerforschter Möglichkeiten neue Horizonte eröffnet, durch die neue Aspekte der Wirklichkeit in unseren Gesichtskreis gerückt werden. Dann fügen sich plötzlich Phänomene, die mit unserer gewohnten Welt und unseren Erfahrungen in keinem Zusammenhang zu stehen schienen und die uns darum unverständlich waren, natürlich in den Gesamtrahmen unserer Welt, so daß wir uns nachträglich wundern, wie es kam, daß wir an ihnen vorbeigehen konnten, ohne ihre wirkliche Bedeutung zu erkennen, oder vielleicht ohne sie überhaupt zu sehen.
Selbst wenn wir die Idee der Wiedergeburt oder der Bewußtseinserhaltung über den Tod hinaus als eine Theorie oder eine Arbeitshypothese akzeptierten, so würde eine ungeheure Menge wertvollen Tatsachenmaterials, dessen Existenz uns bislang entgangen war, sich vor unseren Augen erschließen und unserem Leben eine neue Wirklichkeitsdimension und einen tieferen Sinn geben.

EINE BOTSCHAFT AUS DER VERGANGENHEIT

Wiedergeburt ist für mich weder eine Theorie noch ein Glaube, sondern eine Erfahrung. Diese Erfahrung kam mir gegen das Ende meiner Kindheit – jedoch in einer Weise, daß es mir nicht möglich war, die wahre Natur meiner Erfahrung zu verstehen. Erst sehr viel später, im Alter von ungefähr einundzwanzig Jahren, erkannte ich die wirkliche Quelle dessen, was mir als ein Produkt meiner jugendlichen Phantasie erschienen war. Ich lebte zu jener Zeit auf der Insel Capri, und unter meinen Freunden befand sich der Sohn eines bekannten lokalen Landschaftsmalers. Dieser Freund, wie auch seine Mutter, waren große Verehrer Padre Pios, an dem sich das Wunder des heiligen Franz von Assisi wiederholt hatte, indem er gleich ihm die Stigmata empfangen hatte. Obwohl er alles getan hatte, was in seiner Macht stand, um die Wundmale seiner Hände, die während jeder Freitagsmesse zu bluten begannen, zu verbergen, war es ihm nicht gelungen zu verhindern, daß die Kunde dieses Wunders sich über ganz Italien verbreitete. Auch die Bewohner Capris waren von diesem Ereignis tief beeindruckt, und selbst unter den sonst so skeptischen Gebildeten der Insel erwachte ein neues Interesse an okkulten Dingen und den darüber bestehenden Theorien.

So kam es, daß mein Freund mir eines Tages sagte, daß er und seine Mutter und einige andere unseres Kreises spiritistische Séancen abhielten, und er lud mich ein, ebenfalls daran teilzunehmen. Als überzeugter Buddhist hatte ich zwar keine sehr hohe Meinung von diesen Dingen – nicht weil ich die Wirklichkeit okkulter Kräfte leugnete, sondern weil mir die Theorien und Praktiken der Spiritisten primitiv und unbefriedigend erschienen. Andererseits aber begrüßte ich die Gelegenheit, mir selbst einen Einblick in diese Dinge verschaffen zu können und Informationen zu gewinnen. Ich akzeptierte daher die Einladung und nahm an einer der Séancen teil.

Wir saßen in einem von gedämpftem Tageslicht erfüllten Raum um einen großen runden Tisch herum und ließen unsere ausgespreizten Hände leicht auf der Tischplatte vor uns ruhen, indem wir die für solche Séancen vorgeschriebene «Kette» bildeten, in der die Außenfinger aller Hände sich gegenseitig berühren. Als der schwere Mahagonitisch sich zu bewegen begann, machte einer der Teilnehmer den Vorschlag, Fragen über die vorgeburtlichen Existenzen der Anwesenden zu stellen. Die Antworten (die durch vorher vereinbarte Klopfzeichen gegeben wurden) waren, wie oft in solchen Fällen, zu vage, um von wirklichem Interesse zu sein, und außerdem jenseits irgendeiner Nachprüfungsmöglichkeit. Als der Frager sich über mein früheres Leben erkundigte, buchstabierte der Tisch einen Namen, der augenscheinlich lateinisch war, und den niemand der Anwesenden je gehört hatte. Auch ich war verwundert, obgleich mir war, als ob ich einen solchen Namen gelegentlich in einer Bibliographie gelesen hätte, und zwar als Pseudonym eines weniger bekannten Autors, dessen Namen mir entfallen war. In jedem Fall maß ich dieser Antwort keine Bedeutung bei noch war ich von der Prozedur der Séance beeindruckt, denn es schien mir unwahrscheinlich, daß irgendein mit Vernunft begabtes Wesen – sei es in Form eines «Geistes» oder irgendeiner anderen bewußten Entität –, sich dazu hergeben würde, müßige Fragen dieser Art zu beantworten und die Antworten auf so primitive und schwerfällige Weise mitzuteilen. Wenn solche Entitäten mit menschlichen Wesen in Kontakt treten wollten, so würden sie sicher angemessenere Kommunikationsmittel ausfindig machen, sagte ich mir. Es erschien mir daher wahrscheinlicher, daß die auf diese Weise aufgerufenen Kräfte nichts anderes waren als diejenigen des Unterbewußtseins der Teilnehmer. Und wenn dem so war, schloß ich weiter, bestand keine Aussicht, daß durch diese Kräfte irgend etwas enthüllt werden könnte, was nicht bereits in der unterbewußten oder unbewußten Psyche der Séanceteilnehmer vorhanden war. Da ich noch keine klare Vorstellung darüber hatte, worin diese Psyche bestand – denn die Idee des *âlaya-vijñāna* oder der Universalität des Tiefenbewußtseins war mir damals noch nicht bekannt – so ließ ich die Sache auf sich beruhen und schenkte ihr keine weitere Beachtung.

Einige Zeit danach geschah es, daß ich einem anderen Freund, einem jungen deutschen Archäologen, eine Geschichte vorlas, die ich in meiner Kindheit geschrieben hatte und die den Anfang einer mystischen Novelle darstellte, in der ich meinen religiösen Überzeugungen und inneren Erfahrungen Ausdruck verleihen wollte. Mein Freund war einige Jahre älter als ich; ich hatte große Achtung vor seinem literarischen und kunstgeschichtlichen Wissen und schätzte sein reifes Urteil.

Nachdem ich eine Weile gelesen hatte, unterbrach er mich plötzlich und rief: «Woher hast du dies? Hast du je etwas gelesen von – –», und hier erwähnte er denselben Namen, an dem ich und die anderen Teilnehmer an der erwähnten Séance herumgerätselt hatten.

«Das ist wirklich sonderbar», sagte ich. «Das ist jetzt das zweite Mal, daß ich diesen Namen höre.» Und dann erzählte ich ihm, wie der Name in der Séance aufgetaucht war.

Mein Freund erklärte mir daraufhin, daß dieser Autor eine ähnliche Novelle zu schreiben begonnen hätte, ohne sie je zu beenden, weil er in sehr jungen Jahren gestorben sei, und zwar an derselben Krankheit, die mich zum Aufenthalt in einem Sanatorium des Tessins gezwungen hatte, wo mein Freund und ich uns kennengelernt hatten. Nicht nur der Hintergrund meiner Geschichte und die darin ausgesprochenen Ideen glichen denen jenes Autors, sondern sogar der Stil, die besondere Art der Phantasie, die Symbole und gewisse typische Phrasen.

Ich war aufs höchste überrascht und versicherte meinem Freund, daß ich nie in meinem Leben eine Zeile dieses Autors gelesen hätte. Das war nicht weiter verwunderlich, denn er war vor etwa hundert Jahren gestorben und zu meiner Zeit noch nicht so populär, daß er in das normale Pensum einer höheren Schule aufgenommen worden wäre. Tief beeindruckt von den Worten meines Freundes, beschloß ich, mir sofort die Werke, von denen er gesprochen hatte, zu beschaffen. Bevor ich sie aber bekommen konnte (da sie in italienischen Buchhandlungen nicht zu haben waren), geschahen andere seltsame Dinge.

Ich war eines Tages zu einer Geburtstagsgesellschaft eingeladen, auf der, wie dies in Capri meist der Fall war, die verschiedensten Nationalitäten vertreten waren. Unter den Gästen befand sich auch ein deutscher Gelehrter, der soeben erst auf der Insel zu einem kurzen Aufenthalt eingetroffen war und den ich bisher nicht kennengelernt hatte. Als ich den Raum betrat, in dem die Gäste versammelt waren, nahm ich den Ausdruck äußerster Überraschung auf dem Gesicht des Neuankömmlings wahr; und selbst nachdem ich ihm vorgestellt worden war, fühlte ich dauernd seinen Blick auf mir ruhen.

Einige Tage später begegnete ich der Gastgeberin jener Geburtstagsgesellschaft wieder und fragte sie: «Wer war der Herr, dem Sie mich neulich vorstellten? Ich wunderte mich, warum er mich die ganze Zeit anstarrte. Ich habe ihn nie zuvor getroffen und kann mich nicht einmal seines Namens erinnern.»

«Sie meinen Doktor X.? – Nun, der ist schon wieder abgereist. Aber ich kann Ihnen sagen, was ihn so sehr an Ihnen interessierte. Er schreibt die Biographie eines deutschen Dichters und Mystikers, der vor etwa einem Jahrhundert starb und dessen Schriften er neu herausbringt. Als Sie ins Zimmer traten, konnte er kaum seiner Überraschung Herr werden – wie er mir später sagte – wegen der frappanten Ähnlichkeit zwischen Ihnen und dem einzigen erhaltenen Porträt jenes Dichters aus der Zeit, da er in Ihrem Alter war. Die Ähnlichkeit sei so außergewöhnlich, daß es ihn fast wie einen Schock getroffen hätte.»

Eine weitere Überraschung harrte meiner. Als die von mir bestellten Bücher endlich eintrafen, erkannte ich nicht nur wesentliche Teile «meiner» Geschichte wieder, sondern fand, daß gewisse Stellen *wörtlich* mit denen von mir in meiner Kindheit geschriebenen übereinstimmten! Je weiter ich las, desto klarer wurde es mir, daß ich meine eigenen innersten Gedanken darin wiedergegeben fand, und zwar genau in den Worten und Bildern, die ich selbst zu brauchen pflegte. Es war aber nicht nur meine Vorstellungswelt, die ich in jedem Detail widergespiegelt fand; ich entdeckte dort noch etwas viel Wichtigeres, etwas, das mir als das Hauptwerk meines gegenwärtigen Lebens vorschwebte: die Umrisse einer Morphologie der menschlichen Kultur, die in einer magischen Schau des Universums gipfelte. Ich hatte bereits in jugendlichem Optimismus einen solchen Plan entworfen und auf verschiedenen Gebieten (Archäologie, Religion, Psychologie, Philosophie etc.) zu arbeiten begonnen, in der Hoffnung, im Lauf meines Lebens das notwendige Material sammeln und zu einem einheitlichen Gebäude koordinieren zu können. Bald aber sah ich ein, daß der Rahmen dieses Plans viel zu weit gesteckt war und daß selbst eine volle Lebenszeit nicht ausreichen würde, ein derartig enzyklopädisches Werk zu vollenden. So war ich schließlich gezwungen, mich auf Themen zu beschränken, für die ich temperamentsmäßig sowie auf Grund meiner Fähigkeiten und Neigungen am besten geeignet war. Im Rückblick auf mein Leben weiß ich jetzt, daß dieser Entschluß richtig war und daß das, was ich in diesem Leben nicht vollenden kann, in einem anderen weitergeführt oder vollendet wird.

Diese Gewißheit erfüllt mich mit Vertrauen und innerem Frieden und erlaubt mir, mich jeweils auf die vor mir liegende Aufgabe, die die Gegenwart von mir fordert, zu konzentrieren. Kein wirklich wesentliches Werk, dem wir uns mit ganzem Herzen und ungeteilter Aufmerksamkeit widmen, wird unvollendet bleiben. Dies ist es, was Tibet mich gelehrt hat, wo Heilige und Siddhas vergangener Zeiten in immer neuen Inkarnationen, in immer neuen Gestalten bis auf den heutigen Tag zurückgekehrt sind und mir auf diese Weise bestätigten, was anfangs nur als eine vage Erinnerung oder Botschaft aus der Vergangenheit an mich herantrat und in der Verfolgung eines fernen Zieles wuchs, bis es schließlich zur inneren Gewißheit wurde.

Es ist nicht mein Ideal, ewig in dieser Welt wiedergeboren zu werden, aber ebensowenig glaube ich, daß wir ein Recht haben, sie zu verleugnen und ihr entfliehen zu wollen, bevor wir unsere Aufgabe in ihr erfüllt haben – eine Aufgabe, die wir vielleicht in ferner Vergangenheit auf uns genommen hatten und vor der wir nicht davonlaufen können.

Ich weiß, daß etwas Größeres in mir als der bloße Wunsch, den Gefahren und Mühen des Lebens zu entrinnen, mich veranlaßte, zwanzig Jahre lang das Leben eines Mönchs zu führen, obwohl ich mich an keine der unzähligen Gelübde des *bhikshu-saṅgha* gebunden hatte. Ich habe nie an den Wert derartiger Gelübde geglaubt – selbst der Buddha tat dies nicht. Er sagte zu denen, die ihm folgen wollten, einfach: «Komm!» – ohne die sterilen Fragen und Antworten eines Ordensgelübdes zu gebrauchen; und er war bereit, den *saṅgha* von den angesammelten Schlacken kleinlicher Regeln zu befreien, bevor er von diesem Leben und seinen Jüngern Abschied nahm, wie im *Mahâparinibbâna-Sutta* des *Dîgha-Nikâya* berichtet wird.

Wenn ich den Weg eines auf mich selbst gestellten «hauslosen» Pilgers (Anagarika bedeutet «ein Hausloser», ein «Nicht-Haushaltender») wählte, so tat ich das in bewußter Verfolgung eines Ziels, das es mir weder erlaubte, in der Sicherheit einer monastischen Gemeinschaft Zuflucht zu suchen, noch auch in den Annehmlichkeiten eines häuslichen Familienlebens. Mein Weg war der Weg der Siddhas: der Weg individueller Erfahrung und Verantwortung, inspiriert durch den lebendigen Kontakt zwischen Guru und Tschela, durch die unmittelbare Übertragung eines geistigen Impulses im Akt der Initiation. Diese ist mehr als die Ausführung eines vorgeschriebenen Rituals festgelegter Formeln oder eine Serie vorbestimmter Fragen und Antworten; denn sie hängt ebensosehr von der geistigen Kraft und Verwirklichung (*siddhi*) des Guru ab, wie von der inneren Reife und Empfangsbereitschaft des Tschela. Während eine Ordination vorgenommen werden kann ohne Rücksicht auf den Verwirklichungsgrad oder die Erreichungsstufe des Ordinierten, kann eine Initiation nur gegeben werden von jemandem, der selber die Kraft, die er zu übertragen beabsichtigt, verwirklicht hat, und die nur von dem empfangen werden kann, der von aufrichtigem Glauben und ernsthaftem Streben nach Wahrheit erfüllt ist.
Dies ist der Grund, warum im *Vajrayâna* (dem «diamantenen Fahrzeug») Initiation höher gewertet wird als Ordination, wie dies auch aus der Lebensgeschichte von Tibets größtem Dichter und Heiligen Milarepa hervorgeht, der um der Initiation willen viele Jahre harter Arbeit und unsägliche Leiden auf sich nahm, die sein Guru ihm auferlegte, um ihn von den Folgen schwerer karmischer Verschuldung zu befreien. Während Milarepa ein Yogi von hoher Vollendung war und ein eheloses Leben führte (obwohl er nie dem Mönchsorden, dem *bhikshu-saṅgha*, beitrat und nie dessen Gewänder trug, sondern nur ein einfaches, ungefärbtes Kattuntuch, aus welchem Grunde er «Räpa» (*ras-pa*), der «Kattunbekleidete» genannt wurde), war sein Guru ein verheirateter Mann. Er war einer der größten Eingeweihten seiner Zeit, nämlich ein Tschela des Mahâsiddha Naropa. Letzterer war eine der Leuchten der buddhistischen Universität von Vikramaśîla in Bengalen gewesen, ein Brahmane von Geburt und ein geehrtes Mitglied des *bhikshu-saṅgha*. Aber trotz seiner Gelehrsamkeit und seines tugendhaften Lebens war er nicht zur Verwirklichung seines Ziels vorgedrungen. Als er aber

Tilopa, einen wandernden Yogi und Lehrer der *Mahâmudrâ*-Doktrin traf, der den Zustand der Befreiung erreicht hatte, gab Naropa sein hohes Amt und sein Mönchsgewand auf, um dem Siddha zu folgen und in die *Mahâmudrâ*-Lehre und ihre mystische Meditationsmethode eingeweiht zu werden. Die folgenden Worte Tilopas mögen eine Andeutung seiner Lehre geben:

«Wo der Geist keinen Ort hat, an dem er stehenbleiben (und abgegrenzt werden) kann, dort ist die *mahâmudrâ* (die «Große Haltung») gegenwärtig. Durch die Pflege einer solchen Haltung erreicht man die höchste Erleuchtung.» *

Mahamûdra ist die universelle Geisteshaltung, die ihrer Natur nach unbegrenzt und allumfassend ist. Tilopa sagt darum: «Der Schatzkasten des ursprünglichen Geistes ist frei von selbstischen Leidenschaften und scheint wie der [unbegrenzte] Himmel.» **

So hatten die Siddhas den direkten Weg spontaner Erfahrung und Verwirklichung des universellen Tiefenbewußtseins wiederentdeckt, der unter Bergen scholastischer Gelehrsamkeit, abstrakten philosophischen Spekulationen, haarspalterischen Argumenten und mönchischen Regeln begraben war, denen zufolge Tugend nicht das natürliche Produkt höheren Wissens, sondern bloßer Verneinung war. Die Selbstgefälligkeit negativer Tugenden war ein größeres Hindernis auf dem Wege zur Erleuchtung als die Leidenschaften selbst, die durch Einsicht in die wahre Natur des Geistes in Kräfte der Befreiung verwandelt und sublimiert werden können. Dies ist der Schlüssel zu der scheinbar paradoxen Aussage Tilopas: «Die wahre Natur der Leidenschaften hat sich als das sublime Wissen der Befreiung offenbart.» Nur ein Mensch, der großer Leidenschaften fähig ist, ist großer Taten fähig und großer Vollendung im Reich des Geistes. Nur ein Mensch, der durch die Feuer des Leidens und der Verzweiflung gegangen ist wie Milarepa, ist fähig, das höchste Ziel innerhalb *einer* Lebensspanne zu verwirklichen.

Der Protest der Siddhas Indiens, der Mystiker Tibets, der Ch'an-Patriarchen Chinas und der Zen-Meister Japans verjüngte das religiöse Leben des Buddhismus und befreite es von den Fesseln der Mittel-

* *Mahâmudropadeśa* (Tib.; *Phyag-rgya-chen-pohi-man-ṅag*)

** *Acintaya-mahâmudrâ* (Tib.: *Phyag-rgya-chen-po-bsam-gyis-mi-hgyab-pa*) Zitiert in «Origin and Spirit of the Vajrayâna» von H. V. Guenther («Stepping Stones», Kalimpong).

mäßigkeit und der bloßen Routine. Er weitete seinen Blick, über die engen Grenzen eines exklusiven monastischen Ideals hinaus – denn, wie Lin Yutang mit Recht sagt: «Die menschliche Neigung, nur *eine* Phase der Wahrheit zu sehen, die uns gerade vor Augen liegt, und sie zu einem vollständigen System der Logik zu erheben und zu entwickeln, ist der Grund, warum unsere Philosophie notwendigerweise sich immer mehr dem Leben entfremdet. Wer über die Wahrheit spricht, verletzt sie dadurch; wer sie zu beweisen sucht, verstümmelt und zerstört sie; wer ihr ein Etikett oder den Namen einer Schule gibt, tötet sie; und wer sich selbst als einen Gläubigen erklärt, begräbt sie.» (Lin Yutang: *The Importance of Living.*)

Vierter Teil

SÜD- UND ZENTRALTIBET

Namgyal von Poo mit Ritualgegenständen

Namgyals Frau

NEUE ANFÄNGE: ADSCHÓ RIMPOTSCHÉ

Seit meiner Reise nach dem Hochland von Westtibet und Ladakh, von der ich eine vollständige Serie von Pausen der Vierundachtzig Siddhas und eine Anzahl von Kopien tibetischer Tempelfresken zurückgebracht hatte, war mein Interesse am mystischen Pfad der Siddhas, an ihren Lehren, ihren teils historischen, teils legendären Lebensbeschreibungen und ihrer Ikonographie ständig gewachsen. Und mit diesem Interesse reifte mein Entschluß, die Tempel des Lotsawa Rintschen Sangpo (*Lo-tsa-ba Rinchen-bzaṅ-po*) in der verlassenen Hauptstadt des ehemaligen Königreichs Guge zu besuchen, da ich dort die Überreste von Tibets ältester und vollkommenster Tradition religiöser Kunst zu finden hoffte.

Sechs Jahre waren nach meiner Vision im Felsenkloster auf dem Weg zum Tschang-Thang vergangen – einem Erlebnis, das mir die Augen geöffnet hatte für die außerordentliche Bedeutung schöpferischer Schauung und damit für die Rolle der religiösen Kunst, die, über alle ästhetischen Werte hinausgehend, den Schlüssel birgt, der uns die Geheimnisse der Mandalas, der Schaubildentfaltung und der gesamten Meditationspraxis erschließt und den Parallelismus zwischen der Innenwelt des Menschen und dem Universum, das ihn umgibt, eröffnet.

Ich hatte diese sechs Jahre dazu benützt, das religiöse Leben und die Literatur Tibets zu studieren und alle mir zugänglichen Informationen über Rintschen Sangpos Tätigkeit und seine Rolle in der Wiederherstellung und Stabilisierung des Buddhismus in Westtibet nach dem Fall von Langdarma zu sammeln. Aber während meiner Vorbereitungen für eine erneute Reise nach Westtibet brach der zweite Weltkrieg aus und zerschlug all meine Hoffnungen auf eine schnelle Verwirklichung meiner Pläne.

Tsaparang schien in eine unerreichbare Ferne gerückt zu sein. Inzwischen aber hatte ich eine Verbündete für meinen Plan in Li Gotami gefunden, die sich entschlossen hatte, meine Arbeit und mein Leben mit mir zu teilen, auf Grund unserer gemeinsamen religiösen und künstlerischen Ideale und ihres besonderen Interesses für die Kunst Tibets. Wir hatten uns in Rabindranath Tagores internationaler Universität Santiniketan in Bengalen kennengelernt, wo ich als Lektor im «Post-Graduate Department» tätig war und wo Li Gotami zwölf Jahre lang (anfangs unter Nandalal Bose und später unter Abanindranath Tagore) indische Kunst studierte und von tibetischen Künstlern auch tibetische Fresko- und Thangkatechniken erlernte. Ich selbst führte sie in die Einzelheiten tibetischer Ikonographie und Weltanschauung ein, was sie schließlich dazu veranlaßte, mit mir dem Kargyütpa-Orden beizutreten und meine Frau und Gefährtin im Dharma (Skt.: *dharma-sâhinî*; Tib.: *gSań-yum*) zu werden. Tomo Géshé Rimpotsché schien dies vorausgesehen zu haben, denn er hatte sie während seines letzten Besuches in Sarnath gesegnet, und auf ihre Frage, ob sie in ihrem Kunstschaffen erfolgreich sein würde, geantwortet, daß sie großen Erfolg haben würde, wenn sie sich dem Buddhadharma widme.

Unsere religiöse Trauung wurde von Adschó Rimpotsché, der dem Kloster von *Tsé-Tschöling* im Tschumbital vorstand, vollzogen. Ein seit vielen Jahren mit mir befreundeter Lama hatte uns diesem ehrwürdigen Patriarchen empfohlen, der zu jener Zeit vierundachtzig Jahre alt und als ein großer Meister der Meditation bekannt war.* Die Verehrung, die er im südlichen Tibet, wie auch in Bhutan und Sikkim genoß, wurde durch den prächtigen zweistöckigen Tempel bezeugt, den er mit Hilfe der Spenden seiner zahlreichen Gefolgschaft gebaut hatte.

* Im Alter von 105 Jahren hatte er das Privileg, der erste Lama auf tibetischem Boden zu sein, der den indischen Premierminister Jawaharlal Nehru offiziell begrüßte. Nehru befand sich auf einer Reise nach Bhutan, das damals nur auf dem Weg durch das Tschumbital in Südtibet erreichbar war, da es noch keinen direkten Zugang von Indien nach Bhutan gab.

Obwohl er riesige Summen auf die Gebäude, die Statuen und Fresken, sowie auf die Sammlungen heiliger Schriften und kostbarer Thangkas verwendet hatte, besaß er selbst kein persönliches Eigentum und lebte in äußerster Einfachheit in einem bescheidenen Holzhäuschen unterhalb des Tempels.
Wie der Einsiedler-Abt von Latschen und viele der Siddhas vor ihm, war er ein verheirateter Mann. Seine Frau war eine wahrhafte Damema (*bDag-med-ma*), eine «Selbstlose», wie Marpas Gattin hieß. Sie war eine Mutter für alle, die unter ihren und ihres Guru-Gatten Einfluß kamen, insbesondere derer, die dem Kreise seiner Schüler angehörten. Adschó Rimpotsché war eine der Verkörperungen des Siddha Dombhi-Heruka des achten Jahrhunderts n. Chr., der einen Königsthron aufgegeben hatte, um ein Leben der Meditation in der Einsamkeit des Waldes zu führen, wo er nach vielen Jahren ernsthaften Bemühens zur Erleuchtung kam und ein Siddha wurde. Nachdem er so sein Ziel verwirklicht hatte, kehrte er zu seinem Volk zurück, um ihm als geistiger Führer und als ein lebendiges Beispiel höchster Verwirklichung menschlichen Strebens und Erkennens zu dienen. In vielen nachfolgenden Wiedergeburten wirkte er weiter als ein Lehrer der Menschen, in der Erfüllung des Bodhisattva-Gelübdes, die Welt nicht zu verlassen, solange es noch Wesen gab, die seiner bedurften. Den Segen eines solchen Mannes zu empfangen und von ihm in eine seiner besonderen Meditations- und Schauungspraktiken eingeweiht zu werden, war ein Erlebnis, das unserem geistigen Leben einen neuen Anstoß verlieh.
Ich hätte mir keine vollkommenere Fortsetzung der von Tomo Gésché Rimpotsché empfangenen Führung und Inspiration vorstellen können. Ja, es schien mir, als ob alle späteren Initiationen in verschiedenartige meditative Praktiken und Lehren des *Vajrayâna*, die wir im Laufe der nächsten zwei Jahre während unserer Pilgerfahrt in Süd-, Zentral- und Westtibet erhielten, Teile eines vollständigen Systems meditativer Erfahrung wären, die nicht nur untereinander in gegenseitiger Beziehung standen, sondern sich zu einem perfekten Mandala zusammenschlossen, zu einem «magischen Kreis», in dem alle Hauptaspekte des religiösen Lebens Tibets enthalten waren.
Seltsamerweise hatte ich während meines Aufenthaltes in Yi-Ga Tschö-Ling von einem sikkimesischen Freund ein Tanka zum Geschenk

erhalten, das die Hauptsymbole eines Mandala enthielt: Buddha Śâkyamuni im Zentrum, über ihm Amitâbha, als Verkörperung des unendlichen Lichtes, unter ihm Padmasambhava, der Verkünder des *Bardo Thödol* und der mystischen Lehre des «direkten Pfades». Die zwei oberen Ecken waren besetzt von Mañjuśrî, der Verkörperung der transzendenten Weisheit, und von Târâ (Tib.: *sGrol-ma*, «Dölma» ausgesprochen), der Erlöserin, die als Verkörperung mütterlicher Liebe das Gegenstück zur transzendenten Weisheit Mañjuśrîs bildet. Avalokiteśvara, die Verkörperung des mitfühlenden Erbarmens und tätiger Hilfsbereitschaft, und Vajrapâṇi, der das Zepter der geistigen Macht und der mystischen Lehren, den *vajra*, schwingt, füllen die beiden anderen Ecken des Thaṅka aus.

Der tiefere Sinn des Tanka ergibt sich aus der Anordnung der Figuren. Sie ist der Schlüssel zum Tor des meditativen Weges, den das Mandala darstellt. Ohne ihn wären die einzelnen Figuren nur statische Symbole, nicht aber Wegweiser, Stationen, Phasen oder Durchgangsstadien geistigen Erlebens auf dem Weg zur Erleuchtung.

Amitâbha, Śâkyamuni und Padmasambhava repräsentieren die Herabkunft des geistigen Prinzips aus der überweltlich-zeitlosen Sphäre des *dharma-kâya*, des «universellen Körpers», in die zeitliche Erscheinungsform des irdischen Verwandlungskörpers (*nirmâṇa-kâya*), in Form des historischen Buddha und seines großen Apostels, der im achten Jahrhundert n. Chr. den Buddhismus nach Tibet brachte.

Die zentrale Achse der geistigen Deszendenz und zeitlichen Aufeinanderfolge steht senkrecht auf der zeitlosen (weil immer gegenwärtigen) Ebene geistigen Erlebens. Von hier aus treten dem *dharma-kâya* entsprechend die Qualitäten der Buddhaschaft bildhaft-ideell auseinander; also einem Prisma vergleichbar, in dem ein Lichtstrahl in verschiedene Farben auseinanderfällt. Hieraus entstehen die archetypischen Bilder der Meditation: sie stellen die ideellen Körper der Inspiration und der geistigen Verzückung dar, in denen sich die Eigenschaften der Erleuchteten offenbaren. Der *sambhoga-kâya*, der zwar formhaft, aber immateriell und zeitlos ist, liegt also zwischen dem form- und zeitlosen *dharma-kâya* und dem formhaft-zeitlichen *nirmâṇa-kâya*, der sowohl materiell (als menschliche Verkörperung) wie auch immateriell (als eine zeitweilig sichtbare Erscheinung oder Projektion in Form eines *avatâr*) sein kann.

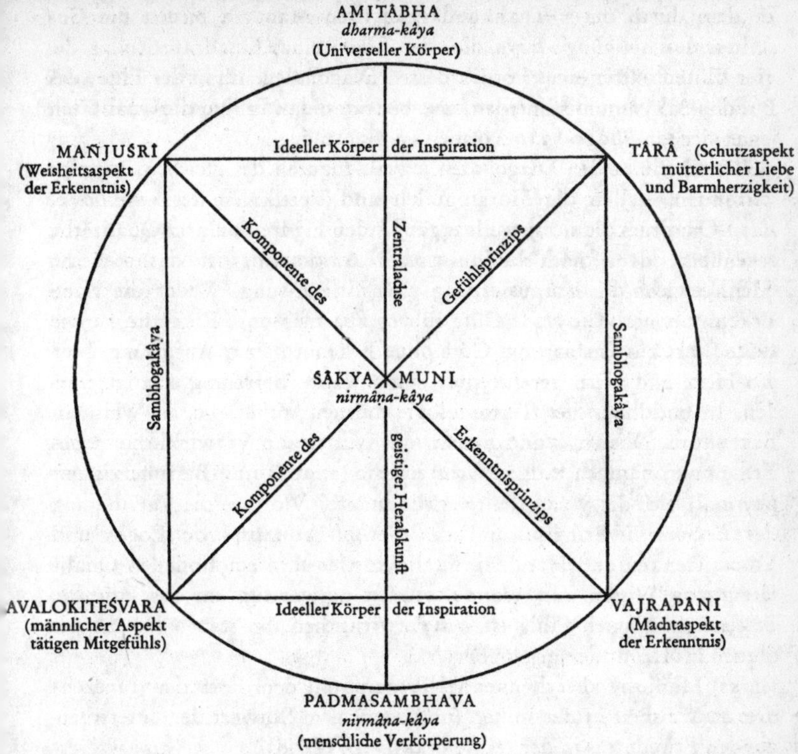

Diagramm eines Thaṅkas und Mandalas des Buddha Śâkyamuni

In dem durch unser Thanka dargestellten Mandala bilden die Gestalten des *sambhoga-kâya* die vier Ecken eines Quadrates (oder die vier Blütenblätter eines Lotus), dessen Diagonalen sich in der Figur des Buddha Śâkyamuni schneiden, was bedeutet, daß in ihm die Qualitäten jener vier *sambhoga-kâya*-Formen vereint sind.

Während die beiden Diagonalen jeweils Figuren des gleichen Prinzips verbinden, stellen die Horizontalen und Vertikalen des *sambhoga-kâya*-Quadrats die sich jeweils ergänzenden Figuren polarer Qualitäten gegenüber; denn nach buddhistischer Anschauung ist das seelische Gleichgewicht die Voraussetzung aller Erleuchtung. Weder die reine Erkenntnis noch die reine Güte führen zur Erlösung. Erkenntnis ohne Güte führt zur Erstarrung, Güte ohne Erkenntnis zur Auflösung. Nur wo Herz und Hirn vereint sind, kann wahre Befreiung erlangt werden. In buddhistischer Terminologie müssen *prajñâ* – d. h. Weisheit, Erkenntnis, Wissen – und *upâya*, das Mittel zur Verwirklichung des Erkannten, nämlich tätige Nächstenliebe (*maitrî*) und Barmherzigkeit (*karuṇâ*), sich die Waage halten. Mit anderen Worten: die Vereinigung des *Erkenntnis*-Prinzips und des *Gefühl*-Prinzips, von Logos und Ethos, Denken und Handeln, intellektuellen und emotionellen Qualitäten, von Wissen und Wandel etc. ist notwendig, um das Höchste, dessen der Mensch fähig ist, zu verwirklichen. So stehen sich in der oberen Horizontalen gegenüber:

(links) Mañjuśrî als erkennendes Prinzip, mit dem Buch der transzendenten Weisheit in der linken (passiven), dem Schwert der unterscheidenden Erkenntnis in der rechten (aktiven) Hand;

(rechts) Târâ, die mütterlich Schutzgewährende, die Erretterin aus Gefahren, als gefühlsbetontes Prinzip (*karuṇâ*).

In der unteren Horizontale:

(links) Avalokiteśvara, der barmherzige Helfer, das männlich-aktive Prinzip des Gefühls; und ihm gegenüber

(rechts) Vajrapâṇi, der Machtaspekt esoterischer Erkenntnis (*prajñâ*).

Die gleiche Polarität wiederholt sich in den beiden Vertikalen des Sambhogakâya-Quadrats:

(links) oben Mañjuśrî als Weisheitsaspekt und Avalokiteśvara (unten) als Gefühlsaspekt der Buddhanatur;

(rechts) oben Târâ als Gefühlsaspekt und Vajrapâṇi (unten) als Machtaspekt des Erkenntnisprinzips.

All diese Qualitäten des Sambhogakâya-Quadrats sind in der menschlichen Gestalt des Buddha Śâkyamuni verkörpert und ebenso in der des ihm nachfolgenden Padmasambhava. Während aber in Śâkyamuni der mehr intellektuelle Weisheitsaspekt Mañjuśrîs und der sie ergänzende Gefühlsaspekte mütterlicher Liebe (wie dies aus dem *Karaṇîya-Metta*-Sutta hervorgeht) vorwiegt, herrschen in Padmasambhava der magische Machtaspekt esoterischer Erkenntnis und das um die Erlösung aller Wesen besorgte Bodhisattva-Ideal Avalokiteśvaras vor. Um diese näheren Beziehungen auszudrücken, befinden sich Mañjuśrî und Târâ zu Häupten Śâkyamunis, während Avalokiteśvara und Vajrapâṇi zu Häupten Padmasambhavas erscheinen.
Ebenso wie der Buddha Śâkyamuni, der als *âdi-guru* (erster Lehrer) unserer Weltepoche die zentrale Stellung in diesem Thanka einnimmt, so nimmt der erste Guru immer die zentrale Stellung im Herzen des Tschela ein. Aber dies hindert den Tschela nicht daran, auch zu Füßen anderer Lehrer zu sitzen, die ihn in Abwesenheit seines Tsawai-Lama (wörtlich: «Wurzel-Lama») fördern können, denn zwischen wirklichen Gurus kann es keine «Konkurrenz» geben – ebensowenig wie zwischen den verschiedenen Aspekten der Wahrheit. Jeder Lehrer kann nur das enthüllen, was er selbst erlebt oder verwirklicht hat und was er somit in seiner eigenen Person verkörpert. Kein einzelner Lehrer kann alle Aspekte der Wahrheit oder der höchsten Wirklichkeit erschöpfen; und selbst wenn dies möglich wäre, so würde dennoch jeder Lehrer seinen eigenen individuellen Weg zu diesem höchsten Ziel haben. Es hängt somit nicht nur von der Vollkommenheit des Guru ab, sondern ebensosehr vom Charakter und den Fähigkeiten des Schülers, welche besondere Methode ihm am besten dient. Da das höchste Ziel bei allen Methoden das gleiche ist, so kann es keine Widersprüche oder Disharmonien zwischen ihnen geben. Aber es wäre töricht, sprunghaft von einer Methode zur anderen zu wechseln, ohne in irgendeiner von ihnen etwas Nennenswertes erreicht zu haben.
Die Initiation eines wirklichen Guru ist jenseits aller Unterschiede von Sekten und Glaubensformen: es ist das Erwachen zu unserer eigenen inneren Wirklichkeit, die, wenn sie einmal, wenn auch noch so flüchtig, erschaut worden ist, den Verlauf unserer weiteren Entwicklung und unserer aktiven Lebenshaltung ohne den Zwang äußerer Regeln bestimmt. Initiation ist darum die größte Gabe, die ein Guru zu ver-

geben hat, eine Gabe, die als unendlich viel kostbarer betrachtet wird als eine formelle Ordination beim Eintritt in einen Mönchsorden (oder irgendeine andere religiöse Organisation). Diese kann zu jeder Zeit erfolgen, ohne irgendwelche *geistigen* Qualifikationen von seiten des Ordinierenden oder des Kandidaten zu erfordern – vorausgesetzt, daß der Kandidat willens ist, sich den vorgeschriebenen Regeln zu unterwerfen, und falls er nicht infolge geistiger, moralischer oder physischer Defekte von der Kandidatur ausgeschlossen ist.

Ein Guru kann nur soviel geben, als er selbst erworben und verwirklicht hat, und um das von ihm selbst Erlebte und Verwirklichte übertragen zu können, muß er imstande sein, es in aller Intensität in sich wachzurufen, bevor er den *Wangkur*-Ritus (*dbaṅ-bskur*) vollziehen kann. Es bedarf daher einer eingehenden Vorbereitung, nicht einer bloß intellektuellen, wie sie etwa durch einen Schul- oder Universitätslehrer erfolgen kann, der sich auf sein zu behandelndes Thema vorbereitet, indem er alle wesentlichen Punkte seines Lehrgegenstandes zusammenstellt und sie in einen logischen und überzeugenden Zusammenhang bringt. Die Vorbereitung eines religiösen Lehrers dagegen besteht darin, sich selbst mit den tiefsten Quellen geistiger Macht in Berührung zu bringen, so daß er zur Verkörperung jener Kräfte und Eigenschaften wird, die er zu übertragen beabsichtigt. Solch eine Vorbereitung kann Tage oder auch Wochen beanspruchen, je nach der Natur der betreffenden Kräfte oder dem (sei es einfachen oder mehr komplizierten) Charakter ihrer schöpferischen Symbole, die im Bewußtsein des Empfangenden erweckt und lebendig gemacht werden sollen. Der Initiant seinerseits muß sich entsprechend vorbereiten, indem er seinen Geist läutert und seine Aufmerksamkeit auf die Ideen und auf das Ziel richtet, die durch die Initiation zur erlebten Wirklichkeit werden sollen.

Ohne diese doppelte Vorbereitung von Guru und Tschela würde das Initiationsritual zur Farce werden, und kein wirklich großer Lehrer würde sich je dazu hergeben. Solange die Tradition Tibets intakt war und ihre Wächter und Förderer in der Sicherheit uralter Überlieferung lebten, die durch Institutionen und öffentliche Meinung aufrechterhalten und durch eine Gesellschaft, welche die Werte dieser Tradition verstand und respektierte, gestützt wurde, war die Versuchung, das Niveau der Initiation oder die Vorbedingungen für ihre Gewährung herabzusetzen, kaum vorhanden. Aber nach der Vernichtung der kulturellen und religiösen Institutionen Tibets und der Verfolgung aller der Religion Anhängenden durch die chinesischen Eroberer waren die Beziehungen zur Vergangenheit abgebrochen, und die Angehörigen des geistlichen Standes, die aus dem Lande geflohen waren, fanden sich in eine fremde Welt versetzt, in der alles, was ihnen heilige und unverletzbare Wahrheit gewesen war, weder verstanden noch anerkannt wurde. Die Folgen davon waren, daß teils aus dem Wunsch, das Dharma-Prinzip zu verbreiten, teils aus dem Verlangen nach Anerkennung ihres geistlichen Standes, viele dieser Flüchtlinge es für angebracht hielten, diese initiatorischen Riten selbst für Menschen auszuführen, denen die Bedeutung des Rituals unbekannt war. Sie hofften, auf diese Weise das Interesse oder den Glauben an die Lehren der Erleuchteten zu wecken und den Teilnehmern an diesem Ritual geistige Förderung zuteil werden zu lassen. Dadurch aber wurde das, was ursprünglich als ein Initiationsvorgang gedacht war und ein tiefes geistiges Erleben im Sinne einer *participation mystique* vermitteln sollte, seines wesentlichen Gehaltes beraubt. Was übrig blieb, war eine Geste des Segnens, die bei denen, die nicht mit dem traditionellen Hintergrund vertraut sind, zu dem Fehlschluß führt, daß dies der einzige und eigentliche Zweck des Rituals sei.

Die Übertragung der Macht des Amitâyus (Tib.: *ts'he-dpag-med),* des Buddha des Unendlichen Lebens zum Beispiel, wird als ein Gemeinschaftsritus (bekannt als *Tsé-wang*) in ähnlicher Weise zelebriert wie eine katholische Messe oder eine gewisse Art der Paritta-Zeremonie im *Theravâda-Buddhismus,* in der das «lebenspendende Wasser» geweiht und mit den Kräften mantrischer Invokationen gesättigt wird; diese werden von einer Gruppe von Mönchen oder frommen Laien rezitiert. Das so geweihte und magisch verwandelte Wasser wird sodann dem Kranken oder Sterbenden verabreicht.

Der *Tsé-wang* (*ts'he-dbaṅ*) des Amitâyus kann jedoch in den ursprünglichen Initiationsritus (Tib.: *dbaṅ-bskur* – «Wangkur») zurückverwandelt werden, wenn der Iniziierende den Tschela für die bewußte Teilnahme und das Verständnis der einzelnen Handlungen und Symbole des Rituals vorbereitet.* Unter diesen Umständen

* Ein *Wangkur* ohne eine damit verbundene religiöse Übung (*sâdhanâ*),

wird es dem die Weihe Empfangenden im Laufe der Zeit möglich, die lebenspendenden Kräfte des Amitâyus für sich selbst und andere aufzurufen, indem er das *sâdhanâ* des Amitâyus ausübt und seine mantrische Formel in die sichtbare und geistige Entfaltung aller Qualitäten verwandelt, die Amitâyus verkörpert, bis er selbst zu einem würdigen Gefäß dieser Eigenschaften geworden ist. Erst wenn er dies erreicht hat, kann er die geistigen Kräfte, die durch innere Verwirklichung aktiv geworden sind, auf andere übertragen.

Adschó Rimpotsché war einer jener seltenen Meister, die sich dieses Tatbestandes voll bewußt waren. Keine Mühe war ihm zu viel, um sich selbst und jedes kleinste Detail für unsere Initiation vorzubereiten. Der Initiationsaltar selbst war ein Kunstwerk, das mit größter Sorgfalt und Gewissenhaftigkeit nach den Regeln religiöser Tradition aufgebaut war – einer Tradition, deren Schönheit darin bestand, daß sie der natürliche und spontane Ausdruck des ihr innewohnenden Sinnes war, nicht aber der Absicht, einen ästhetischen Effekt zu erzielen. Das effektbewußte Element einer lebensfremden oder inhaltlosen Kunst ist in Tibet unbekannt.

Der Altar bildete ein vollkommenes Mandala bedeutungsvoller Symbole, und Adschó Rimpotsché erklärte uns ihren Sinn und ihre Funktionen, so daß wir ihre Bedeutung und die Rolle, die sie im Ritual spielten, verstehen konnten. Was wir jedoch ganz besonders schätzten, waren seine Hinweise auf die Einzelheiten meditativer Technik und Schaubildentfaltung, die uns durch seine Initiation erschlossen wurden und die wir täglich mit den uns anvertrauten Mantras zu üben hatten. Nur vom Standpunkt schöpferischer Schauung (*dhyâna*), die durch die lebendige Kraft des inneren Lautes (*mantra*) zur universellen Ordnung eines Mandala kristallisiert wird, können wir die Bedeutung der religiösen Kunst Tibets und insbesondere die Bedeutung von Thankas und Fresken verstehen.

Unterweisung und Führung, ist keine Initiation und kann keine Guru-Tschela-Beziehung herstellen.

ZWISCHENSPIEL IN DUNGKAR GOMPA

Seit dem Hinscheiden Tomo Géshé Rimpotschés hatte ich nicht ein derartiges Aufwallen religiöser Gefühle und jener tiefen seelischen Beziehung erlebt, wie sie die Verbundenheit von Guru und Tschela charakterisiert. Trotzdem verdrängte Adschó Rimpotsché in keiner Weise meinen ersten Guru, im Gegenteil, er wurde zu einem weiteren Glied, das mich mit ihm verband, indem er das, was ich während meiner Lehrzeit in Yi-Gah-Tschö-Ling empfangen hatte, verstärkte und ergänzte. In diesem Zusammenhang muß ich auch mit Dankbarkeit der Förderung gedenken, die wir von meinem *guru-bhai* *, dem Abt von Dungkar Gompa, empfingen, der Tomo Géschés Hauptkloster während seiner Abwesenheit und der Minderjährigkeit des kleinen Tulkus, der zu jener Zeit in Sera bei Lhasa studierte, verwaltete. Die Gastfreundschaft und Hilfsbereitschaft des Abtes während unseres Aufenthaltes in Dungkar Gompa war ebenso rührend wie ermutigend, denn sie demonstrierte die Toleranz und die gegenseitige Hochachtung, die zwischen den verschiedenen Zweigen oder Schulen der buddhistischen Tradition in Tibet herrschen, in der alle Eingeweihten geehrt werden, gleichgültig, zu welcher Schule sie gehören.

Man gab uns einen sehr schönen kleinen Lhakhang, eine Art Privatkapelle, wie sie von inkarnierten Lamas oder hohen geistlichen Würdenträgern benutzt werden, zur Wohnung. Da aber nach den Regeln des *Gelugpa*-Ordens (der strenges Zölibat beobachtet), kein weibliches

* *Guru-bhai* bezeichnet einen «Bruder» im religiösen Sinne, nämlich jemand, der den gleichen Guru hat.

Wesen sich nachts im Kloster aufhalten darf, wies man Li Gotami einen kleinen Raum in einem Außengebäude, gegenüber dem Klostereingang, als Nachtquartier an. «Anila* braucht sich nicht zu fürchten, allein zu sein», sagte der Nyerpa (Klosterverwalter) und fügte mit entwaffnender Unschuld hinzu: «Sie wird bei dem Lama schlafen, dem der Raum gehört.» – Ehe jedoch ein Mißverständnis aufkommen konnte, versicherte ich dem Nyerpa, daß ich mich selbst mit Anila während der Nacht dort aufhalten würde, da es zu umständlich wäre, unser Gepäck auf zwei Orte zu verteilen. Der Nyerpa hatte natürlich nichts Ungehöriges gemeint, denn in Tibet, wo der Wohnraum knapp und das Klima kalt ist, ist es Sitte, daß Reisende oder Pilger beiderlei Geschlechts die Nacht zusammen in jedwedem verfügbaren Raum verbringen, und man sieht hierin nicht die geringste Ursache zur Verlegenheit.

Wir hatten bald Gelegenheit, dies selbst zu beobachten. Der Raum, in dem wir schliefen, hatte eine Art hölzerner Trennungswand, die jedoch am einen Ende offen war und eine mehr symbolische als faktische Trennung der beiden Teile des Raumes darstellte, die jedem Einblick offenstanden. Der Lama, dessen Gäste wir während der Nacht waren, schlief auf der einen Seite der Trennungswand, während wir die andere innehatten. Er war ein sehr freundlicher und rücksichtsvoller Mann, der uns in keiner Weise störte, so daß wir uns in unserer Ecke ganz heimisch fühlten.

Bei Gelegenheit eines Festes kamen jedoch Mengen von Besuchern aus dem Tomo- und Amotschutal zum Kloster, und alle, deren Heimstätten zu weit entfernt lagen, um die Rückkehr am selben Tag zu gestatten, verbrachten die Nacht im Gompa, die Männer innerhalb der Klostermauern, die Frauen und Mädchen in den äußeren Gebäuden. So kam es, daß wir und unser guter Gastgeber den kleinen Raum mit einer Menge von Frauen teilen mußten, die sich ohne weiteres auf jedem freien Stückchen des Bodens zu beiden Seiten der Trennungswand niederließen und mit uns die Nacht verbrachten.

Während unserer späteren Reisen hatten wir oft Gelegenheit, die Natürlichkeit und unbegrenzte Gastlichkeit der Tibeter zu beobachten. Prüderie schien ihnen gänzlich fremd zu sein. An warmen Tagen konnte es vorkommen, daß Frauen ohne die geringste Schüchternheit

* Höfliche Anrede für eine Nonne oder die Ehefrau eines Lama.

sich bis zu den Hüften entkleideten, um die Gelegenheit wahrzunehmen, Haar und Oberkörper zu waschen, oder daß andere während der Erntezeit mit unbekleidetem Oberkörper auf den Feldern arbeiteten, wenn ihnen die Sonne in den Tälern zu heiß wurde.
Selbstverständlich trifft dies nur auf das einfache Volk zu und nicht auf die verfeinerte Lhasa-Gesellschaft, mit der wir während unseres langen Aufenthaltes in Gyantse in Berührung kamen. Wir wohnten dort eine Zeitlang in dem schön ausgestatteten Yabschi-Pünkhang, dem Herrensitz einer aristokratischen Familie von Lhasa, die durch Heirat mit dem Königshaus von Sikkim verbunden war. Im ganzen gesehen kann man sagen, daß die Stellung der Frau in Tibet sehr hoch war. Sie spielte eine führende Rolle in allen Berufen, mit Ausnahme politischer, staatlicher oder höherer geistlicher Karrieren, die in der tibetischen Theokratie eng miteinander verwoben waren.
Obwohl sich auch unter den Frauen gelehrte Nonnen und angesehene Äbtissinnen befanden, waren sie mehr dem praktischen Leben zugetan, indem sie Handelsgeschäfte leiteten und Familienbesitz verwalteten. Sie waren die legalen Erben allen Grundbesitzes, der nicht unter die Nachkommen aufgeteilt, sondern intakt von Generation zu Generation dem jeweiligen weiblichen Familienoberhaupt weitergegeben wurde, um die Zerstückelung und Entwertung des ohnedies beschränkten anbaufähigen Landes, das zum größten Teil von künstlicher Bewässerung abhing, zu vermeiden. Es war hauptsächlich auf Grund dieser ökonomischen Bedingungen, daß die Tibeter Mittel und Wege finden mußten, um die Bevölkerung streng in den Grenzen verfügbarer Existenzmittel zu halten. Dies wurde zum Teil durch Polyandrie (Vielmännerei) erreicht – die hauptsächlich in den wüstenartigen Gebieten Westtibets und in den Steppen des Nordens vorherrschte –, zum anderen Teil durch die Sitte, wenigstens einen Sohn jeder Familie, und oft auch eine Tochter, dem geistlichen Leben zu weihen.
Sowohl Mönche wie Nonnen genossen hohes Ansehen, insbesondere diejenigen, die sich durch Gelehrsamkeit oder meditative Erfahrung und Ausübung religiöser Rituale hervortaten. Wissen wurde unter Tibetern fast ebenso hoch geschätzt wie Heiligkeit, und oft waren beide in hohem Grade vereint. Die *Gelugpas* (die einzige Ordensgemeinschaft Tibets, die streng auf dem Zölibat besteht, im Gegensatz zu den älteren Schulen, die es ihren Ordensangehörigen freistellen, zu

heiraten oder das Zölibat zu befolgen) legten besonderen Wert auf das Studium traditioneller religiöser Literatur, einschließlich Geschichte, Logik, Philosophie, Dichtkunst und zum Teil auch Medizin und Astrologie. Die Kargyütpas hingegen hielten eine meditative Geistesschulung für wichtiger als Buchwissen und Debattierkunst. Während die Gelugpas sich durch ein langes Studium in einer der Klosteruniversitäten (wie Drepung, Ganden oder Sera) qualifizieren mußten, bestand die höchste Bewährung der Kargyütpas in der Fähigkeit, lange Perioden in vollständiger Abgeschlossenheit in Höhlen, Einsiedeleien und Meditationsklausen zu verbringen, wo die Lehren der Gurus und der religiösen Tradition in die Tat umgesetzt werden konnten. Das Studium religiöser Schriften wurde der meditativen Praxis untergeordnet und diente vor allem als Hilfsmittel für gewisse Formen von *sâdhana* und für das Verständnis der grundlegenden Prinzipien der buddhistischen Lehre.

DIE BEIDEN SIDDHAS VON TSÉ-TSCHÖLING

Infolge seines hohen Ansehens als Gomtschen und Meditationsmeister war Adschó Rimpotsché im Lauf der Zeit zum geistigen Oberhaupt von Tsé-Tschöling geworden, so daß selbst der kleine Tulku des vor vielen Jahren verstorbenen Abtes (der zu unserer Zeit etwa neun Jahre alt war) nun mit Ehrfurcht zu ihm aufblickte und sich seiner Führung anvertraute, bis er selbst wieder die nötige Reife erlangt hätte, um das verantwortungsvolle Amt eines inkarnierten Abtes zu übernehmen. Adschó Rimpotsché war einer der Repas, der «kattunbekleideten» Nachfolger Milarepas, der nicht das dunkelrote Gewand eines Mönchs, sondern einen weißen, mit roten eingewebten Streifen versehenen Schal (*gZan,* «Sen») trug. Und gleich Milarepa hatte er nie sein Haar geschnitten, sondern trug es in langen, aufgerollten Flechten auf dem Kopf. In den Ohren trug er die weißen, spiralförmigen Muschelringe eines Wanderasketen (*rNal-ḥbyor-pa,* Naldschorpa), wie viele der alten Siddhas sie zu tragen pflegten.

Auch der junge Tulku von Tsé-Tschöling war die Wiederverkörperung eines Siddha der fernen Vergangenheit, nämlich des Sarâha, der einer der großen mystischen Dichter seiner Zeit (des 7. Jahrhunderts n. Chr.) gewesen war. Im Gegensatz zu Adschó Rimpotsché trug er die traditionelle Mönchsrobe, und sein persönlicher Präzeptor, der mit der Hingabe einer Mutter den kleinen Knaben betreute, war ein vollordinierter Gelong *(dGe-sLoṅ;* Skt. *bhikṣu).* Auch der Umdse, der Adschó Rimpotsché bei unserer Initiation assistierte, war ein Gelong, während die Mehrzahl der übrigen Klosterinsassen verheiratet war. Auch sie trugen die dunkelroten Mönchsgewänder, lebten aber mit ihren Familien in separaten kleinen Häusern, die um das Gompa herum verstreut lagen. Bei religiösen Feiern versammeln sich alle Klosterangehörigen in der großen Tempelhalle, in der an besonderen Festtagen der kleine Tulku des Saraha auf seinem Thron präsidierte und trotz seines zarten Alters das hohe Amt mit großer Würde und Gefaßtheit ausübte.

Es war seltsam zu sehen, wie in diesem kleinen Knaben kindliche Unschuld und uralte Weisheit vereint zu sein schienen und wie das Kind in ihm unvermittelt in die Haltung und das Gebaren eines weisen alten Mannes wechseln oder wiederum zur Natürlichkeit eines lebhaften kleinen Jungen zurückfinden konnte. Sein Präzeptor sagte uns, daß er unglaublich schnell sein früheres Wissen wiedergewinne. Er sei imstande, ganze Bücher auswendig zu rezitieren. Der Umdse gab uns außerdem eine eingehende Beschreibung, wie es dem jungen Tulku gelungen war, den Weg zurück in sein früheres Kloster zu finden.

Er war in einem Dorf direkt unterhalb von Dungkar Gompa geboren worden, und sobald er sprechen gelernt hatte, begann er von einem auf einem Berg gelegenen Kloster zu erzählen, in dem er als Mönch gelebt hätte. Als er wieder und wieder hiervon sprach, nahmen die Dorfleute es für selbstverständlich an, daß er Dungkar Gompa meinte, das man von seinem Dorf aus sehen konnte. Aber er wies diese Meinung aufs bestimmteste zurück. Durch Zufall hörte der Umdse von Tsé-Tschöling von diesem Knaben, der zu jener Zeit drei oder vier Jahre alt war; und da der Tulku von Tsé-Tschöling noch nicht wiedergefunden war, ging der Umdse in Begleitung einiger älterer Mönche zu dem Dorf, in dem der besagte Junge lebte. Ohne den Zweck ihres Besuches zu enthüllen, gelang es ihnen, mit dem Knaben, der in der Umgebung seines Elternhauses spielte, zu sprechen. Da Tibeter sehr kinderlieb sind, konnte man nichts Außergewöhnliches darin finden, daß wandernde Mönche während einer kurzen Rast ein freundliches Interesse an einem kleinen Jungen nahmen. Der Umdse trug einen Beutel mit rituellen Gegenständen mit sich, wie dies die meisten auf Wanderschaft befindlichen Lamas tun, und unter diesen Gegenständen befanden sich auch einige aus dem Privatbesitz des früheren Abtes von Tsé-Tschöling. Unter irgendeinem Vorwand öffnete der Umdse den Beutel und erlaubte dem Knaben, seinen Inhalt zu betrachten, indem er ein Stück nach dem anderen herausnahm. Als der Knabe mit unverhohlenem Interesse diese Gegenstände beschaute, fragte ihn der Umdse, ob er einige der Sachen haben möchte und was er in diesem Fall wählen würde. Ohne zu zögern wählte der Knabe eine etwas beschädigte Ritualglocke, obwohl eine andere, nicht beschädigte und schönere Glocke derselben Art sich unter den Sachen befand. «Warum willst du das alte Ding haben», fragte der Umdse, «wenn hier eine so viel bessere Glocke ist? Möchtest du nicht die schöne neue haben?» – «Nein», sagte der Junge, «ich möchte lieber meine alte Glocke wiederhaben.» – «Woher weißt du, daß dies *deine* Glocke ist?» fragte der Umdse überrascht. – «Weil die Glocke eines Tages auf den Boden fiel und am Rand ein kleines Stückchen ausbrach», sagte der Knabe, indem er die Glocke mit der Öffnung nach oben drehte und dem Umdse eine kleine Lücke am inneren Rand der Glocke zeigte, die er selbst bis dahin nicht bemerkt hatte.

Dieses Geschehnis wurde später von dem alten Diener des früheren Abtes bestätigt, der sich an den Vorfall erinnerte. Er bestätigte auch die Bemerkung des Knaben, daß dem Rosenkranz, den dieser als sein Eigentum erkannt hatte, ein Türkis fehlte, der das Schlußstück der 108 Holzperlen bildete. Jeder einzelne Gegenstand, der dem früheren Abt gehört hatte, wurde von dem Knaben sofort wiedererkannt, der ebenso bestimmt alle anderen Sachen zurückwies, die nicht im Besitz des Abtes gewesen waren, obwohl sie ihnen aufs Haar glichen.

Das Bemerkenswerteste aber geschah, als der Knabe, nachdem er als Tulku des früheren Abtes anerkannt worden war, nach Tsé-Tschöling zurückgebracht wurde. Als er den Labrang (wie die Residenz des Abtes genannt wird) betrat, sagte er: «Dies ist nicht der Ort, an dem ich lebte. Ich erinnere mich, daß er auf einem Berggipfel war.» – Er hatte recht: der Labrang, in dem der alte Abt gelebt hatte, befand sich hoch über dem eigentlichen Kloster auf einem Bergvorsprung; aber ein Feuer hatte das Gebäude zerstört, das, wie die meisten Häuser in diesem Teil Tibets, zur unteren Hälfte aus Stein und im vorwiegend bewohnten Oberstock aus Holz bestand. Das weit ausladende Dach war mit hölzernen Schindeln bedeckt und wie die Châlets in den Schweizer und Tiroler Alpen mit Steinen beschwert.

Wie in Dungkar Gompa wurde uns für die Zeit unseres Aufenthaltes in Tsé-Tschöling ein sehr schöner Lhakhang zur Verfügung gestellt. Aber gemäß der liberaleren Einstellung des Kargyütpa-Ordens, der sowohl verheiratete wie das Zölibat beobachtende Lamas und Trapas beherbergt, erwartete man nicht, daß Li Gotami die Nächte außerhalb der Klostermauern verbrachte. Infolgedessen bewohnten wir zusammen den großen Schreinraum, in dem die Statue Padmasambhavas als Hauptfigur inthronisiert war, während zu beiden Seiten die zahlreichen Bände der esoterischen Lehren Padmasambhavas und seiner Nachfolger in rot- und goldverzierten, taubenschlagartigen Regalen aufbewahrt waren. Diese Schriften sind als *Termas (gTer-ma* bedeutet «Schatz») bekannt, da sie wie kostbare Schätze in Zeiten der Gefahr und der Verfolgung (wie nach der Thronergreifung Langdarmas) vergraben oder in Höhlen versteckt worden waren und – wie die Tradition sagt – erst, als die Zeit für jene tiefen Lehren reif war, von späteren Eingeweihten wiederentdeckt wurden. Die Lehren des *Bardo Thödol*, die als eines der bedeutendsten Werke religiöser Weltliteratur unter dem Titel *Das tibetanische Totenbuch* bekannt geworden sind, gehören zu den *Termas.*

Daß Adscho Rimpotsché uns eine der Hauptkapellen des Klosters zur Verfügung gestellt hatte, war mehr als ein bloßes Zeichen der Gastfreundschaft und des Vertrauens: es bedeutete, daß er uns nicht nur als geehrte Gäste, sondern als Mitglieder seiner geistigen Gemeinschaft akzeptiert hatte. Wir waren tief gerührt bei dem Gedanken, daß, während der Guru selbst in einem ärmlichen, allen Schmuckes baren Raum seines bescheidenen Häuschens lebte, wir einen von Säulen getragenen, reich ausgestalteten Lhakhang bewohnten, der eher einem Fürsten als zwei einfachen Tschelas angemessen war.

Eine Seite des Lhakhangs bestand aus einem hölzernen Rahmenwerk, in das Reihen kleiner Glasscheiben eingesetzt waren, wie dies oft bei altmodischen verglasten Veranden indischer Bungalows zu finden ist. Wir hatten auf diese Weise einen freien Ausblick über den geräumigen Klosterhof und die stufenförmig am Berghang aufsteigenden Klostergebäude, zwischen denen hohe Tannen, Gebetsfahnen und Tschörten aufragten. Wir konnten den Labrang sehen, in dem der junge Tulku in einem mit kostbaren Thankas und geschnitzten Schreinen und Tschoktses ausgestatteten Raum lebte, und wir konnten auch des Präzeptors kleinen Bungalow sehen, der mit seinem eleganten und schön bemalten Holzwerk wie ein Puppenhaus wirkte.

Jeden Abend umwandelte der Präzeptor mit dem kleinen Tulku die

Tschörten und die Tempelgebäude, den Rosenkranz in der Hand und Mantras murmelnd: der Präzeptor würdevoll voranschreitend und der Kleine sorglos und fröhlich hinter ihm hertrippelnd. Augenscheinlich war er mehr interessiert am Treiben der umherschwirrenden Vögel oder an einem jungen Hündchen, das seinen Weg kreuzte und im Vorbeigehen schnell auf den Arm genommen und geliebkost werden mußte, bis der Präzeptor sich unversehens umblickte und ihn sanft an seine Pflicht erinnerte. Man konnte sehen, daß der Präzeptor durchaus dafür Verständnis hatte, daß ein Kind sich zu Vögeln und kleinen Hunden hingezogen fühlt und am liebsten mit ihnen spielen würde. Wir sahen ihn nie barsch mit dem Jungen umgehen, obwohl die Erziehung eines Tulku, wie wir wußten, im allgemeinen viel strenger gehandhabt wird als die eines gewöhnlichen Novizen.

Saraha Tulku war in jeder Hinsicht ein außergewöhnlicher Knabe. Selbst wenn wir nicht gewußt hätten, daß er ein Tulku war, hätten wir ihn ohne weiteres aus einer Schar gleichaltriger Jungen herausfinden können, denn sein Gesicht war von außergewöhnlicher Intelligenz. Seine Augen waren lebhaft, und seine Bewegungen hatten eine natürliche Anmut. Wenn er während einer Zeremonie auf seinem Thron im Tempel saß, war er ganz der Rimpotsché, und wenn er uns in seinem Privat-Lakhang empfing, tat er dies mit einer charmanten Mischung von Würde und verhaltener Neugier. Als Li Gotami ein Porträt von ihm in seinem schönen Andachtsraum machte – gegen einen Hintergrund kostbarer Thankas und umgeben von verschiedenartigen Ritualgegenständen, wie sie seiner geistlichen Würde entsprachen – zeigte er lebhaftes Interesse am Fortgang ihrer Arbeit; er verlor seine anfängliche Scheu und plauderte unbefangen, wenn immer eine Ruhepause eintrat. Er genoß zweifellos die Neuheit der Situation. Gleichzeitig aber erwies er sich als ein ausgezeichnetes Modell, indem er bewegungslos in der gleichen Haltung verharrte, so lange es die Arbeit erforderte, ohne das geringste Zeichen der Ermüdung oder der Ungeduld.

Eines Tages, nach einem heftigen Schneefall, während wir den Ausblick aus unserem Lhakhangfenster genossen, sahen wir plötzlich einige nackte Gestalten aus dem Labrang kommen und fröhlich im frischgefallenen Schnee herumspringen, um sich zum Schluß in ihm zu wälzen, während wir selbst in unserem ungeheizten fürstlichen Gemach

vor Kälte zitterten. Die nackten Gestalten waren niemand anderer als unser kleiner Tulku und zwei andere Jungen seines Alters, die sich auf diese Weise vergnügten. Nachdem sie sich fröhlich im Schnee gewälzt hatten, zogen sie sich schnell wieder in den Labrang zurück – wahrscheinlich, um sich zu wärmen; aber nach wenigen Augenblicken erschienen sie wieder, um das gleiche Spiel zu wiederholen, bis sie nach mehrfachem Erscheinen und Verschwinden genug hatten.
Es freute uns zu sehen, daß trotz allen Lernens und aller Disziplin körperliches Training und jugendliches Spiel nicht vernachlässigt wurden und daß trotz der religiösen Natur ihrer Erziehung keine Prüderie herrschte. Aller Wahrscheinlichkeit nach dienten die Schneespiele der Abhärtung und als Vorbereitung für spätere *tum-mo*-Übungen; bei denen müssen sie ihre Fähigkeit, Kälte durch psychische Hervorbringung von Eigenwärme, durch yogische Beherrschung des Körpers und des Geistes beweisen. Wir hielten es jedoch für besser, weder den Präzeptor noch andere Angehörige des Klosters darüber zu befragen, um – für den Fall, daß es sich nur um kindliches Spiel handelte – die Jungen nicht in Verlegenheit zu bringen.
Im übrigen fanden wir neben der Ausübung unseres täglichen *sâdhana* genügend zu tun, um unsere Zeit nutzbringend auszufüllen. Da gab es Bücher zu studieren, Auszüge und Notizen zu machen, Holzschnitte zu drucken und Fresken zu kopieren. Im Vajradhara-Lhakhang (unmittelbar gegenüber dem von uns bewohnten Padmasambhava-Lhakhang) fanden sich zu meiner besonderen Freude sehr schöne Fresken der vierundachtzig Siddhas, die mir Gelegenheit gaben, weitere Durchzeichnungen anzufertigen und meine ikonographischen Studien zu vervollständigen, in Ergänzung zu meinen früheren Arbeiten über dieses historisch bedeutsame Thema.
Auch außerhalb des Klosters gab es viel zu skizzieren und zu photographieren, und so waren wir keinen Augenblick um Beschäftigung verlegen. Außerdem hatten wir vielerlei interessante Gespräche über die verschiedensten Aspekte religiöser Tradition und meditativer Praxis mit Adschó Rimpotsché, dem Umdse, dem Präzeptor des jungen Tulku und einigen der Trapas. Unter den letzteren beeindruckte uns besonders der Konyer (*sGo-ñer*), der die Haupt-Lhakhangs betreute und die täglichen Opfergaben in Form von Wasser, Licht und Weihrauch darbrachte und die Tempelräume wie die Kultgeräte spiegel-

blank hielt. Er tat dies nicht nur gewissenhaft, sondern als *sâdhana* und mit solcher Hingabe, daß eine permanente Beule an seiner Stirn entstanden war, infolge seiner unzähligen Niederwerfungen, die er täglich zur Verehrung der Erleuchteten und ihrer Emanationen den Hütern transzendenter Mysterien darbrachte. Letztere galten als die besonderen Schutzherren (*yidam*) der Eingeweihten, unter ihnen vor allem Mahâkâla, Vajrabhairava, Kâlacakra, Hevajra, Mahâsukha (Tib.: *bDe-mchog*, Demtschog). Mahâsukha ist einer der besonderen *yidams* der Kargyütpas, obwohl er sich auch bei den Gelugpas und anderen Sekten hohen Ansehens erfreut, als Hauptsymbol eines der tiefsinnigsten Meditationssysteme – dem ich selbst ein Jahr intensiven Studiums widmete. Aus diesem Grunde war ihm und seinem Mandala ein besonderer Schreinraum gewidmet, der sich unmittelbar neben dem des Padmasambhava befand.

In Dungkar Gompa fanden wir sogar ein plastisches Modell dieses Mandalas, mit seinen 164 Gottheiten und allen sonstigen Einzelheiten in minutiösester Weise ausgearbeitet. Leider befand sich dieses schöne Modell in einer dunklen Ecke des Haupttempels und von einem Rahmenwerk aus Holz und Glas umgeben, das ein genaueres Studium erschwerte und eine photographische Aufnahme unmöglich machte.

KOMMENDE EREIGNISSE WERFEN IHRE SCHATTEN VORAUS

Wir hatten gehofft, in Dungkar Tomo Géschés kleinen Tulku zu treffen, der ungefähr im gleichen Alter war wie der des Saraha in Tsé-Tschöling. Aber bei unserem Besuch in Dungkar Gompa im Jahre 1947 war er noch in Sera, wohin man ihn trotz seiner Jugend zum weiteren Studium geschickt hatte, nachdem er sich alles, was seine Lehrer in Dungkar ihm zu bieten hatten, angeeignet hatte. Alles Lernen war für ihn nur ein Wiedererinnern und Auffrischen des im früheren Leben erworbenen Wissens. Vor kurzem aber waren Unruhen in Sera ausgebrochen, infolge eines geplanten politischen Umsturzes und eines Attentats auf das Leben des Regenten, der während der Minderjährigkeit des Dalai Lama Tibet regierte, und daher bangte man in Dungkar wie auch in Gangtok um die Sicherheit des jungen Tomo Gésché und beschloß, ihn zurückzurufen und abzuwarten, bis die Lage in Sera sich geklärt hätte. Niemand wußte, was wirklich vor sich gegangen war, und je weiter wir ins Innere Tibets vordrangen, desto mysteriöser wurde die Angelegenheit.

In Phari fanden wir den Palast des Reting Rimpotsché versiegelt und verlassen (mit Ausnahme eines riesigen tibetischen Wachhundes, der sich wütend auf uns stürzte, als wir den Hof des Palastes betreten wollten). Reting Rimpotsché war der frühere Regent gewesen, der den jetzigen Dalai Lama entdeckt hatte und der vor einigen Jahren unter politischem Druck von der Regentschaft zurückgetreten war. Eines Tages – es war im April 1947 – explodierte eine Bombe chinesischen Ursprungs, als ein an seinen Nachfolger adressiertes Paket von einem neugierigen Diener geöffnet wurde, und sogleich fiel der Verdacht auf Reting Rimpotsché, der des Komplotts gegen den neuen Regenten, im Einverständnis mit der prochinesischen Partei des Taschi Lama, angeklagt wurde. Der Taschi Lama war vor vielen Jahren im Konflikt mit der Regierungspartei des dreizehnten Dalai Lama nach China geflohen und wurde seitdem als ein Werkzeug chinafreundlicher Politik betrachtet.

Reting Rimpotsché wurde nun von der Regierung aufgefordert, sich in Lhasa zu verantworten, und entgegen den Warnungen und Bitten seiner Mönche nahm er die Herausforderung an. Aber während er auf die Eröffnung der Gerichtsverhandlung im Potala, wo er sich mehr oder weniger in Untersuchungshaft befand, wartete, starb er plötzlich. Nach dem, was man uns erzählte, wurde er eines Morgens in den Gemächern, die man ihm im Potala angewiesen hatte, tot aufgefunden. Er saß, wie in tiefe Meditation versunken, auf seinem Sitzkissen, und nichts wies auf einen gewaltsamen Tod hin. Seine Teetasse wurde jedoch in einem der Holzpfeiler seines Raumes steckend gefunden, und die Tasse selbst (die wohl aus Silber oder dergleichen bestand) war von innen nach außen gekehrt. Niemand konnte erklären, wie das vor sich gegangen war, aber alle waren sich darüber einig, daß es eine Folge der geistigen Kraft des Rimpotsché war, der sich in einen Trancezustand versetzt und bewußt seinen Körper verlassen hatte – oder, wie andere sagten, daß er durch eigene Willenskraft aus dem Leben geschieden sei.

Was wirklich geschehen war und ob der Rimpotsché schuldig war oder nicht, wurde nie bekannt. Das einfache Volk sowohl wie die Angehörigen der Aristokratie, mit denen wir in Berührung kamen, hielten ihn für unschuldig, obwohl fremde Beobachter in Lhasa der entgegengesetzten Auffassung zuneigten. Für die allgemeine Haltung der Tibeter war es charakteristisch, daß, obwohl die Regierung den Rimpotsché verhaftet und seine Besitzungen beschlagnahmt hatte, sein Porträt fast in jedem Hause, das wir besuchten, an prominenter Stelle zu sehen war.

Daß ein Tulku, der viele Jahre lang der anerkannte Herrscher Tibets war und der aus freiem Willen auf die Macht verzichtet hatte – infolge eines Traumes, wie es hieß, der ihm offenbarte, daß es an der Zeit sei, sich von der Welt zurückzuziehen – daß ein solcher Mann sich eines

gewöhnlichen Verbrechens schuldig gemacht haben sollte, erschien der Mehrzahl der Tibeter undenkbar.
Reting Rimpotsché, das Oberhaupt eines der ältesten, von Atîśas berühmtem Schüler Bromston (1002 geboren) gegründeten Klöster (*Rva-sgreṅ*, Reting), war vom dreizehnten Dalai Lama kurz vor seinem Tode für die Regentschaft empfohlen worden, obwohl Reting Rimpotsché zu jener Zeit erst zwanzig Jahre alt war und von zarter Gesundheit. Mystische Schauungen und weltliche Ambitionen schienen in ihm um die Herrschaft zu ringen, wie Leute, die ihn persönlich gekannt hatten, uns sagten. Augenscheinlich wurde er zwischen zwei Welten hin und her gerissen. Sein tragischer Tod wird für immer das Geheimnis des Potala bleiben.
Als die Nachricht von seinem Tode im Reting Gompa bekannt wurde, erhob sich das ganze Kloster gegen die Regierung und überwältigte die kleine Wachtruppe, die das Kloster während der Abwesenheit des Rimpotsché besetzt hatte. Lhasa sandte daraufhin einen größeren Truppenteil gegen das Kloster, das nach vergeblichem Widerstand zerstört wurde, während die überlebenden Mönche nach allen Teilen des Landes flohen.
Dies war jedoch nicht das Ende der tragischen Ereignisse. Reting Rimpotsché war ein prominentes Mitglied von Sera, einer der größten und mächtigsten Klosteruniversitäten der Gelugpas, die nur vier oder fünf Kilometer von Lhasa entfernt lag. Verbittert durch die Ereignisse in Reting, rebellierte auch hier ein Teil der Mönche gegen die Regierung, und erst nach einem Artillerie-Bombardement gelang es, den Frieden wiederherzustellen. Die tieferen Ursachen dieses Aufstandes blieben jedoch bestehen, und es schien, als ob zukünftige Ereignisse ihren Schatten bereits über dieses sonst so friedliche Land geworfen hätten. Es war daher kein Wunder, daß man in Dungkar Gompa um die Sicherheit des jungen Tomo Géshé in Sera aufs höchste besorgt war.
In der Zwischenzeit waren wir mit unseren Studien in den großen Klöstern und Tempeln von Gyantse – insbesondere im Kumbum (*sKu-ḥBum)*, dem Tempel der «Hunderttausend Buddhas», und im Pal-Khorlo-Tschöde – beschäftigt, während wir auf die Ausstellung unseres Lamyig (eines offiziellen Passes, der uns besondere Transporterleichterungen und Proviantversorgung während unserer Reisen in Tibet zusicherte) warteten, und ebenso auf die Erlaubnis, in den alten

Klöstern und Tempeln Rintschen-Sangpos in Westtibet arbeiten und und Fresken kopieren zu dürfen. Wir waren viel zu beschäftigt, als daß wir politischen Angelegenheiten allzuviel Aufmerksamkeit geschenkt hätten. Wir hatten überdies dem politischen Geschäftsträger in Gangtok versprechen müssen, keine Informationen über die innenpolitischen Ereignisse Tibets weiterzugeben. So kümmerten wir uns nicht um diese Dinge und vermieden es, irgendwelche Meinungen über die Reting-Affäre zu äußern. Aber eines konnten wir sehr klar sehen, nämlich, daß politische Macht und Religion sich auf die Dauer nicht miteinander vertragen und daß die größte Gefahr Tibets in dem Machtstreben jener Klöster lag, in denen Tausende von Mönchen wie in einem Ameisenhaufen zusammengepfercht waren und in denen die kostbarsten Ingredienzien eines wahrhaft religiösen Lebens verloren gingen: der Friede und die Stille der Einsamkeit, sowie die Integrität und Freiheit des Individuums.

Schon in der großen Klosterstadt von Gyantse, die von der profanen Stadt durch eine viele Meilen lange Ringmauer getrennt war und dennoch das Ganze dominierte, konnten wir die Verflachung des geistigen Lebens beobachten, wie dies unvermeidlich ist, wenn Menschen in großen Mengen eng zusammenleben. Wir waren uns um so mehr der Weisheit eines Milarepa und seiner Nachfolger bewußt, die einsame Klausen und kleine religiöse Gemeinschaften den großen Lehrinstitutionen vorzogen, in denen auf Buchwissen größeres Gewicht gelegt wurde als auf Charakterbildung und die Entwicklung von Weisheit und Herzensgüte.

In der Vergangenheit waren die Sakyapas (die ihren Namen von dem 1071 n. Chr. gegründeten *Sa-sKya*-Kloster, südwestlich von Schigatse, ableiteten) die mächtigste religiöse Organisation gewesen. Sie galten in ihrer Blütezeit als die anerkannten Herrscher Tibets. Gerade die politische Macht jedoch wurde die Ursache ihres Niedergangs, denn Macht gebiert Gegenmächte. Die Oberherrschaft der Sakyapas wurde schließlich von den Gelugpas gebrochen, die mit der Konsolidierung der Dalai Lamas in Lhasa sowohl die geistige wie die politische Macht an sich rissen. Ihre Klöster wurden zu Städten, in denen bis zu zehntausend Mönche lebten.

Sie erinnerten an die großen Klosteruniversitäten von Nâlanda und Vikramaśîla (in Bihar und Bengalen), in denen das religiöse und kulturelle Leben des Buddhismus so weitgehend zentralisiert war, daß sie den mohammedanischen Eroberern eine leichte Zielscheibe boten. Durch die Zerstörung dieser mächtigen Institutionen gelang es ihnen mit einem Streich, den Buddhismus Indiens zu vernichten, während der Hinduismus, der weder zentralisiert, noch von monastischen Organisationen abhängig war, die Invasion überleben konnte, weil seine Tradition im intimen Kreis priesterlicher Familien oder frommer Haushalter weitergepflegt wurde, während unabhängige Einzelgänger, die als wandernde Asketen herumzogen oder sich zu kleinen Gruppen um einen Guru scharten, den lebendigen religiösen Impuls wacherhielten. Selbst die Zerstörung von Tempeln kann eine Religion nicht vernichten, die in jedem Haus ihren Altar oder Andachtsraum hat und die in jeder Familie zumindest *ein* Mitglied besitzt, das imstande ist, die religiöse Tradition aufrechtzuerhalten.

Nur wenige Jahre später, kurz nachdem wir Tibet verlassen hatten, wiederholte sich diese geschichtliche Situation: die großen Klöster Tibets wurden die erste Zielscheibe der kommunistischen Eroberer, und wenn der Buddhismus überhaupt in irgendeiner Form in Tibet zu überleben imstande sein sollte, so könnte dies nur in verborgenen Einsiedeleien, fern von Städten und Karawanenstraßen sein, oder in Familien, in denen das religiöse Leben nicht von monastischen Organisationen und Institutionen abhängt, sondern wo die Flamme des Glaubens von Generation zu Generation weitergegeben wird. Dies habe ich besonders unter Nyingmapas, Kargyütpas und anderen kleineren Gruppen tibetischer Buddhisten beobachtet, die eine streng-persönliche Guru-Tschela-Tradition der Massenerziehung großer Klosteruniversitäten vorziehen.

Wie schon gesagt, die zukünftigen Ereignisse warfen ihre Schatten voraus. Der Rückzug der Briten aus Indien und die Befürchtung, daß China wieder die Oberherrschaft über Tibet beanspruchen könnte, schufen ein Gefühl der Unsicherheit – obwohl niemand zu jener Zeit glaubte, daß die Gefahr von den Kommunisten kommen würde, mit denen damals der Kuomintang noch im Kampfe lag. Wahrscheinlich war dies auch der tiefere Grund, warum die tibetische Regierung es nicht wagen konnte, Reting Rimpotsché einen öffentlichen Prozeß zu machen oder Tatsachen zu enthüllen, die eventuell zu politischen Verwicklungen mit China hätten führen können.

Wir selbst hatten diese Ereignisse fast vergessen, und es schien, daß Sera zu einem normalen, friedlichen Leben zurückgekehrt sei, da keinerlei Nachrichten mehr von dort gekommen waren. Dazu kam, daß während der festlichen Jahreszeit im Herbst jeder, vom Regenten hinunter bis zum kleinsten Beamten, vom Dalai Lama bis zum einfachsten Trapa, vom prominentesten Bürger bis zum bescheidensten Diener und dem armseligsten Bettler, an den verschiedensten öffentlichen Veranstaltungen teilnahm: Mysterienspiele in den Klöstern, Aufführung religiöser Legenden (z. B. Geschichten aus den früheren Inkarnationen des Buddha), die von professionellen Schauspielern in den Höfen großer Familienhäuser dargeboten wurden und zu denen jedermann Zutritt hatte, Veranstaltungen von Picknicks in reichgeschmückten Zelten an landschaftlich schönen Orten in der Umgebung der Stadt oder in der Nähe von schöngelegenen Bergklöstern, und endlich sportliche Wettbewerbe, wie Pferderennen, Bogenschießen und daran anschließend Volkstänze und ähnliche Vergnügungen, an denen Reiche und Arme sich gleichermaßen erfreuten. Der Tibeter ist ein lebensfroher Mensch und hängt an seiner Religion, beides weiß er in glücklichster Weise zu vereinen und so «das Beste beider Welten» zu genießen. *

Bald aber nahte die intensive Kälte des Winters und machte allen Freiluftvergnügungen ein Ende. Und plötzlich gingen alle Leute in Pelzkappen und Winterkleidung umher, obwohl die Sonne so strahlend wie immer und der Himmel wie dunkelblauer Samt war. Aber der Boden und die Teiche waren gefroren, und selbst der schnellfließende Fluß war von Eisrändern gesäumt.

In jener Zeit kam uns ein Gerücht zu Ohren, daß der junge Tomo Gésché Sera verlassen hätte und sich auf dem Heimweg nach Dungkar befände. Man erwartete, daß er in Gyantse einige Tage Rast machen würde, bevor er seine Reise fortsetzte. Aber wir hatten so oft schon solche Gerüchte gehört, daß wir ihnen nicht viel Glauben schenkten, insbesondere seit der Friede in Sera wiederhergestellt war.

* Daß der Tibeter in ständiger Dämonenfurcht lebt, ist eine jener lächerlichen Behauptungen, die bis zum Überdruß von Reisenden oder Missionaren wiederholt werden, die entweder nichts von tibetischer Mentalität wissen oder eine Entschuldigung brauchen für ihr Bestreben, Tibeter zu ihrer eigenen Art von Glauben oder Aberglauben zu bekehren.

Eines Tages kehrten wir vom «Tempel der Hunderttausend Buddhas» zurück, wo ich Inschriften und Freskodetails von besonderem ikonographischem Interesse kopierte, während Li Gotami Aufnahmen der schönsten Statuen machte. Einige davon sind in meinen «Grundlagen tibetischer Mystik» reproduziert. Es war ein besonders kalter und windiger Tag, und wir waren, wie alle anderen, in unsere schweren tibetischen Gewänder und wollenen Schals gehüllt und hatten unsere Pelzmützen tief über den Kopf gezogen, während unsere Augen durch dunkle Gläser gegen den feinen, vom Wind getragenen Sand geschützt waren. Während wir durch den Hauptbazar eilten, den wir täglich auf unserem Weg zur ummauerten Mönchsstadt und zurück zu passieren hatten, sahen wir zwei oder drei Mönche aus der entgegengesetzten Richtung kommen, offenbar auf ihrem Weg zum Haupttempel der Klosterstadt. Einer von ihnen trug einen kleinen, in dunkelrote Mönchsgewänder gehüllten Knaben auf seiner Schulter. Wir wären an der Gruppe wahrscheinlich, ohne sie zu bemerken, vorbeigegangen, hätte nicht das ungewöhnliche Verhalten des Knaben unsere Aufmerksamkeit auf sich gezogen. Er richtete sich plötzlich auf, hob den Kopf und schaute uns mit einem Ausdruck höchster Überraschung und lebhaftesten Interesses an – während weder der Mönch, der ihn trug, noch seine Begleiter das geringste Interesse für uns bekundeten. Wir unterschieden uns ja auch in keiner Weise von anderen Tibetern auf der Straße, da selbst unsere Augen, die uns als Fremde gekennzeichnet hätten, hinter dunklen Gläsern verborgen waren. Solche Schutzbrillen wurden auch von Tibetern viel getragen, sowohl gegen die grelle Sonne, wie gegen den alles durchdringenden Sand und Staub an windigen Tagen. Als wir nahe an den Mönchen vorbeigingen, wurde der Knabe noch erregter und wandte sich in den Armen des Mönchs, der ihn trug, um. Mit unverhohlener Aufmerksamkeit blickte er uns nach – als ob er bemüht sei, sich an jemanden zu erinnern, den er kannte, ohne jedoch imstande zu sein, ihn zu identifizieren. Nun war es an uns, verwundert zu sein – und plötzlich kam uns, wie ein Blitz aus heiterem Himmel, der Gedanke, daß der kleine Junge Tomo Géché Rimpotschés Tulku sein könnte.

Inzwischen aber hatte sich die Gruppe schon ziemlich weit von uns entfernt, und obwohl Li mich drängte, umzukehren und zu versuchen, die Mönche einzuholen, empfand ich irgendwie, daß es nicht nur gegen alle tibetische Etikette sei, hinter jemandem herzulaufen, sondern vor allem, daß dies weder der Ort noch die Zeit für eine so außerordentliche und bedeutsame Begegnung sei. In der Mitte des Bazars und bei eisigem Wind, umgeben von einer Menge Neugieriger – nein, so wollte ich meinem alten Guru nicht begegnen – mochte er sich auch nur in der Gestalt eines Kindes verbergen. Ich wünschte mir eine solche Begegnung in ruhiger Umgebung und in der Stille, so daß ich die Regungen meines eigenen Herzens und die spontane Reaktion des kleinen Tulku ungestört beobachten könnte. Nein, ich mochte diesen kostbaren Augenblick um keinen Preis durch vulgäre Neugierde und leere, höfliche Phrasen entweiht sehen!

Wir beschlossen daher, uns erst zu versichern, daß wir uns nicht in unserer Annahme getäuscht hatten, und ausfindig zu machen, wo sich der kleine Tulku aufhielt, so daß wir ihn am nächsten Morgen in seinem Quartier aufsuchen könnten. Der Gedanke an unser Zusammentreffen bewegte mich tief, und wir beide waren aufs höchste gespannt, ob der Knabe imstande sein würde, sich der Vergangenheit klar genug zu erinnern, um den alten Kontakt wiederherzustellen, – war er doch immerhin schon neun Jahre alt, und die Eindrücke seines neuen Lebens hätten aller Wahrscheinlichkeit nach die meisten seiner vorgeburtlichen Erinnerungen verdrängt.

Wir eilten in unser Quartier zurück und fanden bald heraus, daß es wirklich Tomo Géschés Tulku gewesen war, dem wir auf seinem Wege zum Tempel begegnet waren. Als wir aber am nächsten Morgen aufbrachen, um ihn aufzusuchen, erfuhren wir, daß er mit seinen Begleitern vor Sonnenaufgang Gyantse verlassen habe!

Wir waren tief enttäuscht, trösteten uns aber in dem Gedanken, daß wir ihn bestimmt in Dungkar auf unserer Rückreise treffen würden und daß wir dort nicht nur Gelegenheit haben würden, in Ruhe mit ihm zu sprechen, sondern daß wir auch auf längere Zeit mit ihm zusammen sein könnten in einer Umgebung, die uns allen vertraut und sympathisch war.

Wie völlig anders kommen die Dinge, als man sie erwartet. – Als wir einige Monate später im Kloster der Weißen Muschel ankamen, erfuhren wir, daß Tomo Gésché Rimpotsché sich auf einer Besuchsreise zu seinen Klöstern im Darjeeling-Distrikt befand. Als wir aber nach dem Verlauf weiterer Monate dort eintrafen, hörten wir von seinem Vater, den wir – welch seltsamer Zufall! – mitten im Dschungel zwischen Gangtok und Kalimpong trafen (und den wir nie wiedersehen sollten, da er bald darauf starb), daß sein Sohn inzwischen nach Sera zurückgekehrt sei, da, wie man glaubte, dort keine Gefahr mehr bestehe. Wer hätte das grausame Schicksal, das über diesem Kloster und dem ganzen Land hing, und die unbeschreiblichen Leiden, die dem jungen Tulku beschieden sein würden, geahnt! – Aber ich will den Ereignissen nicht vorgreifen.

Aus verschiedenen Gründen hielten wir uns mehrere Monate länger in Gyantse auf, als wir beabsichtigt hatten; aber unsere Zeit war mit nutzbringenden Arbeiten und wertvollen Erfahrungen ausgefüllt. Wir nahmen die Gelegenheit wahr, die zahlreichen Klöster und Bergeinsiedeleien in der näheren und weiteren Umgebung Gyantses zu besuchen und vor allen Dingen den goldenen Tempel der Hunderttausend Buddhas, den berühmten Kumbum, zum Gegenstand eines intensiven Studiums zu machen, soweit dies in der uns zur Verfügung stehenden Zeit möglich war. Die Menge des ikonographischen Materials in dieser neunstöckigen Tempelpagode mit ihren hundert Einzelkapellen, von denen eine jede mit herrlichen Fresken ausgeschmückt war – gar nicht zu reden von dem Reichtum an Skulpturen – hätten selbst in einem lebenlangen Studium nicht erschöpft werden können. Wir wohnten vielen religiösen Zeremonien und Festlichkeiten bei, einschließlich der berühmten religiösen Tänze und Mysterienspiele mit der Pracht ihrer Brokatgewänder, der phantastischen Lebendigkeit ihrer Masken, ihren magischen Gesten und Bewegungen und dem sonoren musikalischen Hintergrund. Die Stimmen göttlicher und dämonischer Mächte schienen miteinander zu ringen in einer gewaltigen Arena von monumentaler Architektur und himmelstürmenden Bergen.

Ich hatte ähnliche Darbietungen in Yi-Gah Tschö-Ling, Hemis, Gangtok und einer Anzahl kleinerer Klöster gesehen, die eindrucksvollste in Hemis (Ladakh), wo die Mysterienspiele drei Tage lang dauerten und Tausende von Zuschauern versammelt waren, von denen viele mehrtägige Reisen unternommen hatten, um den Festlichkeiten beiwohnen zu können. Die meisten von ihnen kampierten außerhalb des Klosters, das in einer wilden Bergschlucht von phantastischer Schönheit gelegen war. Hier, wo (zu Beginn der dreißiger Jahre) die Menschen noch nicht mit der Außenwelt in Kontakt gekommen waren, wo die meisten von ihnen noch nie ein Fahrzeug auf Rädern gesehen hatten, wo die bloße Erwähnung von Eisenbahnen oder Dampfschiffen ungläubiges Lächeln hervorrief und wo man von Flugzeugen noch nichts gehört hatte – hier war der Ort, an dem man den tiefen Eindruck solcher Mysterienspiele auf unverbildete Menschen beobachten und selbst an ihren Gefühlen in vollstem Maße teilnehmen konnte.

Diese Mysterienspiele waren nicht bloß theatralische Vorführungen für eine schaulustige Menge, sondern sie bedeuteten den Einbruch einer höheren Wirklichkeit in den menschlichen Bereich kraft magischer Riten, durch die Wesen einer geistigen Welt beschworen wurden, sich in den Trägern ihrer Symbole, die sich für eine Zeitlang ihrer eigenen Persönlichkeit entkleidet hatten, zu manifestieren. Diese Entpersönlichung wurde durch ein Reinigungsritual erzielt, dem sich die Darsteller zu unterziehen hatten. Dadurch wurden sie zu Werkzeugen und Gefäßen jener göttlichen Kräfte, welche die von ihnen getragenen Masken darstellten. Diese Masken, die unter der starken tibetischen Sonne und bei den gemessenen rhythmischen Bewegungen ihrer Träger eine übernatürliche Lebendigkeit zu entfalten schienen, waren nicht nur von einer wohlwollend-göttlichen Natur, sondern verkörperten ebensowohl die schrecklichen Aspekte, in denen sich jene höheren Mächte in der äußeren Welt wie im menschlichen Herzen offenbaren: die Mächte des Todes und der Zerstörung, die Schrecken des großen Unbekannten, die Mächte dämonischer Wut und höllischer Illusion, die grauenvollen Gespenster und höhnischen Teufel des Zweifels, die uns auf unserem Weg von Geburt zu Tod und von Tod zu Geburt verfolgen, bis wir gelernt haben, Leben und Tod mit jenem Mut zu begegnen, der einzig aus dem Mitgefühl für alle lebenden und leidenden Wesen und der tiefen Einsicht in die wahre Natur aller Erscheinungsformen entspringen kann. Sofern wir nicht imstande sind, all diese furchterregenden Erscheinungen als Emanationen unseres eigenen Geistes und als Transformationen jener Kräfte zu erkennen, die uns schließlich zur Erleuchtung führen, werden wir endlos im Kreislauf von Geburt und Tod umhergetrieben werden, wie es im *Bardo Thödol*, dem *Tibetanischen Totenbuch*, heißt.

Die Mysterienspiele Tibets sind somit die Darstellungen jener übernatürlichen, oder richtiger, übermenschlichen und in diesem Sinne transzendenten Welt, die sich in der menschlichen Seele widerspiegelt und manifestiert, und die sie überwältigen würde, wenn sie keinen angemessenen Ausdruck finden könnte. Die Mysterienspiele des alten Ägypten, wie auch jene des dionysischen Kultes entsprangen derselben Quelle. Und ebenso, wie in Griechenland sich das Theater aus den dionysischen Tänzen entwickelte, so hatten auch die tibetischen Mysterienspiele ihren Ursprung in den rituellen Tänzen der Magier, in denen symbolische Gesten und Inkantationen angewandt wurden, um üble Einflüsse abzuwehren und segensreiche Kräfte herbeizuziehen.

Wie bei den alten Griechen, finden die tibetischen Maskentänze inmitten der Zuschauer statt. Es gibt keine vom Zuschauer getrennte oder erhöhte Bühne, sondern die Tänze werden im Haupthof des Klosters aufgeführt, der im allgemeinen von Galerien oder Veranden umgeben ist, in denen die prominenteren Zuschauer untergebracht werden, während die anderen sich im verbleibenden Raum des Hofes und auf allen verfügbaren Dächern niederlassen. Die imposante Architektur, die reichgeschmückten Galerien und die bunte, fröhliche Menge bilden einen natürlichen und schönen Rahmen, der von den Tänzern ebenso untrennbar ist wie die Architektur von der Landschaft und die Zuschauer von den Darstellern. Zuschauer und Darsteller verschmelzen in einem gemeinsamen Erleben, das die Grenzen zwischen der Natur und dem Übernatürlichen, dem Profanen und dem Heiligen aufhebt, so daß die Zuschauer zu Mitwirkenden werden und an der magischen, d. h. geistgeschaffenen Wirklichkeit einer höheren Bewußtseinsdimension voll teilnehmen. Ihre Erwartung, ihr unerschütterlicher Glaube, ihre spontanen Reaktionen und Emotionen scheinen eine Art integrierten Bewußtseins zu schaffen, in dem Darsteller und Zuschauer gleicherweise aufgehen und in dem sie auf eine Ebene geistiger Erfahrung emporgehoben werden, die ihnen normalerweise unerreichbar geblieben wäre.

Welch unvergeßlicher Anblick, wenn die übermenschlichen Gestalten von Heiligen, himmlischen und dämonischen Wesen aus dem höhlenhaften Dunkel des Tempelportals hervortreten und majestätisch die steilen Treppenfluchten zum Hof hinuntersteigen, begleitet von donnernden Posaunenstößen riesiger Trombonen und dem feierlich-langsamen Rhythmus der Kesselpauken. Tausende andächtiger Menschen, die jede Handbreit des Bodens um den freien Raum im Zentrum des Klosterhofes und auf den offenen Veranden, Balkonen und Dächern der umliegenden Gebäude einnehmen, halten den Atem an, wie gebannt durch einen machtvollen Zauber. Stufe um Stufe steigen die ehrfurchtgebietenden Gestalten herab: unter dem mit vielfarbigen Volants versehenen königlichen Ehrenschirm der großen Apostel und Meister magischer Wissenschaften, Padmasambhava, gefolgt von seinen verschiedenartigen Verkörperungen, die er in seinen zahlreichen Betätigungen und Existenzen im Dienste der Menschheit annahm: als Buddha Śâkyamuni, als König, als Gelehrter, als Yogi, als Mönch, und in seinen schrecklichen Erscheinungsformen, als Besieger der Dämonen, als Beschützer der heiligen Lehre und als Offenbarer der letzten, alle Begriffe vernichtenden Wahrheit. In gemessenem Tanzschritt und mit mystischen Gesten umschreiten diese Gestalten den freien Platz um die hochaufragende Gebetsfahne im Zentrum des Klosterhofes, während die rhythmisch auf- und abschwellenden Klänge eines vollen Orchesters sich mit der Rezitation heiliger Texte vermischen, welche den Segen der Erleuchteten und Heiligen herabflehen und ihre Taten und Worte verherrlichen. Weihrauchwolken steigen gen Himmel, und die Luft vibriert von dem tiefen Dröhnen der Riesentrommeln und

Pauken, dem Falsett der Klarinetten und dem metallischen Klang rotierender Becken.

Aber während jene ehrfurchtgebietenden Gestalten feierlich die Mitte des Hofes umwandeln, wird die fast zum Bersten gesteigerte Spannung und Exaltation, die alle Zuschauer gepackt hat, plötzlich durch das Erscheinen zweier grotesk grinsender Masken unterbrochen, deren Träger die Bewegungen der heiligen Tänzer nachäffen und selbst des Buddha und der furchtbaren Verteidiger der Lehre zu spotten scheinen. Sie springen hinein und hinaus aus dem feierlichen Kreis, starren in die Gesichter der Tanzenden, als ob sie den göttlichen und dämonischen Kräften trotzen und sie mit Spott überschütten wollten. Diese jedoch, ohne die geringste Notiz von den Eindringlingen zu nehmen, bewegen sich mit ungestörter Würde fort im heiligen Kreis.

Der Effekt ist erstaunlich: statt die Atmosphäre des Wunders und der Heiligkeit zu zerstören, scheint die Gegenüberstellung des Erhabenen und des Lächerlichen eher den Sinn für die Wirklichkeit zu vertiefen; denn Wirklichkeit umfaßt das Ganze, in dem das Höchste und das Niedrigste ihren Platz haben und einander bedingen. Erst hierdurch gewinnt unsere Auffassung vom Wesen der Welt und unserer eigenen Existenz in ihr Maßstab und Perspektive. Durch das gleichzeitige Erleben beider Pole der Wirklichkeit wird ihre Wirkung gesteigert. Sie gleichen den Kontrapunkten in einer musikalischen Komposition: sie erweitern die Amplitude unserer emotionellen Erlebnisfähigkeit, indem sie durch den extremen Abstand zwischen den gleichzeitig erlebten Gegenpolen eine Art inneren Raum erschaffen. Je weiter die Schwingungsamplitude, desto größer die Tiefe oder die Intensität unseres Erlebens. Tragödie und Komödie sind auf ewig in die Ereignisse unseres Lebens verwoben. Ernsthaftigkeit und Sinn für Humor schließen sich gegenseitig nicht aus; im Gegenteil, sie bilden und erweisen die Fülle und Ganzheit menschlicher Erfahrung und die Fähigkeit, die Relativität aller Dinge und aller ‹Wahrheiten› zu sehen – vor allem die Relativität unserer eigenen Position und der sich daraus ergebenden Anschauung, auf der sich unser Urteil von Gut und Böse, von Wahrheit und Trug aufbaut.

Der Sinn des Buddha für Humor – der in so vielen seiner Reden in Erscheinung tritt – ist eng verbunden mit seinem Mitleid; beide haben ihren Ursprung im Verständnis tieferer Zusammenhänge, in der Ein-

sicht in die wechselnden Beziehungen aller Dinge und aller Lebewesen und die Kettenreaktion von Ursache und Wirkung. Sein Lächeln ist der Ausdruck eines Weisen, der «das magische Wunderspiel von Unwissenheit und Wissen» gegen den universellen Hintergrund und in seiner tieferen Bedeutung durchschaut. Nur von einem solchen überweltlichen oder universellen Standpunkt aus ist es möglich, weder vom Elend des Daseins überwältigt zu werden, noch im Gefühl eigener Überlegenheit oder Selbstgerechtigkeit der Versuchung zu unterliegen, uns zum Richter über Gut und Böse aufzuwerfen. Ein Mensch mit echtem Sinn für Humor kann nicht anders, als Mitleid in seinem Herzen zu spüren, denn er sieht die Dinge von einem höheren Standpunkt aus und darum in einer mehr wirklichkeitsgemäßen Perspektive.
In den tibetischen Mysterienspielen sind alle Daseinszustände gegenwärtig: die Welten der Götter und Menschen, die der tierköpfigen Ungeheuer und der hungrigen Geister, die Gespenster des Todes und der Vernichtung und die menschlichen und übermenschlichen Verkörperungen der Liebe und des Erbarmens, durch deren Wirken alle Daseinsformen von ihren Begrenzungen befreit und mit dem größeren Leben vereinigt werden, das sie alle umfaßt.
Der Kampf zwischen den Kräften des Lichts und der Finsternis, zwischen dem Göttlichen und dem Dämonischen, zwischen den titanischen Kräften des Verfalls und der Auflösung und dem eingeborenen Drang nach ewigem Leben: dieser Kampf wird sowohl auf der historischen Ebene wie im zeitlosen Bereich der menschlichen Seele dargestellt. Das Kommen Padmasambhavas und sein Sieg über die schwarzen Magier und die Heerscharen böser Geister, die durch menschliche und tierische Opfer beschwichtigt werden mußten, ist das Hauptthema des ersten Tages der Mysterienspiele in den Klöstern der alten Schulen (*Nyingma*, *Kargyüd* und *Sakya*), während die Gelugpas die Vernichtung des Königs Langdarma darstellen, der – nachdem er seinen Bruder, den rechtmäßigen König, ermordet hatte – den Thron von Lhasa usurpiert hatte und daraufhin von einem Eremiten, der in der Verkleidung eines Schwarzmagiers vor dem König einen Bogen-und-Pfeil-Tanz aufführte, erschossen wurde. Hierüber mehr im historischen Anhang dieses Buches.
Wichtiger jedoch als diese historischen Anspielungen sind die Darstellungen, die mit dem tibetanischen Totenbuch, Padmasambhavas be-

deutendstem Werk, verbunden sind. Es macht klar, daß alle Götter und Dämonen, die Kräfte des Lichtes und der Finsternis in uns selbst sind, und daß diejenigen, die den Herrn des Todes besiegen wollen, imstande sein müssen, ihm ins Antlitz zu schauen und ihn inmitten des Lebens anzuerkennen. Dann wird der Tod als der Enthüller des höchsten Mysterium des Lebens erscheinen, der in der Gestalt des schrecklichen, stierköpfigen Königs der Toten, in Begleitung aller Schreckensgespenster, die das geängstigte Gewissen des Menschen heraufbeschwört, den Dämon der Ichheit und des Egoismus erschlägt und damit das einzige Opfer vollzieht, das der Buddha anerkennt: das Opfer des eigenen Ich. Der Herr des Todes aber ist kein Geringerer als der Große Barmherzige: Avalokiteśvara. So kam es, daß die blutigen Opfer der grauen Vergangenheit durch das Opfer unseres kleinen Selbstes ersetzt wurden – jenes Selbstes, das uns seit Äonen geknechtet hielt und uns weiterhin an den Kreislauf von Geburt und Tod fesseln wird, bis wir über unser kleines Ich hinausgewachsen sind und uns von seiner Herrschaft befreit haben.

Padmasambhava, einer der weisesten Lehrer aller Zeiten, gab auf diese Weise dem magischen Ritual, das von den Bönpriestern seit undenklichen Zeiten von Generation zu Generation weitergegeben worden war, eine neue Bedeutung. Statt der blutigen Opfer, mit denen der Mensch die dunklen Mächte, die sein Dasein zu vernichten drohten, zu beschwören suchte, trat das Opfer der Selbstüberwindung. Das menschliche Herz war so zur Bühne des Universums geworden, und dieser Wandel wurde in der Symbolik der Mysterienspiele dadurch ausgedrückt, daß anstelle eines lebendigen Menschen oder Tiers, die aus gefärbtem Teig geformte Figur eines Menschen von den als Skelette erscheinenden Friedhofsgespenstern in die Arena getragen und umtanzt wird, bis der Herr des Todes mit seiner furchtbaren Gefolgschaft erscheint und die Gespensterskelette davonjagt.

Und nun folgt der dramatischste und bedeutungsvollste Teil der sakralen Handlung, der Höhepunkt der Tänze des zweiten Tages der Mysterienspiele der alten Schulen: der Herr des Todes, der durch eine riesige dunkelblaue, dreiäugige Maske eines von Menschenschädeln gekrönten Stiers gekennzeichnet ist und eine blutgefüllte Schädelschale in der Linken und ein Schlachtschwert mit breiter Klinge in der Rechten schwingt – tanzt mit stetig sich beschleunigenden Schritten und steigender Ekstase um die am Boden liegende menschliche Figur, bis er mit solcher Geschwindigkeit herumwirbelt, daß sich seine Züge zu einem bloßen Form- und Farbgewirr auflösen und sein Schwert zu einem Bündel von Blitzen wird. Die Trommeln und Pauken und die metallenen Becken steigern ihren Rhythmus zu einem donnernden Crescendo – und in diesem Augenblick trifft das Schwert die menschliche Figur, hackt sie in Stücke und schleudert die Teile in alle Richtungen. In wildem Durcheinander stürzt sich nun die Schar der Friedhofsdämonen auf die verstreuten Teile der menschlichen Figur, und nachdem sie einige Bruchstücke davon verschlungen haben, werfen sie die Überbleibsel in die Luft und unter die Zuschauer, die nun gleichfalls an der symbolischen Opferspeise teilnehmen.

Es ist schwer, eine Idee von der realistischen und zugleich phantastischen Wirkung dieser Vermischung natürlichen und übernatürlichen Geschehens zu geben. Die überlebensgroßen, in Form und Farbe ausdrucksvoll stilisierten Masken wirken in unheimlicher Weise belebt und wirklicher als die unter ihnen verborgenen Träger oder die Zuschauer, die sich völlig dem Geist des Spiels ergeben haben. Sie alle nehmen teil an einem Erleben, das ihren gegenwärtigen Daseinszustand übersteigt und sie über die Grenzen des Todes hinausblicken läßt, wo die Tore zu allen Welten und zu allen Formen der Wiedergeburt geöffnet sind, und wo der Pfad, der über sie hinausführt, vor dem inneren Auge erscheint oder sich als ein Aufwallen der Sehnsucht nach dem höchsten Ziel der Befreiung und Erleuchtung darstellt.

Zuschauer und Darsteller sind nun zu einer Einheit verschmolzen. Sie sind aktive Teilnehmer eines magischen Rituals geworden, das sie in eines der ältesten Mysterien einweiht, in dem alles religiöse Leben seinen Ursprung hat und in dem das Erwachen des Menschen beginnt.

DAS STAATSORAKEL VON NETSCHUNG

Das Mysterium des Todes war die größte Herausforderung des menschlichen Geistes und die Geburt der Religion. Erst durch den Tod wurde der Mensch sich des Lebens *bewußt*. Ein großer Biologe (Lecomte de Noüy) sagt: «Die größte Erfindung der Natur ist der Tod.» Mit anderen Worten: selbst vom biologischen Gesichtspunkt aus ist der Tod nicht die Negierung des Lebens, sondern eines der Mittel, dem Leben eine neue Dimension zu eröffnen und es auf diese Weise auf ein höheres Niveau zu heben.

Ununterbrochene physische Kontinuität ist das Kennzeichen der niedrigsten Organismen, der primitivsten und unentwickeltsten Lebensformen; denn physische Kontinuität fesselt den Organismus an die starren Gesetze der Materie und die Diktate der einmal geschaffenen Formtendenzen oder Mustervorlagen (pattern), deren inhärenter Wiederholungsdrang jede Abweichung von der einmal festgelegten Norm verhindert und dadurch zum größten Hindernis auf dem Wege der weiteren Entwicklung wird.

Der Tod hingegen ist eine charakteristische Eigenschaft höherer Existenzformen, die das Überleben der erworbenen Eigenschaften und Erfahrungen durch eine neue Form der Zeugung erreicht, die nicht mehr auf bloßer Teilung des bestehenden Organismus besteht, sondern auf einem Vorgang der *Integrierung*, die nicht eine physische, sondern eine psychische Kontinuität gewährleistet – eine Kontinuität, die imstande ist, einen neuen Organismus entsprechend seinem eigenen individuellen Impuls aufzubauen, unbehindert durch die erstarrten Anhäufungen veralteter und verbrauchter materieller Formelemente.

Ähnlich wie mit dem Übergang von einer rein physischen zu einer vorherrschend psychischen Kontinuität verhält es sich mit dem nächsten Schritt, der bisher nur von den am höchsten entwickelten Individuen verwirklicht worden ist: der Schritt vom unbewußten zum bewußten (und schließlich zum bewußt-gerichteten) Weiterleben durch die Kunst der geistigen Projektion (*ḥpho-ba, powa* ausgesprochen).

Aber selbst bevor sich der Mensch die Möglichkeit dieses Schrittes vorstellen konnte, hatte er bereits die Bedeutung des Todes als eines Schlüssels zu den Mysterien eines größeren Lebens erkannt. Aus dieser Erkenntnis entstand der Totenkult, die früheste Form der Religion. Sie regte den Menschen dazu an, die ersten beständigen Architekturdenkmäler (im Gegensatz zu den vergänglichen Behausungen der Lebenden) zu bauen, Monumente, die nicht der Notwendigkeit oder dem zeitlichen Nutzen entsprangen, sondern einem auf Ewigkeitswerte gerichteten Impuls, einem geistigen Drang, der auf eine Wirklichkeit jenseits der zeitlichen Existenz abzielte.

Der Ursprung der Religion war somit nicht die *Furcht* vor dem Tode, sondern die Anerkennung des Todes als des großen Verwandlers und Initiators in die wahre Natur des menschlichen Wesenskerns. Die Furcht vor dem Tode konnte erst zu einer Zeit entstehen, in der das menschliche Bewußtsein sich zu einer extremen Form des Individualismus verhärtet hatte, infolge der Illusion einer unveränderlichen Wesenseinheit, einer in sich selbst existierenden Seele oder eines permanenten Ichs, das ein Lebewesen vom anderen trennt und lebende Wesen von toten Dingen unterscheidet: auf diese Weise eine Scheidelinie zwischen Leben und Tod ziehend, eine Linie, die schließlich zur festen Grenze wird, zur unübersteigbaren Mauer, gegen die das Leben vergebens anrennt – nur um an dieser Mauer endgültig zu zerschellen.

Zu einer Zeit aber, in der die Menschen noch nicht den inneren Zusammenhang mit ihrem Ursprung und ihrer Umgebung verloren hatten, in einer Welt, in der der Mensch noch in Berührung mit den subtilen Kräften der Natur, den Geistern der Ahnen, den Bereichen der Götter und Dämonen war – kurz, in einer Welt, in der nichts als leblos betrachtet wurde, war der Tod nicht der Widersacher des Lebens, sondern eine Phase in der Bewegung des Lebenspendels, ein Wendepunkt, wie die Geburt. Denn das Pendel schwingt von der Geburt zum Tod und zurück vom Tod zur Geburt.

Die Bewegung des Lebenspendels ist jedoch nicht auf *eine* Schwingungsebene beschränkt; es kann auf einer unendlichen Zahl von Ebenen schwingen, sich in allen Dimensionen des Bewußtseins bewegen, entsprechend seinem eingeborenen Impuls oder dem bewußten Impetus, den es im Augenblick der Zeitlosigkeit empfängt, d. h. dem Wendepunkt des Pendels zwischen Tod und Wiedergeburt, zwischen einem Daseinsbereich und dem anderen. In diesem zeitlosen Augenblick werden diejenigen, die gelernt haben, nach innen zu blicken, die die Fähigkeit inneren Schauens durch *sâdhana* und *dhyâna* entwickelt haben, imstande sein, jene Daseinsbereiche zu erkennen, die ihnen offen stehen oder ihnen angemessen sind, und ihren Geist bewußt auf jenen Bereich richten, der die besten Gelegenheiten zur Verwirklichung ihrer höchsten Bestrebungen bietet, wie es im *Bardo Thödol* beschrieben ist.
Mit den verschiedenen Bereichen, zu denen wir normalerweise nur an jenem Wendepunkt unseres Lebens, d. h. im Augenblick des Todes, Zutritt haben, kann der Mensch jedoch auch in Berührung kommen, wenn er sich in einem künstlich hervorgebrachten Zustand der Katalepsie oder herabgesetzten Vitalität befindet, in dem er zeitweilig durch den Vorgang des Sterbens geht, indem er die Herrschaft über seinen Körper und sein individuelles Bewußtsein aufgibt. Dies ist ein Trancezustand, der entweder durch Autohypnose, durch gewisse Yogapraktiken oder durch machtvolle Rituale erreicht wird, in denen innere und äußere Stimuli zusammenwirken, um überindividuelle Kräfte auszulösen, die normalerweise in den tieferen Schichten der menschlichen Psyche ruhen und dem Intellekt nicht zugänglich sind.
Diese Rituale, die den Magiern, Schamanen und «Zauberern» früherer Zeiten bekannt waren – Menschen, die Macht über den menschlichen Geist hatten und den Schlüssel zu seinen verborgenen Kräften besaßen –, diese Rituale wurden auch nach dem Erscheinen des Buddhismus in Tibet beibehalten, obwohl sie genügend modifiziert wurden, in den allgemeinen Rahmen buddhistischer Ideen und Traditionen eingefügt werden zu können. Padmasambhava, selbst ein großer Meister dieser Geheimwissenschaft, machte klugen Gebrauch von ihr, um die *Bön*-Schamanen, die das Vordringen des Buddhismus zu verhindern suchten, mit ihren eigenen Waffen zu besiegen. Zugleich aber respektierte er die lokalen Götter und gab ihnen einen ehrenvollen Platz im buddhistischen System als «Schutzherren der heiligen Lehre», wie dies

auch Buddha Śâkyamuni mit den Hindu-Gottheiten seiner Zeit getan hatte.
Diese Schutzherren (Skt.: *dharmapâla;* tib.: *chos-skyoṅ,* Tschökyong) wurden in einem besonderen Tempel in Samyé *(bSam-yas),* dem ältesten Kloster Tibets, das von Padmasambhava erbaut worden war, verehrt. Der Hohepriester oder Tschödsche *(chos-rje)* dieses Tempels wurde immer von den alten Göttern oder Schutzgeistern Tibets besessen, wie es heißt, wenn der große liturgische Gottesdienst ihnen zu Ehren gefeiert wurde. Bei dieser Gelegenheit fiel der Tschödsche in einen Trancezustand, während dessen die Götter durch ihn sprachen und Fragen beantworteten, die während des Rituals an sie gerichtet wurden. So wurde das Orakel von Samyé ins Dasein gerufen.
Es wird im allgemeinen angenommen, daß die Gelugpas, die historisch am weitesten von der Tradition der alten Nyingmapas entfernt stehen, den Einfluß vorbuddhistischer magischer Rituale beträchtlich reduziert oder in den Hintergrund gedrängt hätten. Seltsamerweise aber waren es gerade die Gelugpas, die nicht nur die Tradition des Orakels von Samyé übernahmen, sondern es zu einer staatlichen Institution erhoben. Dies geschah unter dem fünften Dalai Lama, als die Gelugpas den Zenit ihrer Macht erreicht hatten. Zu jener Zeit wurde das Orakel von Netschung *(gNas-chuṅ)* dem berühmten Kloster von Drepung *(ḥbras-spuṅs)* angeschlossen und zum Staatsorakel erhoben. Es wurde als höchste Autorität anerkannt, und seine Ratschläge wurden stets eingeholt, wenn Schwierigkeiten in der Auffindung der Wiederverkörperung eines hohen Lamas (wie im Falle des Dalai Lama oder Tomo Gésché Rimpotschés) bestanden, oder wenn eine politisch wichtige Entscheidung zu treffen war. Selbst die Dalai Lamas wurden von den Aussprüchen des Großen Orakels geleitet, dessen Voraussagen meist von erstaunlicher Genauigkeit waren.
Die Institution der Orakel blieb jedoch nicht auf Netschung beschränkt. Viele der bedeutenderen Gelugpa-Klöster hatten ihre eigenen Orakel, deren Hohepriester eine bedeutende Stellung in der religiösen Hierarchie einnahmen. Aber sie alle mußten vom Staatsorakel bestätigt werden, nachdem sie durch eine strenge Schulung und eine harte Prüfung gegangen waren. Besondere Tempel wurden ihrem Ritual gewidmet, und alles, was damit zusammenhing, war von solcher Pracht, daß diese Tempel mit den schönsten Heiligtümern Tibets

wetteifern konnten. Wie der Haupttempel von Lhasa, der sogenannte Dschokhang *(Jo-khaṅ)*, und die Kapelle der Dalai Lamas, die den Potala krönt, ist das Heiligtum des Netschung mit einem goldenen Dach geschmückt.

Der Name Netschung bedeutet wörtlich «kleiner Ort», und sein Ursprung wird durch eine volkstümliche Geschichte erklärt. Ein großer Magier, der am Oberlauf des Kyi-tschu *(sKyid-chu)* – dem Fluß, an dem Lhasa liegt – lebte, bannte einen mächtigen Geist in ein Kästchen und warf es in den Fluß. Als das Kästchen am Kloster Drepung vorbeischwamm, bemerkte es einer der Mönche, der sich unterhalb des Klosters im Tal aufhielt; voller Neugier fischte er es aus dem Wasser und öffnete es. In diesem Augenblick entwich der Geist unter lautem Getöse aus seinem engen Gefängnis; er nahm die Form einer Taube an und flog in einen kleinen Hain, wo er sich niederließ. Um den Geist wohlzustimmen und ihn daran zu verhindern, den Menschen Schaden zuzufügen, wurde an der Stelle, an der die Taube sich niedergelassen hatte, ein Tempel gebaut, und seit dieser Zeit wurde der in diesem Tempel amtierende Lama von dem besagten Geist besessen, sooft dieser im Ritual beschworen und angerufen wurde.

Jedoch die Tatsache, daß das Netschung-Orakel nicht nur von einer, sondern von sechs Schutzgottheiten besessen wird, ist ein deutliches Zeichen dafür, daß es seinen Ursprung im alten Orakel von Samyé hat. Die oben erwähnte Legende sollte wahrscheinlich diesen Tatbestand verhüllen, insbesondere zu einer Zeit, in der die Gelugpas bestrebt waren, den Einfluß der älteren Schulen zurückzudrängen, um ihre eigene Macht zu festigen. Ihre wohlgemeinten Reformen, die Systematisierung der Tradition und die Zentralisierung der geistigen und weltlichen Macht, konnten nicht ohne die Sanktionierung und Einbeziehung älterer Traditionen erfolgreich sein, denn das esoterische Wissen dieser Traditionen und ihre Fähigkeit, sich mit psychischen oder okkulten Kräften auseinanderzusetzen, hatte ihnen das Vertrauen und die Unterstützung des Volkes gewonnen.

Solche Erwägungen müssen den fünften Dalai Lama dazu bewogen haben, den Orakeln wieder ihre frühere Bedeutung zurückzugeben und ihnen einen Ehrenplatz im Gelugpa-Orden anzuweisen. Dies kommt auch in der überaus prächtigen Ausstattung der Orakeltempel zum Ausdruck. Wie um die dunklen, ungezähmten Mächte der Vorwelt zu versöhnen und ihre Gunst zu gewinnen, wurden das Heiligtum und jeder mit dem geheimen Ritual verbundene Gegenstand aufs kostbarste ausgestattet und nach den strengen Regeln einer uralten magischen Symbolik hergestellt. Alle rituellen Gegenstände waren aus Gold oder Silber und mit Edelsteinen verziert. Die Wände waren mit Fresken bedeckt, deren dämonische, mit makabrem Schmuck und symbolischen Attributen und Opfergaben versehene Figuren in feinster Goldmalerei auf schwarzem Grund aufgetragen waren. Farben waren innerhalb der goldenen Konturen nur sparsam angedeutet, wirkten aber infolge des schwarzen Untergrundes unstofflich und transparent, wie aus phosphoreszierendem Licht gewoben. Unterhalb der Fresken lief ein breites Band mantrischer Inschriften in goldenen, dekorativen Lantsa-Schriftzeichen des zehnten oder elften Jahrhunderts n. Chr. um den gesamten Tempelraum, in dem sich die göttlichen oder dämonischen Kräfte manifestieren sollten. Der geschnitzte und vergoldete Thron des Orakels auf einer erhöhten Plattform zwischen rotlackierten Pfeilern war mit Halbedelsteinen geschmückt. Lebensgroße Statuen der sechs Geisterkönige, wild-dämonischen Gestalten, die verschiedenartige Waffen schwangen, bewachten das Heiligtum. Gleiche Waffen wurden vor dem Thron des Orakelpriesters aufgestellt, und die von ihm während des Trancezustandes spontan ergriffene Waffe gab Auskunft darüber, welcher der sechs «Schutzherren der heiligen Lehre» von seinem Körper Besitz ergriffen hatte; sie verwandelte ihn in das lebendige Ebenbild der aufgerufenen Gottheit, die nun durch seinen Mund sprach.

Niemand, der nicht eine solche Transformation mit eigenen Augen gesehen hat, kann sich den phantastischen, geradezu unheimlichen Eindruck vorstellen, den dieser Vorgang selbst auf den objektivsten Beobachter macht; denn was hier geschieht, scheint allen Gesetzen der Vernunft zu widersprechen: ein Mensch verwandelt sich vor unseren Augen in ein anderes Wesen, nimmt eine gänzlich verschiedene Persönlichkeit an, physisch sowohl wie seelisch. Seine Gesichtszüge verändern sich vollständig, sein Kopf schwillt zu übernormaler Größe an, sein ganzer Körper scheint zu wachsen, und eine übermenschliche Kraft, die der von einem halben Dutzend Männern gleichkommt, erfüllt die zum Bersten gespannte Riesengestalt auf dem Thron.

Wenn es je eine Materialisation eines «Geistes» am hellen Tag gegeben hat* – hier ist sie! Es ist die Materialisation von Kräften, die – so sehr auch unser Intellekt sie abzuleugnen oder wegzuerklären versucht – von allen, die den Riten beiwohnen, gesehen und gefühlt werden können. Die ganze Atmosphäre im Innern des Tempels scheint mit einer unwiderstehlichen Kraft geladen zu sein, die sich selbst dem kühlsten Beobachter mitteilt.

Was auch die Erklärung dieser Phänomene sein mag, eines ist sicher: hier ist kein Betrug, keine bloße Vortäuschung (die menschliche Ausdauer und Leidensfähigkeit bei weitem übersteigen würde), sondern eine physische Realität, ein letzter überlebender Rest einer Tradition, die in das Zwielicht frühester Menschheitserfahrung zurückgeht, in eine Zeit, in der Physisches und Psychisches, Menschen und Götter, Innenwelt und Außenwelt noch nicht getrennt waren. Tibet scheint das letzte Land auf Erden gewesen zu sein, in dem das Wissen um die psychischen Urkräfte nicht nur bewahrt worden war, sondern in dem die in diesen chthonisch-seelischen Kräften enthaltenen Gefahren gemeistert und in sichere Kanäle gelenkt worden waren. Dies war der tiefen Erkenntnis und der taktvollen Führung buddhistischer Heiliger und Weiser zu verdanken, welche die Traditionen und Rituale, die – obwohl sie nichts mit dem Buddhismus zu tun hatten – noch eine vitale Rolle im geistigen Leben des tibetanischen Volkes spielten, nicht unterdrückten, sondern ihnen einen legitimen Platz im buddhistischen Weltbild einräumten und sie auf diese Weise vor dem Absinken in eine unkontrollierbare Dämonologie bewahrten. Probleme dieser Art können nicht durch Negation gelöst werden, sondern nur dadurch, daß wir uns bewußt mit ihnen auseinandersetzen.

* Das helle Tageslicht fällt aus einem Fenster, das sich zwischen dem erhöhten Mitteldach und dem niedrigeren Hauptdach des Tempels befindet, direkt auf den Thron.

DAS ORAKEL VON DUNGKAR GOMPA

Während unseres ersten Besuchs in Dungkar hatten Li Gotami und ich den schönen Orakeltempel *(chos-skyoṅ lha-khaṅ)* mit seinem goldenen Thron, seinen dämonischen Statuen und phantastischen Fresken bewundert. Es war uns jedoch nicht gelungen, irgendwelche Aufklärung über seine Funktionen zu erhalten, noch zu erfahren, ob der Orakelpriester im Kloster sei, und bei welchen Anlässen er sich in Trance versetzte. Wir hatten den Eindruck, daß der junge Trapa, der uns herumführte, nicht gern über diese Dinge sprach und daß er – da wir erst vor kurzem von der Außenwelt jenseits der Pässe gekommen waren und er uns nicht näher kannte – den allgemeinen Regeln des Schweigens folgte, die für den Kult der dämonischen Mächte beobachtet wurden.

Es gab aber so viele andere Dinge, die unsere Aufmerksamkeit beanspruchten, daß wir keinen Versuch machten, in ihn zu dringen. Wir waren mit solcher Wärme und Freundlichkeit vom Abt und allen anderen Insassen des Klosters aufgenommen worden, daß wir überzeugt waren, im Laufe der Zeit bliebe uns nichts Wissenswertes vorenthalten. Der Abt war erfreut, in mir einen Guru-*bhai* zu finden, der gleich ihm ein persönlicher Schüler Tomo Gésché Rimpotschés gewesen war. Er bestand darauf, daß wir uns bei unserer Rückkehr von Zentraltibet längere Zeit in Dungkar aufhalten müßten. Wir nahmen diese Einladung mit Freuden an, denn wir fühlten, daß der Geist Tomo Géschés hier noch lebendig war. Dies zeigte sich in der Freundlichkeit der Mönche, dem Sinn für Ordnung und Sauberkeit, der überall im

Kloster spürbar war, der Disziplin ohne Härte, die das mönchische Leben beherrschte, und der Höflichkeit, mit der jeder Einzelne uns begegnete, ohne Unterschied des Ranges oder Alters. Alle religiösen Pflichten wurden gewissenhaft befolgt, jeder ging seiner ihm zugemessenen Beschäftigung nach, und die kleinen Jungen, die ihre Erziehung im Kloster erhielten, schienen fröhlich und guten Mutes zu sein, was darauf schließen ließ, daß sie sich einer guten Behandlung erfreuten. Oft sahen wir Lobonla *(sLob-dpon-lags)*, wie der Abt genannt wurde, langsam daherwandeln mit einem kleinen Knirps an jeder Hand, und wenn einer von den Kleinen Heimweh hatte, tröstete er ihn mit väterlicher Güte und Geduld. Lobonla selbst erfreute sich nicht allzuguter Gesundheit und bewegte sich infolge seines von Arthritis oder Rheumatismus geplagten schwerfälligen Körpers nur mit Mühe und Anstrengung.

Wir waren daher um so mehr gerührt, als wir bei unserer Rückkehr von Lobonla und einer Gruppe älterer Mönche mit großer Herzlichkeit am Eingang des Klosters begrüßt wurden. Trotz der Mühe, die ihm das Treppensteigen bereitete (und Treppen sind in Tibet meist sehr steil), ließ Lobonla es sich nicht nehmen, uns persönlich in unsere Privatkapelle im Oberstock zu geleiten und uns dort mit Tee und süßem tibetanischem Gebäck zu bewirten.

Am nächsten Tag nach unserer Ankunft war das große Gebetsfest *(sMon-lam)*, und von allen benachbarten Tälern kamen die Menschen zum Kloster geströmt, während die Mönche mit Vorbereitungen für die Hauptfeier beschäftigt waren, die am Abend und während der Nacht stattfinden sollte. Im Laufe des Morgens war der *pratimokṣa*, die Mönchsbeichte, an der nur Gelongs teilnehmen, im Haupttempel zelebriert worden, während wir uns in unserer Privatkapelle aufhielten.

Kurz vor Mittag hörten wir das Dröhnen von Kesselpauken aus dem Tschökyong Lhakhang dringen und sahen eine Menschenmenge sich dem Eingang des Orakeltempels zudrängen. Augenscheinlich war eine wichtige Feier dort im Gang, und da wir vermuteten, daß vielleicht sogar das Orakel in Aktion sei, eilten wir in den Klosterhof hinunter und mischten uns unter die Menge. Wir wurden sogleich vom Mahlstrom der Menschenmenge erfaßt, über die Stufen zum Vestibül des Tempels hinaufgeschoben und fanden uns schließlich in der Halle des

von Menschen und Weihrauchschwaden erfüllten Heiligtums. Bevor wir wußten, wie uns geschah, standen wir vor dem Thron des Großen Orakels!
Es war alles derartig phantastisch und überraschend, daß wir wie gebannt waren von dem Anblick der majestätischen Gestalt, die in prächtige Brokate gekleidet vor uns auf dem goldenen Thron saß und eine juwelenbesetzte goldene Tiara auf dem Haupte trug. Auf seiner Brust blitzte der magische Spiegel aus poliertem Metall, auf dessen goldenem Rund die heilige Silbe HRÎḤ eingraviert war. Wie die Vision eines legendären Kaisers der Vorzeit, eines mächtigen Herrschers vergangener Weltreiche, strahlend in allen Attributen der Macht, erschien uns diese Gestalt von übermenschlicher Größe und Würde.
In diesem Augenblick steigerte sich das Orchester der Posaunen und Klarinetten, Becken und Kesselpauken zu einem gewaltigen Höhepunkt, während die Baßstimmen des Mönchschors die mächtigen Schutzherren der heiligen Lehre anriefen und ihre Rezitation mit Glocken und *ḍamarus* begleiteten. Wolken wohlriechenden Weihrauchs stiegen aus den Räuchergefäßen, und die Menge stand wie versteinert im Bann dieses feierlichen Augenblicks. Aller Augen waren auf die majestätische Gestalt auf dem goldenen Thron geheftet, die, wie zur Statue erstarrt, unbeweglich und mit geschlossenen Augen hochaufgerichtet dasaß, die Füße in großen, zeremoniellen tibetischen Schuhen, fest auf den Boden gepflanzt.
Plötzlich aber schien ein Vibrieren, vom Boden ausgehend, die Füße und die Beine zu erfassen und, langsam an Intensität zunehmend, auf den Körper überzugehen, bis schließlich die ganze Gestalt von konvulsivischen Zuckungen erschüttert wurde. Es war, als ob ein Strom von unbezwinglicher Macht aus den Tiefen der Erde aufstiege, den Körper erfüllte und ihn zu sprengen suchte. Dieser Kampf zwischen dem menschlichen Körper und der unheimlichen Macht, die von ihm Besitz ergriff und ihn in ein dämonisches Wesen verwandelte, war ein beängstigender Anblick. Selbst die Gesichtszüge hatten sich völlig verändert und schienen die einer anderen Person, nein, die einer furchtbaren Gottheit zu sein.
Einer der älteren Mönche, der Meister des Protokolls, stieg nun auf die erhöhte Plattform und näherte sich dem Thron, um die Fragen vorzulegen, um deren Beantwortung die nun gegenwärtige Gottheit gebeten

wurde. Die Fragen waren im voraus auf Papierstreifen geschrieben und fest zusammengefaltet worden. Der Meister des Protokolls schwang jedes dieser zusammengefalteten Papiere vor den Geisteraugen der Tiara des Orakels hin und her, während eine Anzahl kräftiger Mönchsassistenten den schwankenden Körper des Orakelpriesters stützten und in Position hielten. Kaum aber war der Meister des Protokolls vom Thron zurückgetreten, als der Orakelpriester – wie ein erwachender Riese, der sich seiner Kraft bewußt wird – aufsprang, die ihn haltenden Mönche zur Seite schleuderte, ein Schwert aus dem vor ihm stehenden Waffenbehälter ergriff und es in alle Richtungen mit unglaublicher Geschwindigkeit schwang, als ob er mit einem unsichtbaren Feind kämpfte. Es war ein unheimliches Schauspiel, das alle Anwesenden gefesselt hielt, trotz der Furcht, das Schwert könnte sich plötzlich auf die Menge vor dem Thron stürzen, in einem ungehemmten Tanz der Vernichtung und dämonisch entfesselter Kräfte.
Die dem Thron am nächsten Stehenden wichen erschrocken zurück; aber ehe etwas geschehen konnte, ergriffen fünf oder sechs der assistierenden Mönche – die wegen ihrer Stärke hierfür ausgewählt waren – den tobenden Orakelpriester und versuchten ihn auf den Thron zurückzuziehen. Der Priester jedoch schien sie überhaupt nicht zu bemerken und schüttelte sie ab wie eine Schar Kinder, bis es ihnen endlich nach mehrfachen Versuchen gelang, den kämpfenden Riesen auf seinen Thron zurückzuzwingen, wo er schließlich schwer atmend und völlig erschöpft in sich zusammensank, während der Schweiß über sein unnatürlich aufgeschwollenes Gesicht rann. Der Schaum stand ihm vor dem Mund, und er gab seltsame Laute von sich, als versuchte er zu sprechen.
Der Meister des Protokolls trat nun wieder vor, mit einer Schreibtafel in der Hand; er beugte sich zum Munde des Orakelpriesters vor und schrieb die Worte, die sich auf dessen Lippen formten, auf die Tafel. Während die Botschaft des Orakels niedergeschrieben wurde, herrschte ehrfürchtiges Schweigen; nur die Stimmen der psalmodierenden Mönche drangen gedämpft aus dem Hintergrund. Obwohl die Heftigkeit, mit der die Gottheit den Orakelpriester ergriffen hatte, verebbt zu sein schien, erfüllte ihre Gegenwart noch den ganzen Tempelraum und absorbierte alles individuelle Denken und Fühlen. Nur völlige Hingabe und Selbstverleugnung konnte die unsichtbare Macht, die das Bewußt-

sein aller Anwesenden beherrschte, beschwichtigen und den hypnotischen Bann brechen, der jeden einzelnen ergriffen hatte. So drängten die Menschen nun wieder dem Thron zu und warfen sich dem Orakel zu Füßen, um dem Beschützer der heiligen Lehre Verehrung zu erweisen und seinen Segen zu empfangen. Auch wir fühlten, wie wir aus unserem eigenen Bewußtsein herausgehoben und aufs tiefste ergriffen wurden, so daß wir uns gleich den anderen dem Orakel zu Füßen warfen, alles um uns vergessend, außer der Wirklichkeit einer Macht jenseits unseres Verstehens.

Der Orakelpriester erholte sich langsam, Mönche stützten ihn zu beiden Seiten. Ein Kelch mit Tee wurde ihm an die Lippen gesetzt, und er trank ein wenig. Aus dem Hintergrund tönte das Gemurmel rezitierender Mönche; der Rhythmus der Pauken und Becken war langsam und gedämpft; die Erregung der Menge legte sich allmählich.

Bald jedoch beschleunigte sich der Rhythmus wieder, die Musik schwoll mehr und mehr an, die Stimmen der Rezitierenden wurden eindringlicher, und der Orakelpriester fiel von neuem in Trance. Er wurde von einem anderen der sechs Geisterkönige ergriffen, angezeigt durch die Waffe, die er im Höhepunkt der Trance wählte.

Ich kann mich nicht erinnern, wie vielen dieser Trancezustände wir beiwohnten oder wie viele sich, bevor wir den Tempel betraten, ereignet hatten. Ich weiß nur, daß alle sechs Tschökyongs, einer nach dem andern, von dem Orakelpriester Besitz ergriffen, und daß er am Ende jeder Trance wie ein Toter ausgestreckt dalag und schließlich bewußtlos aus dem Tempel getragen wurde. Wie es möglich war, daß ein menschlicher Körper viele Stunden lang die furchtbare Anstrengung solch gewaltsamer Trancezustände ertragen konnte, ging über unser Verstehen. Es ist sicher, daß niemand so etwas hätte ertragen können, wenn er sich nicht wirklich im Zustand tiefster Trance befunden hätte; und niemand würde sich der Gefahr aussetzen, seinen Körper einer unbekannten Macht zu überlassen, wenn er nicht von der Notwendigkeit und dem Wert dieses Opfers überzeugt wäre. Ein Opfer war es bestimmt: die Kreuzigung eines menschlichen Wesens, das auf dem Altar chtonischer Mächte im Dienste eines höheren Ideals geopfert wurde, einem Ideal, dem selbst jene Mächte sich beugen mußten, zur Wohlfahrt und Erlösung aller leidenden Wesen, die noch immer in den Schlingen des saṃsarischen Lebens um ihre Befreiung kämpften.

Man könnte sich keinen größeren Kontrast vorstellen als den zwischen der gespannten und überwältigenden Atmosphäre, die in dem Tschökyong-Tempel während der Anrufung des Orakels herrschte, und dem Fest des ersten Vollmonds am fünfzehnten Tag des neuen Jahres *(co-lṅa-mchod-pa chen-po)*, das am Abend desselben Tages gefeiert wurde und bis in die späte Nacht fortdauerte. Dieses war vom Geist des Buddha erfüllt, und auf allen Gesichtern spiegelte sich die Freude des Festes wider. Seit dem frühen Morgen waren eingehende Vorbereitungen im Gang gewesen, was eine Stimmung freudiger Erwartung zur Folge hatte, ähnlich der am Vorabend des Weihnachtsfestes in westlichen Ländern. Die Ähnlichkeit wurde noch dadurch verstärkt, daß die Festlichkeiten während einer Winternacht (im Februar) im warmen, herzerfreuenden Licht von über tausend Butterlampen im großen Klosterhof stattfanden, der in eine riesige Festhalle verwandelt war. Man hatte ihn mit Zelttuch überspannt, um den Schnee, der am Nachmittag zu fallen begann, fernzuhalten. Die ganze zweistöckige Fassade des Haupttempels war unter einem riesigen Thanka aus vielfarbiger, seidener Appliqué-Arbeit verborgen. Das Thanka war unter dem vorspringenden Tempeldach befestigt und reichte fast bis zum Boden. Die Hauptfigur darauf war Buddha Ŝâkyamuni, der wohlwollend herabblickte auf die große Versammlung von Mönchen und die fröhliche Menge von Männern und Frauen, die, in ihren besten Kleidern und mit allem traditionellen Schmuck behängt, ein farbenfrohes Bild darboten. Vor dem Thanka befand sich ein großer Altar, auf dem Hunderte von

Butterlampen brannnten, die einen hohen dekorativen Aufbau beleuchteten, der Blumen, Früchte, Tiere, Götter, Genien, Menschen und religiöse Symbole aller Art darstellte, von zwei goldenen Drachen flankiert. Alles war bis in kleinste Detail modelliert und in zarten Farben bemalt und sah aus, als sei es aus feinstem Porzellan hergestellt. Aber wie wir zu unserer großen Überraschung entdeckten, war alles, mit Ausnahme der großen, flankierenden Drachen, aus Butter.

Die Mönche, welche die Mönlam-Gebete rezitierten, waren in drei Gruppen angeordnet, so daß sie drei Seiten eines Rechtecks bildeten, das den freien Raum vor dem Altar begrenzte. In der Mitte der Reihe, die sich dem Altar gegenüber befand, erhob sich der leere Thron Tomo Géshé Rimpotschés, auf dessen Sitzkissen der steife Mantel des Guru aufrecht zusammengefaltet war. Rechts davon war der erhöhte Sitz Lobonlas, des gegenwärtigen Abtes. Aber wo war der Hohepriester des Orakels, der Tschödsche? – Wir sahen uns unter den Reihen der Mönche um, konnten ihn aber nicht entdecken. Unmittelbar nach Beendigung der Rezitationen fragten wir einige der Mönche, ob denn der Tschödsche nicht an den Gebeten teilnähme, woraufhin einer von ihnen auf einen Mönch, der in unserer Nähe stand, hinwies und sagte: «Da ist er. Habt ihr ihn nicht erkannt?» – Nein, wir hatten ihn wirklich nicht erkannt, und selbst jetzt konnten wir es kaum glauben, daß dieser einfache Mönch dieselbe Person sein sollte, die wir nur wenige Stunden zuvor auf dem goldenen Thron des Orakels gesehen hatten!

Aber während der darauffolgenden Wochen erfreuten wir uns oft seiner Gesellschaft und lernten ihn als einen gutherzigen und bescheidenen Mann kennen. Wir freundeten uns bald mit ihm an, und dies gab uns Gelegenheit, vieles über sein Leben, sein Training als Tschödsche, als Hohepriester des Orakels, zu erfahren, und auch über seine eigene innere Haltung den Phänomenen gegenüber, die sich durch ihn manifestierten.

Während der denkwürdigen Nacht des Festes jedoch hatten wir keine Gelegenheit, mit ihm zu sprechen. Wir genossen aus vollstem Herzen dieses «Fest der Lichter» mit seinen Gebeten und Segenswünschen für alle lebenden Wesen, das dem Geist des Weihnachtsfestes innerlich so verwandt war, mit seinem Gefühl der Freude und des Wohlwollens allen Menschen gegenüber und seinen harmlosen Vergnügungen. Letztere begannen gegen Mitternacht, nach Beendigung der religiösen Feier, und bestand in einem Reitertanz, in dem bunt kostümierte junge Leute auf Steckenpferden umherritten, die sie mit solchem Geschick zu handhaben verstanden, daß man sich anstrengen mußte, um nicht der Illusion zu erliegen, daß die Reiter auf wirklichen Pferden ritten. Die Köpfe der Steckenpferde waren äußerst realistisch aus Holz oder Papiermaché gemacht und bemalt, während ein tuchbedecktes Bambusgerüst oder Korbgeflecht den Körper des Pferdes vortäuschte. Es war amüsant und schön, diese Szene jugendlichen Spiels zu beobachten, und es erschien ganz natürlich, daß der Buddha des riesigen Thankas sich mitfreute und lächelnd auf das fröhliche Schauspiel herabblickte. Wie fern war alles dies von dem tödlichen Pessimismus, den man im Westen dem Buddhismus unterschiebt. Es war das großartige Ende eines großartigen Tages, in dessen Verlauf wir eine ganze Skala menschlicher Empfindungen durchlaufen hatten.

Die Menschenmenge schmolz langsam hinweg. Die meisten Leute blieben während der verbleibenden Stunden der Nacht innerhalb der Klostermauern, während Frauen und Kinder in den umliegenden Häusern Unterkunft fanden. Alle ohne Unterschied schienen zu einer einzigen großen Familie zu gehören, Reiche und Arme, Klerus und Laien. Sie alle waren vereint durch das starke Band des Glaubens an die alles übertreffende Macht der Erleuchteten und die Gemeinsamkeit des menschlichen Schicksals. Dieser Glaube an die höhere Bestimmung des Menschen ist es, der es den Tibetern ermöglicht, sich gegen die dämonischen Mächte und Gefahren einer unsichtbaren Welt zu erheben und ihnen furchtlos entgegenzutreten.

Es war besonders wertvoll, viele dieser Probleme, die uns nach dem Erlebnis im Orakeltempel beschäftigt hatten, mit dem Tschödsche besprechen zu können. Schon am folgenden Tage besuchte er uns in unserer Privatkapelle. Er litt noch immer unter den Nachwirkungen seiner Trancezustände und klagte über Schmerzen im ganzen Körper. Er fragte uns, ob wir irgendwelche Medizin hätten, um die Schmerzen zu lindern, und wir gaben ihm einige Tabletten Aspirin, die er dankend annahm. Zu unserer Überraschung lehnte er jedoch ab, bei uns Tee zu trinken oder irgend etwas zu essen, weil seine Regel, wie er uns erklärte, es ihm nicht erlaube, irgendwelche von anderen zubereitete Nahrungsmittel oder Getränke zu sich zu nehmen. Er beobachtete eine streng vegetarische Diät und bereitete alles, was er zu sich nahm, mit eigener Hand zu, da er sehr vorsichtig sein mußte, die Reinheit und die vollkommene Ausgeglichenheit seines Körpers aufrechtzuerhalten. Der kleinste Fehler in seiner Diät, die geringste Verunreinigung des Körpers oder des Geistes konnte für ihn tödliche Folgen haben. Nur durch ein Leben der Enthaltsamkeit, der Hingabe und der Disziplin gelang es ihm, sich vor den Gefahren zu schützen, denen jeder, der seinen Körper den Geisterkönigen des Großen Orakels darbietet, ausgesetzt ist.

Unsere erste Frage, ob er sich irgendeiner der Antworten, die während der Invokationen des vergangenen Tages durch ihn gekommen seien, erinnerte. «Nein», sagte er, «ich habe keine Ahnung davon, was während der Trancezustände geschieht. Aber wenn ich in meinen normalen Zustand zurückkehre, schmerzt mein ganzer Körper, und ich fühle mich vollkommen erschöpft. Ich brauche immer viele Tage, um mich wieder zu erholen.»

«Aber was veranlaßte Sie, das Amt eines Tschödsche zu übernehmen, wenn das eine so gefährliche und schmerzvolle Sache ist? Hatten Sie eine natürliche Neigung zu geistigen Dingen oder mediumistische Fähigkeiten?»

«O nein, nicht im geringsten! Ich hatte Frau und Kinder und verdiente meinen Lebensunterhalt als Maultiertreiber auf der Karawanenroute zwischen Sikkim und Lhasa. Ich war ein einfacher Mann und hatte keinerlei Ambitionen. Meine Genossen verachteten mich, weil ich immer schäbig gekleidet war und keinen Wert auf Reinlichkeit legte. Ich führte ein rauhes Leben, aber ich war in meiner Weise ganz glücklich, obwohl ich arm war und weder lesen noch schreiben konnte. Ich hatte ein kleines Haus in Phari, wo ich mit meiner Familie lebte, wenn ich nicht auf Reisen war. Und dort erkrankte ich eines Tages. Kein Mensch wußte, was mir fehlte, und es ging mir schlechter und schlechter, bis ich schließlich so schwach war, daß meine Frau fürchtete, ich würde sterben. Sie rief einen Lama, um Gebete zu lesen und mich auf den Tod vorzubereiten. Während aber der Lama die Invokationen der mächtigen Schutzherren und Geisterkönige, der Tschökyongs, rezitierte, wurde ich plötzlich von ihnen besessen, obwohl ich selbst nichts über diese Dinge oder den Inhalt der Rezitationen wußte – und als ich endlich wieder zu mir kam, sagte mir der Lama, daß mein Leben gerettet werden könne, wenn ich gewillt sei, den Tschökyongs zu dienen, die mich als ihr Werkzeug ausersehen hätten. Ich wollte jedoch nicht mein

Weib und meine Kinder verlassen, und als ich das dem Lama sagte, erklärte er: ‹Wenn du stirbst, so wirst du auf jeden Fall Weib und Kinder verlassen müssen, wenn du aber bereit bist, den höheren Mächten zu dienen, so wirst du nicht nur dein Leben retten, sondern dein Weib und deine Kinder werden nicht zu hungern brauchen.›»

Meine Frau gab dem Lama recht, und so gab ich nach und versprach, mein Leben fortan dem Dharma zu weihen, insbesondere den großen Schutzherren, wenn sie mich vom Tode erretteten. Von dem Augenblick an, in dem ich das Gelübde abgelegt hatte, ging es mir besser, und nach kurzer Zeit war ich vollkommen wiederhergestellt. Doch immer, wenn diese Invokationen rezitiert wurden, fiel ich in Trance, und die göttlichen Kräfte nahmen von mir Besitz.»

«Hatten Sie sich einer besonderen Schulung zu unterziehen, bevor Sie zum Priester des Großen Orakels berufen wurden? Oder hatten Sie bestimmte Prüfungen abzulegen, bevor Sie als Tschödsche anerkannt wurden?»

«Gewiß! Um sicher zu sein, daß es sich bei mir um eine echte Berufung handelte und nicht um bloße Einbildung oder Betrug, wurde ich nach Lhasa geschickt und mit dem Staatsorakel von Netschung konfrontiert. Während der Invokationsriten mußten wir beide Seite an Seite sitzen, und erst nach verschiedenartigen Prüfungen und einer sorgfältigen Beobachtung aller Symptome wurde ich als Kandidat der Orakelpriesterschaft zugelassen. Ich mußte das Gelübde des Zölibats ablegen und alle Regeln des *Vinaya* befolgen. Von nun an trug ich Mönchskleidung und erhielt besondere Lehrer, die mich im Lesen und Schreiben und auch in den heiligen Schriften unterwiesen. Ich hatte besondere Reinlichkeitsregeln zu befolgen und mich an eine strenge Diät zu halten. Mein Leben war völlig verändert und strenger reguliert als das eines gewöhnlichen Mönchs, denn der kleinste Fehltritt in meiner Lebensführung konnte mich in Gefahr bringen und zu meiner Vernichtung durch eine jener Mächte führen, denen ich mich geweiht und mit Leib und Seele ergeben hatte. Erst nach einer langen, strengen Schulung wurde ich schließlich für fähig befunden, das Amt eines Tschödsche auszuüben. Ich wurde nach Dungkar Gompa geschickt, wo eben der Thron des Orakels frei geworden war. Und seitdem bin ich hier geblieben.»

Der Gedanke, daß dieser intelligente, höfliche, kultiviert aussehende

Mönch, der sich mit der Selbstsicherheit eines geborenen Aristokraten bewegte, jemals ein gewöhnlicher Maultiertreiber gewesen sein sollte, war etwas, das wir uns nicht vorstelien konnten. Aber Leute, die ihn von früher her kannten, bestätigten uns, daß er nicht nur ein gewöhnlicher Maultiertreiber gewesen sei, sondern ein ganz besonders rauher und schmutzstarrender Mann, der oft die Zielscheibe des Spottes der andern gewesen sei. Als er aus Netschung zurückkehrte, konnten seine früheren Genossen ihn nicht wiedererkennen, und jeder, der sich seiner von früher her erinnerte, war erstaunt, wie eine solche Wandlung hatte vor sich gehen können.

Einige Tage später wurden wir von ihm in seine Privaträume zum Tee eingeladen. Er war ein charmanter Gastgeber, und wir bewunderten nicht nur seine perfekten Manieren, sondern fast noch mehr die peinliche Sauberkeit und Ordnung seiner Räume und seiner kleinen Küche mit ihren blanken Kupfergefäßen, in denen er das Essen zubereitete.

Je länger wir diesen Mann kannten, desto mehr gefiel er uns. Er war weder stolz noch engherzig, und er war jederzeit bereit, uns bei unseren Studien zu helfen. Ja, er war unseren Forschungen gegenüber aufgeschlossener als die meisten Tibeter, so daß er mir zum Beispiel erlaubte, Abschreibungen der mantrischen Schriftbänder im Orakeltempel zu machen und, was noch außergewöhnlicher war: er erlaubte Li Gotami, ihn zu photographieren und ihn in vollem Ornat auf dem Thron des Orakels zu porträtieren – eine Gunst, die niemandem zuvor gewährt worden war.

MAGIE ALS METHODE UND PRAKTISCHES WISSEN

Was uns besonders beeindruckte, war die objektive Haltung und die fast wissenschaftliche Präzision, mit der die Tibeter okkulte Dinge und psychische Phänomene behandeln, die in westlichen Ländern entweder Produkte der Sentimentalität, morbider Neugier oder abergläubischer Vorstellungen sind, wie dies die meisten spiritistischen Séancen demonstrieren, die vorwiegend von Neurotikern oder ‹psychischen› Frauen veranstaltet werden, deren anormale Sensitivität sie allen Arten unterbewußter Einflüsse und Illusionen zugänglich macht. Im Gegensatz hierzu scheinen die Tibeter anormal sensitive oder ‹psychische› Typen zu vermeiden und vollkommen normale, robuste Individuen vorzuziehen, die sich weder besonderer Geistigkeit noch irgendwelcher psychischer Eigenschaften rühmen und ebensowenig von persönlichem Ehrgeiz getrieben werden.

Hugh Richardson, der bereits erwähnte britische Geschäftsträger in Lhasa, berichtete uns von dem außerordentlich interessanten Fall eines Aristokraten in Lhasa, der als ein lebenslustiger, geselliger Mann bekannt war, und der eines Tages, zu seiner und jedermanns Überraschung, zum Nachfolger des Hohenpriesters von Netschung ernannt wurde. Er hatte nie irgendwelches Interesse an geistigen Dingen bezeugt, noch hatte er die geringsten mediumistischen Fähigkeiten. Er war ein Mann in den besten Jahren, der wie jeder andere sein Leben genoß.

Da die Berufung auf Grund eines Ausspruchs des Staatsorakels erfolgt war, konnte sie nicht leichthin mißachtet werden, und somit blieb

ihm nichts anderes übrig, als sich dem Befehl des Orakels zu unterwerfen. Er gab sein bisheriges Amt auf (soweit ich mich erinnere, war er im Verwaltungsdienst der Regierung tätig), zog sich nach Netschung zurück, wo er in die Mysterien des Orakels eingeweiht wurde, und als der Tag seiner offiziellen Amtseinsetzung kam, fiel er prompt in Trance, und die Gottheiten des Tempels nahmen von ihm Besitz. Mr. Richardson, der ihn viele Jahre lang gekannt hatte, sagte uns, daß die Veränderung, die mit diesem Mann vorgegangen war, so außerordentlich sei, daß man ihn kaum als dieselbe Person wiedererkennen könne. Niemand wußte, was ihm während seiner Initiation zugestoßen war oder was diese unglaubliche Wandlung hervorgebracht hatte.
Es ist gewiß, daß hier Kräfte im Spiel sind, über die wir nichts wissen und deren Wirken ein Geheimnis der wenigen Eingeweihten geblieben ist, durch die einige der ältesten Traditionen der religiösen Magie erhalten geblieben sind.
Ein anderer seltsamer Zug dieser Orakel ist ihr Zusammenhang mit den Vorgängen und Bedingungen der Natur. Sie sind nicht nur mit gewissen Lokalitäten verbunden, in denen irdische Kräfte konzentriert zu sein scheinen, sondern es hat geradezu den Anschein, als ob sie einen Einfluß oder zumindest eine Beziehung zu atmosphärischen Vorgängen der Natur hätten. Gewisse Orakel werden daher in Zeiten von Naturkatastrophen, wie anhaltender Dürre, Versagen der Ernten oder ihrer Vernichtung durch Unwetter und Hagelstürme angerufen. Obwohl es schwer ist, einen Zusammenhang zwischen psychischen Phänomenen und klimatischen Bedingungen zu finden, kann ich nicht umhin zuzugeben, daß die tibetischen «Wettermacher» in ihren Voraussagen (in Form jährlicher Almanache), wie auch in den Wirkungen ihrer magischen Rituale durch Tatsachen gerechtfertigt erscheinen – oder zumindest durch eine so große Anzahl seltsamer «Koinzidenzen», daß es einem schwer fällt, sie als bloße Zufallsprodukte anzusehen. Ebenso schwer ist es zu glauben, daß Menschen solche Institutionen jahrhundertelang aufrechterhalten oder sich auf derartige magische Riten verlassen hätten, wenn die Resultate nicht ihre Existenz gerechtfertigt hätten.
Als ein Beispiel möchte ich hier nur das Orakel von Gadong erwähnen, das sich in einem Seitental des Kyitschu, etwa vier Reitstunden südlich von Lhasa entfernt befindet. Dieses Orakel sollte, wie es hieß, beson-

dere Macht über das Wetter haben. Der bekannte Reisende und Autor Amaury de Riencourt erhielt während seines Lhasa-Aufenthaltes die Erlaubnis (er war Gast der Britisch-Indischen Mission), der Invokation dieses Orakels beizuwohnen. Um nicht aufzufallen, wurde ihm jedoch geraten, bei dieser Gelegenheit Mönchskleidung zu tragen. Das Wetter war für lange Monate außergewöhnlich trocken gewesen, so daß die Felder verdorrten und das Land von Hungersnot bedroht war. In dieser Notlage wurde das Orakel von Gadong angerufen. Riencourts Augenzeugenbericht verdient besondere Beachtung wegen seiner Objektivität und sorgfältiger Beobachtung wesentlicher Einzelheiten. Als Neukömmling und als jemand, der nicht mit dem tibetanischen Buddhismus vertraut war, war er weder geistig noch emotionell an den Dingen beteiligt, die sich in seiner Gegenwart abspielten. Aber die Tatsachen, die er beobachtete, genügten, um ihn aufs tiefste zu beeindrucken. Das erste, was ihn völlig überraschte, war die sichtbare Verwandlung des Orakelpriesters:

«Langsam schien das Blut aus seinen sich verändernden Gesichtszügen zu weichen, und sein Fleisch sah aus, als ob es hinwegschmelzen wolle. Während die dumpfen Paukenschläge und der schrille Lärm der Musik weitergingen, sah ich mit Überraschung die Knochenstruktur seines Gesichtes heraustreten und zu einer Totenmaske werden, einem bloßen Schädel, der mit einer dünnen, grauen Haut überzogen war. Es war eine unglaubliche und versteinernde Metamorphose von Dr. Jekyll in Mr. Hyde ... Ich war wie betäubt und verwirrt von dieser unheimlichen Zeremonie, nicht so sehr wegen ihrer farbigen Pracht als infolge einer undefinierbaren Überzeugung, daß ich einen wirklich okkulten Vorgang gesehen hatte.»

Die größte Überraschung aber kam, als Riencourt im Begriff war, sich in der Nacht nach dieser Invokation schlafen zu legen: «Der Regen goß in Strömen, und das ganze Lhasa-Tal war vom Rollen des Donners erfüllt.» – Er schließt seinen Bericht mit den Worten: «Ich begann zu verstehen, daß es mit den psychischen Kräften mehr auf sich hat, als was das Auge des westlichen Menschen wahrnimmt. Die Vorgänge während des Orakels hatten mir die Augen geöffnet und die Tore zu einer neuen und faszinierenden Welt, welche die Tibeter gründlich erforscht haben – einer Welt, die zwischen den höheren Formen religiöser Forschung und den alltäglichen Beschäftigungen mit den Dingen des irdischen Lebens liegen: die geheimnisvolle Welt magischer und psychischer Kräfte, das Universum des Yoga und dessen, was jenseits des Todes liegt.» *

All diese Dinge haben, wie schon bemerkt, im Grunde nichts mit Buddhismus zu tun, und auch die Tibeter betrachten sie mehr als eine Art natürlicher Phänomene, von denen man Gebrauch macht wie der westliche Mensch von der Elektrizität, ohne diese ebenso mysteriöse Kraft mit religiösen Vorstellungen zu verquicken oder sie einem persönlichen Gott oder einer kosmischen Intelligenz zuzuschreiben. Obwohl für den Tibeter kein Unterschied besteht zwischen dem Reich der Natur und dem Reich des Geistes, erkennt er den Unterschied an zwischen weltlichen und überweltlichen, profanen und religiösen Betätigungen, ohne andererseits die gegenseitige Wechselwirkung in einem zwischen diesen Extremen liegenden Bereich zu leugnen. Alles hängt von dem Grad ab, in dem man sich der inneren Beziehungen zwischen den vielen, scheinbar getrennten Vorgängen und Phänomenen bewußt ist, durch die Entdeckung ihrer gemeinsamen Gesetze, die ihre Funktionen beherrschen.

Ein Magier ist darum nach tibetischer Auffassung nicht notwendigerweise ein besonders frommer Mann, sondern eher einer, der von den Gesetzen, die den Parallelismus psychischer und physischer Gesetze beherrschen, Gebrauch zu machen versteht. Wenn er ein religiöser Mensch ist, wird er sein Wissen zum Wohl aller Wesen verwenden, wenn nicht, so wird er es nur seinem eigenen Nutzen dienstbar machen. Dies ist es, was «weiße» von «schwarzer» Magie unterscheidet, obwohl beide auf denselben Prinzipien beruhen. Ebenso wie die Wissenschaft, sind magische Kräfte an sich weder gut noch schlecht: worauf es ankommt, ist, welchen Gebrauch wir von ihnen machen.

* Amaury de Riencourt, *Lost World*, Victor Gollancz, London, 1951, p. 245 ff.

Fünfter Teil

RÜCKKEHR NACH WESTTIBET

DER HEILIGE BERG

Es gibt Berge, die nur Berge sind, und solche, die eine ausgeprägte Persönlichkeit besitzen. Die Persönlichkeit eines Berges ist mehr als bloß eine sonderbare Form, die ihn von anderen Bergen unterscheidet – ebenso wie ein absonderlich geformtes Gesicht oder absonderliche Handlungen ein Individuum noch nicht zu einer Persönlichkeit machen.

Persönlichkeit ist eine Macht, die Menschen auf andere ausüben, ohne es zu wollen; und diese Macht hat ihre Ursache in der Beständigkeit, Konsequenz und Harmonie des Charakters. Wenn diese Qualitäten in einem Menschen in höchster Vollkommenheit vorhanden sind, dann ist er ein würdiger Lehrer der Menschheit, sei es als Herrscher, Denker oder Heiliger, und wir sehen in ihm ein Gefäß göttlicher Kräfte. Wenn ähnliche Qualitäten in einem Berg vorhanden sind, erscheint er uns als ein Gefäß kosmischer Kräfte, und wir empfinden ihn als einen heiligen Berg.

Die Macht eines solchen Berges ist so groß und zugleich so subtil, daß Menschen von nah und fern, ohne äußeren Zwang oder Notwendigkeit, sich von ihm angezogen fühlen, wie von einem unsichtbaren Magneten, und unsagbare Mühen und Entbehrungen auf sich nehmen in dem unerklärlichen Drang, sich dem Zentrum dieser heilversprechenden Macht zu nähern und ihr Verehrung darzubringen.

Niemand hat einem solchen Berg den Titel der Heiligkeit verliehen, und dennoch anerkennt ihn jeder. Der Titel bedarf keiner Rechtfertigung, denn kein Mensch bezweifelt ihn; niemand braucht seinen Kult zu organisieren, denn der Mensch ist von der bloßen Gegenwart eines solchen Berges überwältigt und kann seinen Gefühlen auf keine andere Weise Ausdruck verschaffen als durch die Bezeugung seiner tiefen Ehrfurcht.

Diese ehrfürchtige oder religiöse Haltung ist nicht durch wissenschaftliche Fakten, wie die in Zahlen ausdrückbare Höhe, bestimmt, die den modernen Menschen in erster Linie beeindruckt. Ebensowenig ist der religiös empfindende Mensch von der Idee beherrscht, den Berg «erobern» oder «bezwingen» zu wollen. Im Gegenteil, er zieht es vor, sich vom Berg überwältigen zu lassen, um von seiner Macht erfüllt zu werden. Er öffnet seine Seele dem Geist des Berges und läßt sich von ihm in Besitz nehmen, denn nur der «Ergriffene» kann vom göttlichen Geist inspiriert werden und an seiner Natur teilhaben. Während der Mensch unserer Zeit aus Ehrgeiz und zur Verherrlichung seines eigenen Ich zur Beseitigung eines außergewöhnlichen Berges getrieben wird, um als Erster auf seinem Gipfel zu stehen, ist der Verehrer des Berges mehr an seinem geistigen Aufstieg interessiert als an der physischen Leistung der Gipfelbezwingung. Ihm ist der Berg ein göttliches Symbol, und ebensowenig, wie er den Fuß auf den Kopf eines Kultbildes setzen würde, würde es ihm in den Sinn kommen, seinen Fuß auf den Gipfel eines heiligen Berges zu setzen.

Um die Größe eines Berges wahrnehmen zu können, müssen wir Distanz von ihm halten; um seine Form in uns aufzunehmen, müssen wir ihn umwandeln; um seine Stimmungen zu erleben, müssen wir ihn zu allen Tages- und Jahreszeiten beobachten: bei Sonnenaufgang und Sonnenuntergang, zur Mittagszeit und in der Stille der Nacht, an trüben Regentagen und unter blauem Himmel, im Winterschnee und im Gewittersturm. Wer den Berg in dieser Weise kennenlernt, kommt seinem Wesen nahe, das ebenso intensiv und vielfältig ist wie das eines Menschen. Berge wachsen und zerfallen, sie atmen und pulsieren von Leben. Sie sammeln unsichtbare Kräfte aus ihrer Umgebung: die Kräfte der Luft, des Wassers, der Elektrizität und des Magnetismus; durch sie entstehen Wolken und Winde, Gewitter und Regen, Wasserfälle und Flüsse. Sie füllen ihre Umgebung mit tätigem Leben und bieten unzähligen Wesen Nahrung und Schutz. Darin besteht die Größe eines Berges.

Aber selbst unter den mächtigsten Bergen sind nur wenige von solch

Li Gotami, auf einem Yak reitend, und Scherab auf dem Schipki-Paß

Der Autor in seiner Klause in Ghoom (nach einem Gemälde von Li Gotami)
Nach der Rückkehr aus Tibet, 1949: Li Gotami und Lama Govinda beim Studium alter Manuskripte

außergewöhnlichem Charakter und so besonderer Lage, daß sie Symbole höchsten menschlichen Strebens werden, wie es sich in alten Kulturen und Religionen äußert, und allein diese wenigen werden zu Meilensteinen auf dem endlosen Weg der Menschheit nach Vollkommenheit und Selbstverwirklichung oder zu Wegweisern, die über irdische Ziele hinausweisen in die Unendlichkeit eines Universums, aus dem wir hervorgegangen sind und zu dem wir gehören.

In den dunsterfüllten Tälern und Niederungen unseres täglichen Lebens haben wir unseren Zusammenhang mit Sternen und Sonnen vergessen, und darum brauchen wir die Gegenwart dieser mächtigen Wegweiser und Meilensteine, um uns wachzurütteln aus dem Schlummer unserer Selbstgefälligkeit. Es sind nicht viele, die den Ruf hören oder den Drang verspüren, sich aus den schweren Hüllen ihrer kleinen Interessen, ihrer Jagd nach Geld und Vergnügungen zu befreien; aber die wenigen, die der Ruf erreicht hat und in denen die Sehnsucht nach größeren Dingen noch lebendig ist, bilden einen ständigen Pilgerstrom, der die Tradition und das Wissen um diese Quellen der Inspiration aufrechterhält.

So kommt es, daß der Ruhm des Kailaś (Skt; *kailaś;* sprich: Kailasch) sich ausbreitete und alle anderen heiligen Berge der Welt überstrahlte. Seit undenklichen Zeiten ist er das Ziel frommer Pilger. Es gibt keinen anderen Berg, der sich mit dem Kailaś vergleichen ließe, denn er bildet die Nabe der zwei größten und ältesten Kulturkreise der Welt, deren Traditionen sich durch Jahrtausende bis auf unsere Zeit fortpflanzten: Indien und China. Für Hindus und Buddhisten ist der Kailaś das Zentrum der Welt. Nach ältester Sanskrittradition wird die Achse des Universums als Meru oder Berg Sumeru bezeichnet, und dies bezieht sich nicht nur auf die physische, sondern ebenso auf die metaphysische Welt. Und da unser psycho-physischer Organismus ein mikrokosmisches Abbild des Universums darstellt, entspricht Meru der Wirbelsäule, beziehungsweise dem Rückenmark in unserem Nervensystem. Und ebenso wie die verschiedenen Bewußtseinszentren (Skt.: *cakra*) mit dem Rückenmark der Wirbelsäule (Skt.: *meru daṇḍa*) verbunden sind, von dem sie sich wie vielblättrige Lotusblüten abzweigen, in ähnlicher Weise bildet der Berg Meru die Achse der verschiedenen überweltlichen Bereiche. Und so, wie der psycho-physische Mikrokosmos des Menschen vom höchsten Bewußtseinszentrum, dem «tausendblättrigen Lotus» (Skt.: *sahasrâra-cakra*) gekrönt ist, in gleicher Weise ist der Weltberg Meru, bzw. Kailaś, der sein irdisches Gegenstück ist, von dem unsichtbaren Tempel der höchsten transzendenten Mächte überwölbt, die jedem Pilger in der jeweiligen Form erscheinen, die ihm höchste Wirklichkeit symbolisiert. In dieser Weise ist Kailaś für Hindus der Sitz Śivas, während er für die Buddhisten ein riesiges Mandala von Dhyâni-Buddhas und -Bodhisattvas darstellt, wie dies in dem berühmten *Demtschog Tantra,* dem «Mandala der höchsten Glückseligkeit» (Tib.: *dPal hKhor-lo bDe-mChog*) beschrieben wird.

Hier ist nicht der Ort, auf die komplizierten metaphysischen und psychologischen Lehren des Hinduismus und des tantrischen Buddhismus einzugehen. Jedoch die Frage, die jedem unmittelbar kommen muß, ist die: Wie kommt es, daß von all den mächtigen Bergen des Himalaya und des Transhimalaya gerade dieser Gipfel dazu ausersehen und allgemein anerkannt wurde, das Zentrum der Welt darzustellen?

Ein Blick auf die Karte, welche die Lage des Kailaś im tibetanischen Hochland und seine Beziehung zum indo-tibetanischen Flußsystem zeigt, gibt unmittelbaren Aufschluß. Der Kailaś bildet den höchsten Punkt des «Daches der Welt», wie das tibetische Plateau genannt wird, und von diesem geographischen Zentrum fließen eine Anzahl großer Flüsse nach allen Himmelsrichtungen, vergleichbar den Speichen eines Rades, die von der Nabe ausgehen. Diese Flüsse sind der Brahmapûtra, der Indus, der Satlej und der Karnali. Sie alle haben ihre Quellen im Kailaś-Manasarovar-Gebiet, das die höchste Stufe des tibetanischen Plateaus bildet.

In den alten Schriften werden diese Flüsse als Ausflüsse des Manasarovar-Sees am Fuße des Kailaś beschrieben, und man glaubte, daß sie den heiligen Bezirk siebenmal umflössen, bevor sie in die verschiedenen Richtungen strömten, und daß sie auf diese Weise ihre Ehrerbietung vor dem Thron der Götter bezeugten, im Einklang mit dem althergebrachten Umwandlungsritus (Skt.: *pradakṣiṇa*). Die Tibeter nennen den Brahmapûtra, der im Osten der Kailaś-Manasarovar-Region entspringt, Tamtschog-Kham-bab *(rTa-mchog Kha-ḥbab),* den Fluß, der «aus dem Munde eines Pferdes» fließt. Der Satlej, dessen Quelle im Westen ist, wird Langtschen-Kam-bab genannt, d. h. der Fluß, der «aus dem Munde eines Elefanten» fließt. Der Indus, dessen Quelle im Norden des Kailaś ist, wird Senge-Kham-bab *(Seṅ-ge Kha-ḥbab)*

genannt, d. h. der Fluß, der «aus dem Munde eines Löwen» fließt; und der Karnali (der in der Ebene Gogra genannt wird) heißt Magtscha-Kham-bab *(Mag-bya Kha-ḥbab)*, d. h. der Fluß, der «aus dem Munde eines Pfauen» fließt. Diese Tiere sind die Vehikel oder Thronsymbole von vier Dhyâni-Buddhas. Die Namen der Flüsse deuten somit an, daß sie als Teile eines universellen Mandalas betrachtet werden, dessen Zentrum der heilige Berg Kailaś ist.

Die religiösen und kulturellen Beziehungen zwischen Indien und Tibet werden durch diese Flüsse verdeutlicht. Dies wird besonders augenfällig beim Indus und beim Brahmapûtra, die wie zwei Riesenarme aus dem Kailaś-Manasarovar-Gebiet hervorkommen und die Gesamtheit des Himalaya und des indischen Subkontinents umfangen, indem der Indus in den arabischen Meerbusen im Westen und der Brahmapûtra in den bengalischen Meerbusen im Osten fließt.

Nicht alle diese Flüsse entspringen an den Hängen des Kailaś oder am Manasarovar, aber ihre Täler führen auf das vom Kailaś beherrschte Plateau, so daß dieser Berg zum Wahrzeichen und Wegweiser der großen Karawanenstraßen wird, die den Süden mit dem Norden und den Westen mit dem Osten verbinden (auf der Übersichtskarte durch Pfeile angedeutet) und sich am Fuße des Kailaś kreuzen.

Wenn wir ein paar hundert Meter von der Höhe des Everest oder irgendeines anderen der berühmten großen Berge des Himalaya wegnehmen würden, so bliebe von ihnen nichts, das sie von den anderen Bergen unterschiede; sie würden einfach von der Landkarte verschwinden und in der Masse unbekannter und unbeachteter Gipfel und Bergmassive aufgehen. Was aber den Kailaś anbelangt, so würde er, selbst

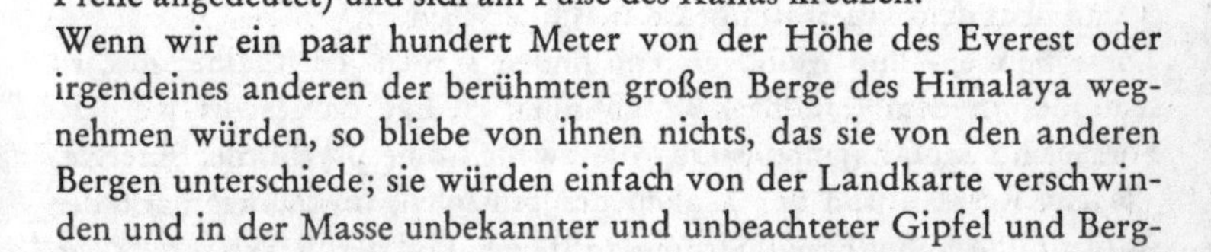

wenn seine Höhe geringer wäre, nichts von seiner Bedeutung einbüßen, denn seine außergewöhnliche Form und seine zentrale Lage in bezug auf die großen Gebirgsketten und das indo-tibetische Flußsystem würden ihm stets eine Sonderstellung einräumen.

Der Berg steht so völlig isoliert im Zentrum der Transhimalaya-Kette (auch Sven-Hedin-Gebirge genannt), daß es möglich ist, ihn in zwei oder drei Tagen zu umwandeln; und seine Form ist so regelmäßig, als ob er die Kuppel eines gewaltigen Tempelbaues wäre, die sich über eine Anzahl ebenso architektonischer Formen von Bastionen und Vorbauten erhebt, die seine Basis bilden. Und so, wie jeder indische Tempel seinen heiligen Teich hat, befinden sich am südlichen Fuß des Kailaś zwei heilige Seen, Manasarovar und Rakastal, von denen der erstgenannte die Form der Sonne hat und die Kräfte des Lichtes symbolisiert, während der letztere wie eine Mondsichel geformt ist und daher die verborgenen Kräfte der Nacht repräsentiert, die – solange sie nicht ihrer wahren Natur nach erkannt und in die ihnen entsprechenden Kanäle geleitet werden – als die dämonischen Kräfte der Dunkelheit erscheinen. Diese Ideen finden ihren Ausdruck auch in den Namen der beiden Seen: *manas* bedeutet «Geist» oder «Bewußtsein»: Sitz der Wahrnehmungsfähigkeit, der Kräfte des Lichtes und der Fähigkeit der Erleuchtung; *rakas* oder *rakṣasa* bedeutet «Dämon», so daß Rakastal soviel wie «der See der Dämonen» heißt.

Der solare und lunare Symbolismus der heiligen Seen wird in der tibetischen Darstellung auf Seite 311 illustriert, in der die Sonnenscheibe über dem kreisrunden Manasarovar und der abnehmende Mond über dem sichelförmigen Rakastal erscheinen.

Diese Sonnen- und Mondsymbole finden sich in jedem tibetanischen Rollbild, in dem Buddhas, Götter oder Heilige dargestellt werden. Sonne und Mond symbolisieren die zwei Ströme psychischer Energie, die zur Rechten und zur Linken des zentralen, im Rückenmark der Wirbelsäule befindlichen Stroms aufsteigen. In der Praxis des Yoga werden diese zwei Ströme im zentralen Kraftstrom integriert und steigen von einem der psychischen Zentren oder Bewußtseinsebenen zum anderen, bis der integrierte Strom die höchste, vierdimensionale Ebene des erleuchteten Bewußtseins erreicht. Ebenso, wie der Kailaś der Wirbelsäule des menschlichen Körpers entspricht, stellt er auch die Achse des geistigen Universums dar, die durch unzählige Weltebenen dringt – von der menschlichen bis zur höchsten göttlichen Daseinsebene, während die zwei Seen als die Reservoire der zwei Ströme psychischer Energie betrachtet werden.* Die Weltebenen entsprechen den horizontalen Schichten des Berges, die so regelmäßig und augenfällig sind wie die Stockwerke und Gesimse eines typisch indischen Tempels.

Unsere Illustration zeigt auch, daß der Manasarovar-See höher liegt als der Rakastal, was sowohl den geographischen Tatsachen wie dem psycho-physischen Symbolismus entspricht, demzufolge der Manasarovar das höchste und der Rakastal das niedrigste (aber ebenso wichtige) psychische Kraftzentrum *(cakra)* bedeutet. Letzteres ist die Wurzel oder der Ausgangspunkt aller psychischen Kräfte, ersteres die Blüte und die Frucht aller Verwirklichung. Das Wurzelzentrum (Skt.: *mûlâdhâra-cakra)* steht am Anfang, das Scheitelzentrum *(sahasrâra-cakra)* am Ende der geistigen Entwicklung.

Dies ist der Grund, daß nach der ältesten buddhistischen Überlieferung der Herabstieg des Bodhisattva in sein letztes Erdenleben – in Erfüllung seines Gelübdes, die höchste Erleuchtung in Form der Buddhaschaft zu verwirklichen – mit dem Manasarovar verbunden war. Dieser Tradition zufolge wird berichtet, daß die Königin Maya eines Tages träumte, daß das Bett, auf dem sie ruhte, von den Schutzgottheiten zum Anotatta-See (der Pâli-Name für Manasarovar) getragen und in seinen heiligen Fluten gebadet wurde, woraufhin alle irdischen Unreinheiten und Unvollkommenheiten von ihr wichen, so daß der zukünftige Buddha in ihren Leib eingehen konnte. Er erschien ihr im Traum in der Gestalt eines weißen Elefanten, der, in einer Wolke vom heiligen Berg Kailaś kommend, sich ihr näherte und in ihren Leib einging. Dies zeigt, daß Kailaś und Manasarovar sich auch bei den Buddhisten seit je größter Verehrung erfreuten und daß sie eine Tradition, die in vedische Zeiten, wenn nicht gar in den Beginn menschlicher Zivilisation zurückging, in vollstem Maße teilten.

Nach vedischer Tradition erschuf Brahma, der Weltenschöpfer, den Manasarovar und den göttlichen Jambubaum, der, obwohl er dem menschlichen Auge verborgen ist, im Zentrum des heiligen Sees wachsen soll. Diese unsere Welt wurde darum von den Alten *jambudvipa,*

* Näheres über die Ströme und Zentren psychischer Kräfte in meinem Buch *Grundlagen Tibetischer Mystik,* Rascher, Zürich, 2. Aufl. 1966.

der Jambukontinent, genannt, und es heißt, daß wegen der Früchte dieses göttlichen Baumes die Wasser des Manasarovar-Sees zum lebenspendenden Elixier wurden. Der Baum des Lebens im See des höchsten Bewußtseins: welch tiefe Symbolik – und wie verwandt dem Baum der Erkenntnis in der biblischen Paradiesbeschreibung! Ich glaube kaum, daß es einen Ort auf Erden gibt, der erhabener und würdiger wäre, mit dem Paradies identifiziert zu werden, als die Kailaś-Manasarovar-Region, die die Tibeter den Nabel des Jambudvîpa (der menschlichen Welt), das Zentrum aller Länder, das Dach der Welt nennen und beschreiben als «das Land des Goldes und der Juwelen, die Quelle der vier großen Flüsse, die von der Kristallpagode des Kailaś gekrönt und mit dem magischen Türkisspiegel des Manasarovar geschmückt ist.»

Der Ort, von dem der Pilger seine Umwandlung des heiligen Berges antritt, erscheint in unserem Bild als eine tiefe Schlucht zur Linken des Kailaś. Es ist der Eingang zum westlichen «Tal des Amitâbha». Der Paß zur Rechten des Kailaś, der durch eine kleine Steinpyramide (unterhalb der Sonnenscheibe) gekennzeichnet ist, ist der Dölma-La, der Paß der Târâ, der zugleich den höchsten Punkt (6000 m) des Pilgerpfades darstellt. Das dunkle Dreieck unterhalb der Steinpyramide ist ein kleiner See, der von den Hindus Gaurikund genannt wird und von den Buddhisten Tibets *thugdsche-tschenpoi tso,* der «See des Großen Barmherzigen». Hierüber mehr im dritten Kapitel, in dem wir die rituelle Umwandlung (Skt.: *parikrâma)* des heiligen Berges beschreiben.

Das tibetische Original unserer Illustration enthielt eine Anzahl weiterer Einzelheiten, die der Deutlichkeit halber geopfert werden mußten, denn der Hauptzweck der Skizze sollte es sein, dem Leser einen idealen Überblick über die Kailaś-Manasarovar-Region zu geben, wie er sich vom Gurla-Paß darstellt, von dem aus der Pilger zum ersten Mal das heilige Land erblickt. Es ist die einzige Stelle, von der aus beide Seen und der Kailaś gleichzeitig sichtbar sind. Die Proportionen des Bildes entsprechen nicht der optischen, sondern der geistigen Perspektive. Die Formen sind jedoch trotz ihrer Stilisierung wirklichkeitsgetreuer, als eine photographische Aufnahme mit ihren unvermeidlichen Verkürzungen und Formentstellungen sie hätte wiedergeben können.

Es ist bemerkenswert, daß selbst die geographische Lage der zwei Seen

Pinselzeichnung nach einem tibetischen Thanka

ihrer Beziehung zu Licht und Dunkelheit oder zu Tag und Nacht entspricht. Manasarovar liegt im Osten, der Richtung des Sonnenaufgangs und des beginnenden Tages – Rakastal dagegen im Westen, der Richtung des Sonnenuntergangs und der beginnenden Nacht. Manasarovar wird im Tibetischen *tso mapham* genannt, d. h. der «See der unbesiegbaren Kräfte der Buddhas», die auch als «Sieger» *(rgyal-ba)* bezeichnet werden, während Rakastal *lha-nag-tso,* der «See der dunklen Gottheiten», genannt wird.

In Übereinstimmung mit dieser Anschauung ist der Tso Mapham von einer Anzahl von Klöstern und Einsiedeleien umgeben, während der andere See aller menschlichen Wohnstätten bar ist. Trotz seiner landschaftlichen Schönheit ist er von einer seltsamen, unheimlichen Atmosphäre umgeben. Aber wenn er auch gefürchtet und gemieden wird, so ist er dennoch ebenso heilig wie sein Zwillingssee; denn jene Mächte, die uns erschreckend und zerstörerisch erscheinen und im Dunkel der Tiefe verborgen liegen, sind ebenso göttlicher Natur wie diejenigen, die wir als Verkörperung des Lichtes und der Güte verehren.

Die gegenseitige Beziehung dieser Kräfte – solarer und lunearer, bewußter und unbewußter Art –, die wir mit den Prinzipien des Lichtes und der Finsternis, der männlichen und der weiblichen Energie, der Aktivität und der Empfangsbereitschaft, des Handelns und der Beschauung, der Form und der Leere assoziieren: all dies ist die große Entdeckung tantrischer Philosophie. Wer ihre Wahrheit verwirklicht, ist würdig, den ehrfurchtgebietenden Herrn des Kailaś zu verehren, gleichgültig, ob er in der Form Śivas, des Zerstörers aller weltlichen Illusion, oder in der Form Demtschogs sieht, der wie Śiva die Elefantenhaut des Nichtwissens zerreißt und dessen zwölf Arme die zwölf Glieder der Formel des abhängigen Entstehens darstellen, die von Buddha Śâkyamuni gelehrt wurde.

Nur wer das Göttliche in seiner furchtbarsten Form erlebt hat, wer es gewagt hat, der unverschleierten Wahrheit ins Auge zu sehen, ohne davon überwältigt und verstört zu werden – nur ein solcher Mensch ist imstande, die mächtige Stille und Einsamkeit des Kailaś und seiner heiligen Seen zu ertragen und die Gefahren und Mühen auf sich zu nehmen, die der Preis sind, den der Pilger zu zahlen hat, um in die göttliche Gegenwart im heiligsten Bezirk dieser Erde zugelassen zu werden. Wer aber seinen Komfort und seine Bequemlichkeit, seine

Sicherheit und die Sorge um sein eigenes Leben aufgegeben hat, wird mit dem unbeschreiblichen Erlebnis höchster Glückseligkeit belohnt. Seine geistigen Fähigkeiten scheinen wie verwandelt und um ein Vielfaches vermehrt zu sein; seine Wahrnehmungsfähigkeit, seine seelische Empfänglichkeit und Feinfühligkeit sind unendlich gesteigert, und sein Bewußtsein ist einer neuen Dimension der Wirklichkeit geöffnet, so daß ihm wunderbare Visionen zuteil werden, seltsame Stimmen an sein inneres Ohr dringen und trance-ähnliche Verzückungszustände über ihn kommen, in denen alle früheren Beengungen und Hindernisse wie in einem Blitzstrahl verschwinden, der das bisher in Dunkelheit Verborgene enthüllt. Es ist, als ob sein individuelles Bewußtsein, das seinen Ausblick auf die Welt verdunkelt und entstellt hatte, plötzlich zurückgetreten wäre, um einem allumfassenden, kosmischen Bewußtsein Platz zu machen.

DAS LAND DER GÖTTER

Um die volle Bedeutung des Kailaś und seiner außergewöhnlichen Umgebung zu verstehen, müssen wir ihn nicht nur vom geographischen, kulturellen oder historischen Standpunkt aus betrachten, sondern vor allem durch die Augen eines Pilgers.

Um dies tun zu können, müssen wir uns der engen Grenzen unserer Persönlichkeit entledigen, vor allem aber der intellektuellen Vorurteile westlicher Erziehung; denn die Erlebnisse, denen wir hier begegnen, sind zu groß und zeitlos, um auf der Bühne rein persönlicher Reaktionen und Erfahrungen dargestellt werden zu können. Auf unserem Weg zum heiligen Berg – und mehr noch, während wir ihn umwandelten – empfanden Li Gotami und ich, daß wir ein bloßes Glied in der anfang- und endlosen Kette von Pilgern bildeten, die seit undenklichen Zeiten die einsamen und gefahrvollen Pfade der ungezähmten Bergwelt des Himalaya durchquerten. Was uns darum wichtiger als alles andere erschien, war unser Teilhaben an einem überpersönlichen Erleben, das weit über alle individuellen Anschauungen und Gefühle hinausging und unser Bewußtsein auf eine höhere Ebene der Wahrnehmung und Erlebnisfähigkeit erhob.

Folgen wir darum dem namenlosen Pilger und stellen wir uns vor, wie er auf mühsamen Pfaden Hunderte von Meilen zurücklegt und unzählige Bergketten übersteigt, deren eiskalte Pässe von Wolken verhüllt sind, während in den Tälern eine schwüle Hitze brütet, so daß der Pilger abwechselnd von erschlaffender Hitze und schneidender Kälte geplagt wird. Wilde Sturzwässer kreuzen seinen Weg, bei deren Durchquerung ein falscher Schritt den sicheren Tod bringt, und tiefe Schluchten tosender Gebirgsflüsse müssen an schwankenden Bastseilen schwebend überquert werden, wobei der Pilger an einem hölzernen Dreieck hängend über die schäumenden Fluten gezogen wird. In engen Felsschluchten bedrohen ihn Steinschlag und Wasserfälle, die aus unsichtbaren Höhen in die Tiefe stürzen. Schmale Pfade winden sich an steilen Berghängen und Felswänden empor, und scharfkantiges Gestein schneidet den Pilger in die wunden Füße.

Endlich steht er auf der Höhe des tibetischen Grenzpasses, des Lipulekh, im eisigen Nebel der ewigen Monsunwolke, die den Paß während des Sommerhalbjahres bedeckt. Kaum aber hat er den Paß überschritten, da hebt sich der Wolkenvorhang, und vor seinen erstaunten Augen liegt ein Land der Sonne, dessen Berge nichts mehr von der düsteren Schwere und Melancholie des monsunbestürmten Himalaya haben, sondern aus den reinsten, fast transparenten Pastellfarben gewoben zu sein scheinen. Gelbe, orangefarbene, rote und violette Töne stehen gegen einen tief-blausamtenen Himmel. Der Kontrast zu allem bisher Gesehenen ist so überraschend, daß der Pilger die drohende dunkle Wolke, die noch über seinem Haupt hängt und ihn mit eisigem Atem anhaucht, kaum bemerkt.

Bald aber gelangt er in das weite, offene Tal, das sich zu seinen Füßen ausbreitet, und erst jetzt kommt ihm der Unterschied zwischen der Welt, die er hinter sich gelassen hat und der andern, die er eben betritt, voll zum Bewußtsein: die Täler, durch die er zuletzt kam, waren von dunklen Tannenwäldern umgeben, der Boden war mit Gras, Moosen und Farnkräutern, sowie mit Blumen und Büschen aller Art bedeckt; dunkle Felsen stiegen drohend über den grünen Tälern auf und verloren sich in den schweren Monsunwolken, unter denen die Schneegipfel verborgen waren – während hier die lebhaften Farben, die ziselierten Formen der Felsen und die plastischen Konturen der Berge sich in leuchtender Klarheit und ohne eine Spur vegetativen Lebens offenbaren wie am ersten Tage der Schöpfung, als Himmel und Erde sich in noch ungetrübter, ursprünglicher Reinheit gegenüberstanden.

Weiter unten im Tal, am Ufer des sich ruhig dahinschlängelnden Flusses, erscheinen grüne Flecken von Weideland und kleine gelbe Gerstenfelder, die seltsam mit der sonst so vegetationslosen Landschaft kontrastieren. Sie berühren einen fast wie ein Anachronismus, indem sie eine Entwicklungsstufe der Schöpfung vorwegnehmen, die erst Millionen von Jahren später erscheinen konnte und in der umgebenden Natur noch nicht vorhanden ist.

Endlich werden auch menschliche Wohnstätten sichtbar, und sie sind ebenso seltsam wie die Landschaft: ein Konglomerat kubischer Formen, hinter denen die riesigen Felsbastionen eines Tafelberges aufsteigen, in dessen senkrecht abstürzender Felswand Höhlenwohnungen eingebaut sind, während auf seinem Rücken Burgen und Klöster thronen.

Alles erscheint so unwirklich und traumhaft wie eine antediluviale Landschaft. Und hoch über allem erheben sich im Hintergrund die leuchtenden Schneegipfel der Gurla-Mandhata-Kette. Im Gegensatz zu den wildzerklüfteten Gipfeln des Himalaya im Süden bildet die Mandhata-Kette ein einziges plastisch modelliertes Massiv, das sich aus der Vogelperspektive in der Form einer immensen Swastika (Hakenkreuz) darstellt. Der breite zentrale Rücken des Bergmassivs ist mit einer soliden Eis- und Schneekappe bedeckt, die sich über etwa dreißig Kilometer erstreckt, während zwischen den Armen der Swastika Gletscherzungen herabfließen.

Da diese langgestreckte Bergkette den Distrikt und das weite Tal von Purang von der Kailaś-Manasarovar-Region trennen, muß der Pilger dem weitausladenden westlichen Hang des Massivs folgen, bis er in ständigem Anstieg nach einer Tagereise den Gurla-Paß erreicht.

Nun gibt es keine Schwierigkeiten mehr in Form von Naturhindernissen. Aber, wie dies so oft geschieht: wo die Natur freundlich und sanft ist, verkehrt der Mensch sich in ihr Gegenteil. Die Macht des tibetischen Gouverneurs, des Dsongpön von Purang, reicht nicht weiter als der bewohnte Teil des Tales. Sobald der Pilger diese Zone verläßt, wird er zu einer leichten Beute der Räuber, die den einsamen Wanderer oder die unbewaffnete Karawane ungestraft ausplündern können. Die Gerüchte und die beängstigenden Erzählungen, die in Purang dem Pilger zu Ohren kommen, sind nicht gerade ermutigend, und nur diejenigen, deren Glaube größer ist als ihre Furcht, werden sich getrauen, allein weiterzureisen, während die Schüchternen entweder warten müssen, bis sie andere finden, mit denen sie sich zusammenschließen können, oder sie müssen sich damit begnügen, die Pilgerstätten im unteren Purangtal, an der Grenze Nepals, zu besuchen.

Dies war jedoch kaum der Fall bei jenen Hindu-Sannyasins, die (als Tibet noch frei war) Jahr für Jahr diese größte und heiligste aller Pilgerschaften unternahmen und die um ihres Glaubens willen unsagbare Entbehrungen und Gefahren auf sich nahmen. Es ist schwierig genug für Leute, die sich Pferde oder Yaks mit Zelten und Proviant leisten und möglicherweise einen wesentlichen Teil der Reise im Sattel zurücklegen können. Diejenigen aber, die nichts besitzen, als was sie auf dem Rücken tragen, die ohne Schutz gegen Wind und Wetter auf die Pilgerschaft gehen und selbst die Gefahren des Verhungerns oder des Erfrierens nicht scheuen, verdienen unsere höchste Achtung. Sie fürchten weder Leben noch Tod, weder Räuber noch Hunger, denn sie wissen sich geborgen in ihrer tiefinneren Einheit mit den göttlichen Kräften des Universums. Viele dieser mutigen Pilger kehren nie in ihre Heimat zurück; diejenigen aber, die zurückkehren, haben den Beweis höchster Ausdauer und unerschütterlichsten Glaubens erbracht. Sie kehren mit strahlenden Augen in ihr Land heim, bereichert durch eine Erfahrung, die für den Rest ihres Lebens eine Quelle der Kraft und der Inspiration bleibt, denn sie haben von Angesicht zu Angesicht dem Ewigen gegenüberstanden und das Land der Götter mit eigenen Augen gesehen. Wer je den Blick vom Gurla-Paß über die Kailaś-Manasarovar-Region schweifen ließ, weiß, daß dies kein übertriebener Ausdruck ist. Schon am Abend, bevor der Pilger diesen Paß erreicht, wird ihm ein Anblick zuteil, der ihn mit solcher Unmittelbarkeit überfällt, daß er verwirrt und sprachlos einer zunächst völlig unwirklichen Erscheinung gegenüberzustehen glaubt, denn plötzlich steigt vor seinen Augen die Scheibe des vollen Mondes über die vor ihm liegende, sanft geschwungene Hügelkette – bis er mit einem Schauer höchsten Erstaunens die Täuschung durchschaut und die noch wunderbarere Wirklichkeit begreift: es ist der leuchtende Eisdom des Kailaś, der vor ihm in den tiefblauen Himmel steigt.

Der Anblick ist so überwältigend, daß der Pilger all seine früheren Besorgnisse und Befürchtungen vergißt und nur von dem einzigen Wunsch erfüllt ist, den Paß zu erreichen, um sich von der Wirklichkeit dieser Wundererscheinung zu überzeugen. Beschwingten Fußes schreitet er aus, und alle Müdigkeit ist von ihm gefallen. Der Rhythmus der Mantras lebt in seinem Herzen und wird auf seinen Lippen zum Triumphgesang, während sein Geist erfüllt ist von der Vision des heiligen Berges Kailaś, der nun endlich in greifbare Nähe gerückt scheint. Nun können die Kräfte des Bösen ihm nichts mehr anhaben. Keine Macht der Welt kann das Erlebnis dieser Schauung von ihm nehmen. Er ist plötzlich von unerschütterlichem Vertrauen und solcher inneren Gewißheit erfüllt, als ob er von einer magischen Rüstung umgeben wäre, die keine äußere Macht durchbrechen oder zerstören kann.

In dieser Stimmung erreicht er den letzten Lagerplatz vor dem endgültigen Aufstieg zum Paß. Er verbringt die Nacht in freudiger Erwartung am Fuße eines Gletschers, aus dem ein kristallklarer Bach hervorsprudelt und den grünen Teppich des Weidegrundes bewässert, der von kleinen Blumen bedeckt und von Brennholz liefernden, knorrigen Büschen umgeben ist. Es ist einer jener naturgeschaffenen Lagerplätze, in dem alles den müden Wanderer willkommen heißt: wo klares Wasser ihn zum Trinken und der weiche Boden inmitten schützender Felsen und Hänge zum Ruhen einlädt; wo Yaks und Pferde willkommene Nahrung finden und wo Brennstoff für ein wärmendes Lagerfeuer bereit ist.

In der Morgendämmerung bricht der Pilger nach einem schnellen Imbiß auf, um das letzte Stück des Aufstiegs zum Paß zu bewältigen. Freudig sieht er dem großen Tag entgegen, an dem er die Schwelle des heiligen Landes überschreiten und den größten Wunsch seines Lebens verwirklichen wird.

Und dennoch, wenn er endlich den Paß erreicht hat und auf der Schwelle des verheißenen Landes steht, werden all seine Erwartungen übertroffen. Wer kann die Unendlichkeit des Raumes in Worte fassen? Wer kann eine Landschaft, welche diese Unendlichkeit verkörpert und atmet, beschreiben? – Große blaue Seen, von smaragdgrünem Weideland und goldenen Hügeln umgeben, erscheinen gegen eine ferne Kette von Schneebergen, in deren Mitte der blendend-weiße Dom des Kailaś, des «Schneejuwels» *(gaṅs rin-po-che)*, wie die Tibeter den heiligen Berg nennen, aufragt.

Er beherrscht den ganzen ungeheuren Raum dieser Landschaft, die wie eine Landkarte zu Füßen des Pilgers ausgebreitet liegt. Die Luft ist so klar, daß das Auge über mehr als hundert Meilen schweifen kann und daß jede Form und jede Farbe in voller Deutlichkeit und Klarheit erscheint, als ob das Auge mit der Wahrnehmungsfähigkeit ultraroter Strahlen ausgestattet wäre.

Es ist zweifellos einer der erhebendsten Anblicke, der einem Sterblichen zuteil werden kann, und er erfüllt den Pilger mit Ehrfurcht und Staunen, so daß er sich fragt, ob das, was er sieht, noch zu dieser Welt gehöre oder der Widerschein einer höheren Sphäre sei. Ein ungeheurer Friede liegt über dieser lichten Landschaft und durchdringt den Pilger mit solcher Macht, daß er alle Gefahren vergißt und sein eigenes Ich ausgelöscht ist; denn wie in einem Traum ist er eins geworden mit seiner Vision. Er hat die Unerschütterlichkeit eines Menschen gewonnen, der weiß, daß ihm nichts geschehen kann, als was ihm seit Ewigkeiten zugehört.

Nun bedarf es keiner Rüstung mehr, denn er ist sowohl der Drache wie der Ritter, der Opfernde und das Opfer, der Dämon und der Gott. Und indem der Pilger den geweihten Boden mit der Stirn berührt und einige Steine zu den von früheren Pilgern angehäuften hinzufügt, um seiner Freude und Dankbarkeit Ausdruck zu geben, daß sein Lebenswunsch in Erfüllung gegangen ist, wiederholt er im Geist wie ein Gebet: «Möge ich diese Stunde nie vergessen. Möge sie mir ständig gegenwärtig bleiben.» Und wieder und wieder berührt er den Boden mit der Stirn und umwandelt die Steinpyramide, in der jeder Stein ein stummes Gebet ist und ein Segenswunsch derer, die ihm vorausgingen und in deren Bruderschaft er nun eingetreten ist.

Es gibt viele religiöse Ordensgemeinschaften in dieser Welt: Orden mit Regeln und Gesetzen, mit Dogmen und Ritualen, Gelübden und Weihen. Aber die Bruderschaft derer, die die Pilgerschaft zum Kailaś (und damit zum inneren Zentrum) unternommen haben, die die Prüfungen bestanden haben, die ihnen durch Entbehrungen und Gefahren auferlegt wurden, haben eine Weihe höchster Ordnung empfangen. Das unsichtbare Band, das die so Geweihten verbindet, bedarf keiner Gelübde, keiner Dogmen und keiner Rituale. Es besteht in dem allen gemeinsamen Erlebnis, dessen bleibende Wirklichkeit stärker ist als alle von Menschen gemachten Regeln und Aufzeichnungen.

Langsam steigt der Pilger hinab in das Land der Götter. Er ist nun nicht mehr das einsame, geängstigte Individuum der vergangenen Tage. Er weiß sich in der Gesellschaft einer Heerschar unsichtbarer Begleiter, der geistigen Bruderschaft unzähliger Mitpilger und umgeben von vielen subtilen Einflüssen, die über dieser Region zu schweben scheinen und die, in Übereinstimmung mit den verschiedenartigsten religiösen Traditionen, als die Gegenwart von Göttern oder von Buddhas und Bodhisattvas beschrieben wird.

Wie wenig weiß der heutige Mensch von diesen Dingen! Wie kindisch sind die Bemühungen derer, die es als unter ihrer intellektuellen Würde empfinden, die Wirklichkeit geistiger Kräfte zuzugeben, und die statt dessen diese Kräfte mit hochtönenden wissenschaftlichen Phrasen hinwegzuerklären versuchen, oder die jegliches Erlebnis solcher Wirklichkeiten als Aberglauben oder Halluzination aburteilen. Als ob das letzte Wort der Wissenschaft auch das letzte Wort der Wahrheit wäre, und als ob es keine andere Wirklichkeit gäbe als die der Wissenschaft! Wissenschaft ist bewundernswert in ihrem eigenen Bereich, aber sie kann ebensowenig auf die Phänomene geistigen Erlebens angewandt werden wie auf die schöpferischen Gestaltungsformen der Kunst.

Infolge unserer ausschließlichen Konzentration auf die Ausbildung unserer intellektuellen Fähigkeiten haben wir unsere psychischen Fähigkeiten vernachlässigt und unsere seelische Sensitivität weitgehend eingebüßt. Wer es heutzutage wagt, von Gottheiten, von Buddhas und Bodhisattvas in irgendeinem anderen als einem poetischen oder metaphorischen Sinne zu reden, setzt sich dem Vorwurf des wüstesten Aberglaubens aus. Dennoch sind diese unsichtbaren Kräfte und Wesenheiten für den Pilger wirklich genug, um ihn gegen Gefahren immun zu machen und ihn Todesfurcht und Entbehrungen überwinden zu lassen, was weder dichterische Ästhetik noch wissenschaftliche Erkenntnisse zu tun imstande sind. Wir müssen uns diese Tatsachen vor Augen halten, wenn wir die Erlebnisse des Pilgers verstehen und richtig einschätzen wollen.

Die Erregung des ersten gewaltigen Eindrucks, welche die Begegnung zwischen dem Pilger und seiner neuen Umgebung hervorgebracht hat, weicht allmählich einer stillen Heiterkeit. Während der Kailaś, das «Juwel der Schneeberge», hinter einer Kappe von Kumuluswolken verschwindet, die sich mit steigender Sonnenwärme um seinen Dom sammeln, werden die heiligen Seen zum Hauptobjekt der Aufmerksamkeit des Pilgers. Er kann sich nicht genugtun in der Bewunderung ihrer strahlenden Bläue und dem seltsamen Spiel der Natur, das ihn mit allen Symbolen uralter Traditionen beeindruckt: hinter ihm das Massiv des »Swastika-Gebirges» (die Swastika ist das Symbol ewiger Schöpferkraft), vor ihm die zwei Seen, von denen Rakastal zur Linken

Der Dhyâni-Buddha Ratnasambhava, der die «Weisheit der Wesensgleichheit» verkörpert.

Ein Yidam, Schutzherr des Dharma

in der Form einer Mondsichel erscheint, während das Rund des Manasarovar zur Rechten der Sonnenscheibe gleicht und darum als Sitz der lichten Götter gilt.

Diese drei Symbole sind in dem weitverbreiteten glückverheißenden Schutzzeichen vereint, das in ganz Tibet auf Haustüren und an den Toren größerer Gebäudekomplexe zu finden ist. Es stellt sich folgendermaßen dar:

Das Swastikazeichen wiederholt sich außerdem an der Südseite des Kailaś. Es erscheint zunächst als ein mächtiges Kreuz, das den Eisdom in vier Teile teilt. Erst beim Näherkommen werden die kleineren Swastika-Arme (oder «Haken») – insbesondere die beiden horizontalen – sichtbar.

Wenige Stunden nach dem Verlassen des Gurla-Passes erreicht der Pilger das Ufer des Manasarovar-Sees und erlebt die Pracht des ersten Sonnenunterganges über seinen Fluten. Das Blau des Sees verwandelt sich in der Nähe der Ufer in leuchtendes Veronesergrün, während die Mitte des Sees zu einem tiefen Ultramarin wird. Die leichten Abendwolken flammen in allen Farben des Feuers auf. Sie hängen tief im Himmel und gleiten schnell in dauernd wechselnden Formen über den See. Manchmal explodieren sie wie Feuerwerk und ergießen sich in goldenen Kaskaden in die nun violett erscheinenden Fluten des Sees oder schießen empor wie Raketen, um sich im nächsten Augenblick in einen Feuerregen aufzulösen.

Und während der Pilger wie gebannt diesem Schauspiel zusieht, kommen die Tiere aus ihren Behausungen und Verstecken, um den fremden Eindringling zu beobachten. Vögel nahen sich furchtlos seinen Füßen, kleine, murmeltierähnliche Geschöpfe kommen aus ihren Löchern, um den Pilger zu begrüßen, Hasen sitzen aufrecht mit erhobenen Löffeln und betrachten ihn kritisch, und selbst Herden von Kyangs grasen friedlich und ungestört in geringer Entfernung.

Es ist das ungeschriebene Gesetz, daß niemand in dieser Region Tiere töten oder verletzten darf, und als ob die Tiere sich dessen bewußt wären, verhalten sie sich so, wie man sie sich im lang vergessenen Paradies vorstellt. Der Pilger, der seit dem Beginn des Tages wie im Traum von einem Wunder zum anderen gegangen ist, beginnt zu verstehen, daß, wenn es irgendwo noch ein Paradies gibt, es hier ist.

Nach tibetischem Glauben, der von den meisten indischen Pilgern geteilt wird, hat das Wasser des Manasarovar, ebenso wie der goldfarbene Sand, die roten, braunen und gelben Kieselsteine und eine gewisse Art von Fischen, die in dem See leben, magische Heilkraft. Selbstverständlich würde es niemandem einfallen, die Fische oder die zahlreichen Wildgänse (Skt.: *haṃsa*), die den See beleben, zu fangen oder zu töten. Aber während der großen Stürme schlagen die Wellen mit solcher Gewalt ans Ufer, daß viele Fische auf den Strand geworfen werden, wo sie unter der starken Sonne ausdörren, so daß die Pilger sie auflesen und als hochgeschätzte Heilmittel mitnehmen können.

Die Hügel und die weite Hochebene um die Seen sind zum Teil mit niedrigem Buschwerk und hartem Präriegras bedeckt. Tausende von Kyangs und Yaks, sowie die Schaf- und Ziegenherden der Nomaden finden hier willkommene Weidegründe.

Auch unter den Pflanzen dieser Region gibt es viele Kräuter von medizinischem Wert und andere, die wegen ihres aromatischen Duftes als Weihrauch verwandt werden. All diese Dinge werden von den Pilgern als Gaben der Götter betrachtet und als *prasâd* bezeichnet. Es gibt viele verschiedene Arten solchen Prasâds, von denen jede mit einer bestimmten Örtlichkeit verbunden ist.

Unter den Kieseln des Manasarovar gibt es eine dunkelrote Art, die sich wie Seide anfühlt und die von den Wellen der Brandung schön poliert und regelmäßig geformt ist. Die Kiesel sind nicht hart, sie können mit einem Messer abgeschabt werden. Das so gewonnene Steinmehl wird von den Tibetern mit Milch vermischt und als Medizin oder Vorbeugungsmittel gegen verschiedenartige Leiden benutzt.

An der Ostseite des Sees findet man den sogenannten Juwelensand, der sich aus «fünf kostbaren Substanzen» zusammensetzt, die der Überlieferung nach als Türkis, Koralle, Kristall, Gold und Silber bezeichnet werden. Was auch ihre wirklichen Bestandteile sein mögen, sie sind in der Tat sehr schön und glänzen in vielen Farben. Eigentümlicherweise finden sie sich nur auf einer kurzen Strecke des östlichen Ufers und sind erheblich schwerer als gewöhnlicher Sand, obwohl sie, entgegen allen Erwartungen, nur eine dünne Oberschicht bilden.

Am Westufer des Manasarovar, insbesondere auf dem schmalen Isthmus zwischen dem Manasarovar und dem Rakastal, befindet sich der «goldene Sand». Er ist von orange-gelber Farbe, und wirkliches Gold ist in diesen Sandablagerungen gefunden worden. Der bisher größte Fund war ein Goldklumpen von der Größe eines Hundes, und die Stelle, wo er gefunden wurde, heißt bis auf den heutigen Tag *serkyi* («der goldene Hund»).

Die Tibeter sind jedoch der Meinung – ebenso wie die alten Inkas von Peru, mit denen sie viel Ähnlichkeit haben – daß, was immer an Gold in diesem heiligen Boden gefunden wird, den Göttern gehört und nicht zu profanen Zwecken oder zur Befriedigung menschlicher Habsucht mißbraucht werden dürfe. Als man daher den riesigen Goldklumpen von der Größe eines Hundes fand, wagte niemand, ihn sich anzueignen; und so sandte man ihn nach Lhasa zum Dalai Lama. Als dieser aber erfuhr, daß das Gold aus dem «Land der Götter» stammte, sandte er es sofort zurück und ließ es an dem Ort, an dem es gefunden worden war, wieder vergraben. Zur Erinnerung an den «goldenen Hund» wurde an der Fundstelle ein Tschörten gebaut, von dem heutzutage nur noch ein kleiner Hügel übrig geblieben ist.

Der *prasâd*, den die Natur so freigiebig dem Pilger bietet, ist jedenfalls wertvoller als das Gold, das – wäre die Lhasa-Regierung der Versuchung zum Opfer gefallen, nach weiterem Gold graben zu lassen – dazu geführt hätte, aus dem Land der Götter eine Hölle der Gier und mörderischer Laster zu machen. Wenn auch Räuber an den Pilgerpfaden zum heiligen Bezirk lauern mögen oder selbst in Verkleidung als harmlose Pilger oder Reisende ihn betreten, so stehen sie zum mindesten vom Töten ab, solange sie auf geheiligtem Boden oder in Gegenwart jener Mächte sind, die sie anerkennen und respektieren, auch wenn sie nicht imstande sind, sie zu begreifen.

DIE LETZTE PRÜFUNG

Nach so vielen Wochen mühsamen Wanderns durch enge Täler und Schluchten und über wolkenverhangene Berge fühlt sich der Pilger wie befreit im Anblick der weiten, offenen Wasserfläche, die von grünem Weideland und sanften Hügeln umgeben ist, während schneebedeckte Gipfel in der Ferne unter einem klaren, sonnigen Himmel schimmern. Er ist von unsagbarer Glückseligkeit erfüllt und setzt nach kurzer Rast seine Reise fort. Wieder und wieder stillt er seinen Durst an den heiligen Wassern des Manasarovar, die Körper und Seele erfrischen.

Im Schutz der Hügel brennt die Sonne mit sommerlicher Glut, wie man sie in einer Höhe von 5000 m nicht erwarten würde. Nur im Schatten macht sich die Kühle der Luft bemerkbar und warnt den Pilger vor der Möglichkeit eines plötzlichen Hagel- oder Schneesturms, der unerwartet von den eisigen Höhen des Himalaya im Süden über das Hochplateau jagen kann.

Das Nahen eines solchen Sturmes ist jedoch ein Schauspiel von solch gewaltiger Größe, daß selbst die zeitweise Behinderung den Pilger nicht davon abhält, die majestätische Schönheit der entfesselten Naturgewalten zu bewundern. Die vollständige Veränderung der ganzen Landschaft und ihrer Farben ist so plötzlich und überraschend, als wäre das Ganze ein magisches Spiel.

Infolge der reinen, verdünnten Höhenluft sind alle Farbkontraste unglaublich gesteigert. Die Entfernungen aber sind weitgehend aufgehoben, so daß die fernsten Dinge zum Greifen nah erscheinen, ohne jedoch die Intensität des Raumgefühls zu beeinträchtigen.

Eine zwanzig Meilen entfernte Bergkette wird plötzlich indigoblau und scheint dem Beschauer entgegenzueilen wie eine große, dunkle Welle, die nicht mehr als fünf Meilen entfernt ist. Die ultramarinblauen Wasser des Manasarovar nehmen in der Mitte des Sees einen purpurnen Ton an und nach den Ufern zu ein glasiges Grün. Wolkenschatten jagen über die erregten Wasser, und bald gleicht der ganze See einem riesigen Opal, in dem alle Farben gegeneinander um die Vorherrschaft kämpfen. Wolken, die sich auf die Schneeberge türmen, gleichen Bergen, die auf Wolken ruhen; denn die Konturen der Berge lösen sich in undurchdringliche Dunkelheit auf, während die Wolken scharfkonturiert und in surrealistischer Plastik am Himmel stehen.

Der Pilger aber strebt unaufhaltsam seinem Ziel entgegen: dem nun seinen Augen entzogenen, geheimnisvollen Kailaś. Nur in den Morgen- und Abendstunden wird sein Dom ganz sichtbar und frei von Wolken, und jeden Morgen und jeden Abend verneigt sich der Pilger in Richtung des heiligen Berges, während er seine Mantras wiederholt und die Kräfte des Lichts in sich aufruft, die diesem kosmischen Mandala innewohnen.

Während er den Isthmus zwischen den beiden Seen überquert, schaut er zum letzten Mal zurück über den sonnigen Manasarovar und findet sich kurz darauf am nördlichen Ufer des Rakastal. Eine seltsame, unheimliche Atmosphäre scheint über den glatten, blauen Fluten des langgestreckten, aber verhältnismäßig schmalen Sees zu lasten, eine Atmosphäre äußerster Einsamkeit und Melancholie, wie man sie nie an den Ufern des Manasarovar empfindet.

Es ist schwer, hierfür eine Erklärung zu finden, denn die den Rakastal umgebende Landschaft ist von nicht geringer Schönheit: die sanften rotbraunen Hügel auf beiden Seiten und das mächtige schneebedeckte Massiv der Gurla-Mandhata geben dem tiefblauen See einen eindrucksvollen und farbenfreudigen Rahmen. Und dennoch lastet ein Gefühl der Schwermut auf dieser Schönheit, und es ist gerade die Unerklärlichkeit dieses Phänomens, das es so unheimlich macht. Andere haben das gleiche empfunden, und dieses Gefühl war so stark, daß niemand es wagte, Klöster oder Einsiedeleien an den Ufern des Sees zu bauen, wie dies am Manasarovar der Fall ist. Es gibt Mysterien, zu deren Enthüllung der Mensch berufen ist, und andere, deren Geheimnis respektiert werden muß. Rakastal gehört zu den letzteren.

Über den Manasarovar ist viel berichtet und geschrieben worden, aber fast nichts über dem Rakastal. Und dennoch ist es der Rakastal, der die Wasser, die unmittelbar vom Kailaś kommen, empfängt; außerdem sind die beiden Seen durch einen Kanal miteinander verbunden, so daß das Wasser des etwa siebzehn Meter höher liegenden Manasarovar, wenn es überfließt, seinen Weg zum Rakastal findet. Dies gilt als ein gutes Omen, das bessere Zeiten für die Welt erwarten läßt; aber leider ist das Ereignis seit vielen Jahren ausgeblieben. Der Kanal ist fast ganz ausgetrocknet, so daß der Pilger ihn trockenen Fußes durchschreiten kann. Dies macht den Bewohnern Tibets seit Jahren Sorgen, und die Ereignisse haben inzwischen ihre schlimmsten Befürchtungen erfüllt.
Der Pilger überquert nun die weite Ebene zwischen dem Nordufer des Rakastal und den Vorbergen des Kailaś. Diese prärieartige Ebene, die so freundlich und unschuldig wie eine Sommerwiese aussieht, wird von vielen Karawanenrouten, von Osten nach Westen, von Norden nach Süden durchkreuzt und ist daher der bevorzugte Jagdgrund und Tummelplatz von Räubern und kriegerischen Nomadenstämmen aus dem nördlichen Tschang-Thang. Die Ebene wird außerdem von Dutzenden schnellfließender Wasserläufe durchschnitten, zwischen denen sich tükkische Sümpfe befinden, in denen der Pilger steckenbleiben kann, wenn er versucht, auf dem kürzesten Weg die Ebene zu überqueren, um der Gefahr zu entgehen, auf den Karawanenrouten überfallen zu werden.
Aber er hält seinen Geist und seine Augen auf das «Juwel der Schneeberge» gerichtet, dessen Eisdom nun unmittelbar vor ihm liegt und die Landschaft beherrscht. Nachdem er den letzten der flachen Flußläufe durchwatet hat, beginnt die Ebene sanft zu den Vorbergen des Kailaś anzusteigen, hinter denen sein Gipfel nun verschwindet, während die dunkelroten Gebäude eines Klosters und die weißen Tupfen vieler Zelte im Blickfeld auftauchen.
Die Lagerfeuer von Pilgern, Händlern, Bettlern und Nomaden heißen den Pilger in diesem Hafen der Sicherheit willkommen. Es ist seltsam, plötzlich wieder in menschlicher Gesellschaft zu sein, und angenehm, den kargen Proviant mit frischen Lebensmitteln auffüllen zu können. Aber das Herz des Pilgers ist noch in den stillen Einsamkeiten des verlassenen Paradieses an den Ufern des Manasarovar, während sein Geist der Zukunft zustrebt, um der Einweihung in die Mysterien des Kailaś teilhaftig zu werden.

Er erlebt von neuem jene erwartungsvolle Spannung, die er in der Nacht empfand, bevor er die Schwelle des Landes der Götter am Gurla-Paß überschritt. Aber zugleich ist er sich bewußt, daß die Tage, die vor ihm liegen, seine Stärke und Ausdauer physisch und seelisch auf eine harte Probe stellen werden.

Niemand kann sich dem Thron der Götter nähern oder das Mandala, den Bannkreis Śivas oder Demtschogs, durchdringen – gleichgültig, welchen Namen wir dem Mysterium der letzten Wirklichkeit geben wollen – ohne sein Leben aufs Spiel zu setzen, und vielleicht sogar die Gesundheit seines Geistes. Wer die rituelle Umwandlung des heiligen Berges mit vollkommener Hingabe und konzentrierten Geistes vollzieht, geht durch den vollen Zyklus von Leben und Tod.

Er nähert sich dem Berg von den goldfarbenen Sanddünen des Südens her, die der Mittagsstunde des Lebens, dem vollen Genuß und Bewußtsein des Lebendigseins entsprechen. Er betritt das rote, tiefeingeschnittene Tal des Amitâbha im milden Licht der sinkenden Sonne, schreitet durch die Pforten des Todes zwischen dem dunklen nördlichen und dem vielfarbigen östlichen Tal, indem er den gefürchteten Paß der Göttin Dölma, der «barmherzigen Erretterin», überschreitet – und steigt als ein neugeborenes Wesen in das grüne Tal des Akṣobhya, im Osten des Kailaś, in dem der als Dichter und Heilige berühmte Milrepa seine Hymnen sang, und von wo der Pilger wieder ins offene Land gelangt, in die sonnige Ebene des Südens, der dem Dhyâni-Buddha Ratnasambhava zugeordnet und dessen Farbe die des Goldes ist.

Der Pilger, der eben über die Dünen des «goldenen Sandes» im Süden gewandert ist, wird sich bewußt, daß er sich durch ein riesiges Mandala bewegt, das wie durch ein Wunder der Natur hier geschaffen wurde, ein Mandala, das durch Farben und Formen zu ihm spricht in der Symbolsprache der Meditation, die seit Beginn der Menschheit von Generation zu Generation weitergegeben wurde.

Indem er das enge Tal an der westlichen Flanke des Kailaś betritt, der Himmelsrichtung Amitâbhas, dessen Farbe rot ist, befindet er sich in einem Canyon von roten Felswänden, deren architektonische Struktur im Pilger den Eindruck erweckt, er wandere zwischen Reihen gigantischer Tempel, die mit Galerien, Gesimsen und Pfeilern geschmückt sind, dahin. Hoch über ihnen aber erscheint plötzlich der blendend-weiße Dom des Kailaś.

Seine Form ist von überraschendem Gleichmaß, als ob er aus einem immensen Eisblock gehauen wäre. Auf seiner Westseite befinden sich zwei tiefe Aushöhlungen, die wie die Augenhöhlen in einem weißen Totenschädel geheimnisvoll auf den Pilger herniederschauen und ihn an die schrecklichen Aspekte Śivas und Demtschogs erinnern, die beide mit Schädeln geschmückt sind und die Weisheit der metaphysischen Leere und der Vergänglichkeit aller dinghaften Erscheinungsformen symbolisieren.

Buddhistische Mönche und Eremiten, die über diesen Aspekt des heiligen Berges meditieren wollten, bauten ein kleines Höhlenkloster in der Mitte der gegenüberliegenden Felswand. Wie ein Schwalbennest hängt es am Felsen. Bevor sich das Tal in nordöstliche Richtung wendet, steigt ein etwa tausend Meter hoher Fels vom Boden des Tals empor. Seine Form erinnert an Śivas heiligen Nandi-Stier, dessen Kopf zum Gipfel des Kailaś erhoben ist, als ob er hingebungsvoll zu seinem Meister emporblickte.

Wenn der Pilger die nördliche Seite des Berges erreicht, verändern sich plötzlich die Farbe der Felsen und die geologische Struktur der Vorberge. Sie bestehen aus dunklen Konglomeraten, die sie des klargeschnittenen architektonischen Charakters der bisherigen Felspartien berauben. Dafür aber wird der Pilger durch einen höchst unerwarteten Anblick entschädigt: die Vorberge, die den Fuß des Kailaś umsäumen oder seine Basis bilden, treten plötzlich zur Seite, und der Pilger steht unvermittelt dem gewaltigen Dom des Kailaś gegenüber. Der Anblick ist einfach überwältigend. Den heiligen Schriften zufolge ist der Ort, von dem aus dieser Anblick sich eröffnet, die Stelle, an der die in die Rituale und Meditationen der entsprechenden Tantras Eingeweihten ihre devotionellen Riten zu Ehren des «Mandalas höchster Glückseligkeit» ausüben sollten.

Wer das tut, wird nicht nur mit dem Anblick des heiligen Berges in seiner unbeschreiblichen Majestät und Schönheit eines naturgeschaffenen Tempels von vollendeter Symmetrie begnadet, sondern auch mit der Vision seiner erwählten Schutzgottheit (Skt.: *iṣṭha-devatâ)*, der Gottheit oder dem Ideal seines Herzens, beglückt, sei es in Form von Śiva und Parvatî oder Demtschog und Dorje-Phagmo, oder anderer Emanationen von Buddhas und Bodhisattvas, die mit diesem Ort und seiner emotional geladenen Atmosphäre verbunden sind.

Oft verhüllen Gewitterwolken und Schneestürme den heiligen Berg, und der Pilger muß tagelang warten, bis die Wut der Elemente sich gelegt hat und der Schleier wirbelnder Wolken fortgezogen ist. Dann erscheint der Berg plötzlich in einer übernatürlichen Klarheit und Reinheit, mit seinem blendend-weißen Dom, seinen grünlich schimmernden Eisbrüchen, bläulichen Schatten und dunkleren, rötlich-violetten Felswänden, an denen weder Schnee noch Eis Halt finden können: ein Anblick, der alle Worte verstummen läßt.

Der Berg erscheint so nah, daß der Pilger glaubt, er könne ihn mit Händen greifen – und gleichzeitig hat er das Gefühl, sich einer unnahbaren, unberührbaren ätherischen Erscheinung gegenüber zu befinden, als wäre sie jenseits des irdischen Bereichs, jenseits aller materiellen Wirklichkeit: ein himmlischer Tempel mit einer Kuppel aus Kristall oder Diamant. Und wahrlich, dem religiös Gesinnten ist es ein himmlischer Tempel, der Thron der Götter, der Sitz und das Zentrum kosmischer Kräfte, die Achse, die unsere irdische Welt mit dem Universum verbindet, eine Superantenne für den Ein- und Ausfluß geistiger Energien unseres Planeten.

Was der Pilger mit seinem leiblichen Auge sieht, ist nur der Unterbau oder die Emanation von etwas viel Größerem und Gewaltigerem. Für den Tibeter ist der Berg umgeben und bewohnt von Tausenden meditierender Buddhas und Bodhisattvas, die Frieden und Segen ausstrahlen und den Samen des Lichts in die Herzen derer säen, die den Wunsch haben, sich von der Dunkelheit des Nichtwissens, des Hasses und der Begierden zu befreien.

Die zwei Vorberge, zwischen denen das «Schneejuwel» erscheint, werden als die Thronsitze Vajrapâṇis und Mañjuśrîs benannt. Der erstere ist der das demantene Szepter schwingende Herr esoterischer Mysterien, der gegen die Mächte des Dunkels und der Vernichtung kämpft (der Diamant ist das Symbol der Unzerstörbarkeit), während der letztgenannte der Bodhisattva transzendentaler Erkenntnis und aktiver Weisheit ist, der mit dem flammenden Schwert des Wissens und der Wahrheit die Knoten der Unwissenheit und der Vorurteile zerschneidet.

Neben dem Gipfel Mañjuîris erhebt sich der Sitz Avalokiteśvaras, des «Gütig Herabblickenden», des Schutzpatrons Tibets, während in unmittelbarer Nähe des Vajrapâṇi-Gipfels, an der nordöstlichen Seite des

Kailaś, der Thron der Dölma (die aus einer Träne Avalokiteśvaras geboren wurde) sich erhebt. Diese Berggipfel stehen wie Wächter zu beiden Seiten des Kailaś.

Während der Pilger, im Gefühl der Gegenwart jener erleuchtenden Kräfte, sich anschickt, die heilige Stätte zu verlassen, befindet sich sein ganzes Wesen in einem Zustand der Ekstase und der inneren Wandlung. Aber diese Wandlung kann nicht vollständig sein, solange er noch sein altes Ich mit sich herumschleppt. Er muß die Tore des Todes durchschreiten, bevor er das Tal des Akṣobhya im Osten betreten und wiedergeboren werden kann zu einem neuen, größeren Leben. Dies ist die letzte Prüfung.

Während er zum Dölma-Paß emporsteigt, der das nördliche von dem östlichen Tal trennt, kommt er zu einer Stelle, an der er den Spiegel des Totenkönigs erblickt, in dem all seine vergangenen Taten sich widerspiegeln. An dieser Stelle legt sich der Pilger zwischen zwei großen Felsblöcken in der Stellung eines Sterbenden auf den Boden. Er schließt die Augen und sieht sich dem Urteil Yamas ausgeliefert, dem Urteil seines eigenen Gewissens, das ihm den Spiegel seiner Taten vorhält. Und indem er sich ihrer bewußt wird, erinnert er sich all derer, die vor ihm starben und deren Liebe er nicht zu vergelten imstande war; er betet für ihr Wohlsein, in welcher Form sie auch wiedergeboren sein mögen. Und als Zeichen dieses Wunsches läßt er Symbole oder Reliquien ihres Erdenwandels an diesem geweihten Ort: ein kleines Stück Tuch, eine Haarlocke, ein wenig Asche vom Scheiterhaufen, auf dem der Leib des Toten verbrannt wurde, oder was immer er für diesen letzten Liebesdienst aufbewahren konnte.

Nachdem er auf diese Weise Frieden gemacht hat mit seiner Vergangenheit und durch die Tore des Todes gegangen ist, überquert er die Schwelle seines neuen Lebens auf dem schneebedeckten Paß der mütterlich schützenden, allbarmherzigen Dölma. Und siehe, zu Füßen des Passes erscheint ein See von reinster Smaragdfarbe (der Farbe, in der Dölma zumeist dargestellt wird) inmitten von Felsen und Schnee. Die Tibeter nennen ihn den «See des Großen Erbarmens», während die Hindus ihn als Gaurikund bezeichnen. Hier empfängt der Pilger seine erste Taufe als neugeborenes Wesen.

Nun hat er die letzte Prüfung bestanden, und alle Entbehrungen und Mühen liegen hinter ihm. Gar mancher Pilger ist den Anstrengungen des Aufstiegs zum Dölma-Paß erlegen, auf dessen Höhe von 6000 Metern ein Schneesturm in wenigen Minuten einen Menschen vernichten kann und wo jeder Atemzug als das kostbarste Lebenselixier sorgsam gehütet werden muß. Aber selbst der Tod verliert seinen Stachel für den frommen Pilger, der in Gegenwart der Götter auf geheiligtem Boden stirbt; denn sein Tod fällt mit dem erhabensten Augenblick seines Lebens zusammen und wird so zur Verwirklichung seines höchsten Strebens.

Das freundliche Tal des östlichen Dhyâni-Buddha Akṣobhya begrüßt den Pilger mit lieblichen grünen Matten und silbernen Strömen kristallklaren Wassers. Als eine letzte Erinnerung an vergangene Prüfungen sieht er beim Abstieg ins Tal einen aufrechtstehenden einzelnen Felsen, der die Form einer Axt hat. Es ist das Wahrzeichen des Totengottes, die Axt des Karma. Für den frommen Pilger hat sie durch die Barmherzigkeit der Erretterin, der getreuen Dölma, ihre Schrecken verloren, denn Barmherzigkeit ist stärker als Karma; sie wäscht unsere früheren Taten hinweg mit den Tränen des Mitleids für alle lebenden und leidenden Wesen. Teilnahme an den Leiden anderer läßt keinen Raum für das eigene Leiden und führt schließlich dazu, daß wir über unser eigenes kleines Ich hinauswachsen.

Dies war es, was der Buddha wie auch viele seiner Nachfolger lehrten, besonders aber der große tibetische Heilige und Dichter Milarepa, an den noch viele Erinnerungen im östlichen Tal lebendig sind, besonders aber in der Höhle von Dzündülphug. In dieser Höhle sang und meditierte er, und man zeigt dem Pilger noch den Abdruck seiner Hand an der Decke der Höhle, die als Heiligtum neben einer kleinen Einsiedelei zu sehen ist.

Eine andere Geschichte wird von einem Wettstreit zwischen Milarepa und einem Bön-Priester erzählt, einem Schwarzmagier der vorbuddhistischen tibetischen Religion. Er forderte Milarepa heraus, indem er sagte, daß er durch seine magischen Kräfte imstande sei, den Gipfel des Kailaś zu erreichen. Milarepa antwortete, daß er dasselbe tun könne.

«Sehen wir zu», höhnte der Magier, «wer den Gipfel zuerst erreicht!» Und er begann sogleich mit dem Aufstieg.

Es war sehr früh am Morgen, die Sonne war noch nicht aufgegangen, und Milarepa sagte, daß er noch etwas ruhen wolle. Einige seiner

Anhänger, die Zeugen der Herausforderung des Magiers gewesen waren, fürchteten für Milarepas Ruf und baten ihn, dem Magier nachzueilen. Milarepa jedoch ließ sich nicht einschüchtern und blieb ruhig sitzen, wo er war.

Der Magier hatte schon fast sein Ziel erreicht und verspottete Milarepa, den er bereits als geschlagen betrachtete. Gerade da trafen die ersten Strahlen der Sonne den Gipfel des heiligen Berges. Dies war der Augenblick, auf den Milarepa gewartet hatte. Durch die Kraft seiner Konzentration wurde er eins mit dem Sonnenstrahl, und ehe der Magier sich's versah, erschien die Gestalt Milarepas auf dem Gipfel des Kailaś.

«Hallo!» rief er dem Magier entgegen, der unter ihm den Berg herauf keuchte, «streng dich nicht an!» – Der besiegte Magier bekam einen solchen Schreck, daß er seine Zaubertrommel fallen ließ.

Sie hüpfte in großen Sprüngen hinab, und jedesmal, wenn sie vom Eisdom des Kailaś abprallte, gab sie einen lauten Ton von sich und hinterließ einen tiefen Einschnitt in der Seite des Berges. «Bum, bum, bum» tönte es zur großen Heiterkeit aller Zuschauer. Und bis zum heutigen Tage sind die treppenartigen Einschnitte zu sehen. Sie bilden die senkrechte Achse des großen Swastikakreuzes an der Südwand des Kailaś.

Viele derartige Geschichten, voller Humor und religiöser Symbolik, haben sich um die Gestalt Milarepas gerankt. Er selbst aber war eine historische Persönlichkeit von großem Charme und außerordentlichen Errungenschaften, der Tibets größten dichterischen Schatz in Form seiner «Hunderttausend Gesänge» hinterließ. Sein Leben war wohl das außergewöhnlichste, das je einem Heiligen beschieden war. Er ging durch alle Höhen und Tiefen des menschlichen Daseins, und nach dramatischen Kämpfen und unsagbaren Leiden kam er schließlich zur Vollendung. Er war nicht nur ein Nachfolger des Buddha, sondern er selbst erreichte den Stand der Buddhaschaft. Dies ist um so bedeutsamer und ermutigender, als sein Leben historisch wohlbelegt ist, trotz der zahlreichen Legenden, die sich später seiner Persönlichkeit bemächtigten.

Er hatte das Glück, einen gelehrten und fähigen Jünger zu haben, der seine Gesänge niederschrieb und zugleich sein Biograph wurde. Sein Name war Rätschung (Tib.: *Ras-chuṅ-pa)*. Auf diese Weise wurde Milarepas geistiges Vermächtnis lebendig erhalten und durch die Patriarchen der Kargyütpa-Sekte (die Schule der mündlichen, von Guru zu Tschela weitergegebenen esoterischen Tradition) der Nachwelt vermittelt. Die beiden Klöster an der Ost- und Westseite des Kailaś gehören dieser Sekte an und sind geweihte Stätten der Erinnerung an das Leben Milarepas.

So sonderbar es erscheinen mag, Hindu-Pilger identifizieren Milarepa mit Śiva; wahrscheinlich auf Grund äußerer Ähnlichkeit, denn beide werden als Asketen dargestellt: mit langem Haar und schlankem, weißem Körper. Die Körperfarbe Milarepas zeigt manchmal einen Stich ins Grünliche, was damit erklärt wird, daß Milarepa sich während der langen Jahre seines Einsiedlerlebens vorwiegend von Brennesseln ernährte, wodurch selbst seine Haut einen grünlichen Schimmer annahm. Er pflegte die Nesseln in einem irdenen Topf zu kochen, und dieser Topf war sein einziges Besitztum. Eines Tages zerbrach er. Milarepa aber, statt über diesen unersetzlichen Verlust zu klagen, sang eine Hymne, in der er sagte: «Selbst dieser irdene Topf ist mir zum Guru geworden, denn er hat mich das Gesetz der Vergänglichkeit aller Dinge gelehrt und mich von meiner letzten Anhänglichkeit an sie befreit.»

Es ist eine interessante Tatsache, daß die Nesseln auch heute noch von den Armen gegessen werden und daß sie besonders in den Tälern um den Kailaś reichlich zu finden sind.

So wird der Pilger auf seinem Wege um den heiligen Berg dauernd an Milarepa erinnert, insbesondere, wenn er an Stellen hochgewachsener Brennesseln vorbeikommt, die auf den steinigen Halden die einzige in die Augen fallende Vegetation bilden. Und gar mancher Pilger singt das eine oder andere der in ganz Tibet bekannten Lieder Milarepas; sie preisen die Einsamkeit und das Leben der Zurückgezogenheit, die Lehren des Buddha und des großen Lotsava Marpa, der Milarepa in die tiefsten Geheimnisse der Tantras einweihte.

Und so zieht der Pilger durch den letzten Teil des östlichen Tales, ein Märchenland von Farben. Einige Felsen sind flammend rot, andere dunkelblau und grün, und wieder andere, unmittelbar daneben, leuchten in lebhaftem Orange oder in hellem Gelb. Es ist, als ob der Pilger, bevor er den Kailaś verläßt, Proben aller Gesteinsarten, deren Farben er auf seiner Wanderung bewunderte, als Abschiedsgeschenk dargeboten erhielte.

Nun betritt er wieder die weite Ebene, und nach kurzer Zeit erreicht er den Ausgangspunkt seiner Bergumwanderung in dem kleinen Kloster von Tartschen. Und während er an zahlreichen Mani-Mauern entlangzieht, die mit Tausenden von Steinplatten mit der Formel OṂ MAṆI PADME HŪṂ bedeckt sind – zum Preise Avalokiteśvaras, der als kostbares Juwel im Herzen jedes Gläubigen ruhen soll –, fügt der Pilger seinen Stein hinzu, in Dankbarkeit für alles, was diese Pilgerschaft ihm gab und als Segenswunsch für alle, die nach ihm dieses Weges kommen:

Sukkhe bhavantu!»

(«Mögen sie glücklich sein!»)

EIN BÖN-KLOSTER

Li und ich waren noch von der Gegenwart des Kailaś erfüllt, als wir nach einer Tagesreise in westlicher Richtung an einen Ort kamen, der sich durch seine tiefrote Farbe aus der Landschaft heraushob, als ob die Natur selbst auf seine besondere Bedeutung aufmerksam machen wollte. Es war in der Tat ein Ort von besonderer Art, ein Ort, der einmal in jedem Jahr zum Leben erwachte, und zwar in der Vollmondnacht des Juni, in der die Geburt des Buddha Śâkyamuni in ganz Tibet gefeiert wurde. Bei dieser Gelegenheit strömten Pilger aus allen Himmelsrichtungen an diesem Ort zusammen, denn in dieser Nacht ereignet sich vor den Augen aller Anwesenden ein seltsames Schauspiel: der volle Mond steigt wie ein feuriger Dom über den eisigen Gipfel des Kailaś, und die Strahlen des Mondlichts zeichnen den Umriß des heiligen Berges auf die rote Fläche des sanftgeneigten Hanges, zu dessen Füßen die Pilger versammelt sind. Himmel und Erde sind in diesem Augenblick verbunden, in dem die himmlischen Wesen, die den Thron der Götter bewohnen, in einer Lichtflut in die Menschenwelt hinabsteigen. Die Erleuchteten und ihr Gefolge, so glaubt man, schweben in dieser Nacht auf den Strahlen des Mondes, die über den Gipfel des Kailaś gleiten, zur Erde und versammeln sich auf dem roten Erdteppich, um die andächtig Versammelten mit ihrer leuchtenden Gegenwart zu segnen. Es ist eine Feier transzendenter Kommunion, eine wahrhaft universale Messe, in der das Licht Körper und Lebensblut der göttlichen Gegenwart ist, während das menschliche Herz der Kelch, der heilige Gral ist, in dem es empfangen und bewahrt wird.

Die Erde selbst, auf der diese «Messe» gefeiert wird, ist gesegnet und geweiht, und als wir dort für eine Nacht kampierten, bemächtigte sich unser ein außergewöhnliches Gefühl tiefen Friedens. Bevor wir am folgenden Morgen wieder aufbrachen, nahm jeder von uns eine Handvoll roter Erde auf als Erinnerung an diese geweihte Stätte und als eine letzte Abschiedsgabe des Kailaś.

Vier Tage, nachdem wir den heiligen Berg verlassen hatten, kamen wir in ein tiefes Tal, das sich zwischen senkrechten Felswänden erstreckte. Der Talboden war flach und grün, und ein seichter Wasserlauf, der Beginn des Langtschen-Khambab, wand sich träge durch Gras- und Buschland. Gegen Abend erblickten wir die weißgetünchten Gebäude eines Klosters, die sich leuchtend von einer dunklen, von Höhlenwohnungen und Galerien durchbrochenen Felswand abhoben.

Die gesamte Szenerie erinnerte an das Tal der Könige von Theben in Ägypten, mit den kubischen Formen der Tempelbauten am Fuß vegetationsloser Tafelberge. Überraschend jedoch war die augenscheinliche Neuheit und Sauberkeit der frischgetünchten, rotkantigen Gebäude, die sich wie eine Festung aus dem einsamen, sonst völlig unbewohnten Tal erhoben.

Der Führer unserer aus acht Yaks bestehenden Karawane (wir mußten Proviant für ein Jahr mit uns führen, da wir in den menschenleeren Gebieten, in denen wir uns aufhielten, nur selten Gelegenheit hatten, unsere Vorräte aufzufüllen) erzählte uns, daß das Kloster erst vor kurzer Zeit wieder aufgebaut worden sei, da das Kloster vor einigen Jahren, während der Einfälle mohammedanischer Räuberbanden aus Turkestan, geplündert und niedergebrannt worden sei. Seine Bewohner waren entweder getötet oder mißhandelt worden, und der Abt selbst wurde seiner Kleider beraubt, geschlagen und nackt liegen gelassen. Er kam jedoch mit dem Leben davon und nahm nach der Zerstörung des Klosters in einer der alten Meditationshöhlen und Felswohnungen oberhalb des Klosters Zuflucht. Er blieb auch nach dem Wiederaufbau des Klosters dort.

Wir hatten gehofft, in einem der Klostergebäude eine angenehme Unterkunft zu finden, aber zu unserer Enttäuschung war kein Lebenszeichen zu bemerken, als wir uns dem Kloster näherten – ein höchst ungewöhnliches Phänomen in einem Land, in dem die Menschen nie ihre Neugierde verbergen und in dem die Ankunft einer Karawane immer ein wichtiges Ereignis ist. Nicht einmal das Bellen eines Hundes war zu hören, und das konnte nichts anderes bedeuten, als daß der Ort unbewohnt war. So schlugen wir unsere Zelte außerhalb der Klostermauern in der Nähe des Flusses auf und bereiteten uns für die Nacht vor.

Am nächsten Morgen sandten wir unseren Karawanenführer zum Abt, um ihm unseren Besuch anzukündigen. Nachdem wir seine Antwort erhalten hatten, wurden wir auf einem schmalen Pfad an den Fuß der Felswand hinaufgeführt, von wo wir eine schmale Treppe innerhalb des Felsens emporstiegen, bis wir zu einer Falltür kamen, die bei unserer Ankunft emporgezogen wurde. Nach ein paar weiteren Stufen befanden wir uns in einer hellen Höhle dem Abt gegenüber. Er saß auf einem hohen Thron, der von einem dekorativen hölzernen Rahmen eingefaßt war. Das Ganze erinnerte etwas an eine Portierloge mit einem Fenster im maurischen Stil. Ein seltsamer Kontrast zu dem neolithischen Stil einer Höhlenwohnung! Die Wände der Höhle waren sorgfältig geglättet und mit minutiös ausgeführten Fresken geschmückt, die aus unzähligen kleinen Buddhafiguren bestanden. Erst bei näherem Zusehen entdeckten wir, daß diese ‹Fresken› aus einer Unmenge farbiger Kunstdrucke bestanden, deren einzelne Blätter, geschickt nebeneinandergeklebt, die Wände der Höhle wie eine Tapete bedeckten. Dieselben Drucke waren wieder und wieder benutzt worden, aber die Wiederholung der gleichen Figuren in regelmäßigen Folgen erhöhte den dekorativen Gesamteindruck und war durchaus in Übereinstimmung mit den traditionellen Fresken der ‹Tausend Buddhas›, wie sie häufig in alten Tempeln und Höhlen zu finden sind. Das gedämpfte Licht, das durch das offene Fenster der Höhle drang, trug dazu bei, die Farben zu harmonisieren, so daß sie denen wirklicher Fresken glichen. Der Abt erwies sich als ein einfach gekleideter Mann mittleren Alters, mit einem intelligenten Gesicht und von würdiger Haltung.

Nach dem gewohnten Austausch höflicher Worte und dem langsamen Schlürfen des dargebotenen Buttertees kamen wir endlich zum Hauptpunkt unseres Besuches, nämlich der Notwendigkeit, eine neue Karawane für das nächste Stück unserer Reise zu organisieren, da die Leute, mit denen wir gekommen waren, nach Purang zurückzukehren beabsichtigten. Wir waren fast einen Monat lang mit ihnen unterwegs gewesen, und sie waren nicht gewillt, über die Grenzen des ihnen vertrauten Gebietes hinauszugehen. Es ist überall dasselbe, und man ist gezwungen, für jeden Reiseabschnitt – d. h. von einer bewohnten Gegend zur anderen – eine neue Gruppe von Menschen und Tieren zu engagieren. In den dünn besiedelten Teilen Westtibets kann ein solcher Abschnitt einer Reisedauer von Tagen oder auch von Wochen entsprechen, und sobald man das Ziel erreicht hat, kehren die Leute mit ihren Tieren so schnell wie möglich zu ihrem Wohnort zurück, ohne sich darum zu kümmern, ob oder wann es den Reisenden gelingt, neue Transportmittel zu finden.

Der Abt erklärte uns jedoch in aller Freundlichkeit, daß er uns nicht mit Transportmitteln und Begleitern versorgen könne, da in dieser Jahreszeit weder Yaks noch Leute zu haben seien; und als wir darauf hinwiesen, daß wir auf Grund unseres Lamyig aus Lhasa auf Transport und Lieferung von Lebensmitteln zu lokalen Preisen Anspruch hätten, und ihm das Dokument zur Einsichtnahme vorlegten, lachte er uns geradezu aus, als wenn das Ganze ein schlechter Witz wäre. Seine Haltung schien von wohlwollender Freundlichkeit in trotzige Ablehnung umzuschlagen. Augenscheinlich wollte er uns zeigen, daß er nicht gewillt sei, von den Lhasa-Behörden Befehle entgegenzunehmen. Seine ablehnende Einstellung gegenüber Lhasa verwunderte uns, da wir keinen Grund hierfür finden konnten. Wir hielten es jedoch für klüger, nicht auf unserem verbrieften Recht zu bestehen, sondern statt dessen an sein religiöses Wohlwollen zu appellieren, uns in unserer schwierigen Lage nach Möglichkeit zu helfen. Er ließ sich jedoch nicht erweichen und erklärte, daß die wenigen arbeitsfähigen Leute, über die er verfügen könne, samt ihren Yaks in den umliegenden Tälern mit der Ernte beschäftigt seien, und daß er nichts daran ändern könne.

Es war uns klar, daß wir mit weiteren Argumenten nichts erreichen konnten, und so beschränkten wir uns darauf, ihm unsere Bewunderung für die künstlerische Ausstattung seiner Höhle auszusprechen. Bei dieser Gelegenheit erfuhren wir, daß er verschiedentlich in Indien gewesen sei und dort eine Anzahl Reproduktionen religiöser tibetischer Rollbilder habe anfertigen lassen – eben jene, die wir an den Wänden seiner Höhle bewunderten. Er hatte bei dieser Gelegenheit auch einige wichtige Texte der heiligen Schriften drucken lassen und zeigte mir Proben davon. Obwohl mir die Titel bekannt erschienen, enthielten die Texte seltsame Namen und Mantras, die mich daran zweifeln ließen, ob es sich wirklich um buddhistische Schriften handelte. Aber da ich sie nicht näher untersuchen konnte, schien es mir klüger, meine Zweifel für mich zu behalten und statt dessen meiner Anerkennung für seine Bemühungen im Dienste des Dharma und die hohe Qualität der Kunstdrucke Ausdruck zu verleihen. Augenscheinlich hatte er große Summen auf die Herstellung dieser Dinge verwendet, und es war mir ein Rätsel, wie ein Mann, der in einer einsamen Höhle dieser Bergwildnis lebte, die Mittel aufbringen konnte, nicht nur sein Kloster wiederaufzubauen, sondern sich kulturellen und literarischen Arbeiten dieser Art zu widmen. Nur ein Mann von hohem Ruf und weitreichendem Einfluß konnte sich so etwas leisten. Aber wer waren seine Anhänger, und wo waren seine Schüler? Mit Ausnahme einiger Nonnen, die, wie man uns sagte, in einigen der umliegenden Höhlen hausten, war weit und breit niemand zu sehen. Um so begieriger waren wir, seinem Kloster einen Besuch abzustatten, und als wir dies erwähnten, gab er bereitwilligst seine Zustimmung und versprach, den Türhüter zu beauftragen, das Tor zu öffnen und uns im Kloster herumzuführen.

Wir verabschiedeten uns und kehrten zu unserem Lager zurück, wo unsere Karawanenleute bereits ihre Sachen zusammengepackt hatten und sich eiligst zum Rückmarsch rüsteten – als ob sie befürchteten, daß wir sie zu weiteren Diensten zurückhalten würden oder daß man sie für unsere Sicherheit verantwortlich machen könnte. Selbst Geld konnte sie nicht dazu bewegen, mit uns weiterzuziehen; und so blieben wir allein zurück zwischen der drohenden Felswand und dem verlassenen Kloster. Die Situation war wirklich grotesk: ein geräumiges, solid gebautes Kloster ohne eine lebende Seele – ein Abt und einige Nonnen in Höhlen verborgen, und kein Mensch weit und breit, der uns irgendwelchen Rat oder Hilfe hätte geben können! Und noch seltsamer war es, daß der Abt uns nicht einmal einen der Räume des Klosters zur Verfügung gestellt hatte, obwohl er wußte, daß wir buddhistische Pilger waren – oder war gerade dies der Grund, uns vom Kloster fernzuhalten?

Am nächsten Tage kam der Konyer, der Wächter des Klosters, zu unserem Zelt, und obwohl wir zögerten, dieses unbewacht zu lassen, folgten wir ihm zum Gompa, da wir uns sagten, daß in dieser menschenleeren Gegend kaum Gefahr bestand, daß jemand unseren Proviant oder andere unersetzliche Dinge aus dem Zelt stehlen würde.

Als wir uns dem Kloster näherten, beobachteten wir vor seiner Außenmauer ein niedriges, langes Gebäude, das eine Reihe schmaler Zellen zu enthalten schien. Seiner Lage nach zu schließen, d. h. vor der Hauptfront des Klosters, hätte man meinen können, es sei eine Art äußeren Heiligtums, das zum Zwecke ritueller Umwandlung vor das Kloster gesetzt worden war, wie dies oft in Form einer Gebetsmauer oder einer Reihe von Tschörten der Fall ist. Zu unserer Überraschung erfuhren wir aber, daß es sich um eine Reihe von Latrinen handle, die bei festlichen Gelegenheiten für die außerhalb des Klosters kampierenden Pilger gedacht seien. Dies war gewiß eine lobenswerte Neuerung und zeigte die Wertschätzung des Abtes für moderne Hygiene. Aber trotz allem konnten wir nicht recht einsehen, warum dieses Gebäude ausgerechnet mitten vor die Front des Klosters gesetzt worden war. Oder war es vielleicht ein symbolischer Ausdruck für die Anschauung, daß Reinlichkeit so viel wie Göttlichkeit sei?

Unsere nächste Überraschung war, daß uns der Konyer in der dem Uhrzeiger entgegengesetzten Richtung um das Kloster führte, was in ganz Tibet als im höchsten Grade ungehörig, wenn nicht geradezu als eine Beleidigung einem Heiligtum gegenüber betrachtet würde.

Da einzig die Bönpos einen Tempel, irgendein religiöses Bauwerk oder eine heilige Stätte (wie z. B. den Kailaś) im umgekehrten Sinn umwandeln, wurden wir in unserem Verdacht bestärkt, daß der Abt nicht Buddhist, sondern ein Bönpo war. Als wir den Haupttempel betraten, schwanden auch unsere letzten Zweifel; denn alles, was wir hier sahen, schien eine Umkehrung oder eine Verzerrung buddhistischer Tradition zu sein. Das Swastikazeichen zum Beispiel ist bei den Bönpos nach links gerichtet, während das buddhistische nach rechts weist.

In anderer Hinsicht jedoch haben die Bönpos fast jede typische Eigenschaft der buddhistischen Ikonographie nachgeahmt. Sie haben ihre eigenen Buddhas und Bodhisattvas, ihre eigenen furchterregenden «Beschützer des Glaubens» und Gottheiten des Himmelraumes und der Erde. Ihre Namen sind verschieden von denen der entsprechenden buddhistischen Vorbilder, obwohl sie sich äußerlich wenig von ihnen unterscheiden. Dasselbe trifft auf die Bön-Schriften zu. Sie sind mehr oder weniger eine Nachahmung der buddhistischen Texte und haben oft sogar dieselben Titel (wie die der *Prajñâpâramitâ*-Literatur), aber die Bönpos schreiben sie anderen Autoren zu, geben ihnen einen anderen Rahmen oder Hintergrund und andere Mantras: statt des OM MAṆI PADME HÛM zum Beispiel setzen sie *om ma-tri-mu-ye-sa-le-du.* Die Hauptgottheiten der Bönpos waren ursprünglich Verkörperungen des Himmelsraumes, des Lichtes, der Unendlichkeit und der Reinheit; und daher war es leicht, sie mit den Gestalten der Dhyâni-Buddhas und -Bodhisattvas zu identifizieren und den gesamten Symbolismus der buddhistischen Tradition zu übernehmen, wie z. B. Thronsitze, Tiervehikel, Gesten, Körperfarben, Heiligenschreine oder Ritualgegenstände, wie Vajra und Glocke, Schwert und Hakenmesser, Pfeil und Bogen, Speer und Lasso, Schädelschale und Zauberdolch. Der Einfluß des Buddhismus auf die Bön-Religion war so überwältigend, daß letztere sich nur dadurch am Leben erhalten konnte, daß sie buddhistische Methoden der Klassifizierung und Darstellung übernahm und ihre Lehren in buddhistische Terminologie kleidete. Was daher heute unter dem Namen «Bön» geht, ist kaum mehr als ein Abklatsch des Buddhismus oder eine weitere Sekte des Lamaismus. Dies scheint auch die Auffassung des einfachen Mannes in Tibet zu sein, wie wir aus dem Verhalten unserer Karawanenleute ersehen konnten, denen der Gedanke, daß dieses Kloster keine buddhistische Stätte sei, gar nicht zu kommen schien. Sie betrachteten es bloß als einer anderen buddhistischen Sekte zugehörig, die sich nur äußerlich von den ihnen vertrauten Schulen unterschied. Das war auch der Hauptgrund, der uns anfangs daran gehindert hatte, an die Möglichkeit eines Bön-Klosters zu denken, obwohl die Provinz Schang-Schung, in der es liegt, als das Ursprungsland der Bönpos gilt.

Bevor wir den Haupttempel betraten, beobachteten wir unter den Fresken der Vorhalle das uns vertraute Lebensrad. Aber statt der gebräuchlichen zwölf Abteilungen mit den bildlichen Darstellungen der zwölf Glieder der buddhistischen Formel des «Abhängigen Entstehens» (Skt.: *pratîtyasamutpâda*) fanden wir deren dreizehn. Die hinzugefügte Abteilung stellte den Zustand der Versenkung oder der Schauung dar, in Form einer buddhaähnlichen Gestalt, die zwischen den Symbolen des Sterbens und der Wiedergeburt eingeschoben war.

Als wir die Versammlungshalle des Tempels betraten, erwarteten wir, uns dem zentralen Kultbild gegenüber zu befinden. Statt dessen standen wir vor einer leeren Wand, in deren Mitte der Thron des Abtes stand. Die Wand füllte jedoch nicht die ganze Breite der Halle aus, sondern ließ zu beiden Seiten einen schmalen Durchgang offen, der zu einem Korridor führte, in dem sich eine Reihe überlebensgroßer Statuen befand, die uns als die fünf Dhyâni-Buddhas erschienen. Ihre Gesten stimmten jedoch nicht mit ihren traditionellen Farben überein, und ebensowenig paßten die symbolischen Tiere ihrer Thronsitze oder ihre sonstigen Embleme in den Zusammenhang. Eine Figur zum Beispiel, die wie Amitâbha aussah, war von weißer statt von roter Körperfarbe; sie saß auf einem Elefanten –, statt auf einem Pfauenthron, und ihr Name war Shenlha Ŏkar *(gśen-lha-ḥod-dkar)*, «der Gott Shen des Weißen Lichtes». Um die Statuen richtig sehen zu könnten, mußten wir uns weit zurücklehnen, denn der Korridor zwischen den Statuen und der Wand, die ihn von der Versammlungshalle trennte, war so schmal, daß man nicht zurücktreten konnte. Warum diese Statuen von der Versammlungshalle getrennt und hinter dem Sitz des Abtes verborgen waren, blieb uns ein Rätsel. Aber es gab hier so viele rätselhafte Dinge, daß wir uns nicht näher mit ihnen beschäftigen konnten, außer wenn wir zu längerem Aufenthalt gezwungen wären, was hoffentlich nicht der Fall sein würde.

Wir waren jedoch beeindruckt von der Sauberkeit und Solidität der Gebäude, die eine festungsartige Kompaktheit hatten und die Planung und Tatkraft eines intelligenten, zielbewußten Geistes widerspiegelten. Aber was konnte den Abt dazu bewogen haben, das Kloster wieder aufzubauen, wenn niemand da war, um es zu bewohnen, und er selbst es vorzog, in seiner Höhle zu bleiben? Und wo war die Gemeinde, die ein solches Kloster in der Abgelegenheit dieses Tales unterstützen und aufrechterhalten konnte? Alle diese Fragen bewegten uns, während wir zu unserem Zelt zurückkehrten. Kaum aber waren wir in seine Nähe gelangt, als wir einen Hund herausspringen sahen. Das ganze Essen, das wir für diesen Tag vorbereitet hatten, war verschwunden! Von nun an ließen wir unser Zelt nie mehr unbewacht. Obwohl dies unsere Bewegungsfreiheit sehr einschränkte, weil wir nie mehr zusammen ausgehen konnten, fanden wir genügend interessante Motive zum Skizzieren und Photographieren in Sichtweite des Zeltes. Außerdem gab es allerhand an sonstigen täglichen Beschäftigungen. Dennoch begannen wir uns Sorgen zu machen, wie lange unser Zwangsaufenthalt hier noch dauern würde, denn wir konnten es uns nicht leisten, unsere kostbare Zeit und unseren ebenso kostbaren Proviant zu verschwenden, ohne dem Hauptziel unserer Reise näher zu kommen: den Ruinen der verlassenen Stadt Tsaparang und den Tempeln Rintschen-Sangpos. Wir hatten bereits ein Jahr in Zentraltibet verbracht, um die Erlaubnis der Lhasa-Regierung zum Studium der Tempel und Klöster Rintschen-Sangpos zu erhalten, die aus dem zehnten und elften Jahrhundert (zwischen 950 und 1050 n. Chr.) stammen. Es war dringend notwendig, soviel Arbeit als möglich vor Beginn des Winters – und vor allem, bevor politische Ereignisse unsere Pläne vereiteln konnten – hinter uns zu bringen.

Unsere Geduld wurde jedoch durch den unerwarteten Besuch des Abtes in unserem Zelt endlich belohnt. Wir begrüßten ihn freudig, und er schien plötzlich ein ganz anderer Mensch zu sein. Seine stolze Reserve und sein sarkastisches Lächeln, mit dem er unseren Lamyig betrachtet und unsere Forderungen angehört hatte, waren einem freundlichen Gesichtsausdruck und echter Anteilnahme an unseren Schwierigkeiten gewichen. Wir betonten erneut, daß wir gänzlich von seinem Wohlwollen abhängig seien und daß wir ihm für jegliche Hilfe, die er uns geben könne, aufrichtig dankbar sein würden. Wir erwähnten mit keinem Wort mehr die Lhasa-Behörden oder den Lamyig, sondern sagten ihm statt dessen, wie sehr wir von der Besichtigung seines Gompa beeindruckt seien. Unser Lob schien ihn sichtlich zu erfreuen und umzustimmen, denn nun versprach er, uns eine Anzahl Yaks und wegekundige Leute zu verschaffen, die uns über das vor uns liegende schwierige Terrain führen könnten. Wir hatten uns auf Grund der Landkarte vorgestellt, daß wir nun in aller Bequemlichkeit dem breiten Tal des Langtschen-Khambab auf grünen Weidegründen folgen könnten, wie die letzten Tage vor unserer Ankunft. Der Abt erklärte uns aber, daß der Fluß durch eine tiefe, unwegsame Schlucht führe und daß wir, wenn wir seinem Lauf oberhalb seines Canyons folgen wollten, gezwungen seien, unzählige tiefeingeschnittene Seitenschluchten zu überqueren, deren Wasserläufe im Fall eines plötzlichen Gewitterregens innerhalb weniger Minuten zu reißenden Flüssen würden. Er riet uns deshalb, über das Hochland der nördlichen Bergkette zu reisen, die das Tal von Gartok von dem des Langtschen-Khambab trennt. Dies bedeutete, daß wir unseren Plan, einige der alten Klöster von Schang-Schung zu besuchen, aufgeben mußten, was wir bedauerten, da wir gehofft hatten, dort weitere Informationen über den Ursprung der Bönpos zu finden. Aber die Gefahr weiterer Aufenthalte und Verzögerungen war zu groß, und so widerstanden wir der Versuchung und beschlossen, dem Rat des Abtes zu folgen. Auf diese Weise gewannen wir den weiteren Vorteil, eine größere Strecke ohne Karawanenwechsel hinter uns zu bringen.

Der Abt hielt sein Wort, und am nächsten Tag kamen zwei Männer und boten uns ihre Yaks und ihre Dienste an. Es waren ziemlich alte und schwächlich aussehende Leute, die beide hinkten. Sie sagten uns, daß alle jungen und kräftigen Männer mit der Ernte beschäftigt seien und daß sie selbst nur zögernd und auf besonderen Wunsch des Rimpotsché gekommen seien. Nachdem sie unser Gepäck in Augenschein genommen hatten, um die Anzahl der nötigen Yaks zu bestimmen, wurden wir schließlich einig, wenn auch für einen erheblich höheren Preis, als wir erwartet hatten.

Wir brachen am folgenden Morgen auf und waren froh, wieder auf dem Marsch zu sein. Den ganzen Tag ging es bergauf über völlig weglose Berghalden. Die zwei Alten humpelten langsam voran und berieten sich von Zeit zu Zeit; es machte uns den Eindruck, daß sie weder des Ortes noch der einzuschlagenden Richtung gewiß waren. Gegen Abend erreichten wir ein sich endlos erstreckendes, welliges Hochland, auf dem hier und da gewaltige Felsbrocken verstreut lagen, als ob Riesen sie in wildem Schlachtgetümmel gegeneinander geschleudert hätten. Nirgends zeigte sich ein klar unterscheidbares Landschaftsmerkmal, nach dem man sich in dieser eintönigen Weite hätte orientieren können, und bald wurde es uns klar, daß unsere Führer selbst weder ein noch aus wußten. Wir alle waren völlig erschöpft durch den endlosen Aufstieg, und dieser Erschöpfungszustand wurde verschlimmert durch die Tatsache, daß wir uns auf über 5000 m Höhe befanden und unser Lager nicht aufschlagen konnten, ehe wir nicht irgendwo Wasser gefunden hätten. Aber weit und breit war weder die Spur eines Wasserlaufes noch einer Quelle zu sehen.

Ein wandernder Mönch und ein etwa zwölfjähriges Bettlermädchen, das eine junge Nonne zu sein behauptete, hatten sich unserer Karawane angeschlossen, das Mädchen wohl in der Hoffnung auf Nahrung und ein warmes Lagerfeuer. Es war bitter kalt geworden, und weder ein Felsunterschlupf noch irgendwelches Brennmaterial war vorhanden. Unsere Kehlen waren ausgetrocknet nach dem langen Anstieg

unter einer unbarmherzigen Sonne, die erst mit dem hereinbrechenden Abend ihre Glut verloren hatte.
Am östlichen Horizont erhaschten wir einen letzten Blick auf den weißen Dom des Kailaś, während der südliche Horizont mit den schimmernden Schneegipfeln des Himalaya ausgefüllt war. In ihrer Mitte ragte, wie ein zweiter Kailaś, Kang-men, der heilige Berg der Menla-Buddhas, der großen Heiler und Heilande *(lCom-ldan-ḥdas sMan-bla)* auf. Es war ein großartiger Anblick von atemberaubender Schönheit, der uns das Gefühl gab, hoch über der Welt auf einem versteinerten Meer von sanft anschwellenden und abebbenden Bergwellen zu schwimmen.
Aber leider waren wir zu erschöpft, um diesen Anblick lange zu genießen, und als wir endlich ein Wassergerinnsel unter einem Haufen wildzusammengewürfelter Felsbrocken fanden, hatten wir kaum noch die Kraft, unser Zelt aufzuschlagen, Tee zu kochen und einige trockene Tschapatis zu essen, die wir am vorhergehenden Abend zubereitet hatten. Li hatte Fieber und konnte kaum etwas essen, und in der Nacht zitterten wir vor Kälte, trotz aller verfügbaren Decken und Kleidungsstücke. Das Wasser, das wir in einer Schüssel für den Morgen bereitgestellt hatten, war zu einem soliden Block gefroren, und die Flasche mit dem heiligen Wasser des Manasarovar war zersprungen! Dies war der erste Vorgeschmack von dem, was uns im Winter bevorstand, falls wir uns nicht sehr beeilten.
Unsere Karawanenleute sowie der Mönch und das Bettlermädchen schienen weniger unter der Kälte gelitten zu haben, obwohl sie die Nacht ohne Schutz und warme Decken verbracht hatten. Wir konnten sie nur bewundern. Sobald die Sonne aufgegangen war, zelebrierte der Trapa seine Morgenandacht, indem er Wasser und Licht darbrachte, während er seine Gebete sprach und Segen für alle lebenden Wesen herabflehte. Als seine Gebetsglocke durch die kalte Morgenluft klang und die Sonne siegreich über die fernen Berge emporstieg, hatten auch wir die Plagen der Nacht vergessen und waren erfüllt von der Freude des neuen Tags.

DAS TAL DES MONDKASTELLS (DAWA-DSONG)

Als wir einige Tage später durch das Felsentor von Kodschomor aus dem einsamen Hochland hinabstiegen, atmeten wir erleichtert auf in dem Gedanken, die unwirtliche Wildnis mit wärmeren und flacheren Regionen vertauschen zu können. Wir blickten hinab in ein sanftgewelltes Tiefland, das im Süden von den Schneeketten des Himalaya begrenzt wurde, und wir glaubten, daß wir nun imstande sein würden, ohne weitere Hindernisse dem Tal des Langtschen-Khambab entlangzuziehen. Aber kaum hatten wir den sogenannten Talboden erreicht, als wir uns am Rande eines Plateaus sahen und in ein Labyrinth von Canyons hinunterblickten, deren Tiefe tausend und mehr Meter betragen mochte. Es war, als ob wir an das Ende der Welt gekommen wären, so daß uns nichts anderes übrig blieb als umzukehren; denn wie sollten wir mit unseren schwerbeladenen Yaks und unseren Reitpferden die fast senkrechten Wände dieser Canyons hinabsteigen, die so tief waren, daß wir nirgends den Boden sehen konnten? Und wie sollten wir je aus diesem Labyrinth herauskommen, das sich von Horizont zu Horizont erstreckte und das zu durchqueren Tage, wenn nicht Wochen beanspruchen mochte?

Ehe jedoch diese Fragen beantwortet werden konnten, waren die ersten Yaks und ihre Führer bereits in einem Spalt am Rande des Plateaus verschwunden, wie von der Erde verschluckt. Ein schmaler Pfad, nur erfahrenen Karawanenführern erkennbar, führte durch den Felsspalt in die Unterwelt. Aber selbst dieser kaum erkennbare Pfad verschwand plötzlich unter den Trümmern und dem Geröll zerbröckelnder Felsen oder in steilen (genau 45° geneigten) Sandfällen, auf denen die ganze Karawane, einschließlich der schwerbeladenen Lasttiere, hinunterrutschten, in der frommen Hoffnung, rechtzeitig zum Stehen zu kommen, bevor die nächste senkrechte Felsstufe erreicht war. Wehe dem Reisenden, der versuchen wollte, diese Regionen ohne einen wegekundigen Führer zu durchqueren! Selbst wenn er genügend vom Glück begünstigt wäre, um in eines dieser Canyons hinabzugelangen, ohne sein Leben oder sein Gepäck zu verlieren oder sich die Glieder zu brechen, wäre es unvergleichlich viel schwerer für ihn, wieder herauszukommen.

Ich erinnere mich deutlich, wie wir zu erraten versuchten, als wir zum ersten Mal auf dem Grund eines dieser Canyons kampierten, wie und wo die Karawane am nächsten Morgen wohl aus dieser Schlucht herauskäme. Nach eingehender Prüfung unserer Umgebung kamen wir zu dem Schluß, daß wir nur die Möglichkeit hatten, in dem schnellfließenden, aber seichten Wasserlauf entlangzuwaten, bis wir an eine Stelle kämen, an der die Felswände einen Einstieg boten oder sich zu einem Seitental öffneten. Am nächsten Morgen jedoch kletterten wir – einschließlich der Yaks und der Pferde – ausgerechnet über die fast senkrecht erscheinende Felspartie, die wir als völlig unmöglich aus unserer Betrachtung ausgeschlossen hatten! Wie wir das fertigbrachten, ist mir bis zum heutigen Tage ein Rätsel. Aber irgendwie gelang es uns, hier und dort für unsere Hände und Füße einen Halt zu finden und die Tiere, eines nach dem anderen, heraufzuziehen, bis wir zu einer schmalen Felsleiste kamen, die aus der fast senkrechten Felswand vorsprang, aber verschiedentlich von Sandfällen verschüttet war, die zu rutschen begannen, sobald man den Fuß auf sie setzte.

Glücklicherweise kamen wir bald auf sichereren Boden. Als wir aber nach einigen Stunden das Canyon des Langtschen-Khambab erreichten, befanden wir uns einer langen, schmalen Hängebrücke gegenüber. Sie bestand aus zwei nebeneinanderhängenden Stahlkabeln, über die man rohe Planken und Knüppel gelegt hatte, die mit Stricken und Draht notdürftig zusammengehalten wurden. Es gab nichts, woran man sich festhalten konnte, weder ein Geländer noch ein Seil; und in dem Augenblick, in dem man die Brücke betrat, bäumte sie sich nicht nur wie ein Pferd auf, sondern begann auch hin und her zu schwingen. Unter diesen Umständen blieb uns nichts anderes übrig, als sämtliches Gepäck

von den Yaks abzuladen und Stück für Stück über die schwankende Brücke zu tragen, die dreißig bis vierzig Meter hoch über den quirlenden, eisigen Fluten des Flusses hing. Nachdem das ganze Gepäck auf der anderen Seite deponiert war, sollten die Yaks über die Brücke geführt werden; aber sie waren klug genug, sich nicht den schwankenden Planken anzuvertrauen. Wir waren gespannt, wie wir aus diesem Dilemma herauskommen würden. Aber unsere Leute erwiesen sich als der Situation gewachsen. Es gelang ihnen, die Yaks den steilen Hang zum Flußufer hinunterzubringen, sie ins Wasser zu treiben und mit Zurufen und Steinwürfen zu veranlassen, den Fluß zu durchschwimmen. Die Strömung in der Mitte des Flusses war so stark, daß wir befürchteten, die Tiere würden stromabwärts getrieben werden, wo die Ufer so steil waren, daß sie unmöglich wieder an Land hätten kommen können. Aber durch die Steinwürfe wurden die Yaks verhindert, flußabwärts zu schwimmen, und erreichten wohlbehalten das andere Ufer. Schließlich waren wir an der Reihe, die Brücke zu überqueren, und wir taten es «mit dem Herzen im Munde», wie es im Englischen so treffend heißt. Es wurde uns mehr denn je klar, warum alle Brücken in Tibet mit unzähligen Gebetsfahnen und -wimpeln geschmückt sind! Der Tibeter setzt mehr Vertrauen in die Macht des Gebetes als in die Stärke der Brücken, und es scheint ihm sicherer, sich den höheren Mächten anzuvertrauen und auf das Schlimmste gewappnet zu sein.
Trotz aller Gefahren und Schwierigkeiten fühlten wir uns reichlich entschädigt durch die Großartigkeit der Canyon-Landschaft, die sich in all ihrer phantastischen Schönheit enthüllte, je tiefer wir in sie eindrangen. Hier ist die Bergszenerie mehr als bloße Landschaft: sie ist Architektur im höchsten Sinn. Sie ist von ehrfurchterregender Monumentalität, für die die Bezeichnung «schön» viel zu schwach ist, denn diese Architektur ist überwältigend in ihrer Größe und der geometrisch-abstrakten Strenge ihrer millionenfach wiederholten Formen, die sich zu einem gewaltigen Rhythmus steigern, zu einer Symphonie in Stein, die weder Anfang noch Ende hat.
Man kann zunächst kaum glauben, daß dies das Werk blinder Naturkräfte sei, denn es beeindruckt den Beschauer eher als das bewußt komponierte Werk eines übermenschlichen Künstlers, in einem Maßstab, der über das Fassungsvermögen des menschlichen Geistes geht und einem den Atem verschlägt. Was so gänzlich überraschend ist, ist

jedoch nicht die Vielfältigkeit der Formen, sondern die Präzision und die architektonische Gesetzmäßigkeit, mit der gewisse Motive und Formprinzipien sich wiederholen und allmählich zu höheren Einheiten und in einem stetig anschwellenden Rhythmus integriert werden, bis schließlich die ganze ungeheuerliche Szenerie im Schwung einer einzigen, alles mitreißenden Bewegung zu tönen scheint.

Ganze Bergketten sind in Reihen riesiger Tempel verwandelt. Einige von ihnen gleichen reichskulpierten Hindu-Tempeln im Stil von Khajurâo, Bhuvaneshvar oder Konarak; andere erinnern an südindische Gopurams und wieder andere an gotische Kathedralen oder Märchenschlösser mit unzähligen Spitzen, Türmen und mit Zinnen gekrönten Mauern.

Infolge der dünnen Luft dieser Höhenlagen ist jede Einzelheit klar umrissen und aus großer Entfernung sichtbar, während die Farben eine Leuchtkraft und Reinheit haben, die in tiefer gelegenen Gegenden unvorstellbar sind. Selbst die Schatten erscheinen in transparenten Farben, und der fast immer wolkenlose Himmel Tibets bildet einen tiefblauen Hintergrund, von dem das Gelb und Rot oder das Ocker und Kupferbraun der Felsen sich plastisch abhebt und bei Sonnenuntergang in allen Farben des Regenbogens spielt.

Wie die Wunder der tibetischen Canyons, die sich über Hunderte von Quadratkilometern erstrecken, so völlig unbekannt bleiben konnten, ist erstaunlich und überraschend. Und dabei haben diese Canyons noch mehr zu bieten als die Schönheit ihrer Natur, nämlich die Schätze einer großen Vergangenheit, die sich dem Reisenden wie Offenbarungen einer magischen Welt enthüllen, in der Träume Wirklichkeit geworden sind durch den geheimen Zauber jener geistigen Kräfte, die über dieses Land fast tausend Jahre lang herrschten, und die noch immer subtil mit ihm verwoben zu sein scheinen. Hier sind die Gralsburgen, die das Erbe menschlicher Erlösungssehnsucht bewahren, die Bergfesten mittelalterlicher Ritter, die sagenhaften Troglodytenstädte des Mondes und die Höhlenheiligtümer geheimer Kulte mit ihren Schätzen an Kunst und Manuskripten alter Weisheit. Und dennoch gehören sie nicht nur der Vergangenheit an. Die Eremitagen frommer Einsiedler, die wie Schwalbennester an den Felsen hängen, und die stolzen Klöster und Tempel auf steil aufragenden Berggipfeln oder in verborgenen Tälern halten die Flamme des Glaubens und der Tradition lebendig.

Aber trotz allem ist dies ein sterbendes Land, ein Land, das langsam zu Staub zerfällt, wie jene Regionen Zentralasiens, die vor einem Jahrtausend noch blühende Kulturzentren waren und sich allmählich in Wüsten verwandelten, wie die Gobi oder die Takla-Makan-Wüste. Westtibet und besonders das Gebiet von Ngari Kharsum, das noch vor weniger als tausend Jahren eine zahlreiche Bevölkerung ernähren und eine bedeutende Kultur hervorbringen und unterhalten konnte, ist heutzutage von fast allem menschlichen Leben verlassen, mit Ausnahme weniger oasenartiger Niederlassungen, in denen sorgfältige Bewässerung den Anbau von Weizen und Gerste ermöglicht.
Die langsam fortschreitende Austrocknung Westtibets hat aller Wahrscheinlichkeit nach dieselben Ursachen, wie sie die Wüsten Zentralasiens schufen. Geologen sagen uns, daß die Himalayakette noch immer im Aufsteigen begriffen sei, und daß darum immer weniger Regenwolken in die Regionen jenseits ihrer Bergbastionen dringen könnten, da die Monsunwinde von ihnen abgelenkt oder zurückgeworfen würden. Viele der großen Gletscher auf der tibetischen Seite des Himalaya und im Inneren Tibets sind nach Aussagen der Geologen Überreste der letzten Eiszeit, da der heutige durchschnittliche Jahresschneefall nicht genügen würde, um die Existenz solcher Gletscher zu erklären.
Große Gebiete Tibets leben daher von Eisreserven prähistorischer Zeiten, und wenn diese Reserven erschöpft sind, wird das Land zu einer völligen Wüste werden; denn auch jetzt schon reichen die Niederschläge nicht aus zur Bepflanzung mit Getreide oder Bäumen. Man mag sich wundern, weshalb die Erosion in der tibetischen Landschaft eine so große Rolle spielen kann, wenn doch nur unbedeutende Schnee- und Regenfälle vorkommen. Die Antwort liegt in den großen Temperaturunterschieden zwischen Tag und Nacht; sie sind so bedeutend, daß sie den härtesten Stein sprengen und die gewaltigsten Felsblöcke zu Sand werden lassen können. Unter diesen Bedingungen genügen vorüberziehende Regenschauer und das Schmelzwasser von den Bergen, zusammen mit den heftigen Stürmen, die zu gewissen Zeiten über diese Höhen dahinfegen, das Werk der Erosion zu vollbringen.
Wie verhältnismäßig schnell der Austrockungsprozeß und das Schaffen von wüstenartigen Bedingungen vor sich gehen können, läßt sich ermessen, wenn man bedenkt, daß noch vor etwa 600–700 Jahren gewisse

Arten großer Nadelbäume in Gegenden wuchsen, in denen heutzutage Bäume ebenso unbekannt sind wie in der Antarktis; oder wenn man auf die Ruinen von Städten und mächtigen Burgen stößt, die noch vor fünfhundert Jahren mit Leben und Geschäftigkeit erfüllt und von fruchtbarem Land umgeben waren, so daß sie eine wohlhabende Bevölkerung erhalten konnten. Diese Städte waren die Sitze von Königen und Gelehrten, Feudalherren und reichen Kaufleuten, begabten Künstlern und tüchtigen Handwerkern, die ihre Gaben und Talente Tempeln, Klöstern, Bibliotheken und sonstigen religiösen Werken widmen konnten. In tibetischen Chroniken lesen wir von goldenen und silbernen Kultbildern und Tempelgeräten, und wir haben keine Ursache, diese Beschreibungen für Übertreibungen zu halten, wenn wir die Menge des Goldes erwägen, die für vergoldete Tempeldächer, Statuen, goldinkrustierte Fresken, Tempeldekorationen und Ritualgegenstände verwendet wurden. Selbst die größten, aus Metall oder gehärtetem Lehm hergestellten Statuen waren mit einer dauerhaften Goldschicht überzogen. Wie zur Zeit des alten Inkareiches, in dem Gold als das ausschließliche Eigentum des Sonnengottes betrachtet wurde, so hielt man im alten Tibet Gold nur zur Verherrlichung der Erleuchteten und ihrer Lehren geeignet. Letztere wurden tatsächlich oft in Gold und Silber geschrieben und mit Miniaturen auf Goldgrund illustriert.

Es fällt einem schwer, sich den religiösen Eifer jener Zeiten vorzustellen, der die Menschen dazu anfeuerte, unzugängliche Canyons und Bergwildnisse in ein Paradies des Friedens, der Beschaulichkeit und der Kultur zu verwandeln, in dem Dinge des Geistes als wesentlicher erachtet wurden als weltliche Macht und Reichtum, und in dem die Hälfte der Bevölkerung sich einem Leben der Kontemplation, kultureller Produktivität und religiöser Aufgaben widmen konnte, ohne unter Entbehrungen zu leiden oder das Wohl der Gemeinschaft zu vernachlässigen.

Als James Hilton in seinem berühmten Roman *The Lost Horizon* (deutsch: *Irgendwo in Tibet)** das «Tal des Blauen Mondes» beschrieb, war er nicht so weit von der Wirklichkeit entfernt, wie er oder seine Leser glauben mochten. Es gab eine Zeit, in der in den weltfernen Canyons von Westtibet gar manche solcher verborgenen Täler existierten, zugänglich nur durch enge Felsschluchten, die einzig den Ein-

* Verlag «Die Arche», Zürich, 1964.

heimischen bekannt waren. In der Tiefe solcher Canyons gab es blühende Gärten, umgeben von Bäumen und Feldern mit goldenem Weizen und von grünem Weideland, durch das, wie silberne Adern, das Wasser kristallklarer Bergströme floß. Auf den umgebenden Felsgipfeln aber erhoben sich hehre Tempel und Klöster und stolze Burgen, während die steilaufragenden Felswände selbst von Tausenden sauber ausgehauener Höhlenwohnungen belebt waren, in denen die Menschen, von den Extremen der Kälte und der Hitze geschützt, ein einfaches, aber allen Ansprüchen genügendes Leben führten, ohne den fruchtbaren Boden des Canyons durch Wohnbauten einzuschränken. Sie lebten in ewigem Sonnenschein, unerreichbar den eisigen Stürmen des Hochlands und den ehrgeizigen Machtbestrebungen einer rastlosen Welt.

Auf unserem Weg nach Tsaparang hatten wir das unerwartete Glück, in einem solchen Tal «gestrandet» zu sein, das passenderweise «Tal des Mondkastells» (Dawa-Dsong) hieß. Die Karawane, die uns dorthin gebracht hatte, war in solcher Eile heimzukehren, daß – bevor wir ausfindig machen konnten, ob wir die zur Weiterreise notwendigen Begleiter finden würden – wir uns allein in diesem seltsamen Tal befanden, ohne auch nur die Spur eines menschlichen Wesens entdecken zu können. Die Karawanenleute waren nicht einmal gewillt, für eine einzige Nacht dort zu kampieren. Sie luden einfach unser Gepäck am Ufer eines seichten Flusses ab, der durch das weite Tal floß, das von phantastischen Felsbastionen umgeben war, deren Türme und Zinnen einer vorweltlichen Riesenfestung glichen.

Während wir unser Zelt aufgeschlagen, unsere zahlreichen Kisten und Proviantsäcke verstaut und unser Abendessen zubereitet hatten, war die Sonne untergegangen, und die Welt schrumpfte auf den Raum zwischen unseren vier Zeltwänden zusammen. Die Dunkelheit umgab uns wie ein schützender Mantel, und als wir am nächsten Morgen erwachten und um uns blickten, schien uns die Idee, hier für eine ungewisse Zeit ausgesetzt zu sein, in keiner Weise beängstigend. Im Gegenteil, wir frohlockten insgeheim, daß die Umstände uns die Gelegenheit gaben, diese unglaubliche Gegend, die mehr wie eine Illustration zu Jules Vernes *Reise nach dem Mond* aussah als wie etwas zu dieser Welt Gehöriges, zu erforschen und zu skizzieren.

Andere Reisende hätten sich vielleicht von der Einsamkeit und Seltsamkeit des Ortes bedrückt gefühlt; für uns war es geradezu ein Paradies, eine verzauberte Welt von außerordentlichen Felsgebilden, die sich zu Bündeln riesiger Türme kristallisiert hatten und Hunderte von Metern in den tiefblauen Himmel ragten, wie ein magischer Schutzwall um eine grüne Oase, die von Quellen und schnellfließenden Gebirgswässern gespeist wurde.

Eine große Anzahl dieser naturgeschaffenen Türme waren von den Menschen, die hier vor Jahrhunderten gelebt hatten, in Wohnstätten umgewandelt worden – in wahrhaftige Wolkenkratzer. Sie hatten diese Felstürme geschickt von innen ausgehöhlt zu einem System unzähliger Kammern, die durch Treppen verbunden waren und nach außen zahlreiche Fensteröffnungen besaßen. Gruppen kleinerer Felsen waren wie Bienenkörbe geformt, und jeder von ihnen diente als Einzelwohnung. Eine Anzahl kubischer Gebäude zwischen ihnen schienen Reste klösterlicher Siedlungen zu sein, deren Hauptgebäude sich auf dem Gipfel eines in das Tal vorspringenden Felsgrates befanden.

Der Felsgrat war von Tempeln, Tschörten, Klostergebäuden und den Ruinen alter Schlösser oder Burgen gekrönt und bot einen herrlichen Ausblick ins Tal, das von einer Phalanx von Felstürmen, die in Reihen hintereinander wie Orgelpfeifen aufstiegen und von Hunderten von Höhlenwohnungen und ihren Fensteröffnungen durchbrochen waren, begleitet wurde.

Die größte Überraschung aber war der Haupttempel, der nicht nur unbeschädigt war, sondern sogar noch ein goldenes Dach besaß, das in der wilden Szenerie von Felsen und Ruinen wie ein vergessenes Juwel strahlte – Erinnerung und Symbol vergangener Pracht und eines lebendigen Glaubens, der hier blühte, als das Tal noch von Tausenden von Menschen bevölkert und von weisen und frommen Königen beherrscht wurde. Die Reste alter Fresken überzeugten uns davon, daß dieser Tempel gegen das Ende des zehnten Jahrhunderts n. Chr. errichtet worden war – also vor fast tausend Jahren!

Mit Ausnahme einiger Hirten, die ihre Schafe und Ziegen auf den grünen Weideflächen des Tales grasen ließen, schienen wir die einzigen menschlichen Wesen zu sein, die diese verlassene Troglodytenstadt durchstreiften.

Welch schicksalsschwere Stille! Welch überwältigende Einsamkeit! Eine Stille, die mit den Stimmen der Vergangenheit erfüllt zu sein schien;

eine Einsamkeit, die von der geistigen Gegenwart unzähliger Generationen belebt war, die diese Stadt gebaut und bewohnt hatten. Viele dieser Höhlen hatten als Meditationskammern und als Dauerwohnung von Mönchen und Eremiten gedient, so daß der ganze Ort vom Geiste religiöser Hingabe und kontemplativen Lebens durchdrungen war. Die Felsen selbst schienen in ekstatischem Auftrieb gen Himmel zu stürmen.

Wie ein magnetisiertes Stück Stahl die magnetische Kraft für lange Zeit bewahrt, in ähnlicher Weise schien dieser Ort eine Atmosphäre geistiger Macht und Serenität bewahrt zu haben, so daß man Sorge und Furcht vergaß und von tiefem Frieden und einer außergewöhnlichen Heiterkeit erfüllt war.

Wir kampierten hier bereits seit einer Woche, aber die Zeit schien im Tal des Mondkastells stehengeblieben zu sein, so daß wir ihrer nicht mehr gewahr wurden. Man hatte uns gesagt, daß Dawa-Dsong der Sitz eines Dsongpöns sei, eines Distrikts- oder Provinzgouverneurs. Aber seine Residenz *(dsong)* bestand aus nichts anderem als einem kleinen Haus, das, von Weidenbäumen umgeben, am Fuß der Ruinenstadt in der Nähe der halbverfallenen Stadtmauer stand, die das Seitental von Dawa-Dsong vom Hauptcanyon abschloß. Zu unserer Enttäuschung war der Dsongpön auf einer Inspektionstour durch seinen Distrikt, und niemand wußte, wann er zurückkehren würde, nicht einmal seine Frau, die sich mit nur zwei Dienern allein im Haus befand. Als wir ihr unser Transportproblem darlegten, versicherte sie uns, daß sie uns gern helfen würde, daß aber die Yaks auf dem Hochland grasten und niemand da sei, der sie einfangen und herunterbringen könnte, da ihr Gatte seine Leute mit sich genommen hätte. Nach tibetischem Brauch reist ein Dsongpön immer mit einer bewaffneten Eskorte, nicht nur der Sicherheit halber, sondern vor allem um des Prestiges willen. So mußten wir uns auf unbestimmte Zeit vertrösten – was wir uns nicht so sehr zu Herzen nahmen.

Eines Abends, als ich von einem Ausflug zurückkehrte, den ich unternommen hatte, um Verschiedenes zu zeichnen, während Li das Zelt bewachte, kam ein alter Lama aus einem der halbzerfallenen Gebäude in der Nähe des Tempels mit dem goldenen Dach. Er grüßte mich freundlich, obwohl er wahrscheinlich nicht weniger erstaunt war über diese Begegnung als ich selbst.

Nachdem wir ein paar höfliche Worte gewechselt hatten, umwandelten wir langsam den Tempel und setzten die hier und da in die Mauer eingelassenen Gebetszylinder in Bewegung. In die Nischen hinter den Zylindern hatten fromme Hände lose Blätter alter Manuskripte gestopft, die wahrscheinlich aus den Ruinen verfallener Tempel und Tschörten aufgelesen worden waren, da es der Brauch ist, nie das kleinste Fragment heiliger Schriften zu zerstören oder der Möglichkeit auszusetzen, daß Menschen oder Tiere es zertreten.

«Ihr seid ein Lama», sagte der Alte plötzlich zu mir, als ob er ein inneres Zwiegespräch fortsetzte, «aber nicht von diesem Teil des Landes. Könnt Ihr die heiligen Schriften lesen?»

«Gewiß!»

«Dann lest, was hier geschrieben steht» – und er zog eines der Blätter, die hinter einem Gebetszylinder verborgen waren, hervor.

Ich las: «Ich will zum Heil und zum Wohlergehen aller lebenden Wesen wirken, deren Zahl so unbegrenzt ist wie der Himmelsraum, so daß ich, indem ich den Pfad der Liebe und des Mitleids wandle, die vollkommene Erleuchtung erreichen möge.»

Das Gesicht des Alten leuchtete auf, und indem er mir tief in die Augen blickte und meine beiden Hände ergriff, als ob er einen langverschollenen Bruder wiedergefunden hätte, sagte er: «Wir wandeln auf dem gleichen Pfad!»

Es bedurfte keiner weiteren Worte – und während die Felsen in der sinkenden Sonne wie feurige Fanale aufflammten, eilte ich unserem Zelt entgegen, das tief unten im Tal auf mich wartete.

Als ich dort ankam, teilte Li mir mit, daß ein Bote während meiner Abwesenheit gekommen sei, um uns anzukündigen, daß die Yaks, auf die wir so lange gewartet hatten, endlich gefunden seien und uns in ein oder zwei Tagen erreichen würden.

Das war eine gute Nachricht. Aber ein Gefühl der Trauer kam plötzlich über uns bei dem Gedanken, daß wir nie das goldene Dach des alten Heiligtums wiedersehen würden, in dem tausend Jahre lang fromme Mönche dem Pfad des Lichtes gefolgt waren und in dem ich einen Freund – einen namenlosen Freund und Weggenossen – gefunden hatte, dessen leuchtendes Antlitz in meiner Erinnerung stets mit dem tiefen und beglückenden Frieden verbunden bleiben würde, den wir in diesem verzauberten Tal gefunden hatten.

ANKUNFT IN TSAPARANG

Nach dem Aufenthalt im Tal des Mondkastells und den gewaltigen Eindrücken der großen Canyons auf dem Wege nach Tholing fürchteten wir, daß Tsaparang eine Enttäuschung sein würde, oder daß es zumindest nicht mit den Wundern der Natur, die uns bisher begegnet waren, wetteifern könnte. Als wir aber am letzten Reisetag, aus einer Schlucht emporsteigend, um einen Bergvorsprung bogen, erblickten wir plötzlich die hochaufragende, wie aus dem nackten Fels gehauene, von Burgen und Tempeln gekrönte Stadt der alten Könige – das Ziel unserer Reise: Tsaparang. Die Plötzlichkeit dieses Anblicks verschlug uns fast den Atem, und wir wagten kaum, unseren Augen zu trauen, so unwahrscheinlich war, was wir sahen.

Wie aus Licht gewoben stand die Stadt vor dem Abendhimmel, von einem Regenbogen wie von einer Aura umgeben. Wir fürchteten fast, daß das Ganze wie eine Fata Morgana ebenso schnell verschwinden würde, wie es vor uns aufgetaucht war – aber es blieb unerschütterliche Wirklichkeit, wie der Felsen, auf dem sich die Stadt erhob. Selbst der Regenbogen – ein äußerst seltenes Phänomen in einem fast regenlosen Lande – blieb für eine lange Zeit unveränderlich am Himmel und umgab die hochaufragende Stadt wie eine Emanation ihrer verborgenen Schätze goldener Statuen und leuchtender Farbschöpfungen, in denen die Visionen und die Weisheit einer glorreichen Vergangenheit zu vollendeten Kunstwerken gestaltet waren.

Nach zwei langen und mühevollen Jahren der Pilgerschaft und der Ungewißheit, und nach mehr als zehn Jahren eingehender Vorbereitungen, unser Ziel zu erblicken und es überdies von einer verklärenden Aura umgeben zu sehen, erfüllte uns nicht nur mit tiefster Bewegung, sondern erschien uns als ein Wunder, ein Geschehnis jenseits aller bloßen Zufälligkeit. Es erschien uns als ein Vorzeichen für größere Dinge und Entdeckungen von weitreichender Bedeutung – als die Vorahnung einer Lebensaufgabe, die uns für den Rest unserer Tage ausfüllen würde. Es war die Verheißung, daß unseren Anstrengungen ein endgültiger Erfolg beschieden sein würde, und es war zugleich die Bestätigung unseres Glaubens und Vertrauens in die gütige Gegenwart jener Mächte, die uns hierher geführt und durch alle Gefahren geleitet hatten.

Wir erreichten die verlassene Stadt bei einbrechender Dämmerung und fanden in einer rohen Steinhütte Unterschlupf. Sie war der Vorbau zu einer Höhle, in der die einzigen Dauerbewohner dieser Hauptstadt des früheren Königreichs Guge lebten. Ein Schafhirte war es, mit Frau und Kind. Der Mann war zugleich Wächter der drei Tempel, die der Zerstörung durch Krieg und dem Zahn der Zeit entgangen waren. Der Name des Wächters war Wangdu, und da er so arm war wie die sprichwörtliche Kirchenmaus, war er froh um die Gelegenheit, etwas Geld zu verdienen, indem er uns mit Wasser, Reisig und Milch versorgte. Wir machten uns, so gut es ging, in der kleinen Steinhütte heimisch, obwohl ihr Inneres so rauh und dunkel war, daß sie mehr einer Naturhöhle als einer menschenwürdigen Wohnstätte glich. Aber der bloße Gedanke, endlich in Tsaparang zu sein, verwandelte dieses armselige Verlies für uns in eine willkommene Wohnstätte.

An jenem denkwürdigen ersten Abend – es war am 2. Oktober 1948 – schrieb ich in mein Tagebuch: «Es war mein Traum seit langen Jahren, Tsaparang zu sehen und seine verfallenden Schätze an religiöser Kunst und Tradition der Vergangenheit zu entreißen. Zehn Jahre lang strebte ich auf dieses Ziel zu, trotz schwerer Hindernisse und trotz der weisen Ratschläge derer, die glaubten, ich jage nur Luftschlössern nach. Nun ist der Traum Wahrheit geworden, und nun beginne ich, einen anderen Traum zu verstehen, den ich vor mehr als dreißig Jahren träumte. Ich sah im Traum einen hölzernen Turm, der auf einem Berggipfel stand. Es war ein alter Turm, und Wind und Wetter hatten seinen Farbanstrich abbröckeln lassen. Ich war betrübt, als ich dies sah, denn ich erinnerte mich, daß ich von diesem Turm in meiner Kindheit oft die schöne Umgebung bewundert hatte. Plötzlich sah ich den Buddha auf mich zukommen, und er trug einen Eimer mit Ölfarbe und einige Pinsel. Bevor ich aber noch meiner Überraschung Ausdruck verleihen konnte, reichte er mir den Eimer und die Pinsel und sagte: ‹Setze dies mein Werk fort und erhalte es.› Ein Gefühl großer Glückseligkeit kam über mich, und plötzlich begriff ich, daß dieser Aussichtsturm (der ‹Turm der Schauung›) das Symbol des Dharma war, das der Buddha aufgerichtet hatte für alle, die über den engen Horizont ihrer kleinen Welt hinausschauen wollen. Was ich aber zu jener Zeit noch nicht wußte, war, daß ich tatsächlich durch Pinsel und Farbe dem Buddha-Dharma zu dienen bestimmt war, um einige seiner schönsten Ausdrucksformen, in Gestalt edelster Kunstwerke, der Vergessenheit zu entreißen.

Und noch weniger wußte ich, daß ich eine begabte und eifrige Helferin in der Gestalt von Li Gotami haben würde, die gleich mir den Erleuchteten ergeben und von den großen Werken buddhistischer Kunst begeistert war, die in Ajanta und Tsaparang ihren edelsten und vollendetsten Ausdruck fanden. Nur Menschen, denen das geistige Leben wichtiger war als materieller Komfort, und die die Lehren des Buddha ein größerer Besitz dünkten als weltliche Güter und politische Macht, konnten solche Werke vollbringen, durch die selbst die ungezähmte Natur einer Felswüste in eine Manifestation innerer Schauung verwandelt werden konnte und rohe Materie in Darstellungen transzendenter Wirklichkeit.

Wir waren überwältigt von der Macht dieser Wirklichkeit, als wir am folgenden Tag die Hallen der beiden großen Tempel betraten, den «Weißen» und den «Roten Tempel» (*lha-khaṅ dKar-po* und *lha-khaṅ dMar-po,* wie sie der Farbe ihrer Außenwände wegen genannt wurden), die inmitten aller Zerstörung unversehrt geblieben waren. Die überlebensgroßen goldenen Statuen leuchteten inmitten der warmen Farben der freskenbedeckten Wände und waren lebendiger als alles, was wir je in dieser Art gesehen hatten; ja, sie verkörperten geradezu den Geist dieser verlassenen Stadt. Sie waren das einzige, was die Zeit nicht hatte anrühren können. Selbst die Horden der Eroberer, die den Untergang Tsaparangs verursacht hatten, waren davor zurückgeschreckt, die stille Majestät dieser Statuen und Fresken zu entweihen. Dennoch war es uns klar, daß auch diese letzten Überreste früheren

Glanzes der Vernichtung geweiht waren, wie wir aus den Sprüngen in den Wänden und den Dächern dieser zwei Tempel sehen konnten. Teile der Fresken waren bereits vom Regenwasser oder dem Schmelzwasser des Schnees, das hier und dort durch das schadhafte Dach gesickert war, vernichtet worden, und einige der Statuen des Weißen Tempels, die aus gehärtetem, mit Gold überzogenem Lehm gemacht waren, waren schwer beschädigt.

Die Fresken waren die vollendetsten, die wir je innerhalb oder außerhalb Tibets gesehen hatten. Sie bedeckten die Wände, von der dunkelroten Grundborte (die etwa dreiviertel Meter hoch war) bis zur Decke. Sie waren verschwenderisch mit Gold inkrustiert und bis in die kleinsten Details minutiös ausgeführt, selbst in den dunkelsten Winkeln und hoch oberhalb der Grenze des Erkennbaren, ja sogar auf der Rückseite der großen Statuen. Einige der Figuren in den Fresken waren von riesiger Größe. Der Raum zwischen ihnen war mit kleinen und mittelgroßen Figuren ausgefüllt, und an manchen Stellen war die Wand mit Miniaturfiguren bedeckt, von denen jede einzelne nicht größer war als ein Daumennagel. Jede dieser winzigen Figuren aber war in allen Einzelheiten, wie Augenbrauen, Haaren, Fingernägeln, Schmuckstücken etc. vollständig, obwohl nur durch ein Vergrößerungsglas erkennbar. Es wurde uns bald klar, daß diese Malereien in erster Linie als ein Akt religiöser Hingabe hergestellt worden waren, gleichgültig, ob sie gesehen oder bewundert werden würden oder nicht. Sie waren Gebete und Meditationen in Farbe und Form, jeder Pinselstrich ein Akt höchster Konzentration. Und indem wir die Fresken Strich für Strich nachzeichneten, erlebten wir die Magie dieser Linien, in denen der Herzschlag und die lebendige Hingabe der Künstler pulsierten, die sich diesem Werk gewidmet hatten, ohne die Erwartung, ihre Namen je verherrlicht zu sehen. Sie fanden ihre Genugtuung im Schaffen ihrer Werke. Ihr Werk war ihr Gottesdienst. Das bloße Nachziehen dieser feinen Pinselstriche erforderte die intensivste Konzentration. Es war ein seltsames Gefühl, die Empfindungen und Emotionen von Menschen, die vor fast einem Jahrtausend gelebt hatten, nachzuerleben. Es war, als ob wir ihren Körper und ihre Persönlichkeit annähmen, an ihren Gedanken und Gefühlen teilnähmen und von ihrem innersten Leben Besitz ergriffen. Dies zeigte uns, daß Gemütsbewegung nicht nur durch äußere Bewegungen ausgedrückt werden kann – sei es in Form von

Pinselstrichen, Tanzbewegungen, Gesten, *mudrâs* und *âsanas* – sondern daß in gleicher Weise die getreue Wiederholung solch äußerer Bewegungen Erlebnisse und Emotionen hervorrufen können, die den ursprünglichen gleichen.

Während wir auf diese Weise mehr und mehr von unserer Arbeit absorbiert wurden, schienen wir unsere eigene Identität aufzugeben und die Persönlichkeiten derer anzunehmen, die sich vor Jahrhunderten einer ähnlichen Aufgabe gewidmet hatten. Wer weiß, ob wir nicht selbst der eine oder andere jener Künstler in einem vergangenen Leben gewesen waren, und daß dies der Grund war, der uns an den Ort unseres früheren Schaffens zurückgeführt hatte!

Jeden Tag während der drei Monate unseres Aufenthaltes in Tsaparang rezitierten wir vor Beginn unserer Arbeit die Zufluchtsformeln und Gelöbnisse zu Füßen der goldenen Buddhas und brachten den Erleuchteten Licht und Wasser, die Symbole der Erleuchtung und des Lebens dar. Und mit jedem Tage wurde ihre Gegenwart mächtiger und eindringlicher, bis sie uns mit solcher Inspiration erfüllte, daß wir Hunger und Kälte und alle anderen Härten unserer Situation vergaßen und wie in einem Trancezustand lebten, der es uns möglich machte, von Sonnenaufgang bis Sonnenuntergang fast ununterbrochen und mit einem Minimum an Nahrungsmitteln zu arbeiten.

Mit jedem Tag aber nahm die Kälte an Intensität zu, insbesondere im Inneren der Tempel, in die kein Sonnenstrahl eindringen konnte. Wenn wir die sieben Altarschalen zur Morgenandacht (*pûjâ*) mit Wasser füllten, war die erste Schale bereits fest gefroren, bevor wir die letzte füllen konnten, obwohl das Füllen einer Schale kaum mehr als je fünf Sekunden in Anspruch nahm. Die Wände des Tempels waren so eisig, daß jede längere Berührung intensive Schmerzen verursachte und das Durchpausen minutiöser Details geradezu zur Qual wurde. Li mußte die Flasche mit chinesischer Tusche im Innern ihres Gewandes durch Körperwärme am Einfrieren hindern, und alle paar Augenblicke mußte sie den Pinsel mit ihrem Atem auftauen, da die Tusche nach wenigen Strichen zu erstarren begann. Dies war besonders unerfreulich während der letzten Tage unseres Aufenthalts in Tsaparang, in denen jede Minute kostbar war, und ich erinnere mich, daß einmal, als sie in Tränen ausbrach, im Kampf mit dieser extremen Kälte, ihre Tränen zu Eis erstarrten, ehe sie den Boden

erreichten und dort als kleine Eiskügelchen abprallten: tack – tack – tack!
Da ich an den größeren Figuren der Dhyâni-Buddhas und Bodhisattvas arbeitete, war es mir möglich, mit Bleistift und Contrékreiden auf einem weniger transparenten und etwas rauheren Papier zu arbeiten. Aber ich hatte den Nachteil, daß der größere Teil meiner Sujets sich weiter oben an den Wänden befand, so daß ich gezwungen war, Pyramiden aus Steinblöcken zu bauen, die ich aus dem Schutt zerstörter Bauten gesammelt hatte. Diese Steinpyramiden, deren Bau meinem Rücken sehr zusetzte, mußten jeden Tag ein- bis zweimal abgerissen und wieder aufgebaut werden, je nach dem Fortschritt der Arbeit und der Natur des Gegenstandes. Es war im wahrsten Sinn des Wortes eine Sisyphusarbeit! Bald aber waren auch die Steinpyramiden nicht mehr hoch genug, um die oberen Teile der Fresken zu erreichen. Ich baute daher eine roh zusammengezimmerte Holzleiter in die oberen Steinblöcke des Pyramidenaufbaus ein und balancierte bedenklich unsicher auf den höchsten Sprossen dieses Gerüstes, das bei der geringsten unvorsichtigen Bewegung seitwärts abzusinken drohte. Dazu kam, daß meine Füße in der eisigen Luft zu erstarren begannen, so daß ich von Zeit zu Zeit von meinem Aufbau heruntersteigen mußte, um meine Blutzirkulation wieder in Gang zu bringen und mich im Sonnenschein vor dem Tempel einigermaßen durchwärmen zu lassen. Um unsere erstarrten Hände wieder aufzutauen, legten wir sie an die eisernen Beschläge der Tempeltüren, welche die Sonnenwärme in wundervoller Weise absorbierten und verstärkten.
Eine weitere Schwierigkeit bereitete uns die ungleiche Verteilung des Lichtes in den Tempelhallen. Tibetische Tempel sind so gebaut, daß das Licht direkt auf die Hauptstatue fällt, entweder durch ein Fenster hoch oben an der gegenüberliegenden Wand oder durch eine Öffnung zwischen dem erhöhten Dach über dem Kultbild und dem niedrigeren Hauptdach des Tempels. Auf diese Weise genügte das von der goldenen Statue reflektierte Sonnenlicht, um den Tempel genügend zu erleuchten, damit man die Fresken und die sonstigen Gegenstände des Tempels bewundern konnte. Aber das Licht war nicht stark genug, daß man dabei hätte malen oder feine Zeichnungen anfertigen können. Dazu kam, daß das von der Hauptstatue reflektierte Licht nicht stationär war, sondern dem Sonnenstand entsprechend zu verschiedenen

Zeiten verschiedene Teile des Tempels erleuchtete. Demzufolge mußten wir dauernd dem Licht von Ort zu Ort folgen oder es durch weiße Tücher in dunkle Ecken reflektieren oder an Stellen, die durch die Schatten der vier dachtragenden großen Pfeiler verdunkelt waren.

Wir mußten die Arbeit, mit der wir gerade beschäftigt waren, oft abbrechen, um die Gelegenheit günstigen Lichtes an einer anderen Stelle des Tempels auszunutzen; und dieser Vorgang wiederholte sich unaufhörlich, bis alle Einzelheiten der Fresken reproduziert und aufgezeichnet waren. Das Photographieren war unter diesen Umständen besonders schwierig, und selbst Li, ein ehemaliges Mitglied der Royal Photographic Society of Great Britain, hatte eine nervenaufreibende Zeit während der Aufnahmen in diesen Tempeln; denn wir besaßen weder Blitzlicht noch irgendwelche anderen modernen Hilfsmittel. In jenen Tagen war photographisches Material in Indien außerordentlich schwer zu beschaffen. Farbfilme waren nicht vorhanden, und wir mußten froh sein, gewöhnliche Filme für unsere guten alten Kameras, die uns für ein oder zwei Jahrzehnte gute Dienste geleistet hatten, zu bekommen. Lis kleiner Kodak No. I, Serie 3, mit altmodischem Lederbalg, aber einer ausgezeichneten Linse, erwies seinen Wert (wie die Resultate gezeigt haben), obwohl er außerordentlich lange Belichtungszeiten erforderte. Li, die ohne Belichtungsmesser arbeitete, hatte ein unfehlbares Gefühl für die erforderliche Belichtungszeit. Die plastischen Nuancen der Statuen kamen auf alle Fälle erheblich besser heraus, als es je mit Hilfe von Blitzlicht möglich gewesen wäre. Aber einige der Fresken waren so ungleichmäßig beleuchtet, daß es unmöglich war, gute Resultate zu erzielen. Selbst die Statuen konnten nur mit Hilfe von geschickt plazierten Reflektoren und nach tagelanger Beobachtung verschiedener Lichteffekte aufgenommen werden. Die Aufnahmen von diesen Statuen sind, abgesehen von unseren Freskopausen, die wertvollste Ausbeute unserer Expedition.

Unter den Fresken von Tsaparang sind diejenigen, die das Leben des Buddha Śâkyamuni darstellen, die bemerkenswertesten und schönsten. Sie sind die ältesten und vollständigsten Fresken vom Leben des Buddha, die bisher bekannt geworden sind. Selbst Ajanta, das bisher als der Höhepunkt buddhistischer Malerei galt, besitzt fast nur Szenen von den legendären Existenzen des Buddha in früheren Inkarnationen und nur sehr wenige, die dem Leben Śâkyamunis (des geschichtlichen

Buddha) zugeschrieben werden können. Wir waren daher begeistert, die Fresken von Tsaparang so vollständig und mit wenigen Ausnahmen so wohlerhalten zu finden. Selbst der Lauf der Jahrhunderte war nicht imstande gewesen, ihre satten Farben zu trüben oder ihre feinen Linien auszulöschen. Die Farben sahen noch so frisch aus, als ob sie in unserer Zeit gemalt worden wären – statt vor acht- oder neunhundert Jahren.

Das Leben des Buddha war in jedem der beiden Haupttempel dargestellt. Der Weiße Tempel war der ältere der beiden und enthielt eine ziemlich archaisch aussehende Kolossalstatue Śâkyamunis, die aus getriebenen und schwervergoldeten Metallplatten bestand, die zusammengenietet und -geschweißt worden war. Die Apsis, in der diese Statue untergebracht war, war mit feindetaillierten Fresken bemalt, die das Leben des Buddha darstellten. Die verschiedenen Szenen dieser Fresken waren so ineinander verwoben, daß verschiedene aufeinanderfolgende Ereignisse in ein und derselben Komposition dargestellt waren. Der Raum jeder Komposition wurde durch die verfügbare Wandfläche auf beiden Seiten der Apsis bestimmt. Die linke Seite war leider bereits vom Regen- und Schmelzwasser fortgewaschen worden.

Im Roten Tempel jedoch waren fast alle Fresken noch intakt, und gerade diejenigen, die zerstört oder in schlechtem Zustand waren, waren im Weißen Tempel der Zerstörung entgangen. Dies war ein glücklicher Zufall, da wir auf diese Weise die vollständige Serie traditioneller Darstellungen vom Leben des Buddha erhielten.

Ich will hier nicht auf die Einzelheiten dieser Fresken eingehen, da sie der Gegenstand einer Sonderveröffentlichung sein sollen, in der Li Gotamis sorgfältige und originalgetreue Kopien dieser Fresken reproduziert werden. Während sie mit den Darstellungen vom Leben des Buddha beschäftigt war, arbeitete ich abwechselnd (den Lichtverhältnissen entsprechend) an den großen Figuren oberhalb dieser Fresken, sowie an denen des Weißen Tempels. Er enthielt zwei Serien von Dhyâni-Buddhas, von denen jeder einzelne von einem Gefolge von zwölf Figuren umgeben war, welche die verschiedenen Aspekte der Meditation durch verschiedene Mudrâs darstellten. Im ganzen waren es 130 Figuren, von denen 65 von Blumen- und Pflanzenmotiven, die andere Hälfte von äußerst dekorativen architektonischen Umrahmungen umgeben waren.

Die monumentalen, überlebensgroßen – über den Darstellungen vom Leben Śâkyamunis befindlichen – Buddhafiguren in den Fresken des Roten Tempels waren infolge ihrer stark stilisierten, konventionellen Formen (die mehr oder weniger derselben Schablone folgten und sich nur durch ihre Mudrâs und ihre Hautfarbe unterschieden) von geringerem Interesse gewesen, wären nicht ihre Throne von so besonderem Reiz gewesen. Sie waren von einer unglaublich phantasievollen und fein ausgeführten Ausschmückung, in der buddhistische Symbole sich zu reizenden Arabesken und architektonischen Kompositionen verwoben. Diese Throne allein wären schon ein Buch über buddhistische Symbolkunde wert.

Mit all diesen um uns ausgebreiteten Schätzen edelster religiöser Kunst arbeiteten wir von morgens bis abends, getrieben von der Furcht und der Vorahnung, daß wir wahrscheinlich die letzten Menschen sein würden, die das Privileg hatten, diese Kunstschätze nicht nur zu sehen, sondern aufzunehmen und zu kopieren, so daß eines Tages das von uns gesammelte Material der einzige und letzte Zeuge dieser Schätze sein würde.

Wir waren in ganz besonderer Weise begünstigt, da vermutlich niemand vor uns in der Geschichte Tibets eine offizielle Erlaubnis erhalten hatte, Durchzeichnungen direkt von den Wänden solcher religiös und historisch bedeutenden Heiligtümer anzufertigen. Wir strengten uns bis zur Grenze unserer Kräfte an, um mit äußerster Genauigkeit jede Linie nachzuziehen und die Farben so genau wie möglich wiederzugeben. Für die Farben kamen uns Stücke abgefallenen Stucks zerstörter Fresken zu Hilfe. Sie dienten uns als Farbproben und ermöglichten uns, die Fresken in ihren Originalfarben zu reproduzieren.

KRITISCHE TAGE

Wir waren überzeugt, daß wir, wenn es uns vergönnt wäre, eine genügend lange Zeit (nicht weniger als drei bis vier Monate) ohne Unterbrechung zu arbeiten, eine vollständige und authentische Wiedergabe fast aller wichtigen Fresken zurückbringen könnten. Gleichzeitig aber waren wir uns nur allzusehr der Tatsache bewußt, daß unsere Tätigkeit über kurz oder lang den Verdacht der Provinzbehörden oder einfältiger Leute auf sich ziehen würde; denn der Grund für unseren langen Aufenthalt und die Natur unserer Arbeit mußte ihnen mehr als unverständlich erscheinen. Sie mochten fürchten, daß wir Agenten einer fremden Macht (insbesondere Chinas) seien, oder irgendeine schwarze Kunst betätigten, oder gar, daß wir auf der Suche nach verborgenen Schätzen wären. Die altehrwürdigen religiösen Stätten und Denkmäler aus Tibets großer Vergangenheit wurden von jeher als Bewahrer geheimer Kräfte angesehen, von denen der Wohlstand und die Sicherheit des Landes abhingen. Niemand machte sich darüber Sorgen, wenn diese Heiligtümer verfielen – denn das war der natürliche Verlauf aller Dinge –, solange jene Kräfte nicht gestört oder an Unberufene verraten wurden, die von ihnen für ihre eigenen Zwecke Gebrauch machen würden.

Das erste Anzeichen kommender Störungen erschien in der Gestalt einer Nonne, die in der zweiten Woche unseres Aufenthaltes in Tsaparang auftauchte und die – wie wir bald herausfanden – zum Haushalt des Provinzgouverneurs, des Dsongpön von Tsaparang, gehörte. Dieser hatte seinen permanenten Wohnsitz in Schangscha, einem einige

Tagereisen von Tsaparang entfernten Ort. Tsaparang war nur seine nominelle Residenz, die er höchstens ein- oder zweimal im Jahr auf seiner Inspektionstour besuchte. Ein bescheidenes Gebäude, nicht weit von unserer Steinhütte, diente ihm als vorübergehendes Hauptquartier während seiner kurzen Besuche. Die besagte Nonne hatte sich in diesem Gebäude niedergelassen, und dies verlieh ihr ein besonderes Prestige und eine gewisse Autorität.

Sie überraschte uns bei unserer Arbeit in den Tempeln, begleitet von einem Trapa, der den Tschamba-Lhakhang, den Maitreya-Tempel unterhalb der Ruinenstadt, betreute. Die Nonne begann uns in einer etwas hochmütigen Art auszufragen, was uns vermuten ließ, daß sie nach Tsaparang geschickt worden war, uns zu beobachten und dem Dsongpön über unsere Tätigkeit zu berichten. Wir versuchten, ihr die Natur unserer Arbeit zu erklären; aber sie schien deren Zweck nicht zu verstehen und erklärte schließlich, wenn wir damit fortführen, würde sie dafür sorgen, daß wir weder mit Wasser noch mit Brennstoff mehr versorgt würden, die bisher täglich von Wangdu aus dem Tal heraufgebracht worden waren. Dies wäre das Ende unseres Tsaparang-Aufenthaltes gewesen! Wir zeigten ihr unsere Autorisation der Lhasa-Regierung, derzufolge wir ermächtigt waren, in den Tempeln und Klöstern Rintschen-Sangpos ohne Behinderung oder Zeitbegrenzung zu arbeiten und unseren Studien nachzugehen. Aber es war deutlich zu sehen, daß selbst das ihr Mißtrauen nicht beseitigte. Sicher fragte sie sich, wie es wohl komme, daß man uns eine so außergewöhnliche Genehmigung erteilt habe. Und wer bürgte dafür, daß das Dokument echt war?

In diesen kritischen Augenblicken wandten sich meine Gedanken Tomo Géshé zu, denn wer anders konnte uns in dieser Lage zur Hilfe kommen als der Guru, der mich auf diesen Weg geführt und dessen Name uns schon so viele Türen geöffnet und manche Hindernisse beseitigt hatte. In meiner Eigenschaft als persönlicher Schüler Tomo Géshé Rimpotschés hatte ich meine Eingabe an die Lhasa-Behörden gemacht, um in Tsaparang arbeiten zu dürfen. Obwohl ich nicht erwartete, daß eine einfache Nonne in dieser abgelegenen Gegend Tibets von Tomo Géshé gehört hatte, erwähnte ich, daß er unser Guru sei und daß wir uns beide noch im vorigen Jahr in Dungkar Gompa aufgehalten hätten.

Als sie dies hörte, veränderte sich ihre Haltung mit einem Schlag, und

sie erklärte: «Ich selbst komme von Dungkar, und Tomo Géshé ist mein Tsawai-Lama! Wie wunderbar.»
Nun war das Eis gebrochen, und als wir die Namen der verschiedenen Klosterinsassen von Dungkar Gompa, die sie ebenfalls kannte, erwähnten, war der persönliche Kontakt vollends hergestellt. Wir luden sie ein, in unser Quartier bei Wangdus Höhle zu kommen, wo wir ihr die Aufnahmen, die Li in Dungkar gemacht hatte, zeigten. Nun, da sie sich mit eigenen Augen von der Wahrheit unserer Worte überzeugen konnte, waren alle Zweifel geschwunden, und als ich ihr die kleine Buddhafigur, die ich aus Tomo Géshés Händen empfangen hatte und die mit dem Siegel des Guru versehen war, zeigte, verneigte sie sich ehrfurchtsvoll, um den Segen des Guru zu empfangen.
Dieser Vorfall war uns eine rechtzeitige Warnung; denn sie zeigte uns, wie prekär unsere Lage war. Wir setzten darum unsere Arbeit mit doppeltem Eifer fort und trafen größere Vorsichtsmaßregeln, um unsere Tätigkeit so geheim als möglich zu halten. Glücklicherweise geschah es nur selten, daß Reisende oder Pilger nach Tsaparang kamen, da es abseits von der Karawanenstraße lag, die auf der anderen Seite des Langtschen-Khambab verlief. Aber wenn es einmal geschah, konnten wir die Leute entweder hören oder sehen, bevor sie zu unseren Tempeln emporsteigen konnten; und das gab uns genügend Zeit, unsere Arbeitsutensilien wegzupacken und uns anderen Studien zuzuwenden, durch die wir uns weniger auffällig machten.
In Gyantse hatten wir ähnliche Schwierigkeiten gehabt. Obwohl der Labrangtse (der Verwalter der Klosterstadt) uns die Erlaubnis gegeben hatte, in den ihm unterstehenden Tempeln und Klöstern zu studieren und Skizzen und Aufnahmen zu machen, fürchtete er die Meinung der einfachen Leute und des niederen Klerus, denen das Durchpausen von Fresken als ein Sakrileg erschien, da es unvermeidlich war, während des Pausens die Gesichter von Buddhas und anderen heiligen oder göttlichen Gestalten zu berühren oder mit der Hand zu bedecken. Die bildliche oder plastische Darstellung eines Buddha oder eines sonstigen erleuchteten Wesens wird in dem Augenblick, in dem durch Einsetzen der Pupillen die Augen geöffnet worden sind, zu einem Objekt der Verehrung, denn durch diese von Mantras begleitete magische Handlung wird das Kultbild mit Leben und geistiger Bedeutung erfüllt.
Die Tibeter sind ganz besonders vorsichtig, wenn es sich um Heilig-

tümer mächtiger Schutzgottheiten handelt. Sie betrachten diese in einer ähnlichen Weise wie moderne Nationen ihre Atomkraftwerke, von denen die Sicherheit und Stärke des Landes abhängt und von denen Unbefugte ferngehalten werden, sowohl um ihrer eigenen Sicherheit willen, wie um der des Landes. Die technischen Einzelheiten solcher Installationen werden daher nach Möglichkeit geheimgehalten. Von diesem Gesichtspunkt aus wird es verständlich, daß den Tibetern die Heiligtümer ihrer mächtigen Beschützer von höchster Bedeutung sind und daß Unbefugte, d. h. Nichteingeweihte oder nicht mit dem Ritual Vertraute, von solchen Orten ferngehalten werden; denn die Mächte, die in diesen Heiligtümern angerufen werden, verlangen ein sehr präzises Ritual und die Kenntnis der damit verbundenen *sâdhanas*. Unkenntnis oder Mißachtung in diesen Angelegenheiten kann nach tibetischer Vorstellung unglückliche Folgen nach sich ziehen.

Als ein Beispiel will ich hier ein Erlebnis schildern, das wir während unseres Aufenthaltes in Tholing hatten. Tholing, bekannt als der «goldene Tempel des hohen Eilandes» *(mTho-gLiṅ gSer-Khaṅ)*, ist das größte und historisch wichtigste Kloster Westtibets. Es wurde von Rintschen-Sangpo unter dem Patronat der Könige von Guge gegründet und war im Jahre 1050 n. Chr. der Schauplatz eines großen buddhistischen Konzils, auf dem Atîśa, der berühmte bengalische Gelehrte und Reformer, von dem bereits neunzigjährigen Rintschen-Sangpo empfangen wurde. Nicht weit von dem Kloster von Tholing entfernt befinden sich auf einem felsigen Hügel die Ruinen der Schlösser und Burgen der Könige von Guge, die das Konzil einberiefen. Selbst in seinem gegenwärtigen Zustand macht der Hügel einen imposanten Eindruck mit den mächtigen Mauern seiner Paläste, Tempel und Befestigungswerke, hinter denen die monumentale Masse eines Tafelberges aufragt. Als wir unsere Absicht äußerten, diese Stätte zu besuchen, versicherte uns der Abt von Tholing, daß dort nichts Nennenswertes mehr zu sehen sei, da alle Paläste und Tempel so gründlich zerstört seien, daß weder Fresken noch Statuen erhalten seien. Er betonte dies mit solchem Eifer, daß wir das Gefühl nicht los wurden, daß er uns aus irgendeinem Grund daran hindern wollte, den Ort zu besuchen. Trotzdem beschlossen wir, einen Tagesausflug dorthin zu machen, wenn auch nur, um in der malerischen Landschaft Skizzen und Aufnahmen zu machen.

Der Abt hatte insofern recht gehabt, als wir keine Spuren von Fresken in den Ruinen fanden. Aber auf dem höchsten Punkt der Ruinenstätte fanden wir ein hohes Gebäude, das vollkommen erhalten war und dessen Eingang durch ein großes tibetisches Vorhängeschloß versperrt war. Wir waren natürlich neugierig zu wissen, was das Gebäude enthalte und warum der Abt seine Existenz vor uns geheim zu halten versucht hatte. Sein dunkelroter Anstrich und seine Bauform wiesen auf einen Tempel hin. Daß er verschlossen war, bewies, daß er noch in Gebrauch war, obwohl vielleicht nicht für die Öffentlichkeit.

Es war nicht schwierig, von einer benachbarten Mauer aus auf das Dach des Gebäudes zu steigen, und da das Oberlicht nur von außen mit Holzladen geschlossen war, gelang es uns, diese zu öffnen, um einen Blick ins Innere werfen zu können. Aber wir prallten fast zurück, als wir uns plötzlich von Angesicht zu Angesicht einem gigantischen, vielköpfigen Ungeheuer gegenüber befanden, dessen unterster Kopf der eines dämonisch-wilden Stiers war. Zu beiden Seiten des drohenden schwarzen Stierkopfes erschienen andere wilde Gesichter, und zwischen seinen Hörnern, in gleicher Höhe mit unseren Augen, starrte uns ein rotes Dämonengesicht entgegen. Auf dem Gipfel dieser schreckenerregenden Kopfpyramide aber erschienen die friedlichen Gesichtszüge Mañjuśrîs, des Dhyâni-Buddha der transzendenten Erkenntnis.

Die riesige Gestalt war die des mächtigen und gefürchteten Yidam Yamântaka, des Überwinders des Todes. Die Bedeutung dieser phantastischen Figur ist tiefsinnig und ehrfurchterregend. Der Gott des Todes (Skt.: *Yama*) ist in seiner schrecklichen Erscheinungsform als stierköpfige Gottheit dargestellt. In Wirklichkeit aber ist er niemand anderer als der barmherzige Avalokiteśvara, der in seiner Rolle als Totenrichter («Gewissen») dem irrenden Menschen den Spiegel der Wahrheit entgegenhält, um ihn, nachdem er durch die Leiden des Purgatoriums geläutert worden ist, auf den Weg der Befreiung zu führen. Mañjuśrî jedoch verkörpert das transzendente Wissen, daß der Tod im Grunde Illusion ist und daß diejenigen, die sich mit der höchsten Wirklichkeit identifizieren – der «Leere» *(śûnyatâ)*, die alle Fülle des inneren Zentrums wie des Universums umfaßt – den Tod überwinden und befreit werden von den Fesseln des *saṃsâra*, der Wiedergeburten in den sechs Bereichen der Täuschung und Verblendung.

Eine volkstümliche Legende erzählt, daß ein frommer Einsiedler, der sein Leben lang in einer einsamen Höhle meditiert hatte und im Begriff war, die vollkommene Befreiung zu verwirklichen, von Räubern unterbrochen wurde, die seine Höhle mit einem gestohlenen Stier betraten und diesem mit einem Schwertstreich den Kopf abschlugen, ohne der Gegenwart des Einsiedlers gewahr zu werden. Als sie nach vollbrachter Tat entdeckten, daß der Einsiedler zum Zeugen ihrer sündhaften Handlung geworden war, schlugen sie auch ihm den Kopf ab. Sie hatten aber nicht mit den übernatürlichen Kräften gerechnet, die der Einsiedler durch lebenslange Askese erworben hatte. Kaum hatten sie seinen Kopf vom Körper getrennt, als dieser sich erhob, den Stierkopf ergriff, ihn auf seinen Hals setzte und sich in die furchtbare Form Yamas, des Totengottes, verwandelte. An der Verwirklichung seines höchsten Zieles gehindert, ergriff ihn eine unbezähmbare Wut. Er schlug den Räubern die Köpfe ab, hing sie wie eine Girlande um seinen Hals und schweifte als todbringender Dämon durch die Welt, bis er von Mañjuśrî in der Form des Yamântaka, des «Überwinders des Todes», besiegt wurde.

Von einem höheren Gesichtspunkt aus stellt Yamântaka die Doppelnatur des Menschen dar, der seine physische Natur, seine Triebe, Instinkte und Leidenschaften mit den Tieren teilt, während seine geistige Natur an den göttlichen Kräften des Universums teilhat. Als physisches Wesen ist er sterblich, als geistiges aber unsterblich. Wenn sein Intellekt mit seiner animalischen Natur gepaart ist, werden dämonische Kräfte geboren; wenn aber der Intellekt seiner geistigen Natur untergeordnet und dadurch zu einem Werkzeug höherer Kräfte wird, werden höhere Qualitäten hervorgebracht. Yamântaka vereinigt in sich das Tier, den Dämon und den Gott, die Urkraft des Lebens in ihren Aspekten der Schöpfung und der Zerstörung und der Fähigkeit des Erkennens, die durch Leiden zur befreienden Weisheit reift.

Wir hatten nie eine so monumentale Figur Yamântakas gesehen, noch hatte sich bisher eine Gelegenheit gefunden, auch nur eine kleine Gestalt dieser Art zu photographieren, da es in den meisten Heiligtümern der furchtbaren Gottheiten zu dunkel ist, und weil im allgemeinen Frauen der Zutritt zu ihnen verwehrt wird. Li nahm darum diese seltene Gelegenheit wahr, eine Aufnahme von Yamântakas Köpfen zu machen, die über das untere Tempeldach, auf dem wir standen, hinausragten.

«Wie schade, daß ich nicht die ganze Figur aufnehmen kann», klagte sie, als wir vom Dach hinabkletterten. «Wir wollen doch sehen, was das für ein Schloß ist.»

Sie unterzog das Schloß einer näheren Betrachtung und kam zu dem Ergebnis, daß es nur einer kleinen Nachhilfe bedürfe, um es zu öffnen. Ich versuchte ihr dies auszureden, aber bevor ich meine Gründe vorbringen konnte, gelang es ihr, das Schloß zu öffnen. Sie trat sogleich in den Tempel und um meine Besorgnisse zu zerstreuen, da ich noch zögerte, meinte sie: «Kein Mensch kann uns sehen. Wir sind meilenweit von jedem bewohnten Ort, und keine Menschenseele ist in diesen Ruinen.»

Wir standen einige Augenblicke in ehrfürchtigem Schweigen vor der riesigen, dunklen Figur Yamântakas, dessen Schwärze die Farbe des Todes ist und dessen *membrum virile* in Erektion ist, weil Zeugung und Tod untrennbar miteinander verbunden sind. Dies ist auch der Grund, warum Yama, der Gott des Todes, das Lebensrad in seinen Klauen hält. Während wir aber diese gewaltige Darstellung übermenschlicher Wirklichkeit betrachteten – einer Wirklichkeit, die über den Bereich des Schönen und des Häßlichen hinausgeht –, konnte ich ein Gefühl nahender Gefahr nicht loswerden.

«Mach deine Aufnahme, und laß uns schnell hinausgehen», drängte ich. «Man weiß nie, ob nicht jemand unversehens um die Ecke kommt. Es wäre möglich, daß man uns nachspäht, und ich möchte lieber nicht daran denken, was uns passiert, wenn man uns hier fände.»

Li sah das ein und beeilte sich. Wir eilten aus dem Tempel, schnappten das Schloß zu und gingen die Gasse hinunter, durch die wir gekommen waren. Kaum aber hatten wir den Tempel hinter uns gelassen und waren im Begriff, um die Ecke zu biegen, als wir fast mit dem Abt von Tholing zusammenprallten, der augenscheinlich von unserem Ausflug informiert worden war und uns, von einem Diener begleitet, gefolgt war. Wir begrüßten ihn mit etwas übertriebener Freude – aber unsere Freude war echt, denn wir waren uns bewußt, welcher Gefahr wir um Haaresbreite entgangen waren!

Hätten wir den Tempel auch nur eine Minute später verlassen, so zweifle ich, daß wir je unsere Reise nach Tsaparang hätten fortsetzen können.

Nach der Begegnung mit der Nonne setzten wir unsere Arbeit etwa zwei Wochen lang ungestört fort, und wir waren glücklich, daß die Gefahr so gnädig vorbeigegangen war. Unsere Freude war jedoch von kurzer Dauer und kam eines Abends zu einem jähen Ende, gerade, als wir im Begriff waren, nach beendeter Tagesarbeit in unsere Klause zurückzukehren. Aus dem Tal drangen Trommelschläge an unser Ohr; sie kamen näher und näher, als ob eine Prozession sich langsam den Berg hinauf bewegte. Wir fühlten sogleich, daß neue Störungen uns bevorständen und daß es mit unserem Frieden aus sei. Und wirklich, bald sahen wir bewaffnete Reiter am Fuß des Berges auftauchen, und Wangdu brachte uns die Nachricht, daß der Dsongpön von Tsaparang angekommen sei.

Statt unsere Arbeit in den Tempeln fortzusetzen, statteten wir am nächsten Tag dem Dsongpön einen Besuch ab und erklärten ihm den Zweck unseres Aufenthaltes in Tsaparang und die Natur unserer Arbeit. Der Dsongpön hörte sich unsere Erklärungen höflich an, schien aber keineswegs überzeugt zu sein, und als wir ihm unsere amtlichen Papiere zeigten, erwiderte er, er könne die Verantwortung nicht übernehmen, uns in den Tempeln arbeiten zu lassen, es sei denn, er erhielte eine offizielle Bestätigung von Lhasa, daß die Siegel und Unterschriften echt seien. Als wir ihn fragten, wie lange es dauern würde, einen Boten nach Lhasa zu schicken, meinte er, der Bote würde etwa zwei Monate brauchen, um nach Lhasa zu kommen, und daß somit die Antwort nicht früher als in vier bis fünf Monaten zu erwarten sei. Bis dahin wäre unser Proviant natürlich längst erschöpft; denn wir hatten kaum eine Gelegenheit, uns hier Nahrungsmittel zu verschaffen, außer etwas rohem Weizen, den wir selbst für unsere täglichen Tschapatis mit einer steinernen Handmühle mahlen lassen mußten! Ich ließ mich jedoch nicht einschüchtern und sagte dem Dsongpön, daß wir nichts gegen eine Bestätigung unserer Papiere hätten und daß wir bereit wären, hier in Tsaparang auf die Antwort zu warten und inzwischen unsere Studien fortzusetzen.

Daraufhin behauptete er, daß wir nur die Erlaubnis hätten, in den Tempeln und Klöstern Rintschen-Sangpos zu arbeiten, daß aber die Tempel von Tsaparang nicht von ihm gegründet seien, sondern nur die von Tholing. Es stände uns frei, dorthin zu gehen und dort zu arbeiten.

Es wurde mir klar, daß er uns aus irgendwelchen Gründen daran hin-

dern wollte, uns in Tsaparang aufzuhalten; und wie sollte ich beweisen, daß die hiesigen Tempel wirklich von Rintschen-Sangpo gegründet waren?
«Ich selbst habe in alten tibetischen Büchern gelesen», wandte ich ein, «daß diese Tempel unter den von Rintschen-Sangpo gebauten erwähnt sind.»
«In welchem Buch zum Beispiel?» fragte er.
Es war mir klar, daß er mich mit dieser Frage in Verlegenheit zu bringen suchte, und daß es mir nicht gelingen würde, ihn zu überzeugen, falls ich mich nicht auf eine Autorität berufen konnte, die bedeutend und bekannt genug war, um von ihm anerkannt zu werden. Ich erwähnte darum nicht die *Geschichte der Könige von Guge*, durch die ich auf die Tempel von Tsaparang zuerst aufmerksam gemacht worden war, sondern sagte, blindlings meinem Glück vertrauend: «Sie können die betreffenden Hinweise in dem Werk Ihres größten Historikers finden, nämlich in der *Blauen Chronik (Dep-ther sÑon-po* von *gZon-nu-dPal-lDan*).»
Diese Antwort beeindruckte ihn sichtlich. Sie überzeugte ihn davon, daß ich mit der tibetischen Literatur einigermaßen vertraut war. Vor allem aber war er nicht imstande, meine Behauptung zu widerlegen; und da er sich auf unsicherem Boden befand, hielt er es für besser, die Sache fallen zu lassen und seine Entscheidung auf später zu verschieben.
Bevor wir uns verabschiedeten, fragte ich so nebenbei, ob es wohl möglich wäre, den Gipfel des Tsaparang-Felsens zu erreichen, auf dem sich die Ruinen der ehemaligen Königsschlösser befanden, denn es wäre uns bisher nicht gelungen, auch nur die Spur eines Weges oder einer Treppe zu finden, die dort hinaufführte. Der Dsongpön beeilte sich, uns zu versichern, daß der Felsgipfel infolge von Bergstürzen, die alle Zugangsmöglichkeiten vernichtet hätten, unbesteigbar sei. Und im übrigen, fügte er hinzu, seien von den Palästen nichts als die leeren Wände stehen geblieben.
Die Erinnerung an Tholing war jedoch noch frisch in meinem Gedächtnis, und ich war darum überzeugt davon, daß er sich bemühte, die Wahrheit vor uns zu verbergen. Ich vermied es daher, weiteres Interesse an der Sache zu zeigen, und bemerkte nur, daß die Aussicht von dort oben besonders schön gewesen sein müsse.

Wir verabschiedeten uns und kehrten entmutigt und bedrückt in unsere armselige Hütte zurück, denn wir waren sicher, daß der Dsongpön entschlossen war, uns daran zu hindern, länger zu bleiben und unsere Arbeit fortzusetzen. Nur ein Wunder konnte uns noch retten. Wir waren unfähig, irgend etwas zu tun, und waren so bekümmert, daß wir in der Nacht kaum ein Auge schlossen. Weder unser Geld noch unser Proviant würden es uns ermöglichen, den ganzen Winter hindurch auf eine Antwort von Lhasa zu warten. Wir mußten vor allen Dingen daran denken, daß wir noch eine lange und anstrengende Reise durch unbekannte und wahrscheinlich schwierige Gebiete vor uns hatten, bevor wir nach Indien zurückgelangten, und daher äußerst sparsam mit unseren Mitteln umgehen mußten. Wir verbrachten viele Stunden in stiller Meditation, in dem Gefühl, daß nur das Eingreifen höherer Mächte uns noch helfen könnte.

Und wirklich, die Hilfe kam – und das Wunder geschah! Statt uns den Ausweisungsbefehl aus Tsaparang zu übermitteln, wie wir befürchtet hatten, stattete uns der Dsongpön höchstpersönlich einen Besuch ab, begleitet von Dienern mit Geschenken willkommener Nahrungsmittel! Er erklärte uns, daß die Nonne, die uns vor einiger Zeit getroffen hatte, mit ihm gesprochen und ihn davon überzeugt habe, daß wir wirklich *nangpas* («Eingeweihte», d. h. Nachfolger des Buddha) und persönliche Tschelas Tomo Géshé Rimpotschés seien, den er selbst als einen der größten Lehrer Tibets und als seinen eigenen Guru betrachte. Er drückte sein Bedauern darüber aus, daß er uns mißtraut hätte, aber nun, da er sich davon überzeugt hätte, daß wir seine Gurubhais seien, würde er uns die Erlaubnis geben, unsere Arbeit fortzusetzen, vorausgesetzt, daß wir sie in etwa einem Monat beenden könnten. Wir müßten uns rechtzeitig, solange die Pässe nach Indien noch offen seien, auf den Weg machen, denn er wollte nicht die Verantwortung auf sich nehmen, uns hier einem langen und harten Winter ausgesetzt zu sehen.

Obwohl es uns mehr als unwahrscheinlich erschien, daß wir unsere Arbeiten in einer so kurzen Zeit vollenden könnten, versprachen wir, unser Bestes zu tun, und hofften im Stillen, daß nach den für gewöhnlich sehr vagen tibetischen Zeitbegriffen der Monat ein wenig «gestreckt» werden könnte. Die Hauptsache war, den Dsongpön bei guter Laune zu erhalten, obwohl er in Wirklichkeit kein Recht hatte, uns eine Zeitgrenze zu setzen. Aber wir sagten uns, daß er uns aller Wahrscheinlichkeit nach vergessen würde, sobald er abgereist war, und daß wir, wenn dies nicht der Fall sein sollte, immer noch Gelegenheit hätten, um einen Zeitaufschub von einigen Tagen oder einer Woche zu bitten.

Glücklicherweise reiste der Dsongpön nach zwei Tagen ab, nachdem er uns einen Lamyig für die Rückreise nach Indien ausgestellt hatte. Als er sich verabschiedete, sprach er die Hoffnung aus, uns in Shipki, einem Dorf am Fuße des nach Indien führenden Passes, wiederzusehen, da er sich Ende des nächsten Monats für einige Zeit dort aufhalten würde. Wir wünschten ihm eine gute Reise und kehrten frohen Mutes an unsere Arbeit zurück, die wir so viele Tage hatten unterbrechen müssen.

DER LAMA VON PHIYANG

Wir waren kaum zu unseren Tempeln zurückgekehrt, als der Dsongpön von Rudok ankam, begleitet vom Abt des Sakya-Klosters von Phiyang. Sie trafen am Abend in Tsaparang ein, und am nächsten Morgen stieg der Phiyang Lama zum Roten Tempel herauf, wo wir gerade unsere morgendlichen *pûjâ* beendet hatten und im Begriff waren, unsere Arbeit zu beginnen. Der Lama, ein älterer Mann mit einem freundlichen, von schütterem weißem Bart umrahmten Gesicht, flößte uns unmittelbares Vertrauen ein, als ein Mensch von aufrichtiger Güte und religiösem Ernst. Seine äußere Einfachheit, sein natürliches und dennoch würdevolles Gebaren und seine ruhige Art zu sprechen ließen uns instinktiv fühlen, daß wir nichts von ihm zu fürchten hatten und daß die Fragen, die er an uns richtete, aus religiösem Interesse und nicht aus Mißtrauen oder bloßer Höflichkeit stammten. Er setzte sich im warmen Sonnenschein vor dem Eingang des Roten Tempels nieder und verwickelte mich sogleich in ein religiöses Gespräch. Er erkundigte sich zunächst danach, welcher Schule oder Tradition *(chos-lugs)* wir angehörten, und erklärte, daß er selbst, obwohl Abt eines Śâkya-Klosters, ursprünglich der Nyingma- und Kargyüt-Tradition angehörte. Ich erzählte ihm von unserem Kargyüt-Guru und von Tomo Géshé Rimpotsché, woraufhin er sagte: «Was macht es schon, welcher Schule man folgt. Es gibt nur ein Ding, das von wirklicher Bedeutung ist: die Praxis der Meditation.» Er zitierte dann einen Vers, der diesen Gedanken zum Ausdruck brachte und mit den folgenden Worten begann: «Ohne Meditation (*sgom*) gibt es keinen Dharma (*chos*), und wo immer der Dharma gefunden wird, dort ist auch Meditation.»

Ich fühlte mich seltsam erhoben in der Gegenwart dieses alten Mannes, der so einfach und selbstverständlich mit mir auf dem Boden saß und sich in seinem abgeschabten Reisegewand in keiner Weise von einem armen Wandermönch unterschied. In seinem Gespräch zeigte sich keinerlei Neugierde, er war nicht an persönlichen Fragen interessiert, von wo wir kamen, wohin wir zu gehen beabsichtigten oder was wir hier täten. Sein Gespräch drehte sich nur um geistige Fragen und vor allem um meditative Praxis. Er war zweifellos ein Mann von großem Wissen, aber es wurde mir klar, daß er den Ehrgeiz bloßer Gelehrsamkeit hinter sich gelassen und die wesentliche Botschaft des Buddha in seinem eigenen Leben verwirklicht hatte.

Zum ersten Mal empfanden wir kein Bedauern darüber, daß unsere Arbeit unterbrochen wurde, denn seit wir die Klöster unserer Gurus in Südtibet verlassen hatten, waren wir niemandem begegnet, der uns das Gefühl geistiger Verwirklichung gegeben hätte; denn Verwirklichung ist wie der natürliche Duft einer Blume, der sich unmittelbar und dennoch unaufdringlich bemerkbar macht und den umgebenden Luftraum erfüllt, gleichgültig, ob die Menschen ihm Beachtung schenken oder nicht. Wir konnten nicht sagen, warum es so war, aber Phiyang Lama strahlte solchen Frieden aus, daß all unsere Sorgen wie weggeblasen waren. Unser Wettrennen mit der Zeit, das uns in dauernder Spannung gehalten hatte, war plötzlich zum Stillstand gekommen, und wir fühlten uns glücklich und zufrieden, als ob die Zeit nicht mehr existierte. In der Gegenwart Phiyang Lamas schienen alle Probleme ihre Bedeutung zu verlieren, und wir hatten nur den einen Wunsch, daß er längere Zeit bei uns verweilen könnte. Aber er sagte uns, daß er sich auf dem Weg nach Indien befinde, um die heiligen Stätten zu besuchen, und daß er die Einladung des Dsongpön von Rudok angenommen hätte, mit ihm zu reisen, solange ihre Reiserouten sich in gleicher Richtung bewegten.

Nachdem wir zusammen mit Phiyang Lama in unsere Steinhütte zurückgekehrt waren, kam auch der Dsongpön von Rudok dorthin und schloß sich uns an. Er war ein lebhafter, sympathischer junger Mann, allem Neuen aufgeschlossen und begierig, so viel wie möglich von unseren Reisen und Eindrücken zu hören, vor allem aber über das Tun und Lassen der Lhasa-Gesellschaft, deren Mitglieder wir im Laufe unserer Reise an den verschiedensten Orten kennengelernt hatten. Li hatte eine

Menge Aufnahmen von all diesen Leuten gemacht und nahm die Gelegenheit wahr, sie ihm zu zeigen. Dabei stellte sich heraus, daß wir viele gemeinsame Freunde und Bekannte hatten. Ganz besonders aber interessierten den Dsongpön die Aufnahme einiger junger Damen, und Li hatte die größte Schwierigkeit, ihn zur Rückgabe der Photographien zu bewegen, indem sie ihm klar zu machen versuchte, daß es nicht anginge, Photographien anderer Leute ohne ihre Zustimmung weiterzugeben. Phiyang Rimpotsché war sichtlich amüsiert über den Enthusiasmus des jungen Mannes für das schöne Geschlecht, aber er war kein Spielverderber, da er sah, wie sehr der Dsongpön dieses Gespräch über Menschen und Örtlichkeiten genoß, die für ihn mit angenehmen Erinnerungen verbunden waren und die er auf seinem abgelegenen Posten in Rudok (nicht weit vom Panggong Tso) schmerzlich vermißte.

Was für ein Gegensatz zwischen diesen beiden Männern: dem lebensfrohen jungen Weltmann und dem abgeklärten alten Weisen! Dennoch schienen sie gute Reisegenossen zu sein: der junge Mann durch seine unbefangene Fröhlichkeit und sein offenes Wesen, der Alte durch sein tolerantes Verstehen menschlicher Natur und seinen unerschütterlichen Gleichmut.

Sie traten schon am nächsten Morgen die Weiterreise an, und als Phiyang Rimpotsché kam, um von uns Abschied zu nehmen, waren wir aufrichtig betrübt. Um unseren Gefühlen sichtbaren Ausdruck zu verleihen, beschlossen wir, ihm eine sehr schöne Reproduktion des berühmten Sarnath-Buddha (einer Statue des 6. Jahrhunderts n. Chr.) zu schenken. Wir hatten diese Reproduktion als eine besondere Gabe mit uns geführt, für den Fall, daß wir uns auf unserer Reise einem hohen Lama erkenntlich zeigen wollten. Hier schien uns nun die rechte Gelegenheit gekommen zu sein. Zu unserer Überraschung lehnte aber der Rimpotsché unsere Gabe in aller Freundlichkeit ab, und wir fühlten, daß seine Worte wahr und aufrichtig waren, als er sagte: «Ich danke euch für eure freundliche Gesinnung, aber ich brauche kein äußeres Bild des Erleuchteten mehr, denn der Buddha ist stets gegenwärtig in meinem Herzen.» Sodann segnete er uns und nahm Abschied.

Wir fühlten uns plötzlich unsagbar einsam und verlassen, als ob ein Mensch, der tief mit unserem eigenen Leben verbunden war, uns verlassen hätte. Hätte uns nicht unsere unvollendete Arbeit zurückgehalten, so hätten wir um die Erlaubnis gebeten, ihn auf seiner Pilgerfahrt begleiten zu dürfen.

Wie aber hätten wir ahnen können, daß unser Wunsch in einer Weise in Erfüllung gehen würde, wie wir es uns selbst im Traume nicht hätten vorstellen können – eine Erfüllung, durch die unser erster Eindruck dieses Mannes voll bestätigt werden sollte: daß wir einem Menschen von ungewöhnlichen geistigen Errungenschaften begegnet waren, einem Menschen, der sowohl die Fähigkeit wie den Willen hatte, diese Errungenschaften mit anderen zu teilen.

WETTLAUF MIT ZEIT UND HINDERNISSEN

Kaum hatte Phiyang Lama uns verlassen, wurde die Zeit wieder zur Wirklichkeit, und der Wettlauf gegen sie begann von neuem. Es wurde uns nun klar, daß nicht nur jeder Tag, sondern jede Minute unserer Arbeitszeit kostbar war. Wir standen daher mit dem ersten Sonnenstrahl auf, der durch die Spalten der roh aufeinandergeschichteten Steinblöcke drang, aus denen die Wände unserer höhlenartigen Wohnstätte bestanden, und wir kehrten erst zurück, wenn es für unsere Arbeit in den Tempeln zu dunkel wurde und die Sonne hinter den Felsen versank. Wir wagten nicht, auch nur die geringste Zeit auf ein Mittagsmahl zu verschwenden. Aus diesem Grunde bereiteten und verzehrten wir unsere Mahlzeit erst nach Sonnenuntergang. Manchmal arbeiteten wir selbst noch bei Kerzenlicht an unseren Zeichnungen und Notizen, bevor wir uns schlafen legten, solange die Wärme unserer heißen Mehlsuppe, die wir jeden Abend zubereiteten, unsere Finger bewegungsfähig erhielt. Die Temperatur unseres kleinen Raumes stieg nie über den Gefrierpunkt, und es passierte oft, daß unser frischgebrauter Tee, wenn wir ihn auch nur für kurze Zeit über dem Gespräch zu trinken vergessen hatten, in der Holztasse zu einem Eisklumpen gefroren war.

Um Hände und Gesicht zu waschen, mußten wir das Eis in unserer Waschschüssel aufbrechen, denn das Wasser gefror sofort, nachdem Wangdu es in einem hölzernen Fäßchen vom Tal heraufgeholt und in unsere Schüssel geschüttet hatte. Um das Wasser zur Essensbereitung oder zum Teekochen flüssig zu halten, wurde das Fäßchen in Wangdus

Höhle neben der Feuerstelle aufbewahrt. Da Brennstoff, der zur Hauptsache aus Reisig, seltener aus Yakdung bestand, knapp war und aus erheblicher Entfernung vom Talgrund heraufgebracht werden mußte, konnte er nur zur Essensbereitung auf der gemeinsamen Feuerstelle zwischen unserem Schlafraum und dem Höhleneingang verwendet werden.

Unsere Hauptnahrung bestand aus Tschapatis mit etwas ranziger Butter, die wir im Tholing Gompa zu einem hohen Preis gekauft hatten; und am Abend fügten wir eine aus gesüßter Milch und Mehl hergestellte dicke Suppe dazu. Als schließlich auch die Tholing-Butter zu Ende ging, sandten wir den Trapa vom Tschamba-Lhakhang zunächst nach Tholing und später, als selbst im Kloster keine Butter mehr zu haben war, zu den Dogpas, den Nomadenhirten im Tschang-Thang. Der gute Mann kam nach einem Monat von dort mit nur zwei Butterballen von je einem Pfund zurück, die in ungegerbte Häute, mit dem Fell nach innen, genäht waren und mehr den Geruch von reifem Käse als von Butter hatten.

Aber die Buddhastatuen und Fresken in den Tempeln erfüllten uns mit solcher Begeisterung, daß wir der physischen Nahrung nur wenig Beachtung schenkten. Dennoch konnten wir nicht umhin zu bemerken, daß unsere Vorräte sich mit beängstigender Geschwindigkeit verminderten. Wir entdeckten schließlich, daß sich unmittelbar hinter unseren Proviantsäcken ein großes Loch in der Wand befand. Wir besserten die Wand stillschweigend aus und stapelten unsere Vorräte an einem sicheren Platz auf – außerhalb der Reichweite eines durch die schadhafte Wand gestreckten Armes.

Für einige Tage ging alles gut, aber dann bemerkten wir erneut, daß Vorräte verschwanden. Könnte es sein, daß das Vorhängeschloß, mit dem wir die schwere Holztür unserer Klause jeden Morgen, bevor wir zur Arbeit gingen, verschlossen, in unserer Abwesenheit geöffnet würde? Um sicher zu gehen, versiegelten wir das Schloß jeden Morgen. Wir fanden das Siegel nie erbrochen, noch irgendwelche Veränderungen an den Wänden, die auf weitere Einbruchsversuche hätten hinweisen können. Dennoch aber verminderten sich unsere Vorräte weit über das Maß unseres eigenen Verbrauchs. Wir waren sicher, daß der Dieb nur Wangdu oder einer seiner Freunde oder Angehörigen sein konnte, die ihn von Zeit zu Zeit besuchten. Aber es war uns ein Rätsel, wie irgend jemand den Raum betreten konnte, ohne die Tür zu öffnen oder die Wand zu durchbrechen. Die letztere Möglichkeit verwarfen wir jedoch, da so etwas zu viel Zeit in Anspruch nehmen und Spuren hinterlassen würde, die wir auf Grund unserer früheren Erfahrung sofort entdecken würden. Vorbeugungshalber machten wir es uns von nun an zur Gewohnheit, daß der eine oder andere von uns plötzlich und zu unerwarteter Zeit in unserem Quartier auftauchte – als ob wir etwas vergessen hätten.

Wangdu wurde von Zeit zu Zeit von seinem Schwager abgelöst, der, wie er behauptete, gleichen Anspruch darauf hätte, uns zu bedienen und auf diese Weise zu etwas Geld zu kommen. Was jedoch anfangs als eine freundschaftliche Vereinbarung zwischen den beiden Männern erschienen war, entwickelte sich bald zu einer bitteren Rivalität, und eines Tages kam es zum offenen Streit, in dem jeder den andern aus unserem Dienst zu verdrängen suchte. Wir waren gerade in unserem Raum, als der Streit vor unserer Tür begann. Augenscheinlich versuchte einer den andern fortzustoßen und ihn am Eintreten zu hindern. Plötzlich ein mächtiger Krach – und sie fielen beide mitsamt der Tür in den Raum! Und da gewahrten wir zu unserem Entsetzen, daß die Tür aus den Angeln gehoben war! Das war also des Rätsels Lösung. Jeden Tag, nachdem wir die Tür verschlossen und das Vorhängeschloß versiegelt hatten, hob der Dieb die Tür, sobald wir auf dem Weg zu den Tempeln waren, einfach aus den Angeln und nahm sich aus unseren Vorräten, was immer ihm gefiel. Er hängte dann die Tür wieder in die Angeln, und wenn wir am Abend (oder zu irgendeiner anderen Zeit) von unserer Arbeit zurückkamen, fanden wir unser Schloß und sein Siegel intakt! Von nun an versiegelten wir auch die andere Seite der Tür jeden Tag, und dies war ein voller Erfolg, denn von nun an wurden keine Lebensmittel mehr gestohlen.

Inzwischen waren anderthalb Monate vergangen, und der Dsongpön von Tsaparang, der wahrscheinlich seit langem auf dem Weg nach Schipki war, hatte bisher nichts mehr von sich hören lassen. Da er uns bei seiner Ankunft in Schipki nicht vorfinden würde, würde er wahrscheinlich einen Boten zu uns senden, um herauszufinden, ob wir noch in Tsaparang seien, und bis dahin konnte ein weiterer Monat vergehen und es uns ermöglichen, den wesentlichsten Teil unserer Arbeit zu vollenden. Andererseits aber konnte es passieren, daß die Pässe im Grenzgebiet des Himalaya bereits durch schwere Schneefälle geschlossen waren; in diesem Fall hätte es wenig Sinn, unsere Rückkehr nach Indien zu erzwingen. Es war uns im Grunde genommen ziemlich gleichgültig, was passierte, sofern wir nur mit unserer Arbeit vorwärts kamen.

Wir hatten Mitte Dezember, als der gefürchtete Schlag fiel. Eines Abends trafen einige wild aussehende Gesellen in Tsaparang ein und quartierten sich in Wangdus Höhle ein, wo sie die ganze Nacht Tschang tranken und gröhlten. Am nächsten Morgen kam ein finster aussehender, einäugiger Mann (das andere Auge hatte er bei einer Schießerei im Tschang-Thang verloren, wie man uns später erzählte) zu uns und teilte uns den Befehl des Dsongpön mit, daß wir Tsaparang zu verlassen hätten und daß er beauftragt sei, uns zum Grenzpaß zu eskortieren.

Da die Kopien einiger wichtiger Freskenteile nur halb fertig waren, sagte ich dem Mann, daß wir bereit seien, Tsaparang zu verlassen, wenn der Dsongpön uns nur einige wenige Tage Aufschub gewähren würde, damit wir unsere Arbeiten abschließen könnten. Um Zeit zu gewinnen, schrieb ich sofort einen Brief an den Dsongpön und sandte ihn mit einem seiner Leute an ihn ab. Ich erwartete zwar keine günstige Antwort, aber ich wußte, daß es mindestens eine Woche dauern würde, bis der Bote mit der Antwort zurückkommen konnte. Der Dongpön war, wie wir von seinen Leuten erfahren hatten, inzwischen von Schipki zurückgekehrt und hielt sich wieder in seinem Hauptquartier in Schangscha auf.

Es kam genau, wie ich erwartet hatte. Der Bote kam nach einer Woche zurück, und dies ermöglichte es uns, gerade noch unsere laufenden Arbeiten zu vollenden. Li hatte ihre Fresken vom Leben des Buddha fertiggestellt, und ich hatte so gut wie alle Fresken des Weißen Tempels kopiert, sowie die meisten der überlebensgroßen Buddhas im Roten Tempel, die sich über dem Leben des Buddha befanden. Li war es außerdem gelungen, eine äußerst interessante Serie von Darstellungen der Tempeleinweihung zu pausen, nach denen man sich eine gute Vorstellung von den Menschen, die den Tempel gebaut hatten, machen konnte.

Einen Tag nach der Rückkehr des Boten wurden beide Tempel auf Befehl des Dsongpön versiegelt. Es war für uns ein trauriger Tag, an dem wir unsere letzten *pûjâs* in diesen Tempeln vor den goldenen Buddhas zelebrierten, die während dreier Monate unsere tägliche Inspiration gewesen waren und gnadenvoll auf uns herabgelächelt hatten. Nun, da wir sie verlassen mußten, war es uns, als ob wir von unseren liebsten Freunden Abschied nehmen müßten. Für uns waren sie die lebendige Verkörperung von Weisheit und Erbarmen gewesen. Sie hatten uns mit Mut und Begeisterung erfüllt, und wir hatten unter ihrem Schutz gelebt und gearbeitet. Sie hatten uns den Dharma in wortlosen Predigten unvergänglicher Schönheit verkündet, die in unseren Herzen bewahrt und als die edelste Vision höchster Vollendung weiterleben würde. Wir verließen den Tempel in tiefer Dankbarkeit. Wir hatten unsere Pflicht getan und unsere Aufgabe erfüllt, und was wir gewonnen hatten, konnte keine Macht der Welt uns rauben.

ENTDECKUNG DES GEHEIMEN PFADES UND DES MANDALA-TEMPELS

Nachdem die Tempel versiegelt waren, hatten wir zum ersten Mal genügend Zeit, um in den Ruinen und ihrer Umgebung umherzuwandern, und so nutzten wir diese Gelegenheit, um zu skizzieren und Aufnahmen zu machen. Es fehlte nicht an schönen und interessanten Motiven, und da unsere Hauptarbeit beendet war, konnten wir uns mit gutem Gewissen unseren eigenen schöpferischen Impulsen widmen. Es war dies die einzige Weise, über die Trauer des Abschieds hinwegzukommen und die Leere, die plötzlich vor uns gähnte, auszufüllen.

Während Li in der Nähe der Tschörten an der Rückseite des Tsaparang-Felsens mit Zeichnen beschäftigt war, erforschte ich noch einmal die Ruinen, die sich oberhalb der Tempel erhoben und bis zum Fuß des senkrechten Felsgipfels aufstiegen, auf dem die Paläste der Könige silhouettenhaft gegen den Himmel standen – unerreichbar und stolz wie die Burg des heiligen Grals. Wieder und wieder bewegte mich der Gedanke, daß ein letztes ungelöstes Geheimnis in den Ruinen dieser Königspaläste verborgen sein mußte und daß dies der eigentliche Grund war, warum der Dsongpön uns an einem längeren Aufenthalt in Tsaparang zu hindern suchte. Er mußte fürchten, daß wir vielleicht doch eines Tages Mittel und Wege finden würden, um auf den Gipfel des Felsens zu gelangen oder den geheimen Pfad zu entdecken, falls ein solcher existierte.

Diese Gedanken gingen mir durch den Kopf, während ich durch das Labyrinth zerfallener Gebäude streifte, bis ich schließlich vor einer Felswand zum Stehen kam und beschloß, die Suche aufzugeben. Ich

war gerade im Begriff umzukehren, als ich drei Felsblöcke bemerkte, die am Fuß der Felswand aufeinandergeschichtet waren, und es wurde mir plötzlich klar, daß sie nicht zufällig so aufeinandergefallen sein konnten, sondern daß dies das Werk menschlicher Hände sein mußte. ‹Aber zu welchem Zweck›, fragte ich mich, ‹sollte jemand diese Felsblöcke aufeinandergeschichtet haben?› War es, um eine gewisse Stelle zu markieren oder eine Wegrichtung anzudeuten, oder konnten diese Blöcke einem näherliegenden, unmittelbareren Zweck dienen: nämlich um etwas in Reichweite zu bringen, das normalerweise unerreichbar war? Ich stieg auf die Blöcke und streckte meine Hand nach oben. Und siehe da, sie schmiegte sich in eine kleine Aushöhlung, die ich von unten nicht hatte sehen können. Und indem ich mich nun mit der Hand emporzog, fand mein Fuß einen ähnlichen Halt im Felsen, während meine andere Hand einen Felsvorsprung erreichte, der es mir erlaubte, mich weiter emporzuziehen bis zum oberen Rand der Felswand. Ich befand mich hier am unteren Ende einer augenscheinlich vom Regenwasser ausgewaschenen und mit losem Geröll angefüllten Schlucht. Ich kletterte über das Geröll aufwärts und stieß bald auf eine Treppenflucht, die mich davon überzeugte, daß ich den Anfang des alten Treppenweges, der zu den Palästen der Könige führte, gefunden hatte.
Meine Freude war jedoch von kurzer Dauer, da die Treppe bald wieder unter Trümmern verschwand, so daß ich mich in einem Labyrinth von Ruinen verlor und schließlich an meinen Ausgangspunkt zurückkehren mußte. Die einzige Alternative war, der mit Geröll und Schutt gefüllten Schlucht weiter zu folgen. Dies erwies sich als erfolgreich, denn bald stieß ich auf eine zweite Treppenflucht, die besser erhalten war als die erste und zu einem weiten Plateau führte, von dem sich der zentrale Felsen von Tsaparang mehr als hundert Meter hoch senkrecht emporreckte. Ich suchte vergeblich nach einer Fortsetzung der Treppe. So hatte der Dsongpön doch wohl recht gehabt, als er uns sagte, daß der Zugang zu den Palästen auf dem Gipfel von Tsaparang völlig zerstört sei.
Nachdem ich nun aber so weit heraufgekommen war, wollte ich wenigstens die zahlreichen Höhlen, die an der Basis des Felsgipfels gähnten, einer näheren Betrachtung unterziehen, in der Hoffnung, Reste von Fresken, gebrannte Tonsiegel oder Votivfiguren zu finden, die oft in solchen Höhlen deponiert wurden. Aber nichts dergleichen war zu

finden. Stattdessen aber fand ich, was ich am wenigsten erwartet hatte: eine der Höhlen entpuppte sich als der Eingang zu einem Tunnel, der in einer weiten Kurve innerhalb des Felsens emporstieg und hier und dort durch schmale Öffnungen in der äußeren Felswand erhellt wurde. Mit klopfendem Herzen folgte ich dem Tunnel. Je höher ich stieg, desto größer wurden meine Erwartungen, aber zugleich auch meine Furcht, wieder in eine Sackgasse geraten zu sein oder im letzten Augenblick durch irgendein unüberwindliches Hindernis um den Erfolg meiner Anstrengungen gebracht zu werden.

Um so größer war daher meine Freude, als ich am oberen Ende des Tunnels wieder ins Sonnenlicht trat und begriff, daß ich tatsächlich auf dem Gipfel von Tsaparang stand, den wir während all dieser Zeit für unersteigbar gehalten hatten. Der Ausblick allein war die Mühe des Aufstiegs wert. Ich konnte nun sehen, daß der Felsgipfel, auf dem Tsaparang stand, durch zwei tiefe Canyons aus einem größeren Bergmassiv herausgeschnitten war und daß diese Canyons in das des Langtschen Khambab mündeten, über dem sich eine wildzerrissene Kette von Felsbergen in den klaren blauen Himmel erhob. Sie wirkten wie eine Prozession von gotischen Kathedralen, mit unzähligen Türmen und nadelscharfen Spitzen. Hinter ihnen tauchten hier und dort schneebedeckte Gipfel auf, und in der strahlenden Sonne erschien die Landschaft in den transparentesten Farben.

Mir war, als stände ich im Zentrum eines immensen Mandalas, das aus überirdischen Formen und Farben gebildet war: ein Zentrum, zu dem all diese Formen und Farben in einer bedeutsamen inneren Beziehung zu stehen schienen, so daß es zum Brennpunkt aller Kräfte des Himmels und der Erde wurde, die seine Umgebung geformt hatten. Nach diesem geomantischen Prinzip sind alle großen Heiligtümer und Machtzentren Tibets gebaut worden; dabei wurde dem geistigen Element immer der Vorrang gegeben, im Einklang mit den Gesetzen der Natur und dem Schönheitssinn des Menschen. Die befestigten Königssitze und die Burgen mächtiger Adelsgeschlechter waren zugleich Festungen des Glaubens und Heiligtümer der großen Schutzgötter und ihrer Mysterienkulte, die der Öffentlichkeit nicht zugänglich waren, sondern nur den Eingeweihten, die durch Jahre geistigen Trainings darauf vorbereitet waren.

Im Bewußtsein all dieser Tatsachen wanderte ich durch die Ruinen der

Paläste und Tempel, die stummen Zeugen einer großen Vergangenheit mit ihren Triumphen und Tragödien, menschlichen Leidenschaften und Idealen, Machtstreben und religiöser Hingabe. Eine fast unheimliche Stille herrschte an diesem Ort, der zwischen Himmel und Erde zu hängen schien und vielleicht deshalb an beidem teilhatte: an den Ekstasen göttlicher Inspiration und den grausamen Leiden, die durch menschliche Gier und Machtlust verursacht werden. Ich wanderte umher wie in einem Traum, in dem Vergangenheit und Zukunft in ein Gewebe vierdimensionaler Wirklichkeit verwoben waren – und plötzlich stand ich vor der halboffenen Eingangstür zu einem fast völlig erhaltenen Gebäude, das wie durch ein Wunder der allgemeinen Zerstörung entgangen war.

Mit einem seltsamen Gefühl der Erwartung trat ich in die Totenstille des halbdunklen Raumes ein, in dem die Geheimnisse von Jahrhunderten gegenwärtig zu sein schienen und sich mir wie das Schicksal einer unerfüllten Vergangenheit auf die Seele legten. Als sich meine Augen endlich an die Dunkelheit gewöhnt hatten, wurden meine Ahnungen zur Gewißheit: ich stand im Allerheiligsten eines Mysterientempels, einer Weihestätte, in dem das große Mandala (der «Heilige Kreis Höchster Glückseligkeit» – Tib.: *dPal hKhor-lo bDe-mchog*) vor den Augen des Eingeweihten enthüllt wird, so daß er all seiner Formen himmlischer Pracht, göttlicher Gestalten und kosmischer Symbole gewahr wird.

In der Gegenwart Tomo Géshé Rimpotschés war ich zum ersten Mal mit der mysteriösen Welt dieses Mandalas in Berührung gekommen, und unter seiner Führung war sie mir zum lebendigen Erlebnis geworden. Fast ein Jahr lang hatte ich mich dem Studium dieses Mandalas gewidmet, so daß es während dieser Zeit zum Mittelpunkt meines religiösen Lebens geworden war. Aber schon damals war es mir klar gewesen, daß ich kaum einen Zipfel des Schleiers gehoben hatte, der die Schauungen dieses tiefsten aller tiefen Tantras verhüllt. Es wurde bereits zur Zeit Padmasambhavas in Tibet eingeführt und wird als eine der ältesten und bedeutendsten Überlieferungen esoterischer Praktiken von allen Schulen des Buddhismus in Tibet, von den Nyingmapas bis zu den Gelugpas, in höchsten Ehren gehalten.

Es enthält den vollständigen Vorgang einer geistigen Weltschöpfung aus dem tiefsten Zentrum des Bewußtseins – die Entfaltung der Formen aus dem formlosen Zustand der undifferenzierten Leere und ihrer unbegrenzten Potentialität – vermittels der Keimsilben feinelementarer Formkräfte und der Kristallisierung ihrer essentiellen Symbole, Farben und Erscheinungsformen zu einem konzentrischen Bild des Universums, das in immer weiterschwingenden Kreisen oder Ringen sich materialisierender Welten in Erscheinung tritt. Ihr wesenhaftes und zeitloses Zentrum wird durch das Symbol des Berges Meru dargestellt, der die ruhende Achse und den idealen Querschnitt des Universums bildet, in dem die Hierarchien göttlicher Wesen und Daseinsbereiche, d. h. die zunehmend intensiver und transparenter werdenden Manifestationen höherer Bewußtseinsdimensionen gegenwärtig sind. «Eine Welt im Kleinen entsteht, überschäumend von elementaren Kräften, die im Universum als kosmische und im Menschen als körperliche und geistige Kräfte wirken. Die meisten Größen dieser bis ins Kleinste ausgearbeiteten Darstellung entstammen dem Körper bodenständiger religiöser Lehre und Mythologie. Einige sind so universal und transparent, daß sie selbst dem Außenstehenden etwas von der Gewalt dieser symbolischen Schöpfung enthüllen und ihn intuitiv spüren lassen, daß wir hier der Entfaltung eines großen geistigen Dramas beiwohnen, das uns zum Gipfel der höchsten und edelsten Gemütsbewegungen emporreißt. *»

Der Bereich dieser höchsten Bewußtseinsdimensionen wird durch einen himmlischen Tempel symbolisiert, der aus den reinsten und kostbarsten Materialien besteht und das Mandala der höchsten Glückseligkeit und der vollkommensten Verwirklichung des erleuchteten Geistes enthält, in dem die geistigen Hierarchien auf konzentrischen, zur Mitte aufsteigenden Stufen angeordnet sind. In diesem Zentrum aber wird die höchste Wirklichkeit bewußt erlebt in der liebenden Vereinigung und Einswerdung der göttlichen Gestalt Demtschogs und seiner transzendenten Weisheit in der Form der Göttin Dorje Phagmo.

Mit dem oberen Paar seiner zwölf Arme und Hände, die das Wissen um die zwölffache Formel des «Abhängigen Entstehens» ausdrücken, zerreißt Demtschog die Elefantenhaut des Nichtwissens (um die wahre Natur des Daseins); mit seinen vier Gesichtern, die in den Farben der vier Großen Elemente *(mahâbhûta)* erstrahlen, durchdringt und um-

* Aus einem Aufsatz über das *Srîcakra-Sambhara-Tantra* von Johann van Manen, der von Sir John Woodroffe in *Shakti and Shakta* (Luzac, London, 1929) wiedergegeben wurde.

faßt er die vier Richtungen des Weltraums mit den vier göttlichen Qualitäten der Liebe, des Mitleids, der Mitfreude und des Gleichmuts. Jedes dieser Gesichter hat drei Augen; denn sein Blick durchdringt die drei Welten (die Welt des sinnlichen Begehrens, die Welt der Reinen Form und die Welt der Nichtform) und die drei Zeiten (Vergangenheit, Gegenwart und Zukunft). Die Farbe seines Körpers ist Blau, denn er stellt die Unendlichkeit, Unvergänglichkeit und die allgegenwärtige Ganzheit des alle Dinge enthaltenden Raumes dar, d. h. das Prinzip der allumfassenden und in allem gegenwärtigen Leere, die aller Wirklichkeit zugrunde liegt.

Dorje Phagmos Körper ist rot, um ihre leidenschaftliche Hingabe an das Wohl aller Lebewesen anzudeuten. Sie hat nur *ein* Gesicht, um die Einheit aller Dinge auszudrücken, und nur zwei Arme, was den zwei Aspekten der Wahrheit entspricht, der absoluten und der relativen. Sie ist nackt, denn sie ist frei von verhüllenden Illusionen. Ihre Beine umfangen den göttlichen Körper Demtschogs, der sie eng umarmt hält, um ihrer beider völlige und untrennbare Vereinigung von Körper und Geist – die Einheit von Weisheit und höchster Beseligung – zum Ausdruck zu bringen.

Und alle göttlichen Gestalten, die um das zentrale Paar in aufsteigenden Stufen versammelt sind, sind gleicherweise mit ihren Weisheitsgöttinnen vereint, so daß sie wie Reflexe der höchsten Wahrheit auf verschiedenen Ebenen der Wirklichkeit erscheinen. Sie alle sind dem gleichen kosmischen Tanz im ekstatischen Erlebnis höchster Glückseligkeit hingegeben, die aus der Vereinigung von *prajñâ* und *upâya* fließt, d. h. von Weisheit und ihrer Verwirklichung durch tätiges Mitgefühl und selbstlose Liebe. Jede dieser Gestalten verkörpert eine gewisse Eigenschaft oder Stufe auf dem Pfad zur Vollendung, der Schritt für Schritt in dieser tiefen und universellen Meditation nachgezeichnet ist.

«Was muß man tun, um diese Meditation zur Wirklichkeit werden zu lassen? Jede Vorstellung muß verlebendigt und mit Leben und Macht durchtränkt sein. Jede Gottheit muß zu einem lebendigen Gott gemacht werden, jede in dieser Meditation gehandhabte Kraft muß in die höchste Potenz erhoben werden. Die ganze Struktur dieses Mandalas muß von Kräften vibrieren, die fähig sind, in empfindbare Beziehungen zu den größeren kosmischen Kräften des Universums zu treten, die im kleineren Maßstab im individuell Meditierenden nachgebildet sind. Dem religiösen Geist ist das Universum von den Gedanken der Götter, von den Kräften großer Intelligenzen und Bewußtseinsformen erfüllt, die ewig durch den Weltraum strahlen und den wirklichen Bestand der Welt ausmachen. ‹Die Welt ist nur ein Gedanke im Geiste Gottes.› Es muß Jahre angespannter Übung erfordern, um auch nur die Macht des Schauens (der Visualisierung) zu erwerben und diese Meditation als ein inneres Drama in allen Einzelheiten genau wiederzugeben.» * Zu diesem Zweck werden genaue Modelle dieses Mandalas aufgebaut, in denen das ganze geistige Universum in allen Einzelheiten nachgebildet ist – bevölkert von Hunderten von göttlichen und dämonischen Figuren – vom juwelenbedeckten Tempel auf dem Gipfel des Meruberges, bis hinunter zu den acht großen Verbrennungsplätzen, den Orten des Todes und der Initiation, in denen Yogis und Siddhas der geistigen Wiedergeburt und Transformation teilhaftig wurden, indem sie den Vorgang des Sterbens und die Überwindung der Todesillusion erlebten: denn um wiedergeboren zu werden, muß der Initiand durch die Pforten des Todes gehen.

Während ich mir dies alles vergegenwärtigte, stand ich auf der Schwelle des Tempels und blickte erwartungsvoll und mit leisem Schauder in das Dunkel des Inneren. Aber was war geschehen? Die unzähligen Figuren göttlicher Wesen, die das Mandala bewohnt hatten, lagen in wildem Durcheinander in und um den halbzerfallenen Aufbau. Das Heiligtum war augenscheinlich von den Horden eines feindlichen Heeres beim Fall von Tsaparang, nach dem Zusammenbruch der Guge-Dynastie, entweiht worden. Trotzdem hatten die Kräfte roher Gewalt nicht die geheiligte Atmosphäre dieser alten Einweihungsstätte zerstören können. Die Wände waren noch mit Fresken von großer Schönheit und tiefleuchtenden Farben bedeckt. Sie stellten den mystischen Tanz vielarmiger, vielköpfiger Gottheiten dar, die in ekstatischer Umschlingung mit ihren weiblichen Partnern ein schreckliches und ehrfurchtgebietendes, zugleich von Grauen und Schönheit erfülltes Schauspiel boten, das dem Eingeweihten zur Offenbarung, dem unwissenden Eindringling aber zur Drohung wurde. Leben und Tod, Schöpfung und Zerstörung, die Mächte des Lichtes und der Finsternis schienen hier unaufhörlich ineinander verwoben in einem zyklonischen Wirbel der Verwandlung und Befreiung.

* Johan van Manen, im obenerwähnten Aufsatz.

Ich öffnete die Pforte des Tempels so weit als möglich, doch das Licht war nicht genügend, um Aufnahmen von den Fresken zu machen. Aber unter den Figuren, die über den Aufbau des Mandalas verstreut lagen, war ein vierarmiger Herûka (eine Form Demtschogs), umschlungen von seiner von Wissen erfüllten Khadoma* (die, ähnlich den griechischen Musen, eine Verkörperung der Inspiration darstellt), und in diesen so vereinten Figuren war der Augenblick – oder richtiger, der zeitlos-ekstatische Zustand – vollkommener Verschmelzung von Liebe und Weisheit zu höchster Beseligung in solch vollendeter Schönheit ausgedrückt, daß ich mich dazu bewogen fühlte, das göttliche Paar aus diesem Chaos der Zerstörung herauszunehmen, um außerhalb des Tempels eine Aufnahme davon machen zu können. Mit Bedauern trug ich sie, nachdem ich die Aufnahme gemacht hatte, in den Tempel zurück, denn ich war gewiß, daß sie dort mit den übrigen Figuren des Mandalas und dem gesamten Heiligtum über kurz oder lang der Vernichtung anheimfallen würden. Aber ich war froh, wenigstens einen Teil dieser vergänglichen Schönheit auf meinen Film gebannt zu haben, zur Erinnerung für mich selbst und als ein Zeugnis für spätere Zeiten.

Bevor ich die Pforte des Tempels hinter mir schloß, warf ich einen letzten Blick in das Heiligtum und rezitierte die Mantras, durch die der innere Gehalt des Großen Mandala vergegenwärtigt und verwirklicht wird, – jene Mantras, die vor einem Jahrtausend an diesem Ort ertönten und die großen Visionen, denen dieser Tempel seine Entstehung verdankte, lebendig werden ließen. In der Gewißheit, daß bald die letzten Spuren dieses Mandalas verschwunden sein würden, war ich dankbar, daß mir dieser Anblick vergönnt gewesen war und daß sich mir die Gelegenheit geboten hatte, etwas von dem Geiste, dem diese Stätte geweiht war, nachzuerleben. Die Heiligkeit eines solchen Ortes kann nicht durch äußere Renovierung wiederhergestellt werden, sondern nur durch den Akt innerer Hingabe und vergeistigter Konzentration, durch welche allein die schöpferische Kraft der Mantras Wirklichkeit werden kann.

Ich trat wieder ins Sonnenlicht, von dankbarer Freude erfüllt, daß

* Skt.: *ḍâkinî*, Tib.: *khâ-ḥgro-ma*, wörtl. «eine im Himmelsraum Wandelnde», einer Fee vergleichbare Gestalt, die sowohl gute wie böse Eigenschaften darstellen kann.

auch mein letzter Wunsch in Tsaparang in Erfüllung gegangen und daß die Aufgabe, die ich mir gesetzt hatte, erfolgreich beendet war. Bevor ich aber auf dem Rückweg in den Felstunnel trat, blickte ich noch einmal über die weite Landschaft und die Ruinen der verlassenen Stadt und die sie umgebenden Canyons. Tief unter mir aber sah ich eine kleine Gestalt sich bewegen und erkannte Li, die in der Nähe der Tschörten am Fuße des Berges mit Skizzieren beschäftigt war. Ich rief zu ihr hinunter – uneingedenk des Risikos, das ich hiermit auf mich nahm, indem ich uns der Gefahr der Entdeckung aussetzte. Sie schaute sich erstaunt um, ohne zu ahnen, von wo meine Stimme kam, bis sie schließlich nach oben blickte und mich am Rande des Felsgipfels entdeckte. Sie gab mir ein warnendes Zeichen, nicht meine Gegenwart zu verraten, denn die Abgesandten des Dsongpön waren vielleicht schon auf der Suche nach uns. In der Hoffnung, daß meine Stimme mich nicht verraten hatte, verschwand ich schnell im Felstunnel und eilte, ohne mich noch irgendwo aufzuhalten, den Berg hinab.

Da auch Li den Demtschog-Lhakhang sehen wollte, stieg ich mit ihr am nächsten Tage nochmals hinauf, und obwohl wir, um die Aufmerksamkeit der Leute des Dsongpön abzulenken, zunächst eine andere Richtung einschlugen, hatten sie offenbar Verdacht geschöpft und schickten Wangdu auf die Suche nach uns aus. Kaum hatten wir den Demtschog Lhakhang verlassen (nachdem Li in aller Eile noch ein paar Aufnahmen gemacht hatte), als Wangdu, sichtlich verstört, aus dem Felstunnel auftauchte. Aller Wahrscheinlichkeit nach war er vom Dsongpön beauftragt worden, den Weg zum Gipfel vor uns geheimzuhalten und uns auf jede mögliche Weise am Aufstieg zu den Palästen zu hindern. Die Tatsache, daß auch er mehrfach jede Zugangsmöglichkeit zum Gipfel des Tsaparang-Felsens abgeleugnet hatte, war uns ein genügender Beweis hierfür. Wir versicherten ihm jedoch, daß der Dsongpön nichts davon erfahren würde, wenn er selbst es nicht den Leuten des Dsongpön verriete. Dies beruhigte ihn sichtlich, und am Nachmittag ließ er sich sogar dazu herbei, uns den kleinen Yamântaka-Tempel zu zeigen, den wir bisher gemieden hatten, da wir dem Dsongpön versichert hatten, daß wir nur in den Haupttempeln, die den «milden» Erscheinungsformen der Erleuchteten gewidmet waren, arbeiten wollten.

Nach unserer Erfahrung in Tholing verstanden wir nur allzugut die

Furcht des Dsongpön, daß wir den Zorn der furchtbaren Gottheiten auf ihn ziehen könnten, falls er uns erlaubte, in ihrem Heiligtum zu arbeiten, das sich unmittelbar oberhalb des Roten Tempels befand und immer verschlossen war. Dies hatte seinen Grund nicht nur darin, daß es die mächtigen und gefürchteten Schutzgottheiten beherbergte, sondern auch, weil es als Aufbewahrungsraum aller wertvollen Metallstatuen diente, die aus den verschiedenen zerfallenen Tempeln und Schreinen Tsaparangs gerettet worden waren. Der kleine Lhakhang war in der Tat eine wahre Schatzkammer der feinsten Broncestatuen, die wir je gesehen hatten. Vor allem die Ausführung der furchterregenden vielarmigen Gottheiten, von denen die bedeutendsten von ihren weiblichen Emanationen umschlungen waren, zeigten eine Vollkommenheit in der Metallbehandlung, die nirgendwo in der Welt übertroffen worden ist und sich würdig der Vollendung der künstlerischen Konzeption an die Seite stellte. Aber diese kostbaren Kunstwerke, von denen viele überdies schwer vergoldet waren, waren derartig zusammengedrängt in dem dunklen, kleinen Raum, daß Li nur wenige Aufnahmen machen konnte. Dennoch waren wir froh, daß wir wenigstens einen Blick auf diese kostbaren Schätze hatten werfen dürfen.

Nun blieb uns nichts mehr zu tun, als unsere Sachen zu packen und unsere Vorbereitungen für die lange Rückreise nach Indien zu treffen. Der Abschied fiel uns schwer, aber unsere Trauer wurde gemildert in dem Gedanken, daß wir alles getan hatten, was in unserer Macht stand, und daß unsere Bemühungen reich belohnt worden waren.

SECHSTAGEMARSCH AUF DEM GEFRORENEN FLUSS

Die Reise über die hohen Gebirgsketten, die das westliche Tibet von Himachal Pradesh, den kleinen indischen Fürstentümern des nordwestlichen Himalaya, trennen, erwies sich mitten im Winter als ein gefährliches Unternehmen, das leicht in einer Katastrophe hätte enden können, wenn ich mich nicht geweigert hätte, auf den Plan des einäugigen Abgesandten des Dsongpön, der uns zur Grenze geleiten sollte, einzugehen. Um sich so schnell wie möglich dieser unbequemen Aufgabe zu entledigen, versuchte er den kürzesten Weg zu nehmen und uns in einer völlig unbewohnten Gegend über die Grenze abzuschieben, obwohl wir dort in Ermangelung von Nahrungsmitteln, Transport und Unterkunftsmöglichkeiten elend zugrunde gegangen wären. Er suchte sich damit herauszureden, daß die normale Karawanenroute bereits vom Schnee blockiert sei und es daher keine andere Möglichkeit gäbe, nach Indien zu gelangen. Glücklicherweise aber hatte ich, bevor wir Indien verließen, Landkarten des indo-tibetanischen Grenzgebietes, die nicht käuflich erworben werden konnten, in einem der zuständigen Regierungsämter gründlich studiert und sorgfältig kopiert. Auf diese Weise war ich in der Lage, die Gefahr, in der wir uns befanden, rechtzeitig zu entdecken. Ich weigerte mich demgemäß, auf den Plan des Mannes einzugehen, und bestand darauf, die Richtung auf die Hauptkarawanenstraße einzuschlagen, ihr so weit als möglich zu folgen und, wenn notwendig, zu warten, bis die Pässe wieder gangbar sein würden.

Wenn wir Tsaparang während des Dezember für einen reichlich kalten

Ort gehalten hatten, so lernten wir bald, es als warm und komfortabel zu betrachten im Vergleich zu der bitteren Kälte und den eisigen Winden, denen wir beim Überqueren des Hochlandes ausgesetzt waren. Unser Segeltuchzelt, das uns so stark und windundurchlässig erschienen war, bot kaum noch irgendwelchen Schutz. Wir hatten kein Thermometer; aber zwanzig Grad unter Null (Celsius) dürfte eine ziemlich genaue Schätzung der damaligen nächtlichen Temperatur sein. Unsere Zeltplanen waren so steif gefroren, daß wir sie am Morgen nur mit größter Anstrengung wieder aufrollen und verpacken konnten. Dazu kam, daß unsere Hände halb erfroren waren, so daß jede Bewegung zur Qual wurde. Selbst die einfachsten Handlungen, wie z. B. die Kamera aus dem Lederetui zu nehmen und einzustellen, erforderten eine derartige Anstrengung, daß wir nicht mehr die Willenskraft aufbrachten, Aufnahmen zu machen. Unsere ganze Energie wurde von der Anstrengung, uns am Leben und in Bewegung zu halten, absorbiert.
Unsere schweren tibetischen Schaftstiefel mußten wir selbst des Nachts anbehalten, um nicht die Füße zu erfrieren oder am Morgen nicht mehr imstande zu sein, sie in die ebenso steifgefrorenen Stiefel zu zwängen. Wir schliefen mit unseren Kappen auf dem Kopf unter allen verfügbaren Decken und ließen nur eine kleine Öffnung zum Atmen frei. Am Morgen aber fanden wir unseren ‹Atem› als eine Eisoblate auf der Wolldecke vor uns liegen! Der Gebrauch eines Taschentuchs war unmöglich geworden. Wir hätten ebensogut versuchen können, uns mit einem Stück zerknüllter Pappe die Nase zu putzen. Mein Bart war zu einem Eiszapfen geworden, und von Zeit zu Zeit mußte ich mir das Eis, das sich unter meiner Nase gebildet hatte, abschlagen – wofür ein Hammer nützlicher gewesen wäre als ein Taschentuch.
Da der Mann des Dsongpön sich uns als Diener und Karawanenführer angeboten hatte und wir ihn reichlich bezahlten, nahm er jede Gelegenheit wahr, sich dem Spiel und dem Trunk hinzugeben, wenn immer wir in bewohnte Täler kamen – eine Gewohnheit, die wir schon bei seiner Ankunft in Tsaparang beobachtet hatten. Manchmal betrank er sich derartig, daß wir ihn tagelang nicht zu Gesicht bekamen, und schließlich verschwand er gänzlich, so daß wir einen anderen Diener engagieren mußten – einen Mann namens Scherab, der sich während der kommenden Monate nicht nur als ein getreuer Helfer erwies, sondern als ein Mann, dessen menschliche Qualitäten ihn uns zum wirk-

lichen Freund machten. Er sorgte in rührender Weise für uns und sparte keine Mühe, uns das Leben angenehm zu machen und uns vor Ausbeutung zu schützen. Er war nie auf seinen eigenen Vorteil bedacht. Nach unseren Erfahrungen mit Wangdu und dem Mann des Dsongpön erschien er uns als ein wahres Geschenk des Himmels. Ganz besonders schätzten wir seine Gegenwart, als wir in einem kleinen tibetischen Dorf unmittelbar jenseits der Grenze monatelang festgehalten und vollkommen von der Außenwelt abgeschnitten wurden, da unser Weg durch Lawinen verschüttet worden war. Dieser unerwartete Aufenthalt erwies sich jedoch als ein wahrer Segen, denn dieses von mächtigen Schneegipfeln umgebene Tal entpuppte sich als ein wirkliches «Shangri-La», ein Paradies zwischen zwei Welten, in dem wir ein Vierteljahr ungetrübter Glückseligkeit in der Gesellschaft einfacher, aber höchst liebenswerter Menschen und zu Füßen unseres letzten tibetischen Gurus verbrachten.

Bevor wir jedoch diese Oase des Friedens erreichten, hatten wir noch eine Reise von einem halben Monat vor uns. Kaum näherten wir uns der Sicherheit der Hauptkarawanenstraße, als wir erfuhren, daß sie bereits geschlossen sei. Wir hatten keine Möglichkeit, uns von der Wahrheit dieser Nachricht zu überzeugen, aber die Dorfleute, die sie uns übermittelt hatten, erklärten sich bereit, uns durch die Schluchten des gefrorenen Langtschen Khambab zu führen und unser Gepäck zu tragen. Nur während des kältesten Winters war es möglich, durch diese Schluchten zu wandern, die so tief und eng und von Felsstürzen bedroht waren, daß kein Raum für einen Pfad zwischen den tosenden Fluten des Flusses und den steilen Felswänden auf beiden Seiten blieb. Somit konnte man nur durch die Schlucht reisen, wenn der Fluß vollständig gefroren war, obwohl weder Pferde noch Yaks hierfür verwendet werden konnten. Der Grund dafür wurde uns bald klar: es gab auch nicht den schmalsten Pfad in dieses mächtige Canyon hinab, dessen Fluß sich einen Weg durch Bergketten gebahnt hatte, die zwei- bis dreitausend Meter über seinem Wasserspiegel aufragten. Außerdem wäre kein Lasttier imstande gewesen, sich auf dem Eis fortzubewegen, denn infolge der Turbulenz des Flusses bildete es nicht eine ebene Oberfläche, sondern folgte den Formen wallender Strömungen und Katarakte, sofern es nicht in ein Gewirr von Eisblöcken und Schollen zerbrochen war.

Wir waren daher gezwungen, etwa zwanzig Leute aus dem Dorf, in dem wir uns während der letzten zwei Tage aufgehalten hatten, als Träger zu engagieren. In der Nähe dieses Dorfes befand sich ein phantastisch gelegenes Kloster auf dem Gipfel eines steil aufragenden, isolierten Berges, der aussah, als wäre er von einer Riesenkraft in zähflüssigem Zustand emporgeschleudert worden und, bevor er zurückfallen konnte, zu Fels erstarrt. Der Name des Klosters war Pekar Gompa. Pekar war eine jener vorbuddhistisch-tellurischen Gottheiten, die als Schutzpatron des Landes und der buddhistischen Religion beibehalten worden waren.

Der Beauftragte des Dsongpön, der nach einigen Tagen der Abwesenheit wieder aufgetaucht war, wollte augenscheinlich nicht sein Leben in den Schluchten des Langtschen Khambab riskieren, und er mußte wohl auch befürchten, daß er nicht vor dem Ende des Winters zurückkehren könnte, falls ein plötzlicher Schneefall ihm den Weg verlegen würde. So nahm er tränenreichen Abschied von uns – wahrscheinlich in dem Gedanken, daß wir unserem Ende entgegengingen. Vielleicht aber war es auch nur, daß er wieder zu viel Tschang getrunken hatte. Wie dem auch sei, wir waren froh, ihn los zu sein und mit einer Menge fröhlicher und freundlicher Menschen weiterzuziehen, in deren Gesellschaft wir uns wohler und sicherer fühlten, trotz der Ungewißheit der vor uns liegenden Tage. Die Gefahren der Natur erschienen uns von jeher weniger schlimm als die Unzuverlässigkeit übler Charaktere.

Als wir einige Meilen vom Dorf entfernt am Rand des Canyons anlangten, ließen wir uns eine Reihe von sandigen Abstürzen hinuntergleiten, bis wir den Boden des Canyons, mehr als tausend Meter unterhalb unseres Ausgangspunktes, erreichten. Da erst wurden wir uns der Tatsache bewußt, daß wir einen Schritt unternommen hatten, der sich nicht mehr rückgängig machen ließ. Es wäre völlig unmöglich gewesen, über diese steilen und bei geringster Belastung sich in Bewegung setzenden Sandrutschen aus dem Canyon hinauszuklettern – gar nicht zu reden von einem Rücktransport unseres schweren Gepäcks. Ich weiß nicht, was wir getan hätten, wenn der Fluß nicht genügend gefroren gewesen wäre, um unser Gewicht zu tragen und den Aufprall der schweren Lasten auszuhalten, die bei jedem Ausgleiten der Träger auf das Eis prasselten. Selbst ohne Lasten war es schwierig, auf dem spiegelblanken, aber leider nicht ebenen Eis das Gleichgewicht zu

bewahren, so daß man kaum einige Schritte tun konnte, ohne zu fallen.
Infolgedessen kamen wir an diesem Tage kaum von der Stelle, und am Abend schlugen wir auf einem schmalen, geröllbedeckten Uferstreifen unser Lager auf. In dieser Nacht fühlten wir uns zum ersten Mal angenehm warm, was teilweise der geringeren Höhe und der windgeschützten Lage zu verdanken war, teilweise aber auch einem bevorstehenden Wetterumschlag; denn der Himmel hatte sich leicht bezogen. Wir hatten einen besonders schönen Sonnenuntergang, und unser Lager, das von gelbem Riedgras umgeben war, war in ein warmes, freundliches Licht getaucht, das uns alle vergangenen Strapazen und die Unsicherheit der nächsten Tage vergessen ließ. Wir waren von einem traumhaften, unerklärlichen Glücksgefühl erfüllt, das Vergangenheit und Zukunft auszulöschen schien und nur ein Bewußtsein der uns umgebenden leuchtenden Schönheit übrig ließ. Wie im Tal des Mondkastells erlebten wir eine Art intensiver Euphorie, in der die Welt, mit der wir vertraut waren, aufgehört hatte zu existieren, so daß wir eine Befreiung von allem Gewesenen oder Zukünftigen und somit von aller Entscheidungsnotwendigkeit und Verantwortlichkeit erfuhren und vorbehaltlos die Gegenwart genossen: die Welt, die uns umgab und in der wir völlig auf uns selbst gestellt waren, wie die einzigen Bewohner des Universums. Die Wunder einer Reise bestehen weit mehr aus solchen undeutbaren Erlebnissen und unerwarteten Situationen als aus Tatsächlichkeiten und Ereignissen materieller Wirklichkeit.
Dieses Lager steht daher in unserer Erinnerung als das «Sommerlager», wie wir es an jenem Abend, bevor wir uns in unserem Zelt zur Ruhe begaben, nannten, obwohl wir uns mitten im Winter befanden. Wie groß aber war unser Erstaunen, als wir am nächsten Morgen aufwachten und uns völlig eingeschneit und von einer wirklichen Winterlandschaft umgeben fanden! Wir rieben uns die Augen, und indem wir langsam aus unserem Sommertraum erwachten, versuchten wir, uns in die neue Situation hineinzufinden. Würden wir überhaupt imstande sein, unsere Reise fortzusetzen, und wenn nicht, was dann? Aber wir fanden, daß unsere Leute gänzlich unbesorgt waren. Sie schienen im Schnee ebenso tief und glücklich geschlafen zu haben wie wir in unserem Zelt. Wir mußten sie wegen ihrer Abgehärtetheit und ihrer fröhlichen Hinnahme aller Umstände bewundern und fühlten uns

durch ihr Beispiel beruhigt und ermutigt. Trotz des Schnees erschien uns die Luft mild und angenehm. Dies zeigte uns von neuem, daß in Tibet selten Schnee fällt, wenn es sehr kalt ist, und daß daher Schnee, als ein Zeichen milderen Wetters, immer willkommen ist.
Nach der intensiven Kälte des Hochlandes, in dem alles gefroren, doch nirgends Schnee zu sehen gewesen war, mit Ausnahme einiger Berggipfel, gewahrten wir nun mit Staunen, wie viel weniger wir die Kälte in dieser wirklichen Schneelandschaft fühlten. Der bloße Anblick einer solchen Winterlandschaft würde uns unter normalen Umständen einen kalten Schauder durch die Knochen gejagt haben – war doch Li in Bombay, am Arabischen Meer, geboren und aufgewachsen, während ich den größten Teil meines Lebens in tropischen und subtropischen Ländern verbracht hatte. Unsere Tibeter jedenfalls genossen den Schnee und waren während der ganzen Canyonreise von ausgelassener Fröhlichkeit. Als wir an eine Stelle kamen, wo eine Gruppe kleinerer Bäume wuchs (ein Anblick, den unsere Hochlandtibeter nie in ihrem Leben gehabt hatten), waren sie von diesem Überfluß an Holz so entzückt, daß sie große Feuer aufbauten und die halbe Nacht hindurch sangen und tanzten. Selbst wir wurden von der allgemeinen Stimmung ergriffen, und während wir eine Riesenmenge Tschapatis zubereiteten, erfreuten wir uns an den Gesängen und dem fröhlichen Treiben. Wir alle waren eine einzige glückliche Familie geworden! Die ganze Szene war wirklich phantastisch: die lodernden Feuer inmitten des Schnees, die bunte Kleidung der Leute, die in Gruppen zwischen Felsen und unter dem weißen Spitzenwerk des schneebedeckten Gezweigs verteilt waren, und dies alles in der wildesten Bergszenerie, die man sich vorstellen kann, und die in ihrer Gewaltigkeit und fast grausamen Schönheit den äußersten Kontrast zu der leichtherzigen Fröhlichkeit dieser unerschrockenen Leute bildet. Es war bestimmt die fröhlichste Gruppe, mit der wir je gereist waren, und die jungen Frauen unter ihnen schienen ebenso unermüdlich wie die Männer, obwohl sie den ganzen Tag schwere Lasten über Eis und Schnee und geröllbestreuten Boden getragen hatten. Sie alle schliefen auf dem Schnee, als wenn es ein Federbett wäre. Ihr einziger Schutz bestand aus zwei Schaffellen, mit dem Fell nach innen. Zwischen diesen Fellen schliefen die meisten völlig nackt, und ihre zusammengerollten Kleider benutzten sie als Kopfkissen, ein Brauch, den wir auch an anderen Orten in Tibet beob-

achtet hatten. Wahrscheinlich fanden sie es ziemlich ungehörig von uns, daß wir uns vollbekleidet schlafen legten.

Der Schnee, von dem wir am ersten Morgen befürchtet hatten, daß er uns zu einem ernsthaften Hindernis werden würde, erwies sich im Gegenteil als die größte Hilfe, die uns zuteil werden konnte, denn wir konnten uns nun sehr viel sicherer auf dem Eis fortbewegen, ohne dauernd auszugleiten und zu fallen, obwohl wir andererseits vorsichtig sein mußten, um verborgene Spalten im Eis zu vermeiden. Weiter flußabwärts war das Eis, wahrscheinlich infolge des stärkeren Gefälles, an vielen Stellen aufgebrochen, und wenn jemand in eine solche Bruchstelle gefallen wäre, so hätte niemand den Unglücklichen mehr retten können; denn die Strömung hätte ihn sofort unter das Eis gezogen, bevor jemand hätte zu Hilfe kommen können. Glücklicherweise kamen wir ohne einen solchen Unfall davon, und als wir nach einem sechstägigen Marsch auf dem gefrorenen Fluß endlich beim Dorfe Tyak, in dessen Nähe Lotsawa Rintschen Sangpo geboren worden war, aus der Schlucht herauskamen, waren wir fast betrübt, daß unser Abenteuer zu Ende war, und mehr noch, daß wir von unseren freundlichen Begleitern und Helfern Abschied nehmen mußten.

Nur Scherab blieb bei uns und sorgte dafür, daß wir neue Leute samt Yaks oder Pferden von Dorf zu Dorf erhielten, was nun, da wir uns auf der regulären Karawanenroute befanden, kein Problem mehr war. In Schipki fanden wir keine Spur vom Dsongpön von Tsaparang, obwohl wir unser Zelt im Hof seiner Residenz aufschlugen, einem bescheidenen Gebäude, das ihm und anderen tibetischen Beamten als temporäre Wohnung diente. Wir kreuzten den Schipki-Paß trotz des tiefen Schnees ohne die geringste Schwierigkeit und stiegen hinab in das glückliche Tal von Poo, unser kleines «Shangri-La», wo wir gegen Ende Januar eintrafen.

Poo sah aus wie jedes andere tibetische Dorf, und die Leute waren ebenfalls die gleichen wie auf der anderen Seite des Schipki-Passes, obwohl die politische Grenze, die Tibet von Indien trennt, über den Paß läuft. Dies hatte jedoch keine Bedeutung für die Menschen auf beiden Seiten, die dieselbe Sprache sprachen, derselben Religion angehörten und ungehindert miteinander verkehrten, während sie so gut wie keinen Kontakt mit der Bevölkerung auf der indischen Seite der Himalayakette hatten, die noch fünf Tagereisen von Poo entfernt war.

Wir hatten gehofft, hier ein Postamt vorzufinden, wurden jedoch davon unterrichtet, daß nur einmal im Monat ein indischer Postläufer fällig sei. Und als wir fragten, wann wir den nächsten erwarten könnten, sagte man uns: «Im Frühjahr, wenn die Pässe über den Himalaya wieder offen sind.» «Und wann wird das sein?» fragten wir mit einiger Besorgnis. «Oh, in etwa drei Monaten!»

Das bedeutete, daß zumindest vier Monate vergehen würden, bevor wir ins indische Tiefland oder zur ersten größeren indischen Stadt gelangen könnten; denn die Reise von hier nach Simla würde einen weiteren Monat beanspruchen. Dies hätte uns nichts ausgemacht, wären nicht unser Geld wie auch unser Proviant aufgebraucht gewesen. Wovon sollten wir nun all diese Monate leben? Dies war jedoch kein Problem für den guten alten Mann, der das Unterkunftshaus verwaltete, das für die Beamten des öffentlichen Arbeitsamtes gebaut war, die für die Instandhaltung des Karawanenweges zum Schipki-

Paß verantwortlich waren. Dieser gute Mann gab uns auf eigene Verantwortung die Erlaubnis, den Bungalow zu bewohnen, da wir keine Möglichkeit hatten, uns mit den zuständigen Behörden in Verbindung zu setzen. «Und wenn Sie mit Geld knapp sind», fügte er hinzu, «will ich Ihnen so viel geben, wie Sie brauchen. Sie können es mir, wenn der Postläufer kommt, oder wann immer es Ihnen genehm ist, zurückerstatten.»

«Wir sind Ihnen aber doch vollkommen fremd und haben keine Möglichkeit, unsere Vertrauenswürdigkeit zu beweisen», antworteten wir, worauf er nur sagte: «Es ist meine Pflicht, Ihnen zu helfen, und im übrigen traue ich Ihnen.»

Sein Name war Namgyal, und obwohl er sich äußerlich nicht von den übrigen Dorfbewohnern unterschied – er trug die groben, handgewebten Kleider aus ungefärbter, handgesponnener Wolle und auf dem Kopf das kleine runde Käppchen, das für die Bewohner dieser Himalayatäler charakteristisch ist – war er in seiner Gemeinde als ein Nyingma-Lama hochgeachtet und ein Mann von tiefer Frömmigkeit und großem Wissen. Er behandelte uns, als wären wir Angehörige seiner Familie, weil wir, wie er sagte, alle zur Âryakula, zur «edlen Familie» des Buddha, gehörten. Er ließ keine Gelegenheit vorbeigehen, mit uns und Scherab über religiöse Dinge zu sprechen, und er brachte uns sogar einige seiner heiligen tibetischen Texte, die sein wertvollster Besitz waren, damit wir sie lesen und studieren konnten. Unter ihnen waren das *Bardo Thödol*, das *Maṇi Kahbum* und Werke, die sich mit der frühen Geschichte des Buddhismus in Tibet, vor allem aber mit Padmasambhava und den drei großen Königen, Srongtsen Gampo, Tisong Detsen und Ralpatschän befaßten. Außerdem erzählte er uns mancherlei volkstümliche Geschichten, von denen er viele kannte, oder er las uns aus dem einen oder anderen seiner Bücher vor und wies uns auf besonders interessante Stellen hin, die er ausführlich erläuterte.

Das *Maṇi Kahbum* beeindruckte Scherab ganz besonders. Eines Morgens kam er zu uns mit Tränen in den Augen; denn er hatte über das Schicksal derer gelesen, die sich durch das Töten lebender Wesen schuldig gemacht hatten. Er gestand, daß er eine solche Sünde auf sich geladen hätte, durch das Stellen von Fuchsfallen. Wir trösteten ihn, indem wir ihm erklärten, daß es keine Sünde gäbe, die nicht durch eine Wandlung des Herzens ausgelöscht werden könne. Er versprach, nie wieder ein solches Unrecht zu begehen, und war tief bewegt, als Namgyal von der großen Barmherzigkeit des Buddha und seinen selbstlosen Handlungen auf dem Weg zur Buddhaschaft sprach.

Eines Tages lud Namgyal uns in sein Haus ein und zeigte uns seinen Meditationsraum, der seinen Hausaltar, mit verschiedenen Statuen und Thankas, und einen Lamasitz unter einem regenbogenfarbenen Baldachin enthielt. Seine Frau, ein altes verschrumpeltes Mütterchen mit einem feinen Gesicht, das von Charakterstärke zeugte, sang für uns religiöse Lieder mit einer so schönen und milden Stimme, daß man ihr Alter vergaß. Sie war gleich ihrem Mann eine glühende Verehrerin Padmasambhavas, der ihnen beiden stets gegenwärtig zu sein schien. Padmasambhava war für sie niemand anderer als Śâkyamuni in neuer Gestalt und vielerlei Erscheinungsformen, milden wie furchtbaren, je nach den Bedürfnissen der Menschen. Er war der stets gegenwärtige Beschützer und Führer, der den Seinen in allen Gefahren beistand und sie in ihren Meditationsübungen inspirierte. Er war der besondere Schutzpatron und Freund aller Tiere und konnte selbst manchmal eine ihrer Formen annehmen. Als wir einmal mitten im Winter, als die Landschaft mit tiefem Schnee bedeckt war, den Gesang eines Vogels hörten, sagte Namgyal in tiefem Ernst: «Das ist ER!»

Es hieß, daß Padmasambhava am zehnten Tag jedes tibetischen Monats zur Menschenwelt herabsteige, und seine Verehrer hielten sich an diesem Tag in Bereitschaft, ihn in Geist und Herz zu empfangen, in welcher Form er auch erscheinen mochte. Zahllose Geschichten über ihn gingen von Mund zu Mund, und sie alle wurden mit solcher Lebhaftigkeit erzählt, als ob sie sich erst vor kurzem zugetragen hätten. Ja, niemand dachte an Padmasambhava als an eine Gestalt aus ferner Vergangenheit; er war für sie wie jemand, der gerade jetzt durch dieses Tal gezogen war und jeden Augenblick zurückkommen könnte. Zum ersten Mal wurden wir uns der ungeheuren Wirkung bewußt, die Padmasambhava auf das tibetische Gemüt ausgeübt hat. Er war bestimmt eine der machtvollsten Persönlichkeiten der buddhistischen Geschichte. Die Wundergeschichten, die um ihn aufsprossen, sind nur die Folge der grenzenlosen Bewunderung, die seine Zeitgenossen und seine zahlreichen Schüler für ihn empfanden; und wenn moderne Historiker ihn als «Zauberer und Scharlatan» abzutun versuchen oder ihn als «Schwarzmagier» bezeichnen, so beweisen sie damit nur ihre völlige Unkenntnis allgemein-menschlicher Psychologie und religiöser Symbolik.

Würde irgend jemand, der auch nur den geringsten Gerechtigkeitssinn hat, es wagen, Christus einen «Zauberer und Scharlatan» zu nennen, weil er Wasser in Wein verwandelte, unheilbare Kranke heilte, Tote zum Leben erweckte, böse Geister austrieb, den Teufel besiegte und endlich selbst aus dem Grabe auferstand, nachdem er den Tod am Kreuze erlitten hatte, und angesichts seiner Jünger gen Himmel fuhr? Warum sollte man deshalb darüber lächeln, wenn es heißt, daß Padmasambhava vom Scheiterhaufen auferstand oder Dämonen besiegte, oder was sonst noch an Wundergeschichten von ihm erzählt werden? Als vor vielen Jahren christliche Missionare nach Poo kamen und den Leuten erzählten, daß Christus sich um der Menschheit willen am Kreuz geopfert habe und von den Toten auferstanden sei, akzeptierten sie dies ohne Zögern und riefen «ER war es!» – völlig davon überzeugt, daß Christus und Padmasambhava die gleiche Person seien. Infolgedessen mußten die Missionare schließlich ihre Bemühungen, die Leute zu bekehren, aufgeben – nicht weil sie auf Widerstand stießen, sondern im Gegenteil, weil ihre Belehrungen als eine Bestätigung jener Lehren akzeptiert wurden, die von Śâkyamuni und Padmasambhava und anderen buddhistischen Heiligen verkündet worden waren.

Für uns jedenfalls wurde Padmasambhava während unseres Aufenthaltes in Poo lebendiger als je zuvor, war die Erinnerung an ihn doch so frisch, als wäre er gestern erst hier gewesen und könnte jeden Augenblick zurückerwartet werden.

Viele große Lamas kamen auf ihrer Pilgerschaft durch dieses Tal, entweder von Tibet zu den heiligen Stätten Indiens oder von Indien auf ihrem Weg zum Kailaś. Einer der bedeutendsten unter ihnen war Tomo Géshé Rimpotsché, an den sich Namgyal mit besonderer Verehrung erinnerte; denn es war hier in Poo, daß er ein seit Jahren hoffnungslos krankes Mädchen dem Leben zurückgegeben hatte. Zum Erstaunen aller Anwesenden und vor allem derer, die das Mädchen auf einer Bahre zu Tomo Géshé gebracht hatten, befahl er ihr: «Stehe auf und wandle!» und das Mädchen stand auf, war geheilt und ging gesund nach Hause.

Es war gleicherweise hier in Poo, daß er einen von einem Geist Besessenen befreite und zugleich dem Dämon gegenüber Mitleid empfand, so daß er die Dorfbewohner bat, ihm einen kleinen Schrein als Wohnstätte zu bauen, damit er Ruhe finden könne und niemanden mehr stören würde. Der moderne Mensch mag dies als reinen Aberglauben betrachten; die Wirkung bewies jedoch die Richtigkeit von Tomo Géschés Rat: der Mann war geheilt, und all seinen Leiden war ein Ende gesetzt – was auch ihre Ursachen gewesen sein mögen. Ein Psychologe fände wahrscheinlich eine wissenschaftliche Erklärung in moderner Terminologie für dieses Geschehnis, aber auch er müßte zugeben, daß Tomo Gésché das rechte Heilmittel gefunden hatte.

Während wir diesen und anderen Berichten seltsamer Begebenheiten lauschten, erfuhren wir eine Menge über die Gottheiten, die gewisse Örtlichkeiten bewohnen sollten. Nicht weit vom Dorf stand eine Gruppe alter Zedern – die einzigen Bäume in der sonst baumlosen Landschaft –, und wir wunderten uns, daß sie nicht nur die Härte des Klimas (auf einer Höhe von 3000 m), sondern mehr noch die Axt der Menschen überstehen konnten; denn Holz war hier sowohl zum Hausbau wie als Brennmaterial von großem Wert und mußte von weither hergebracht werden. Namgyal erklärte, daß diese Bäume heilig wären und daß niemand es wagen würde, Hand an sie zu legen, weil sie die Wohnstätte der Götter seien. Als wir ihn fragten, wie die Leute dies wissen könnten, antwortete er, die Götter sprächen zu ihnen und manche Leute hätten sie sogar gesehen. Er sagte uns dies in so selbstverständlicher Weise, als ob es sich um die allergewöhnlichste Sache der Welt handelte, so daß wir uns fast schämten, auch nur entfernt einen Zweifel gehegt zu haben. Derartig einfache Tatsachen in Frage zu stellen, mußte ihm als die Höhe der Unwissenheit erscheinen, und so gaben wir uns mit seinen Antworten zufrieden, ohne zu ahnen, daß wir selbst eines Tages Zeugen der Gegenwart dieser Götter sein würden.

Tibeter sind zweifellos psychischen Einflüssen gegenüber weit sensitiver als die Menschen des Westens. Sie haben die Fähigkeit noch nicht verloren, mit den Mächten ihres Tiefenbewußtseins zu kommunizieren oder ihre Sprache zu verstehen, die sich durch Träume und andere Phänomene kundtut. Eine Tages kam Namgyal zu uns und berichtete, daß er im Traum einen Regenbogen über unserem Bungalow gesehen hätte und daß dies nur ein glückliches Ereignis bedeuten könne, wie zum Beispiel die Ankunft einer heiligen Persönlichkeit. Tatsächlich kam am nächsten Tag ein Lama an und nahm in dem kleinen Außenhaus, das zu unserem Bungalow gehörte, Wohnung. Wir sahen ihn nur aus einiger Entfernung, während er vom Pferde stieg; und sowohl der Mann wie das Pferd schienen von einer langen und beschwerlichen Reise ermüdet zu sein. Die Gewänder des Lama waren alt und abgetragen, und das Pferd war lahm und halbblind. Man sagte uns, daß der Lama von einer langen Pilgerschaft zurückgekommen und hier zu bleiben gezwungen sei, bis die Pässe wieder begehbar würden.

Da das Wetter kalt und der Himmel bewölkt war, hatten wir unseren Wohnraum an diesem Tag nicht verlassen. Am nächsten Tag jedoch stattete uns der Lama in Begleitung von Namgyal einen Besuch ab. Wie groß war unsere Freude und Überraschung, als wir in dem Lama unseren guten alten Abt von Phiyang wiedererkannten, von dem wir in Tsaparang bewegten Abschied genommen hatten, in dem Glauben, ihm nie wieder zu begegnen. Wir waren hierüber ganz besonders betrübt gewesen, weil wir davon überzeugt waren, daß wir von diesem Mann viel hätten lernen können, besonders auf dem Gebiet meditativer Praxis. Wir hatten uns sozusagen vom Schicksal betrogen gefühlt, weil es uns diese Gelegenheit im gleichen Augenblick entzog, da es sie uns vor Augen gehalten hatte.

Ob Phiyang Lama es vorausgesehen hatte, daß wir uns wiederbegegnen würden oder nicht, eines schien uns gewiß: er hatte damals unsere Gedanken gelesen; denn jetzt, bevor wir unseren geheimen Wunsch aussprechen konnten, erbot er sich, uns in den vorgeschrittenen Methoden tantrischer *sâdhana* und der damit verbundenen Yoga-Praxis zu unterrichten.

Da unser Wohnraum größer und wärmer war als der, den Phiyang Lama bewohnte, und da wir dank Sherabs unermüdlichem Bemühen um unser Wohlsein den ganzen Tag ein großes Feuer in unserem Kamin unterhielten, kam der Lama täglich mit Namgyal (der auf diese Weise unser Guru-bhai wurde) zu uns, um uns in Meditationsübungen zu unterweisen und unsere Probleme mit uns zu besprechen. Es war eine äußerst fruchtbare Zeit, die wir so verbrachten; denn unser Lehrer war sehr darauf bedacht, uns an seinem Reichtum an Wissen und Erfahrung teilnehmen zu lassen. Unser neuer Guru setzte auf diese Weise das gute Werk Tomo Gésché Rimpotschés und Adscho Rimpotschés fort und ergänzte es. Wir werden stets in tiefer Dankbarkeit seiner gedenken. Und diese Dankbarkeit muß sowohl unseren Gurubhai Namgyal mit einschließen, der uns in so mancher Weise behilflich war, wie auch unseren getreuen Sherab, der sich wie ein Sohn um uns sorgte, so daß wir ungestört unseren religiösen Übungen und Studien obliegen konnten.

Als die Nachricht von Phiyang Lamas Ankunft und von seinem längeren Aufenthalt in Poo sich unter der Bevölkerung verbreitete, kamen viele, um seinen Segen zu erbitten; und schließlich baten ihn die Einwohner des Dorfes, für die ganze Gemeinde einen *tséwang* zu zelebrieren. Der feierliche Ritus sollte in dem offenen Hof zwischen Phiyang Lamas Wohnung und unserem Bungalow stattfinden. Einige Tage vor dieser Feier zog Phiyang Lama sich in seinen Wohnraum zurück – sehr zu unserem Bedauern, da wir unsere täglichen Zusammenkünfte vermißten –, obwohl wir einsahen, daß er eine Zeit völliger Ruhe und intensiver Konzentration benötigte, um die Kräfte in sich aufzurufen und zu sammeln, die er anderen mitteilen wollte. Nach einiger Zeit aber schien es uns, als ob ein anderer Lama sich zu ihm gesellt hätte, um, wie wir glaubten, ihm bei dem bevorstehenden Ritual behilflich zu sein; denn wir hörten eine andere, sehr viel tiefere Stimme aus seinem Raum kommen. Die langen, sonoren Rezitationen der neuen Stimme wurden von Zeit zu Zeit von Phiyang Lamas Stimme unterbrochen, aber weder er noch der andere Lama waren je außerhalb seines Raumes zu sehen. Wir waren begierig zu wissen, wer der neue Lama sei, aber niemand konnte uns darüber Aufschluß geben. Als wir ein oder zwei Tage später an Phiyang Lamas Wohnraum vorbeigingen, hörten wir wieder die fremde Stimme, und da die Tür weit offen stand, konnten wir es uns nicht versagen, einen Blick ins Innere des Raumes zu werfen. Wie groß war unsere Überraschung, als wir niemand anderen als Phiyang Lama darin erblickten. Er schien unsere Gegenwart nicht zu bemerken, und die seltsame Stimme tönte tief und mächtig aus ihm heraus, als spräche eine andere Person aus ihm.

Als der große Tag kam, wurde ein hoher Thron im Hof zwischen unserem Bungalow und dem Außenhaus errichtet. Der Thron stand vor einer hohen Stützmauer, die mit einem dekorativen Wandbehang verkleidet war, während der übrige Hof mit bunten Wimpeln geschmückt wurde. Phiyang Lama saß im vollen Ornat eines Abtes auf dem Thron, sein Kopf war mit der hohen roten Mütze, wie sie von Angehörigen der Nyingma- und Kargyütpa-Orden getragen wird, bedeckt. Niemand würde in ihm den alten Pilger wiedererkannt haben, den man am Tage seiner Ankunft eher für einen Bettelmönch als für den Abt eines Klosters hätte halten können. Der Mann auf dem Thron hatte die Gestalt und die Haltung eines Herrschers und die Stimme eines Löwen. Sein Gesicht war das eines inspirierten Propheten, und jede seiner Gesten drückte Würde und Macht aus. Jeder, der hier gegenwärtig war, konnte fühlen, daß er nicht nur eine unsichtbare Macht aufrief, sondern selbst zur Verkörperung dieser Macht geworden war – einer Macht, die er in sich erzeugt und zu höchster Intensität gesteigert hatte, in einem Zustand tiefer, anhaltender Versenkung und Identifizierung mit einem Sonderaspekt transzendenter Wirklichkeit. Er war wirklich zur Verkörperung Tsépamés, des Buddha des Unendlichen Lebens, geworden. Was er innerlich erschaut und erfahren hatte, wurde nun allen, die dem Ritual beiwohnten, sichtbar und spürbar und hielt sie im Banne geistiger Kommunion. Der Rhythmus mantrischer Inkantationen und die mystischen Gesten, die sie begleiteten, waren wie das Gewebe eines magischen Netzes, in dem die Zuhörer zu einer Einheit verschmolzen und zu einem unsichtbaren Zentrum gezogen wurden. Das Gefühl der «participation mystique» wurde noch erhöht dadurch, daß jeder den Segen Tsépamés in Form einiger Tropfen geweihten Wassers und einem *tséril*, einem geweihten roten Kügelchen *tsampa*, erhielt, welche den «Wein und das Brot des Lebens» darstellten.

Es war der schönste eucharistische Ritus, dem wir je beigewohnt hatten, denn er wurde von einem Mann zelebriert, der seine eigene Persönlichkeit zum Opfer gebracht hatte, um sie zum Gefäß göttlicher Kräfte zu machen.

Nie ist mir die Bedeutung religiösen Rituals (insbesondere im Gemeinschaftskultus) tiefer aufgegangen. Welche Torheit, es durch Predigten und Moralisieren ersetzen zu wollen! Ein Ritual – wenn es von Menschen ausgeübt wird, die durch geistige Schulung und Aufrichtigkeit in der Verfolgung eines hohen Ziels dafür qualifiziert sind – appelliert ebenso an das Herz wie an den verstehenden Geist und bringt die Menschen in unmittelbare Berührung mit einem tieferen und reicheren Leben als dem des Intellektes, in dem persönliche Meinungen und kollektive Dogmen die Oberhand gewinnen.

Nach Erteilung des *tséwang* setzte Phiyang Lama seine täglichen Unterweisungen fort und krönte sie zum Schluß, indem er uns kurz hintereinander zwei esoterische Initiationen gab, die den Kreis unserer früheren Initiationen vervollständigten und uns neue Aspekte meditativer Praxis eröffneten, die der ältesten Tradition des tibetischen Buddhismus, nämlich der Schule der *Nyingmapas* (der «Alten»), angehörten. Auf diese Weise begannen wir, die verschiedenen Erscheinungsformen oder esoterischen Aspekte Padmasambhavas zu verstehen, die unter westlichen Gelehrten eine so verheerende Verwirrung angerichtet haben; verstanden diese doch weder die symbolische Sprache von Padmasambhavas Biographie noch diejenige seiner Lehren. Sie verwechselten die Beschreibungen mystischer Erlebnisse mit historischen Tatsachen und legendären Ausschmückungen.

In diesen Initiationen werden alle psychischen Zentren angesprochen und aktiviert, ein Vorgang, den ich bis zu einem gewissen Grade in meinen *Grundlagen tibetischer Mystik* beschrieben habe. Die verschiedenen Formen, in denen Padmasambhava erscheint, hängen von der psychischen Ebene ab, von der aus er gesehen oder erlebt wird. Sein Name, «Lotusgeborener», deutet auf seine geistige Geburt aus dem Lotus hin, d. h. aus einem der psychischen Zentren im Augenblick seiner Erleuchtung oder im Vorgang seiner geistigen Verwirklichung. Sie muß von jedem seiner Jünger nachvollzogen werden, von allen, die in seine Lehren und seinen Weg zur endgültigen Befreiung eingeweiht worden sind.

So wurde Phiyang Lama nicht nur der letzte unserer tibetischen Gurus, sondern er gab uns die einzigartige Gelegenheit, die Vollständigkeit und Harmonie der buddhistischen Tradition Tibets aus eigener Erfahrung kennenzulernen, – einer Tradition, die durch die großen Ströme der Nyingma-, der Sakyapa-, der Kargyütpa- und der Gelugpa-Hierarchien gekennzeichnet ist, von denen eine jede dem Hauptstrom buddhistischen Lebens wertvolle religiöse Erfahrung zuführte. Wenn auch einige der mächtigen Klöster in politische Rivalitäten (eine unvermeidliche Begleiterscheinung der Macht) verstrickt wurden, die von Völkern und kriegerischen Stämmen jenseits der Grenzen Tibets ausgenutzt wurden und den Frieden des Landes störten, so wurde dennoch die prinzipielle Gültigkeit verschiedener religiöser Traditionen immer anerkannt. Reformatoren wie Atîśa, Tsongkapa und andere verwarfen nicht die Traditionen früherer Schulen, sondern versuchten, eine Synthese ihrer Lehren herzustellen und kritisierten nur die Unzulänglichkeiten mancher Anhänger jener Schulen, die von dem hohen Niveau ihrer eigenen Ideale abgefallen waren. Die genannten Reformatoren bestanden auf einer Wiederherstellung dieses Niveaus und auf der persönlichen Integrität eines jeden Mitgliedes der Geistlichkeit.

Bevor Phiyang Lama Poo verließ, veranstaltete er eine Zeremonie, die in einem Purifikationsritus in Form einer Feuertaufe bestand und gewissermaßen das Gegenstück oder die natürliche Ergänzung zum Tséwang, der geistigen Erneuerung und Purifikation durch das »Wasser des Lebens», darstellte. Diese Zeremonie, *méwang* genannt, war um zweier Dinge willen bemerkenswert: wegen des unerwarteten Eingreifens der lokalen Gottheiten und durch die Art und Weise, in der alle Teilnehmer von Flammen umhüllt wurden, ohne vom Feuer verletzt zu werden.

Der Vorgang war einfach und ingeniös und eindrucksvoll zugleich. Während Phiyang Lama die Weihemantras rezitierte, hielt er ein irdenes Gefäß mit Feuer in der linken Hand und warf mit der rechten ein feines Weihrauchpulver (hergestellt aus der Rinde eines Busches oder Baumes, der in dieser Gegend wuchs) durch die offene Flamme, die aus dem Feuergefäß emporloderte. Das Pulver, das in der Richtung der versammelten Gemeinde geworfen wurde, entzündete sich blitzartig zu einer riesigen Flamme, die für einen Augenblick die vor dem Lama sitzende Gemeinde einhüllte, aber erlosch, bevor sie Schaden anrichten konnte.

Mandala auf dem Feueraltar der Méwang-Zeremonie.

Wichtiger war jedoch der erste Teil des Rituals, und bei dieser Gelegenheit nun traten die lokalen Götter in Aktion. Das Ritual galt der Abwehr und der Zerstörung lebensfeindlicher Mächte durch das Opferfeuer, das über dem Mandala der fünf Dhyâni-Buddhas entzündet wurde. Dieses Mandala war in ein Hexagramm eingeschlossen, das durch zwei sich überschneidende gleichseitige Dreiecke gebildet wurde und das seinerseits von einem Quadrat umgeben war, dessen Ecken von mondsichelförmigen Messern mit Vajra-Griffen beschützt waren, Das Feuerholz wurde sorgfältig um das Mandala herum aufgeschichtet. Der ganze Aufbau ruhte auf einer erhöhten Plattform in der Mitte des offenen Platzes vor dem Mani-Tempel, der das Zentrum des Dorfes bildete. Der Thron des Lama stand zwischen dem Mani-Tempel und dem Feueraltar, und die Gemeinde saß in einem weiten Kreis um den Altar.

Während des ersten Teils des Rituals blieb der Lama auf seinem hohen Thronsitz, indem er Mantras und Invokationen rezitierte und seinen Zauberdolch *(phur-bu)* in verschiedenen Richtungen schwang. Sodann stieg er von seinem Thron herab und entzündete das Opferfeuer, in das von Zeit zu Zeit zerlassene Butter oder Öl gegossen wurde, so daß es mit einer klaren, rauchlosen Flamme brannte. Während er weitere Invokationen rezitierte, umkreiste der Lama das heilige Feuer mit würdevoll gemessenen Tanzschritten. Trotz seines Alters und seiner schweren Gewänder bewegte er sich mit vollendeter Grazie, und jeder Schritt und jede Handbewegung war in Harmonie mit dem Rhythmus seines mantrischen Rezitativs. Seine tiefe Stimme geriet nie, auch nicht für einen einzigen Augenblick, ins Schwanken, und seine Bewegungen flossen ohne jede Stockung in gleichmäßigem Rhythmus dahin. Sein Körper schien von einer geistigen Kraft getragen und von einem unerschütterlichen Konzentrationszustand beherrscht zu werden.

In der Mitte dieses liturgischen Tanzes geschah es, daß wir plötzlich eine Bewegung unter den Leuten beobachteten, die am Fuße einer Reihe von Tschörten saßen, die den offenen Platz auf einer Seite begrenzten. Ein hochgewachsener Mann stand auf, mit zitternden Gliedern und starren Augen, und bewegte sich wie in Trance. Die Leute um ihn herum waren sichtlich beunruhigt, und wir fühlten instinktiv, daß irgend etwas Seltsames und Unvorhergesehenes passieren würde – etwas, das mit dem Kampf unsichtbarer Kräfte zu tun hatte. War es, daß die Mächte der Finsternis sich herausgefordert fühlten und aufstanden, um den Kräften des Lichtes die Herrschaft streitig zu machen? Die Bewegungen des Mannes wurden immer konvulsivischer, und jemand flüsterte: «Er ist von einem der Götter ergriffen worden!» Er war ohne Zweifel «besessen», und niemand wagte einzugreifen, als er in seinem nun offensichtlichen Trancezustand sich dem Feueraltar näherte, sich herausfordernd vor dem Lama aufstellte und dessen Bewegungen nachahmte, als ob er ihn verspotten wollte. Alle waren entsetzt. Wenn es dem Mann gelingen würde, das Ritual zu unterbrechen, so könnte dies unglückliche Folgen haben. Zwei übermenschliche Mächte schienen sich gegenüberzustehen, um ihre Kräfte zu messen. Die Spannung wurde fast unerträglich.

Aber der Lama, ohne auch nur einen Schritt aus dem Takt zu kommen und ohne seine Rezitation zu unterbrechen, bewegte sich völlig ungestört weiter im Rhythmus seiner Inkantation, als ob der Besessene ein substanzloses Phantom sei. Dieser setzte jedoch hartnäckig seine Störungsversuche fort und überreichte dem Lama einige Fetzen aus Tuch oder Papier, die er von einem der Tschörten abgerissen hatte, wo sie als Votivgaben und magische Beschwörungsmittel angebracht worden waren. Ohne seine Bewegungen zu unterbrechen, nahm der Lama sie in Empfang und übergab sie Stück für Stück dem Feuer.

Nun war der Bann gebrochen. Der Besessene kehrte um und rannte mit aller Wucht mit dem Kopf gegen das Steinfundament der Tschörten, so daß das Blut von seinem Schädel spritzte. Es war ein grauenhafter Anblick, und wir befürchteten jeden Moment, das Gehirn des Wahnsinnigen zerschmettert zu sehen. Die Beistehenden versuchten den Mann zurückzuhalten, ihn daran zu hindern, sich selbst zu töten, während andere hin und her liefen und nach Wein und Waffen riefen, um die Götter oder den Geist, der von dem Mann Besitz ergriffen hatte, zu beruhigen. Seine Frau brach vor Angst in Tränen aus. Augenscheinlich war das Geschehen jenseits menschlicher Kontrolle.

Inzwischen war der rituelle Tanz zu Ende gekommen, und der Lama versuchte die Ursache der Störung herauszufinden. Man sagte ihm, daß die lokalen Götter gegen die Ausübung des Rituals Einspruch erhoben hätten, weil sie seit undenklichen Zeiten diesen Platz bewohnten, schon vor dem Kommen des Buddhismus. Der Lama verstand sogleich die Situation und gab seine Zustimmung zu dem Vorschlag, die Götter durch den Mund des besessenen Mannes, der als ihr anerkanntes Medium galt, sprechen und ihre Einwände vorbringen zu lassen.

Dementsprechend wurden nun die Embleme der Götter, in Form verschiedener Waffen, gebracht, und dem Mann wurde eine Schale Tschang (Gerstenbier) angeboten. Er trank den Tschang, durchbohrte seine Backen mit eisernen Spießen und stellte zwei Schwerter aufrecht auf den Boden, mit den Griffen nach unten. Ihre Spitzen steckte er in die Innenwinkel seiner Augen und lehnte sich mit dem ganzen Gewicht seines Körpers auf die so in seinen Augen ruhenden Schwertspitzen. Die geringste unvorhergesehene oder unwillkürliche Bewegung, wie durch Verlust des Gleichgewichtes oder dergleichen – und seine Augen wären durchstochen worden, und die Schwertspitzen wären ins Gehirn gedrungen. Es war eine grauenhafte Vorstellung! Hätte ich nicht noch schrecklichere Dinge dieser Art bei den Aissaouas in Nordafrika gesehen, so würde ich das Ganze für eine Sinnestäuschung gehalten haben.

Nachdem das Medium durch all diese Prüfungen seines Glaubens und seiner Hingabe – oder was sonst diesen selbstzugefügten Torturen oder Immunitätsbeweisen zugrunde liegen mochte – gegangen war, schien es, daß die Götter befriedigt und zu sprechen bereit waren. Der Mann setzte sich, noch an allen Gliedern zitternd, auf den Boden, wurde aber bald ruhiger; und nun sprachen die Götter durch ihn.

Sie sagten, daß sie, obwohl diese Stätte ihr rechtmäßiger Aufenthaltsort sei, weder befragt noch zu diesem Ritual eingeladen worden seien. Sie hätten sich damit zufrieden gegeben, wenn man sie um ihre Erlaubnis und ihr Einverständnis gebeten hätte. Sie fühlten sich jedoch verletzt, weil man ihnen diese einfache Höflichkeit nicht erwiesen habe.

Phiyang Lama, gegen den diese Beschwerde gerichtet war, antwortete mit großer Geistesgegenwart und ohne seine Ruhe zu verlieren, daß er nicht die Absicht gehabt hätte, irgend jemand von diesem Ritual auszuschließen, da alle Wesen guten Willens aus allen Daseinsbereichen ihm willkommen seien. Wenn er aber gewußt hätte, daß diese Stätte von den genannten Göttern bewohnt sei, hätte er sie nicht nur um ihre Erlaubnis und ihr Einverständnis gebeten, sondern sie darüber hinaus eingeladen, an diesem Ritual zum Segen aller Lebewesen teilzunehmen. Er bäte sie deshalb, ihm diesen unbeabsichtigten Fehltritt zu verzeihen und ihre Zustimmung zur Vollendung des Rituals zu geben wie auch zum Nutzen und Gedeihen aller in ihrem Bereich lebenden Menschen an ihm teilzunehmen.

Die Götter nahmen seine Entschuldigung an und gaben ihre Zustimmung zur Fortsetzung des Rituals, das nun ohne weitere Störung seinen Fortgang nahm.

Dieser Vorfall zeigte uns wieder, daß unsichtbare Kräfte, ob wir sie Götter oder Geister, göttliche oder dämonische Mächte nennen, die das menschliche Bewußtsein beeinflussen, nicht bloße Abstraktionen oder Ausgeburten eines kranken Gehirns oder einer morbiden Phantasie sind, sondern Wirklichkeiten, mit denen jede Religion und jede Psychologie sich auseinandersetzen muß. Ich konnte nun gut verstehen, gegen welche Art feindlicher Kräfte Padmasambhava zu kämpfen gehabt hatte, als er nach Tibet kam, und daß solche Kräfte nur besiegt oder unterworfen werden konnten durch Aufruf entsprechender Gegenkräfte im menschlichen Geist. Darin besteht ja gerade die Funktion der rituellen Magie oder magischer Rituale. Wir haben es hier mit geistigen Wirklichkeiten zu tun, nicht mit Theorien; mit wirkenden Kräften und nicht mit religiösen Doktrinen. Die moderne Psychologie mußte die Fakten des Hypnotismus, der Autosuggestion, der außersinnlichen Wahrnehmung, der Telepathie, des Mediumismus, der Psychokinese, der Glaubensheilung und der unheimlichen Kräfte und Eigenschaften unseres Tiefenbewußtseins anerkennen, gleichgültig ob diese Tatsachen sich in die bestehenden wissenschaftlichen Anschauungen und Theorien einfügten oder nicht. Und in ähnlicher Weise hatte der Buddhismus, gleichgültig, ob er den Wert dieser Phänomene akzeptierte oder leugnete, sich mit ihnen auf der ihnen entsprechenden Ebene auseinanderzusetzen.

Von diesem Gesichtspunkt her wird es klar, warum es Padmasambhava gelang, den Buddhismus in Tibet einzuführen und zu stabilisieren, während Śântarakṣita, der ein ebenso großer Gelehrter, aber kein Mann praktischer Erfahrung war und dem offensichtlich die Einfühlung in die Mentalität anderer Menschen mangelte, nicht imstande war, sich durchzusetzen. Er beschränkte sich darauf, Ideen und Lehrmeinungen zu verbreiten und Menschen rein verstandesmäßig zu überzeugen, aber er hatte nichts, womit er die subtilen Kräfte des Bewußtseins unterhalb der Schwelle des Intellekts beeinflussen oder verwandeln konnte.

DER SCHMIED ALS MAGIER

Nach Beendigung der Feuertaufe erkundigten wir uns nach dem Mann, durch den die Götter gesprochen hatten, und man sagte uns, daß er ein Schmied sei, der nach dem Tode des vorhergehenden Mediums (der ebenfalls ein Schmied gewesen war) von den Göttern berufen worden sei. «Wie ging das vor sich?» fragten wir. «War der Mann von besonders religiösem Charakter, besaß er außergewöhnliche psychische Fähigkeiten oder eine Neigung zu geistigen Dingen?» – «Nein, er war ein ganz gewöhnlicher Mann, der ein normales Leben führte. Aber einige Zeit, nachdem der frühere ‹Sprecher der Götter› gestorben war, wurde er eines Tages plötzlich besessen, und seit jener Zeit sprechen die Götter durch ihn.»

Offensichtlich hatte es immer einen Mann im Dorf gegeben, der auf solche Weise von den Göttern berufen wurde und dieses Amt auf sich nehmen mußte. Und dieser Mann gehörte meistens der Kaste der Schmiede an. Ist es so, daß Menschen, die hauptsächlich mit Feuer und Metall umgehen, besonders empfänglich sind für die Einflüsse psychischer Kräfte (man denke hier an die Mystik der Alchemisten), oder haben wir es mit einer prähistorischen Tradition zu tun, die auf jene Zeit zurückgeht, als Metalle zum ersten Mal aus dem Gestein gewonnen wurden und ein neues Lebensalter menschlicher Geschichte anbrach? Damals wurden dem Metall magische Kräfte und Qualitäten zugeschrieben, und diejenigen, die das Metall aus dem Stein befreiten, in dem es gefangen war, und es aus seiner Starre erlösten, indem sie es verflüssigten und formten, waren Meister der magischen Kunst. Heinrich Zimmer spricht in diesem Zusammenhang vom «magischen Schmied», der die Welt von der Steinzeit erlöste. «Der Held, der das eiserne Schwert aus dem Stein ziehen kann, ist nicht notwendigerweise ein großer Krieger, sondern stets ein mächtiger Magier, ein Herr über geistige und materielle Dinge.» *

Diese prähistorische Tradition scheint sich in vielen Teilen der Welt erhalten zu haben, sowohl in Afrika wie in den Hindugemeinden des südlichen Himalaya, um nur zwei Beispiele zu nennen. Diese Tradition hat nichts mit irgendeiner bestimmten Religion zu tun, sondern scheint psychischen Praktiken zu folgen, die älter sind als alle bekannten Religionen und in denen die tellurischen Kräfte der Natur, wie auch die noch nicht bewußten Kräfte der menschlichen Psyche, erweckt werden.

Ich fand die erstaunlichsten Phänomene dieser Art unter den Aissaouas, einer mohammedanischen Sekte von Mystikern in Nordafrika, deren Mitglieder (die vorwiegend aus Metallarbeitern, Eisen- und Kupferschmieden bestehen) jeden Freitag in einer besonderen Moschee zusammenkamen, die für ihre ekstatisch-religiösen Übungen reserviert war. Als junger Mann lebte ich eine Zeitlang unter ihnen, trug die traditionelle arabische Kleidung und hatte daher öfters Gelegenheit, ihren religiösen Übungen beizuwohnen. Sie hatten nichts gegen Menschen anderen Glaubens einzuwenden, solange diese ihre Religion und ihre Gebräuche respektierten.

Obwohl ihre Trancezustände selbstinduziert waren, vermittels ritueller Invokationen, die von rhythmischen Pauken- oder Trommelschlägen und langsam schwingenden Körperbewegungen begleitet waren, war die Wirkung derjenigen des beim eben beschriebenen Feuerritual in Trance fallenden Schmiedes sehr ähnlich: sobald der Trancezustand eingetreten war, schien eine andere Macht die Führung zu übernehmen und die Körper der so Ergriffenen gegen jede Verletzung immun zu machen. Welchen Namen wir dieser Macht auch geben wollen – ob wir sie Allah zuschreiben oder gewissen Fähigkeiten jenes universellen Bewußtseins, an dem alle lebenden Wesen im Zentrum ihres Seins teilhaben und zu dem der Mensch Zutritt gewinnen kann, wenn er bereit ist, sein kleines Ich zu vergessen, allein wichtig ist die Macht des Geistes über die Materie, selbst in der groben Form, in der diese Macht auf

* Heinrich Zimmer, *Abenteuer und Fahrten der Seele,* Rascher, Zürich, 1961.

einem primitiv-menschlichen Niveau zum Ausdruck kommt. Den Aissaouas bedeutet die Demonstration der Unverwundbarkeit derer, die durch Wiederholung des heiligen Namens Gottes (Allah) von seiner Gegenwart unter Ausschluß aller anderen Gedanken erfüllt sind, eine Vertiefung ihres Glaubens und eine Bestätigung ihrer endgültigen Erlösung.

Das Ritual beginnt mit der rhythmischen Anrufung Allahs zum Takt der Trommeln, während welcher die Teilnehmer in zwei sich gegenüberstehenden Reihen hin und her schwingen. Die Männer jeder Reihe haben ihre Arme ineinander verschränkt, so daß sie wie ein *einziger* Körper schwingen. Von Zeit zu Zeit bricht einer der Männer aus der Reihe, wirft sein Obergewand ab und entblößt sich bis zu den Hüften, worauf der Imam, der diese Übungen leitet, ihm eine der Waffen reicht, die an einer Wand der Moschee aufgehängt sind. Die meisten dieser Waffen bestehen aus eisernen Spießen von verschiedener Länge, die anstelle eines Griffes eine hölzerne Halbkugel haben.

Der Zweck dieser halbkugelförmigen Holzblöcke, in denen diese Spieße steckten, wurde klar, als der Imam mit einem großen Holzhammer auf sie schlug, um die Spieße in die Körper der in Trance befindlichen Männer zu treiben, die sich ihm, einer nach dem anderen, darboten. Es war ein grauenhafter Anblick, das Eisen Zoll für Zoll in das Fleisch dieser Menschen dringen zu sehen, aber augenscheinlich verursachte es ihnen keine Schmerzen, und sonderbarerweise war kein Tropfen Blut zu sehen. Ich hatte Gelegenheit, einen Mann aus nächster Nähe zu beobachten, während einer dieser Spieße ihm durch eine Wange getrieben wurde, bis er durch die andere Wange wieder herauskam, ohne daß ein Tropfen Blut vergossen wurde. Man sagte mir später, daß nur dann Blut käme, wenn der Betreffende nicht den Zustand der Immunität erreicht hätte, was ein Zeichen dafür sei, daß sein Glaube nicht stark genug war oder daß er sich nicht genügend auf den Namen Gottes konzentriert hätte.

Einige Männer ließen sich von mehreren solcher Spieße durchbohren, und während sie ihnen in der Brust, in den Schultern oder im Rücken staken, schwankten und tanzten die so Durchbohrten unbeirrt weiter in ihrem ekstatischen Zustand, bis sie erschöpft zu Boden sanken. Wohin immer sie fielen, dort blieben sie liegen, und der Imam warf ein weißes Leichentuch über ihre bewegungslosen Körper. Sie hatten den rituellen

Tod erlitten und wurden später durch eine heilige Formel, die der Imam ihnen ins Ohr flüsterte, wieder zum Leben erweckt.
Es gab viele verschiedene Arten solcher scheinbar selbstquälerischen Übungen, welche die Stärke des Glaubens und der bedingungslosen Hingabe an Gott erweisen sollten; denn die Idee war hier ja nicht, sich Schmerzen zuzufügen, sondern zu zeigen, daß der Glaube stärker ist als der Schmerz oder der Körper. Ich erinnere mich zum Beispiel eines Mannes, der sich mit seinem vollen Gewicht in die scharfe Klinge eines Schwertes stürzte, als ob er sich den Bauch aufschlitzen wollte. Seine Haut blieb unverletzt!
Unheimlicher jedoch als all diese Vorgänge war die Verwandlung einiger Menschen in Tiere wie Schweine, Hunde und Ziegen. Ich will hiermit nicht sagen, daß die Körper dieser Leute sich in jene Tiere verwandelten, aber ihr Bewußtsein, ihre Bewegungen, ihr ganzes Gehabe waren so vollständig die von Tieren geworden, daß man sie trotz ihres menschlichen Körpers deutlich in ihren entsprechenden Tierformen zu sehen glaubte. Sie liefen auf allen Vieren, und diejenigen zum Beispiel, die Ziegen geworden waren, fraßen Kaktusblätter mit langen, scharfen Dornen, ohne sich zu verletzen. Andere aßen Glasscherben und verschlangen lebende Skorpione, so daß sich einem der Magen umzudrehen begann.
Die ganze Moschee war schließlich ein einziges Pandämonium tanzender, halbnackter, von Spießen durchbohrter Männer, umherirrender Tiergestalten und überall verstreuter ‹Leichen›. Eine an Irrsinn grenzende Ekstase schien alle Anwesenden ergriffen zu haben und wuchs zu solcher Intensität, daß es mir fast als ein Wagnis erschien, meinen gesunden Menschenverstand zu bewahren – denn jeder, der diese Ekstase nicht teilte, mußte ja als ein Fremdkörper, ein Hindernis, ein Verleugner und Gegner des vorherrschenden ekstatischen Bewußtseinszustandes erscheinen und gewärtig sein, von dem Spieß oder Schwert eines Fanatikers durchbohrt zu werden. Nur der Imam schien von der allgemeinen Ekstase unberührt zu bleiben.
Als schließlich alle, einschließlich der in Tiere Verwandelten, erschöpft zu Boden gesunken und mit Laken bedeckt waren, glich die Moschee einem Schlachtfeld, das mit den Körpern der Gefallenen bedeckt ist. Der Imam ging nun von einer der verhüllten Gestalten zur anderen, flüsterte eine heilige Formel in ihre Ohren, und langsam erhoben sie

sich, einer nach dem andern, als ob nichts geschehen wäre. Und nachdem der Imam alle Spieße aus den Körpern gezogen hatte, war auch nicht eine Narbe geblieben!
Als ich später die Frage aufwarf, warum Menschen – statt sich während der Ekstase in höhere Bewußtseinszustände zu versetzen – sich zu tierischen Zuständen erniedrigten, sagte man mir, daß dies ein Akt der Demut sei; denn je geringer man sich selbst mache, desto gewaltiger sei das Erlebnis der Größe und Herrlichkeit Allahs.
Ich konnte diesen Gesichtspunkt bis zu einem gewissen Grad verstehen, wenn ich ihn auch nicht teilen konnte. Wie jede Tugend, so hören auch Demut und Glaube auf, Tugenden zu sein, wenn sie ins Extrem getrieben werden. Selbsterniedrigung, die auch im frühen Christentum und im christlichen Mittelalter oft extreme Formen annahm, hat in der Lehre des Buddha nie einen Platz gefunden. An die Stelle der von den Zeitgenossen des Buddha betriebenen Bußübungen selbstquälerischer Askese trat im Buddhismus ein neues Selbstvertrauen, ein Vertrauen in das eigene Bemühen und ein Verantwortungsbewußtsein für die eigenen Taten. Trotzdem aber sind selbst die Nachfolger des Buddha nicht immer imstande gewesen, Extreme zu vermeiden, obwohl die Lehre des Mittleren Pfades sich als eine stets gegenwärtige Mahnung und ein wirksames Gegenmittel erwiesen hat.
Phiyang Lamas verständnisvolle und tolerante Handhabung der kritischen Situation während der Feuerzeremonie zeigte, daß er ein würdiger Vertreter jenes Mittleren Pfades war und tiefe Einsicht in die Natur des menschlichen Geistes besaß.

ABSCHIED VON TIBET

Gegen Ende April erhielten wir die Nachricht, daß die Pässe wieder offen seien und daß die Karawanenstraße aus den Schneemassen der Lawinen, die sie während der vergangenen Monate verschüttet hatten, ausgegraben worden sei. Die Stunde des Abschieds rückte näher, und während wir unsere Karawane zusammenstellten und uns zur endgültigen Rückkehr nach Indien vorbereiteten, machte Phiyang Lama sich auf den Weg nach seinem Kloster im Tsaparang-Distrikt. Bevor unser geliebter Guru uns verließ, bat er uns, eines Tages nach Tibet zurückzukehren und auf längere Zeit mit ihm in seinem Kloster zu verweilen. Er gab uns seinen *soldeb (gSol-ḥDebs)*, ein sehr schönes Gebet, als eine letzte Gabe und Weisung, die uns stets im Geiste mit ihm vereinigen würde, sooft wir seine Worte wiederholten.

Am Morgen seiner Abreise wollten wir ihn, um unserer Dankbarkeit und Verehrung Ausdruck zu geben, einige Meilen begleiten. Aber er lehnte diese Ehrung energisch ab und bestand darauf, sich allein auf den Weg zu machen. Wir fügten uns seinem Wunsch, verneigten uns tief vor ihm und empfingen zum letzten Mal seinen Segen. Wir alle – Scherab inbegriffen – hatten Tränen in den Augen, als wir ihn langsam auf dem schmalen Bergpfad verschwinden sahen: ein einsamer Pilger – ärmer noch als am Tage seiner Ankunft; denn sein Pferd war vor einigen Wochen gestorben. Als es auf einem steilen Berghang in unserer Nähe graste, war das halbblinde Tier in eine tiefe Schlucht gefallen. Das karge Gepäck des Guru, der durch seine Gegenwart und seinen selbstlosen Dienst dem Dorf so viel gegeben hatte, wurde nun

von einigen der Dorfleute, die sich zu diesem letzten Liebesdienst bereit erklärt hatten, bis zum nächsten Ort getragen.
Sobald die einsame Gestalt unseren Augen entschwunden war, ging ich ins Haus zurück und begann, den Soldeb zu rezitieren, um über den Trennungsschmerz hinwegzukommen. Und siehe da – ohne daß ich wußte, wie es kam, strömte die tiefe Stimme des Guru aus meiner eigenen Brust! Li und Scherab kamen verwundert herbeigelaufen, und ich hörte sie ausrufen: «Ist der Guru zurückgekommen?!» – Aber dann sahen sie mich, und ich konnte nur antworten: «Bloß seine Stimme!» – Seitdem ist diese Stimme stets zu mir zurückgekehrt, wenn ich des Guru gedachte – unseres geliebten Lama von Phiyang.
Nach vielerlei Verzögerungen und langen Palavern war unsere Karawane endlich zusammengestellt und zum Abmarsch bereit. Wir hatten Scherab gebeten, mit uns zu kommen, aber er hatte Angst vor dem Tiefland. Selbst im Winter pflegte er während der Arbeit (z. B. beim Holzhacken) den Oberkörper zu entblößen. Er hielt Poo für ein warmes Klima, und eine Höhe von 3000 m war für ihn die tiefste Grenze, unter die er nicht hinabzusteigen wagte.
Er betrachte uns als seine Eltern, sagte er, und würde bereit sein, uns in jeder Weise zu dienen; aber er würde sterben, wenn er uns in tieferliegende Gegenden oder gar ins indische Tiefland folgen müßte, wie so viele seiner Landsleute, die nie von dort zurückgekehrt seien.
Am Tage vor unserer Abreise schnitt er in eine Steinplatte das Mantra Avalokiteśvaras: *«OṂ MAṆI PADME HŪṂ»*. Wir gingen mit ihm zur Maṇimauer, wo er die Steintafel niederlegte und ein Gebet sprach, in dem er dem Wunsch Ausdruck gab, mit uns in einem zukünftigen Leben wiedergeboren zu werden, um uns wiederum dienen zu können. Dann wandte er sich von uns ab, um seine Tränen zu verbergen, und ging schnell davon, ohne zurückzublicken. Zuvor schon hatte er uns gesagt, er müsse ganz schnell von uns weggehen und dürfte sich nicht umdrehen – sonst würde ihm das Herz brechen.
Der letzte, der von uns Abschied nahm, war unser lieber Freund und Guru-bhai, Namgyal. Ich umarmte ihn, und wir beide dankten ihm für alles Gute, das er uns erwiesen hatte.
Und so verließen wir unser «Shangri-La», das glückliche Tal, und kehrten in die Welt zurück, nicht ahnend, daß Tibets Schicksalsstunde geschlagen hatte und daß wir es nie wieder sehen würden, außer in

unseren Träumen. Aber wir wußten, daß unsere Gurus und die Schätze der Erinnerung, die dieses unvergeßliche Land uns beschert hatte, bis zum Ende unserer Tage bei uns bleiben würden. Gelänge es uns, auch nur einen Teil dieser Schätze und der Lehren unserer Gurus der Mitwelt zu übermitteln, so hätten wir die Genugtuung, wenigstens einen kleinen Teil des Dankes abgetragen zu haben, den wir Tibet und unseren geistigen Lehrern gegenüber in uns tragen.
Dies war es, was mich veranlaßte, dieses Buch zu schreiben; und wir sind entschlossen, den Rest unseres Lebens der Vollendung jenes Werkes zu widmen, mit dem das Schicksal uns in Tsaparang betraute: der Welt durch Wort und Bild das unsterbliche Erbe Tibets zu übermitteln.

Epilog

GURU UND TSCHELA UND DIE REISE INS LICHT

Da Tomo Gésché Rimpotsché mir die Pforten Tibets geöffnet hatte, ist es nur recht und billig, daß ich diese Beschreibung meiner tibetischen Pilgerschaft mit einigen Worten über seine Wiederverkörperung, den jetzigen Tulku, Jigmé Ngawang Kalsang Rimpotsché, beschließe.

Nach unserer kurzen Begegnung in Gyantse, Ende 1947, war es uns nicht gelungen, ihn einzuholen; denn als wir in Indien ankamen, war er bereits wieder auf dem Weg nach Sera, wo die Lage für die Fortsetzung seiner Studien als genügend sicher erachtet wurde. Er blieb dort bis zum Jahr 1959, da er sein Abschlußexamen als Gésché (Doktor) bestand und somit in seinem früheren Titel bestätigt wurde.

Kaum hatte er Sera verlassen, um sich für eine Zeit in Lhasa niederzulassen, als das Volk sich gegen seine chinesischen Unterdrücker erhob und den Dalai Lama von dem Schicksal errettete, ein Gefangener oder ein Werkzeug der Kommunisten zu werden, die sich als Befreier der Armen aufzuspielen versucht hatten – eine Lüge, die nun ein- für allemal widerlegt war, denn es waren gerade die «Armen», die trotz aller Bestechungsversuche der Chinesen, während der ersten Jahre ihrer Herrschaft, gegen ihre vorgeblichen Befreier revoltierten.

Während dieser schrecklichen Ereignisse kamen unzählige Menschen zu Tomo Gésché Rimpotsché, der von je in enger Verbindung mit den Helfern des Dalai Lama gestanden hatte, um bei ihm Trost und Ermutigung zu finden. Wie in seinem vorigen Leben, verteilte er bereitwillig seine lebenspendenden Ribus an alle, die ihn um Hilfe und seinen Segen baten. Viele der Khampas (aus der östlichen Provinz Kham,

deren Einwohner den härtesten Widerstand boten), die von Tomo Géschés Ruhm und von der Wundermacht seiner Ribus gehört hatten, warfen sich im Besitz dieses magischen Schutzmittels furchtlos in den Kampf zur Befreiung des Dalai Lama und ihres geliebten Landes.
Die Chinesen begannen bald, Tomo Géschés Ribus ebenso zu fürchten wie die Kugeln der Khampas. Sie verhafteten ihn daraufhin und warfen ihn ins Gefängnis, wo sie versuchten, seinen Geist zu brechen, indem sie ihn unmenschlichen Bedingungen unterwarfen und ihm jede nur denkbare Demütigung zufügten. Bei täglich sechzehnstündiger Zwangsarbeit und Hungerdiät mußte er die schmutzigsten und erniedrigendsten Arbeiten verrichten; diese wechselten mit Perioden strengster Einzelhaft in Zellen ohne Luft und Licht.
Bald nach seiner Verhaftung verbreiteten tibetische Flüchtlinge in Indien die Nachricht, daß Tomo Gésché von den Chinesen umgebracht worden sei, und zwar – wie man uns sagte – indem sie kochenden Teer über ihn gegossen hätten, während er in Meditation versunken gewesen sei. Er sei ohne ein Wort der Klage und ohne ein Zeichen der Furcht verschieden.
Wir waren aufs tiefste erschüttert über diesen Bericht, und der Gedanke, daß unser Guru freiwillig ein solches Schicksal gewählt haben sollte: in einen menschlichen Körper zurückzukehren, um den Märtyrertod zu erleiden, bevor er auch nur Gelegenheit gehabt hätte, die Aufgabe auszuführen, um derentwillen er zurückgekommen war, schien uns ein ganz besonders grausames und sinnloses Geschehen.
Wie groß war daher unsere Freude, als wir im Jahre 1961 erfuhren, daß die Chinesen unter diplomatischem Druck der indischen Regierung und auf Grund persönlicher Intervention des Premierministers, Jawaharlal Nehru, den Rimpotsché freigesetzt hätten und daß er am 24. Juni 1961, nach mehr als zweijähriger Gefangenschaft, in Gangtok angekommen sei. Was ihn aus der Gefangenschaft und vor einem sicheren Tod errettet hatte, war die Tatsache, daß er in Gangtok (Sikkim) geboren war und daß die indische Regierung ihn als eine unter indischem Schutz stehende Person beanspruchen konnte. Jetzt erst wurde uns der tiefere Sinn im Schicksal Tomo Géschés klar, das ihn trotz seines Wunsches, zum Dungkar Gompa zurückzukehren, nicht im Tomotal wieder zur Welt kommen ließ, wie man erwartet hatte, sondern jenseits der nahen tibetischen Grenze.

Da ich bisher nicht imstande gewesen bin, die weite Reise von meinem jetzigen Wohnort im westlichen Himalaya nach Yi-Gah Tschö-Ling oder Kalimpong, den Klöstern, wo Tomo Géché sich abwechselnd aufhält, zu unternehmen, bat ich den ehrwürdigen Sangharakshita Sthavira, den Gründer und Leiter des *Triyâna Vardhana Vihâra* in Kalimpong, den Rimpotsché zu fragen, ob er sich an mich, seinen alten Tschela, erinnern könne und ob er mich in Gyantse erkannt habe. Seine Antwort war klar und einfach: «Ich kenne ihn.»
Wir werden uns wieder begegnen, sobald die Umstände es ermöglichen. Ich habe inzwischen selbst das Alter meines ehemaligen Guru erreicht, während er in seiner jetzigen Wiederverkörperung noch jünger ist, als ich es seinerzeit war, als ich ihm in seinem vorhergehenden Leben begegnete. Aber ob alt oder jung: die innere Beziehung zwischen Guru und Tschela bleibt bestehen, auch wenn äußerlich die Rollen vertauscht sein mögen. Wir werden uns wieder und wieder begegnen, bis wir beide unsere Aufgabe erfüllt haben – bis wir beide eins geworden sind mit jenem höchsten Licht, das unser beider Ursprung und Ziel ist und das uns durch viele Geburten und Tode verbindet.
Es ist dieses Licht, das mich durchs Leben leitete. Und nun, da ich auf dieses Lebens langen Weg zurückblicke, kann ich ihn durch eine weite, vielfältige Landschaft sich winden sehen, eine Landschaft, die von einem mächtigen Strom beherrscht wird: dem Strom geistiger Tradition, der ohne Anfang und Ende durch die Jahrtausende menschlichen Lebens und Strebens geflossen ist. Er verkörpert die Erfahrungen unzähliger Generationen von religiös ergriffenen Menschen: von Sehern und Sängern, Dichtern und Denkern, Künstlern und Gelehrten, Heiligen und Sündern. Die Quellen dieses Stroms sind die Erleuchteten, die sich immer wieder unter den Menschen verkörpern, wie z. B. Buddha Śâkyamuni, dessen Botschaft von solch universeller Bedeutung war, daß wir selbst nach zweieinhalb Jahrtausenden die Tiefe ihres Gehaltes und die Vielfältigkeit ihrer Ausdrucksmöglichkeiten und Verwirklichungswege noch nicht erschöpft haben.
Der besondere Aspekt, unter dem dieser Strom in meinem Leben erschien, war der vom Buddha Śâkyamuni geschaffene. Obwohl ich das Glück hatte, mich schon in meiner frühen Jugend über die wesentlichen Lehren der großen Weltreligionen informieren zu können, ohne nach der einen oder der anderen Richtung gedrängt zu werden, wählte

ich den Buddhismus, weil er meiner innersten Natur entsprach – und nicht, weil er mir durch äußere Umstände (wie Geburt oder Umgebung) aufgezwungen worden wäre. Ich war sicher lange vor meiner Geburt schon ein Buddhist.

Es ist jedoch interessant zu beobachten, wie uns zu verschiedenen Zeiten verschiedene Aspekte derselben Sache anziehen. Während in meiner Jugend die rationale Seite des Buddhismus und die historische Gestalt des Buddha im Vordergrund meiner religiösen Überzeugung standen, zeigten mir die Erfahrungen meiner späteren Jahre die Seichtheit intellektueller Argumente; sie überzeugten mich vom irrationalen (aber nicht *antirationalen)* Charakter der Wirklichkeit und von der über die historische Erscheinungsform hinausgehenden geistigen Natur des Buddha, durch die ein in ferner Vergangenheit liegendes Geschehen und Wirken zur lebendigen Gegenwart und zur Kraft der Verwirklichung in uns selbst wird.

Indem ich das Gleichnis des Stromes auf die Entwicklung und den Fluß buddhistischer Tradition während der letzten 2500 Jahre anwende, die seit dem *parinirvâna* des Buddha verflossen sind, leuchtet eine Vision in meinem Geist auf, welche die Reise auf diesem mächtigen Fluß und die unendliche Vielfalt der Eindrücke enthüllt, die diese Reise mir vermittelt hat. Ich will einige dieser Eindrücke hier zu beschreiben versuchen, obwohl ich mir der sehr persönlichen Natur derselben und der Beschränktheit aller Worte und Symbole bewußt bin.

Am Anfang der Reise war die Landschaft beherrscht von den mächtigen Bergen der Vier Heiligen Wahrheiten: der Wahrheit vom Leiden, der Wahrheit seiner Ursachen, der Wahrheit der Leidensbefreiung und der Wahrheit vom Wege der Befreiung.

Der erste dieser Berge sah dunkel und unheimlich aus und war von Asche und schwarzem vulkanischem Gestein bedeckt, das jeglicher Vegetation entbehrte. Über dem Gipfel hing eine indigofarbene Wolke wie der Mantel eines verhängnisvollen Schicksals.

Der zweite Berg spie Feuer und Rauch aus, und Ströme glühender Lava bedeckten die Abhänge mit roten Zungen, während ein Regen von Steinen und Feuer alles Leben um den Berg zermalmte und vernichtete. Und eine donnernde Stimme erfüllte die Luft: «Wahrlich, ich sage euch, die Welt steht in Flammen. Sie brennt mit dem Feuer der Gier, mit dem Feuer des Hasses und dem Feuer des Wahns!»

Der dritte Berg war in blendenden Sonnenschein getaucht, und der ewige Schnee seines Gipfels leuchtete im tiefblauen Himmel – überirdisch, rein, weltentrückt, allen Sterblichen unerreichbar.
Ein vierter Berg aber erhob sich in seiner Nähe in acht hohen Stufen. Und von der letzten und höchsten dieser Stufen ging eine vielfarbige Strahlung aus und warf eine Regenbogenbrücke zu dem weißen, leuchtenden Gipfel des dritten Berges, der sich hoch über alle anderen erhob.
Und wieder erfüllte die Stimme des Buddha die Luft: «Der Pfad der Befreiung ist gefunden, der Edle Achtfache Pfad, der durch rechte Anschauung, rechte Gesinnung, rechte Rede, rechtes Handeln, rechten Lebenserwerb, rechtes Bemühen, rechtes Überdenken und rechte Konzentration zur völligen Befreiung, zum Nirvâna führt.»
Am Fuße des Berges der Befreiung gab es liebliche Haine, und viele Pilger, die sich für den steilen Aufstieg vorbereiten wollten, zogen sich in ihren kühlen Frieden zurück, der ihnen vor der sengenden Hitze Schutz bot. Sie widmeten sich einem Leben der Entsagung und der Kontemplation. Sie bauten hohe Mauern, um der Welt und ihren störenden Einflüssen zu entgegen. Aber je mehr sie die Welt ausschlossen, desto weniger wurden sie jener mächtigen Berge gewahr; und das Rauschen des großen Flusses wurde schwächer und schwächer.
Schließlich waren die Mauern so hoch, daß selbst der Berg der Befreiung den Blicken entzogen war. Aber die Einsiedler bewahrten die Erinnerung an die vier Berge und den Achtfachen Pfad, der zum Gipfel des Berges der Befreiung führte; und sie schrieben gar manchen gelehrten Band über die Gefahren und Wunder jener Berge. Und obwohl die Welt, die sie ausgeschlossen hatten, sie noch immer ernährte und kleidete, glaubten sie von ihr unabhängig geworden zu sein. Somit sahen sie keine Notwendigkeit mehr, ihren schützenden Hain zu verlassen und sich den Anstrengungen und Gefahren einer Bergbesteigung auszusetzen. Nur wenige von ihnen hatten den Versuch gemacht, und noch weniger waren erfolgreich gewesen. Diese Wenigen aber waren nie zurückgekehrt.
Der Fluß jedoch strömte wie immer. So vergingen viele Jahre in diesem kühlen, lieblichen Hain, bis eines Tages der Ruf des Flusses einige der Einsiedler erreichte, deren Drang nach Befreiung noch nicht eingeschläfert war. Und zur gleichen Zeit hörten sie auch den Ruf der

Welt, die Stimmen unzähliger leidender Wesen, die das Tal des Flusses bewohnten und sich gleich ihnen nach Freiheit sehnten. Um sie alle zur Erlösung zu führen, bauten sie ein großes Schiff und begannen das Abenteuer der Flußreise. Je weiter sie aber fuhren, desto klarer wurde ihnen, daß der Fluß sie auf geheimnisvolle Weise gerade jenem Ziel zuführte, nach dem sie von jeher gestrebt hatten, und daß das Schiff Raum für alle Pilger hatte, wie viele sich auch dazugesellen mochten. Jeder war hier willkommen.

Und nun dämmerte es ihnen, daß der Achtfache Pfad direkt durch die Welt führt und daß der erste Schritt auf ihm in der Erkenntnis besteht, daß uns nichts von unseren Mitwanderern trennt außer der Illusion unserer Besonderheit oder Überlegenheit. Eine Welle warmer Liebe und innigen Mitgefühls brach aus ihren Herzen und umfing ihre Mitpilger und alles Lebendige, bis sie sich so weit und offen und frei fühlten wie der weite Himmelsraum.

Ihr geistiger Pfad und der Fluß waren eins geworden, und sie strömten der sinkenden Sonne zu, in die der Fluß zu münden schien. Der Glanz der Wasser des Lebens vermischte sich mit den Strahlen der Sonne der Erleuchtung; und es schien, als erhielte der einsame Berg individueller Erlösung seinen Glanz nur von dem reflektierten Licht, das von dem Fluß und der sinkenden Sonne ausging, in die er floß.

Und die Strahlen der sinkenden Sonne waren erfüllt von unzähligen erleuchteten Wesen, Buddhas und Bodhisattvas: allen, die vordem den Großen Weg gegangen waren, und allen, die noch kommen sollten, um der Menschheit den Weg zu weisen – denn hier, im leuchtenden Bereich, in dem die Zeit ausgelöscht ist, sind Vergangenheit und Zukunft eins in der ewigen Gegenwart. Darum wird auch die sinkende Sonne, welcher der Fluß entgegenströmt, nie untergehen, und ihre Strahlen werden nie verlöschen für die Pilger, die dem Lauf des Flusses folgen.

So will ich dieses Buch beenden mit der Anrufung des Buddha des Unendlichen Lichtes, der bei sinkender Sonne, wenn des Tages Werk getan ist, im Herzen erschaut wird:

AMITÂBHA!

Erhabener, der du in meinem Herzen lebst:
Erwecke mich zur Größe deines Wirkens,
Zu deiner Gegenwart gewaltigem Erleben.
Erlöse mich vom Banne des Begehrens,
Von kleinen Zieles Knechtschaft,
Vom Wahne enger Ichheit.

Erleuchte mich mit deiner Weisheit Licht!
Durchdringe mich mit deiner Liebe Glut,
Die auch das Dunkel einschließt und umfaßt
Wie das Licht den dunklen Kern der Flamme,
Wie der Mutter Liebe das neue Leben
Im Dunkel ihres Schoßes,
Wie der Erde Leib des Samens zarten Keim.

Laß mich deines lebendigen Lichtes Same sein!
Gib mir die Kraft, der Selbstheit Hülle zu sprengen,
Um, gleich dem Samenkorn,
Durch die Pforte des Todes
Zu größerem Leben zu erwachen:
Zum allumfassenden Leben deiner Liebe,
Zur allumfassenden Liebe deiner Weisheit.

Kasar Devi Ashram, Kumaon Himalaya, Indien, im November 1964.
Deutsche Fassung im Mai 1968

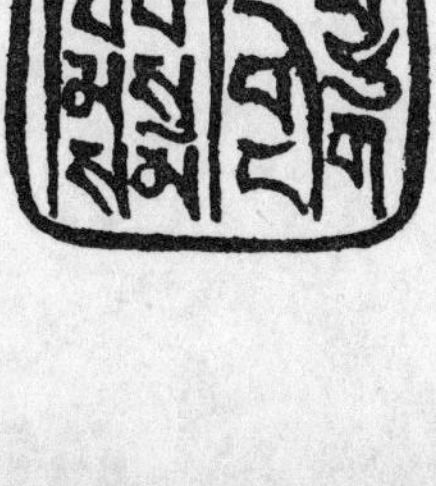

ANHANG

DIE KÖNIGE VON LHASA

Während des siebenten und achten Jahrhunderts unserer Zeitrechnung war Tibet die größte militärische Macht in Zentralasien und eine Gefahr für all seine Nachbarn (selbst für China), die Tribut zu zahlen und die tibetische Oberherrschaft anzuerkennen gezwungen waren. Aber während Tibet solcherweise auf der Höhe seiner politischen Macht stand, wurde es selbst in einer weitaus dauerhafteren und folgenschwereren Weise erobert: nicht von Armeen, sondern durch den geistigen Einfluß zweier Frauen, welche die Gemahlinnen des mächtigen Königs Srongsten Gampo *(Sroṅ-btsan Gam-po: 629–650* n. Chr.) wurden und nicht nur ihn zum Buddhismus bekehrten, sondern auch im ganzen Lande den Dharma verbreiteten. Die eine war eine buddhistische Prinzessin von Nepal, die andere die Tochter des Kaisers von China. Letztere willigte nur unter der Bedingung ein, die Gemahlin Srongtsen Gampos zu werden, daß es ihr gestattet würde, die kostbare Buddhastatue, von der es hieß, sie sei in der Lebenszeit des Erleuchteten angefertigt worden, mit sich in das ‹Land der Barbaren› zu nehmen. Sie galt als das wertvollste Besitztum der kaiserlichen Familie. Da jedoch der Kaiser die Hand seiner Tochter einem so mächtigen Herrscher wie Srongtsen Gampo, der bereits mit einem Heer drohend an der Grenze stand, nicht verweigern konnte, gab er dem Wunsch seiner Tochter nach. Und so kam die Statue des Jôvo Rimpotsché (wie sie in Tibet genannt wird) nach Lhasa, wo sie in einem prächtigen Tempel – dem berühmten Jôkhang, bis zum heutigen Tage das größte Heiligtum Lhasas – untergebracht wurde.

Der Statue des ‹Kostbaren Herrn› werden Wunderkräfte zugeschrieben, und in der Tat wurde sie bald zu einem so mächtigen Brennpunkt religiösen Lebens, daß Lhasa in kurzer Zeit zu einem buddhistischen Kulturzentrum wurde. Diese Verwandlung geschah sehr zum Mißfallen der Priester des alten Bön-Glaubens, der Urreligion Tibets, in der hauptsächlich die furchterregenden Kräfte lokaler Geister und Gottheiten angerufen und beschworen wurden. Bis zum heutigen Tag hat sich dieser in seiner Art hochentwickelte Kult erhalten, der durchaus nicht als primitiver Schamanismus abgetan werden kann, obwohl er ursprünglich aus einem solchen hervorging.

Solange jedoch der Buddhismus auf Lhasa und einige wenige Tempel beschränkt blieb, zeigte sich der Bön-Widerstand nicht offen. Er nahm jedoch im gleichen Maße zu, in dem der Buddhismus sich ausbreitete, bis er unter König Tisong Detsen *(Khri-sroṅ-lde-btsan)*, der im Jahre 756 zur Herrschaft kam, einen machtvollen Führer in der Person des Ministers Mazhang fand. Obwohl der König ein eifriger Buddhist war, wie sein Vater und sein Großvater es gewesen waren, konnte er es sich nicht leisten, Mazhang offen zu bekämpfen, da sich dieser nicht nur der Unterstützung der Bön-Geistlichkeit erfreute, sondern auch unter der Aristokratie, unter der noch viele an den alten Traditionen hingen, eine starke Gefolgschaft hatte.

Bevor es jedoch Mazhang gelang, einen entscheidenden Schlag gegen die Buddhisten zu führen, wurde er von seinen politischen Gegnern ermordet. Nun endlich war es Tisong Detsen möglich, sich voll für den Buddhismus einzusetzen und ihm eine sichere Grundlage zu geben.

Zu diesem Zweck berief er buddhistische Gelehrte aus Indien in sein Land, um den neuen Glauben zu lehren und zu festigen. So geschah es, daß Śântarakṣita, einer der bedeutendsten Lehrer der berühmten Kloster-Universität Nâlanda, dem Ruf des Königs folgte und in Tibet zu lehren begann. Der Widerstand der Bön-Partei erwies sich jedoch als zu stark, und Śântaraksîta sah sich nach kurzer Zeit gezwungen, nach Indien zurückzukehren.

Aber der König ließ sich nicht entmutigen, und als Śântarakṣita ihm von dem magiegewaltigen tantrischen Weisen Padmasambhava berichtete, sandte er sogleich Boten an ihn ab, um ihn einzuladen. Padmasambhava, eine kraftvolle Persönlichkeit, der die tantrischen Formen des Buddhismus in den Kloster-Universitäten Ostindiens studiert hatte, war in der Ausübung yogischer Kräfte ebenso geschult wie im philosophischen Denken. Er war somit der rechte Mann, die mit allen Künsten der Magie vertraute Bön-Geistlichkeit mit ihren eigenen Waffen zu bekämpfen.

Es spricht für Padmasambhavas Weisheit und tiefes Verständnis der menschlichen Natur, daß er, statt die Nationalgötter der Bön-Religion als «heidnischen Aberglauben» abzulehnen, sie als Beschützer des Dharma *(dharmapâla)* in das buddhistische System aufnahm und eingliederte. Er folgte hierin dem Beispiel des Buddha, der in keiner Weise die Hindugötter leugnete, sondern ihnen nur ihren Platz im Rahmen der buddhistischen Weltanschauung anwies.

Auf diese Weise respektierte Padmasambhava die nationalen Gefühle und Loyalitäten des Volkes und gab, ohne die Traditionen des Landes zu zerstören, dem Buddhismus einen neuen Auftrieb und eine breitere Grundlage. Es gelang ihm nicht nur, den Buddhismus populär zu machen, sondern auch, das erste große Kloster Samyé *(bSam-yas)* in Tibet zu gründen. Es wurde unter seiner persönlichen Leitung nach dem Muster der indischen Kloster-Universität von Otantapuri (Orissa) gebaut. Das Werk begann 787 und wurde im Jahr 799 unserer Zeitrechnung beendet.

Der letzte der großen religiösen Herrscher *(dharmarâja)* war König Ralpachan (*Tidé Songtsen, kri-lde-sroṅ-btsan,* 817–836), der, ermutigt durch den Erfolg seines Vorgängers, viele Reformen zugunsten des Buddhismus einführte. Da er aber augenscheinlich seiner Zeit zu weit voraus war und in der Verfolgung seiner idealen Ziele zu schnell vorging, flammte die Bön-Opposition wieder auf, und Ralpachan fiel einer Verschwörung zum Opfer, während sein jüngerer Bruder Langdarma *(gLaṅ-dar-ma),* der sich mit der Bön-Partei verbündet hatte, zum König ausgerufen wurde.

Er begann sogleich, die Buddhisten zu verfolgen, ihre Tempel und Bücher zu zerstören, ihre Mönche zu töten oder zur Flucht zu zwingen, und alle einflußreichen Anhänger des Buddhismus zu vernichten. Das Ende des Buddhismus in Tibet schien gekommen zu sein.

Jedoch ein Einsiedler, der in der Umgebung Lhasas lebte und der als die Verkörperung eines der furchterregenden Beschützer des Dharma (die Padmasambhava dem Buddhismus eingegliedert hatte) galt, machte dieser grausamen Verfolgung ein Ende. Er betrat Lhasa in der

Verkleidung eines ‹schwarzen Magiers› des Bön-Ordens: in einen schwarzen Mantel gehüllt, auf dem Kopf den schwarzen, totenkopfgekrönten Hut dieses Ordens, und auf einem schwarzen Pferd reitend.

Auf dem offenen Platz vor dem Königspalast stieg er vom Pferde und begann zu Ehren des Königs einen rituellen Tanz aufzuführen, in dem Pfeil und Bogen als symbolische Waffe zur Überwindung böser Geister gebraucht wurden. Der König trat auf den Balkon seines Palastes, um dem Tanz zuzuschauen. Im gleichen Augenblick schoß der ‹schwarze Magier› einen seiner Pfeile ab, und der König brach zu Tode getroffen zusammen.

Bevor die Zuschauer begriffen hatten, was geschehen war, schwang sich der ‹schwarze Magier› auf sein Pferd und verschwand in Richtung auf den Kyi-Fluß (an dem Lhasa gelegen ist). Als die Verfolger am Ufer ankamen, hatte der Flüchtling bereits den Fluß durchquert. Auf der anderen Seite des Flusses aber erblickte niemand einen schwarzen Reiter auf einem schwarzen Pferd. Was war geschehen? – Der Reiter hatte seinen weißgefütterten Mantel nach außen gekehrt, während die schwarze Farbe, mit der das Pferd gefärbt worden war, sich im Wasser aufgelöst hatte, so daß ein weißer Reiter auf einem weißen Pferd am anderen Ufer des Flusses auftauchte.

So kam Langdarmas Schreckensherrschaft nach drei Jahren zu einem plötzlichen Ende. Aber nicht eine einzige buddhistische Institution war in Zentraltibet übrig geblieben, von der eine Wiederbelebung der Religion hätte ausgehen können. Nicht einmal Bücher gab es, aus denen die Lehre gelernt und gelehrt werden konnte; und die wenigen von den in alle Winde zerstreuten Mönchen, die die Verfolgung überlebt und nach dem Tode Langdarmas zurückzukehren gewagt hatten, waren machtlos angesichts des angerichteten Schadens und ohne die Unterstützung ihrer früheren Schutzherren.

Die Ermordung Ralpachans war der Beginn der Auflösung des tibetischen Reiches gewesen, und nach Langdarmas Tod war keine starke Persönlichkeit mehr vorhanden, um den fortschreitenden Zerfall aufzuhalten. So hörte Lhasa auf, Tibets Hauptstadt zu sein, und das Land zerfiel in eine Anzahl unabhängiger Königreiche und Fürstentümer feudaler Herren.

Palkhortsan, der Enkel Langdarmas, gründete ein Königreich in Westtibet, das er später unter seine drei Söhne aufteilte. Der älteste Sohn erhielt die Provinz Mangyul, der mittlere die Provinz Purang, und der jüngste (Detson-gon) Schang-Schung und die drei Provinzen von Guge mit Tsaparang und Tholing als königlichen Residenzen.

AUFSTIEG UND UNTERGANG DER KÖNIGE VON GUGE

Die Söhne und Enkel des Königs Detson-gon waren von gleichem religiösem Eifer erfüllt wie ihre Vorväter, die drei großen Dharmarâjas von Tibet: Srongtsen Gampo, Tisong Detsen und Ralpachan. So lesen wir in der tibetischen Chronik *(Pag-sam-jon-zang)*, daß König Khoré (der unter dem religiösen Namen Lha-Lama Yesche-Ö bekannt ist) sein Königreich seinem jüngeren Bruder Song-nge übergab, während er selbst und seine beiden Söhne in den Orden traten und Mönche wurden.

Yesche-Ö erkannte, daß das vom buddhistischen Glauben nach dem Fall der Lhasa-Dynastie Gerettete sich in Gefahr befand zu degenerieren, wenn nicht religiöse Lehrer und Originalübersetzungen der heiligen Schriften beschafft würden.

So folgte er dem Beispiel Srongtsen Gampos, wählte eine Gruppe intelligenter junger Männer und sandte sie zu einem zehnjährigen Studium des Sanskrit und der heiligen Texte nach Kaschmir, das zu jener Zeit als Sitz buddhistischer Gelehrsamkeit in hohem Rufe stand.

Aber nur wenige Tibeter sind imstande, in tiefer gelegenen Ländern und in warmem Klima zu leben. Von den dreizehn jungen Leuten, die von Srongtsen Gampo zum Studium nach Indien gesandt worden waren, kam nur ein einziger lebend zurück. Dasselbe Schicksal traf die von Yesche-Ö ausgesandte Gruppe junger Leute. Neunzehn von ihnen starben, bevor ihre Aufgabe erfüllt war, und nur zwei kehrten in die Heimat zurück.

Der eine von ihnen war der Lotsawa Sangpo (Ratnabhadra), mit dem die Wiederbelebung des Buddhismus in Westtibet begann. Er war wie Padmasambhava nicht nur ein großer Gelehrter, sondern auch eine überragende Persönlichkeit, die alle, die mit ihm in Berührung kamen, mit Begeisterung erfüllte und zur Mitarbeit anspornte.

Wo er sich auch aufhielt, dort verkündete er die heilige Lehre, baute Tempel und Klöster, errichtete Stupas, übersetzte und vervielfältigte Bücher, spornte Kunst und Handwerk an und brachte die Bildhauerei und Freskenmalerei auf das höchste Niveau. Er selbst soll ein begabter Künstler gewesen sein und viele Fresken mit eigener Hand gemalt haben. Die Gründung von nicht weniger als 108 Tempeln und Klöstern wird diesem vielseitigen Mann zugeschrieben; und selbst wenn die Zahl nicht wörtlich genommen zu werden braucht, so ist es sicher, daß die größten Werke westtibetischer Kunst und Literatur und ein wesentlicher Teil der heiligen Schriften Tibets auf die Tätigkeit Rintschen Sangpos zurückgehen.

Zu den Tempeln, die ihm zugeschrieben werden, gehören Tholing und Tsaparang. Ihre Fresken und Statuen gehören zu den höchsten Leistungen tibetischer Kunst.

Nach Yesche-Ös Abdankung bestieg Lhadé, der Sohn seines jüngeren Bruders, den Thron und berief den buddhistischen Gelehrten Subhûti Śhrî Śhânti von Kaschmir nach Westtibet. Die Söhne dieses Königs, namens Schiwa-Ö und Tschang-tschub-Ö, luden den berühmten Pandit Dîpankara nach ihrer Residenz Tholing ein.

Dîpankara Śrî Iñâna, der in Tibet unter dem Namen Atîśa bekannt ist, war eine der Leuchten der in Bengalen gelegenen Kloster-Universität Vikramaśila. Eine Delegation mit reichen Geschenken wurde zu ihm gesandt; aber Atîśa lehnte die Einladung ab, da seine Dienste, wie er sagte, in seinem eigenen Lande ebenso vonnöten seien.

Der König, der zu jener Zeit in Tholing residierte und der von gewissen (von Sarat Chandra Das im Journal der Royal Asiatic Society, 1893, zitierten) Autoritäten mit Yesche-Ö identifiziert wird, glaubte, daß seine Geschenke zu gering gewesen seien und unternahm daher eine Expedition nach den nördlichen Grenzgebieten seines Landes, in denen Gold gefunden wurde. Unglücklicherweise aber fiel er in die Hände seines Feindes, des Königs von Garlog, dessen Land an das seine grenzte. Dieser forderte eine große Summe Goldes als Lösegeld. Tschang-tschub-Ö sammelte, was er nur aus den Schatzkammern von

Tholing und Tsaparang zusammentragen konnte, um seinen Vater zu befreien. Als er aber endlich damit in Garlog ankam, wurde er zurückgewiesen und aufgefordert, eine größere Summe zu bringen.
Bevor er zurückkehrte, um das Fehlende zu sammeln, wurde ihm erlaubt, seinen gefangenen Vater zu sehen. Dieser jedoch ermahnte ihn, dieses Gold nicht auf seine Freilassung zu verschwenden, da er alt und hinfällig sei und auf alle Fälle nur noch wenige Jahre zu leben hätte. Es wäre besser, es statt dessen Atîśa zu senden und ihm sagen zu lassen, daß der alte König größeren Wert auf das Kommen eines so hochverehrten Lehrers lege als auf sein eigenes Leben, das er freudig um der heiligen Lehre willen dahingäbe. Tschang-tschub-Ö nahm schweren Herzens von seinem Vater Abschied im sicheren Wissen, daß er ihn nie wiedersehen würde. Er tat, wie ihm geheißen.
Eine weitere Delegation wurde nach Indien gesandt, und als sie nach langer, mühevoller Reise in Vikramaśîla ankam und Atîśa über alles Geschehene Bericht erstattete, war dieser tief bewegt und rief aus: «Wahrlich, dieser König war ein Bodhisattva! Was könnte ich anderes tun, als dem Wunsche eines so großen Heiligen Folge zu leisten!»
Es war jedoch nicht einfach für Atîśa, sich von seinen Ämtern und vielerlei Verpflichtungen zu befreien. Es dauerte 18 Monate, bis er die große Reise nach Tibet antreten konnte (von der er – ebenso wie der alte, inzwischen verstorbene König – nie wieder in seine Heimat zurückkehren sollte). Von dem übersandten Gold behielt er nichts für sich, sondern verteilte es unter die Lehrer und Schüler von Vikramaśîla und andere religiöse Institutionen.
Im Jahre 1042 kam Atîśa in Tholing an und wurde von den Mitgliedern des königlichen Hauses, des Adels und der Geistlichkeit empfangen. Unter letzteren befand sich auch der 85jährige Lotsawa Rintschen Sangpo. Als Ältester im Orden blieb er beim Eintritt Atîśas auf seinem Sitz. Als Atîśa jedoch seine erste religiöse Ansprache beendet hatte, war Rintschen Sangpo so tief beeindruckt, daß er sich erhob und sich vor Atîśa verneigte.
Atîśa hielt sich zwei Jahre in Westtibet auf und reiste dann nach Zentraltibet, wo es ihm gelang, die zerstreuten Kräfte des Buddhismus zu sammeln und zu reorganisieren und vor allem: die Reinheit der Lehre wiederherzustellen. Er gründete den Khadampa-Orden, aus dem sich später die machtvollste Sekte des Lamaismus entwickelte: die

Gelugpas. Sie begründeten die Herrschaft des Dalai Lamas und machten Lhasa wieder zur geistlichen und weltlichen Hauptstadt des Landes.

Tholing und Tsaparang jedoch blieben noch für eine lange Zeit die kulturellen und politischen Zentren Westtibets. Tholing erreichte den Gipfel seines Ruhmes im Jahre 1075, als das große religiöse Konzil im «Goldenen Tempel» unter König Tseldé zusammentrat. Die größten Gelehrten und die höchsten geistlichen Würdenträger aus allen Teilen Tibets nahmen an diesem Konzil teil, das den endgültigen Triumph des Buddhismus in Tibet darstellte und den Beginn einer neuen Kulturepoche einleitete.

In dem Maße aber, in dem die Bedeutung Lhasas und Zentraltibets (Ü-Tsang) zunahm, verblich die Macht der Könige von Guge. Den letzten kurzen Blick, den wir von dem entschwindenden Glanz der Guge-Dynastie erhaschen, ist der Bericht des Jesuiten-Paters Antonio de Andrade, eines portugiesischen Geistlichen, der als erster Europäer in das ‹Land der Schneeberge› vordrang, angezogen vom Ruhm des königlichen Hofes von Tsaparang.

Pater Andrade erreichte Tsaparang im Jahre 1625 und wurde mit großer Freundlichkeit vom König empfangen, der ihm im Geist echt buddhistischer Toleranz die Erlaubnis gab, seinen Glauben zu verkünden. Der König war der Ansicht, daß ein Mann, der um seines Glaubens willen um die halbe Welt gereist war, sicherlich des Anhörens wert sei und größten Respekt verdiente. ‹Wahrheit kann Wahrheit nichts anhaben›, dachte er bei sich. Was daher in der Religion des Fremden sich als gut und wahr erwies, konnte die Lehren der Buddhas und Bodhisattvas nur bestätigen und unterstützen. War es überdies nicht auch möglich, daß in den Ländern des fernen Westens manch ein Bodhisattva erstanden war, von dem die Völker des Ostens noch nichts gehört hatten?

So geschah es, daß im Jahre 1625 der König von Guge in der Güte und Einfalt seines Herzens den folgenden Brief an den Pater Antonio de Andrade schrieb:

«Wir, der König mächtiger Königreiche, begrüßen mit Freude die Ankunft des Paters Antonio in unseren Landen. Damit er uns die heilige Satzung lehren möge, ernennen wir ihn zu unserem Haupt-Lama und geben ihm volle Autorität, die heilige Satzung (tschö-dharma) unser Volk zu lehren. Wir werden es nicht zulassen, daß irgend jemand ihn daran hindere, und wir werden Befehle ergehen lassen, daß ihm ein Stück Land gegeben werde und jegliche Hilfe, deren er bedarf, um ein Gebetshaus zu bauen. – – –»

Der König gab dem Fremden seinen eigenen Garten, eine Gabe, die für tibetische Verhältnisse, wo Gärten ein seltener Luxus sind, mehr als nur eine höfliche Geste war.

Aber ach, der König in seiner vertrauenden Güte ahnte nicht, daß der Fremde nicht gekommen war, um wahre und schöne Gedanken mit nach ähnlichen Idealen Strebenden auszutauschen, sondern mit der Absicht zu zerstören, was andere vor ihm gelehrt hatten, und es durch das zu ersetzen, was in seinen Augen die *einzige* Wahrheit war.

Der Konflikt war unvermeidlich, und er nahm Formen an, die keiner der beiden Gegner – die im Grunde von den besten Absichten beseelt waren – in dem beginnenden Drama vorausgesehen hatte.

Die Gunst, die der König dem Fremden erzeigt hatte, erregte das Mißtrauen der buddhistischen Geistlichkeit, und diese wurde teilweise gerechtfertigt durch die unnachgiebige Haltung des Fremden, der keine anderen als seine eigenen Ideen anerkennen oder dulden wollte. Die Unzufriedenheit wuchs daher, je mehr die Gunst des Königs für den Fremden offenbar wurde, und die politischen Gegner des Königs sahen hier ihre große Gelegenheit.

Während Pater Andrade, ermutigt durch seinen Erfolg in Tsaparang, nach Lhasa reiste, um von dort seinen Einfluß und seine Tätigkeit auf ganz Tibet auszudehnen, brach in Tsaparang eine Revolte aus. Der König wurde gestürzt, und mit ihm fand die Guge-Dynastie und die Herrlichkeit Tsaparangs ihr Ende.

Um das Jahr 1650 verschwand das Königreich von Guge von der Karte Tibets und kam unter die Herrschaft von Lhasa.

Als hundert Jahre später Pater Desideri, ermutigt durch die begeisterten Berichte des Paters Antonio de Andrade, nach Tsaparang reiste, in der Hoffnung, das Missionswerk seines Vorgängers fortsetzen zu können, fand er die Stadt verlassen und in Ruinen – und sie ist es bis heute geblieben.

Die Dächer der Paläste und Klöster sind eingestürzt; aber die Haupttempel und ihre Fresken, die das Hauptziel unserer zweijährigen Expedition (1947–49) durch Zentral- und Westtibet waren, hatten ihre leuchtenden Farben und die Feinheit ihrer Details in erstaunlicher Weise erhalten.

Die vergoldeten Statuen standen in ihrer unbeweglichen und doch so bewegenden Schönheit von der Stille der Jahrhunderte umhüllt, als ob sie von jenen Zeiten träumten, in denen Buddhas, Bodhisattvas und opferbereite Könige und Heilige die Erde bewohnten – oder als ob sie auf das Kommen des «Großen Liebenden», des Buddha Maitreya, warteten, der die Botschaft des Friedens und der Güte wieder in unsere kampfzerrissene Welt bringen wird.

INDEX

Wir bitten alle Kenner von *Sanskrit, Pâli, Tibetisch, Chinesisch* und anderen fernöstlichen Sprachen, keinen Anstoß an den von Autor und Verlag verwandten Transkriptionsmethoden zu nehmen. Wir sind uns bewußt, daß verschiedene Systeme für diese Sprachen existieren. In dem vorliegenden Buch verfuhren wir nach folgendem Prinzip:
Da es für *Sanskrit* glücklicherweise nur *ein* international anerkanntes System gibt, wurde dieses benutzt. Eine Ausnahme bilden all jene Begriffe, die bereits weitgehend von den westlichen Sprachen übernommen worden sind (z. B. Karma, Yoga, Mandala usw.); diese Begriffe wurden in der allgemein üblichen, phonetischen Schreibweise wiedergegeben.
Der Autor, dem die enormen Schwierigkeiten, die die Transkription des *Pâli* und *Tibetischen* mit sich bringen, zur Genüge bekannt sind, hat in diesem Buch die ihm am zweckmäßigsten erscheinenden Systeme verwandt.
Sämtliche *chinesischen* Begriffe sind in der unserem Sprachgebrauch angepaßten phonetischen Transkription wiedergegeben.

Knaur

Ferguson, Marilyn
Die sanfte Verschwörung
Persönliche und gesellschaftliche Transformation im Zeitalter des Wassermanns. Mit einem Vorwort von Fritjof Capra. 528 S. [4123]

Walsh, Roger
Überleben
Wir produzieren unter unbiologischen Bedingungen Feldfrüchte und Fleisch im Übermaß – während ein großer Teil der Weltbevölkerung hungern muß. Roger Walsh untersucht die Triebfedern unseres selbstmörderischen Tuns und gibt Anregungen für eine neue und sinnvolle Richtung. 176 S. [4155]

Aeppli, Ernst
Der Traum und seine Deutung
Der Psychoanalytiker Ernst Aeppli schrieb dieses Traumbuch im Geiste des großen Seelenforschers C.G. Jung. Er wendet sich an alle, die wirklich Zugang zu ihren Träumen und somit zu ihrem Unbewußten suchen. 416 S. [4116]

Boot, M.
Das Horoskop
Dies ist sowohl ein Einführungswerk für den interessierten Anfänger als auch ein Nachschlagewerk für den praktizierenden Astrologen. Alle Interpretationen stützen sich auf empirische Ergebnisse der Astrologie in Verbindung mit modernen psychologischen Erkenntnissen. 336 S. mit Abb. [4172]

Szabó, Zoltán
Buch der Runen
Das westliche Orakel. Das Buch enthält eine ausführliche Anleitung für die Orakel-Praxis und erklärt die besondere Bedeutung der Runen und der germanischen Götter als lebendige Symbole. Zusammen mit einem Satz von 18 Runensteinen in Klarsichtkassette. 256 S. [4146]

Tietze, Henry G.
Imagination und Symboldeutung
Wie innere Bilder heilen und vorbeugen helfen. Henry G. Tietze führt uns ein, in die Welt der inneren Bilder, erklärt, was sie bedeuten, wie sie hervorgerufen und genutzt werden können. 352 S. [4136]

Wilson, Colin
Gurdjieff - Der Kampf gegen den Schlaf
Georg Iwanowitsch Gurdjieff (1865–1949) ist eine der geheimnisumwittertsten Persönlichkeiten des Jahrhunderts. Colin Wilson ist seiner Philosophie und seinem Einfluß auf andere Menschen nachgegangen. Sein Buch ist eine brillante Einführung in Leben und Werk dieses Psychologen-Magiers des 20. Jahrhunderts. 176 S. [4162]

Boyd, Doug
Swami Rama
Erfahrungen mit den heiligen Männern Indiens. Swami Rama, in Indien aufgewachsen, ist eine Persönlichkeit, für den Wunder alltäglich sind. In den USA experimentiert er mit quantitativen Untersuchungsmethoden über höhere Bewußtseinszustände. 320 S. [4140]

ESOTERIK

Knaur®

Musashi, Miyamoto
Das Buch der fünf Ringe
»Das Buch der fünf Ringe« ist eine klassische Anleitung zur Strategie – ein exzellentes Destillat der fernöstlichen Philosophien. 144 S. [4129]

Rajneesh, Bhagwan Shree
Komm und folge mir
Bhagwan spricht über Jesus. Seine Gedanken über das Leben und die Lehren Jesu enthalten Dimensionen, wie wir sie weder von der Kirche noch von westlichen Denkern kennen. 360 S. mit zahlr. z.T. farb. Abb. [4120]

Dowman, Keith
Der heilige Narr
Das liederliche Leben und die lästerlichen Gesänge des tantrischen Meisters Drugpa Künleg. 224 S. mit 1 Karte [4122]

Brunton, Paul
Von Yogis, Magiern und Fakiren
Begegnungen in Indien. Der amerikanische Journalist Paul Brunton bereiste in den dreißiger Jahren Indien. Seine Erlebnisse eröffnen das ganze Spektrum indischer Spiritualität. 368 S. und 12 S. Tafeln. [4113]

Deshimaru-Roshi, Taisen
Zen in den Kampfkünsten Japans
Deshimaru-Roshi demonstriert, wie die Kampfkünste zu Methoden geistiger Vervollkommnung werden. 192 S. mit 19 s/w-Abb. [4130]

Brugger, Karl
Die Chronik von Akakor
Erzählt von Tatunca Nara, dem Häuptling der Ugha Mongulala. Der Journalist und Südamerika-Experte Karl Brugger hat einen ihm mündlich übermittelten Bericht aufgezeichnet, der ihm nach anfänglicher Skepsis absolut authentisch erschien: die Chronik von Akakor.
272 S., Abb. [4161]

Rawson, Philip
Tantra
Der indische Kult der Ekstase. Diese Methode, die zur inneren Erleuchtung führt, erobert heute in zunehmendem Maße die westliche Welt.
192 S. mit 198 z.T. farb. Abb. [3663]

Rawson, Philip / Legeza, Laszlo
Tao
Die Philosophie von Sein und Werden. Mit ungewöhnlicher Eindringlichkeit und großer Sachkenntnis erschließt sich hier den westlichen Menschen die Vorstellungswelt des chinesischen Volkes.
192 S. mit 202 Abb. [3673]

ESOTERIK